KÖNIGS FURT

Zum Buch:

Dies ist die Saga des Großen Waldes und zugleich die Geschichte des »Sternensohnes« Madru.

Sie handelt von Baumfrevel, von menschlicher Gier und Herrschaftssucht, sie handelt von grandiosen Abenteuern, von Liebe und magischem Zauber.

Mit Hilfe astronomischer Berechnungen wird der sechzehnjährige Madru ausfindig gemacht und am Hof des Fürsten auf seine Aufgabe vorbereitet, das Reich des Großen Waldes – Norrland – zu schützen.

Ein Bilderspiel, ein Baumtarot soll ihm helfen, sich für einen der drei Wege zu entscheiden: den Weg des Waldes, den Weg des Allwiss oder den der Ritter.

Das Baumtarot weist Madru den Weg des Waldes, er wird hineingerissen in eine andere Welt …

Ein Roman, vielleicht. Eine Sinnsuche, ja, aber eine mutige und verrückte. Und ganz bestimmt ein modernes phantastisches Märchen, in dem wir etwas von uns, den Ängsten und unseren verborgenen Kräften kennenlernen.

Zum Autor:

Frederik Hetmann (Hans-Christian Kirsch), geb. 1934, lebt in Limburg a. d. Lahn. Er hat zahlreiche Romane, Biographien und Jugendbücher geschrieben. Hetmann erhielt zweimal den Deutschen Jugendbuchpreis. Für seinen Roman »Wagadu« wurde er mit dem Fantastikpreis der Stadt Wetzlar ausgezeichnet.

Frederik Hetmann

Madru
oder Der Große Wald

Das Märchen vom Baumtarot

Wo ist die Eibe

Königsfurt

Dieses Buch erschien erstmals 1984 im Eugen Diederichs Verlag, Köln.

Neuausgabe
Königsförde 2000

D-24796 Klein Königsförde/Krummwisch
www.koenigfurt.com

Agentur: Montasser Medienagentur, München
Umschlag & Abbildungen: Tilman Michalski, München
Lektorat: Wiebke Albrecht, Kiel

Satz & Lithos: Stefan Hose, Eckernförde
Druck & Bindung: Clausen & Bosse, Leck

Printed in Germany
auf chlorfrei gebleichtem Papier

ISBN 3-933939-08-9 (Buch separat)
ISBN 3-933939-31-3 (Karten separat)
ISBN 3-933939-29-1 (Buch, Karten & Baumsamen im Set)

Inhalt

… und ich warte darauf,
daß Tiere und Wälder die Erde zurückfordern werden,
und ich warte darauf, daß Liebende und Leidende
beieinander liegen werden
zu einer neuen Geburt des Wunders.

Lawrence Ferlingbetti

Erstes Kapitel

Worin berichtet wird, wie König Lausbart Geld braucht für einen Krieg und ein feister Ritter nach Norden zieht

König Lausbart brauchte Geld, viel Geld, weil er einen Krieg gegen das Land jenseits des Kleinen Meeres führen wollte. Seinem Volk konnte er unmöglich noch mehr Steuern abpressen, und auf Kredit würden die Werften keine Schiffe für ihn bauen. Da hatte er einen Einfall, für den er sich selbst lobte. Er würde den Leuten in Norrland, die zwar nicht zu seinem Reich gehörten, jedoch seit ältester Zeit dem König im Süden tributpflichtig waren, doppelt so viele Bären- , Iltis-, Silberfuchs- und schwarze Eichhörnchenfelle abverlangen wie bisher.

Im Großen Wald, von dem man noch ganz andere Wunderdinge hörte, gab es doch genug von solchem Getier. Und galten die Norrländer nicht weit und breit als die geschicktesten Jäger und Fallensteller? Im Süden waren diese Pelze begehrt, und König Lausbart würde, sofern alles nach seinem Wunsch und Willen ging, nicht nur seine Schulden bei den Kaufleuten der Fünf Häfen tilgen können, sondern aus dem Erlös des Tributs auch noch genug Geld erübrigen, um jene Kriegsschiffe bauen zu lassen, die nötig waren, wollte er mit seinen Kriegern und Bogenschützen übers Meer setzen.

Jessach, ein feister Ritter, erhielt den Befehl, nach Norden zu reiten und den Leuten dort bekanntzumachen, was der König beschlossen hatte. Dieser Jessach war ein bequemer Mensch, aber habgierig. Wenn er sich schon auf einen so langen und voraussichtlich beschwerlichen Weg machte, müsse dabei auch noch etwas für ihn mit herausspringen, sagte er sich. Er hatte vor, den Norrländern doppelt so viele Felle abzupressen wie der König verlangte. Wo es zweitausend Felle gab, würden sich wohl auch viertausend auftreiben lassen. Jessach sah sich schon mit einer weißhäutigen Frau in einem schwarzen Eichhörnchenpelz im Schlitten sitzen und winters über Land fahren. Die schönste Frau des Königreiches Svea im schönsten Pelz, den je ein Kürschner in den Fünf Häfen zugeschnitten und genäht hatte!

Vorerst aber war Sommer, August, und Jessach war schon den zweiten Monat nach Norden unterwegs. Die Mückenschwärme wurden immer dichter, das Land immer menschenleerer, die Wege immer staubiger, und immer noch hatte Jessach das Grenzfort nicht erreicht.

Es hatte Verzögerungen gegeben, weil in den nördlichen Provinzen des Königreiches häufig nicht gleich frische Pferde aufzutreiben gewesen waren. Schließlich gab es überhaupt keine Pferde mehr. Er hatte in eine Sänfte umsteigen müssen. Der Markgraf stellte Knechte und Sklaven, die ihn trugen. Diese Männer unterhielten sich in einer Sprache, die er nicht verstand. Als er sich erkundigte, was für Leute denn das eigentlich seien, hieß es, sie stammten aus dem Großen Wald.

Wieder unterwegs, wollte es ihm vorkommen, als ob sie ihm drohende Blicke zuwürfen. Wenn er über Mückenstiche und Hitze stöhnte, meinte er manchmal so etwas wie ein Kichern zu vernehmen. Er sagte sich, daß große starke Männer unmöglich einen so lächerlichen Laut von sich geben könnten und hielt nach einer anderen Ursache Ausschau. So entdeckte er die Zwerge. Sie hatten uralte Gesichter, trugen rote Mützen, grüne Jacken und kleine Stiefel mit auffälligen Silberspangen. Wenn er nur kurz, aus den Augenwinkeln hervor, in die Richtung schaute, aus der das Geräusch herübergedrungen war, erkannte er ihre Gestalten ganz deutlich. Rieb er sich dann die Augen, weil es ihm unsinnig vorkam anzunehmen, daß es tatsächlich, außer in Märchen, so etwas wie Zwerge gab, so schien da nichts mehr zu sein. Er war sich aber nicht sicher. Sie mochten sich jetzt hinter einem Felsblock versteckt haben, denn ihr Kichern war immer noch zu hören.

Sehr beruhigend fand er, daß hinter ihm dreißig Bewaffnete aus seiner Heimatprovinz Skåne einherzogen. Soldaten in Kettenhemden, den Tornister auf dem Rücken und ein Langschwert am Koppel. Das viele Eisen zerrte an ihnen. So kamen sie nur langsam vorwärts. Die leichtfüßigen Sänftenträger waren ihnen gewöhnlich weit voraus. Mehr als einmal mußte Jessach befehlen abzuwarten, bis seine Schutztruppe nachgerückt war.

Schließlich erreichten sie das Grenzfort. Jessach forderte dringlich Pferde, aber der Kastellan lachte nur und meinte: »Selbst wenn ich Euch welche beschaffen könnte, wie wollt Ihr damit durch die Wollgrassümpfe und über die Schwarzen Seen kommen?«

»Wovon redet Ihr da?« fragte der Ritter gereizt. »Ich reite zum ersten Mal nach Norrland.«

Zu den Seen hin gehe es über eine Landzunge. Moorig. Feuchter Boden, auf dem viel Wollgras wachse. Nachts müsse man sich vor den Irrlichtern in acht nehmen. Über das Wasser setze man mit Nachen, die gestakt würden. Viel zu schmal, um Pferde darauf zu verladen.

»Und was wißt Ihr mir sonst noch zu sagen über das Reich des Großen Waldes?«

Das sei eine andere Welt, erwiderte der Kastellan, ein Wald, so dicht, daß man über seine Wipfel dahinlaufen könne, meilenweit. Es stellte sich dann aber heraus, daß er vom Hörensagen berichtete und selbst auch noch nie so weit nach Norden gekommen war. »Weiter … was noch?« fragte der Ritter. Sein Unbehagen wuchs. Auf einer großen Lichtung, ein oder zwei Tagereisen von der Grenze, läge der Palast des Herrschers: eine Holzhalle. Der Kastellan verfiel in eine Art Singsang, als habe er all dies schon wiederholt zum Besten gegeben. »Moosbeeren so groß wie Kürbisse. Sie ernähren sich nicht wie unsereiner von Getreide, sondern von Pilzen und Beeren. Auch viel Wild. Wein aus dem zuckrigen Saft eines Baumes … die geräucherten Lachsforellen sind eine Delikatesse. Und manchmal tanzen die Waldmenschen drei Tage und drei Nächte hindurch. Jedermann, müßt Ihr wissen, nennt die Norrländer hier Waldmenschen. Eine Musik, daß man Risse ins Trommelfell bekommen könnte. Die Fiedler sind zugleich Zauberer. Ihre Fiedeln haben sie den Wassergeistern abgegaunert, so sagt man.«

»Warum hat man sie nicht längst unterworfen und ihnen Sitte und Ordnung beigebracht?«

»Schwierig, Herr«, antwortete der Kastellan, »die Sümpfe, die Irrlichter, das dunkle Wasser, der dichte Wald, Zauber ... Ihr werdet es ja selbst noch erleben. Seid auf der Hut!«

Jessach verwünschte den Tag, an dem er sich auf dieses Unternehmen eingelassen hatte, aber dann dachte er an die zweitausend Felle, die er heimzutragen hoffte.

»Wie transportiert man den Tribut?« erkundigte er sich. »Die Waldmenschen stellen Euch Träger.«

»Nun sagt einmal, Herr Kastellan ... «, der Ritter zögerte und dämpfte darauf seine Stimme. »Gibt es hier in der Gegend Zwerge?«

Der Kastellan faßte sich an seinen Knebelbart und wiegte den Kopf. »Schwer zu sagen, Herr. Manche behaupten, es gebe sie. Andere wieder lachen darüber nur.«

»Eure Meinung?« verlangte der Ritter.

Der Mann machte eine Handbewegung, als sei das Thema eines Streites nicht wert: »Wer bin ich, um jemanden, der sie gesehen hat, überzeugen zu können, daß es sie nicht gibt. Und wäre es nicht leichtfertig zu behaupten, es gibt sie nicht, nur weil sie sich mir noch nicht gezeigt haben?«

»Wenn ich Euch recht verstehe, würdet Ihr jedenfalls nicht ausschließen, daß es sie gibt?«

»Wer länger hier oben in dieser gottverlassenen Einsamkeit haust, hält so ziemlich alles für möglich, Herr.«

Jessach brummte etwas Unverständliches und wandte sich ab. Hier oben im Norden folgte dem Abend nicht die Dunkelheit der Nacht. Zwischen Sonnenuntergang und Sonnenaufgang blieb graues Zwielicht. Etwa die Farbe der Blüten von Schilfgras. Jessach lag wach und dachte an das Land, von dem der Kastellan erzählt hatte. Seine Furcht davor nahm er mit in seine Träume.

Am anderen Tag führte der Weg durch eine Wiesenlandschaft. Die Sonne stach. Den dunklen Wald sah man im Osten und Westen am Horizont. Als ob man in ein aufgerissenes Maul hineinlaufe. Jessach deutete mit der Hand dort hinüber und fragte die Träger der Sänfte in der Sprache von Svea, ob dies schon der Große Wald sei. Sie hielten einen Augenblick inne, schauten erschreckt in die Richtung, in die er gewiesen hatte, schüttelten den Kopf und trabten dann weiter.

Den ganzen Tag über veränderte die Gegend kaum ihr Aussehen. Wiesen. Keine Häuser. Blauer Himmel und am Nachmittag große Wolkendriften. Bäche gluckten zwischen Gräsern, weißgelben, roten und blauen Blumen. Hin und wieder stand ein kleiner See wie ein braunes Auge im Grün. Der Wald blieb als dunkle Mauer. Weit fortgerückt am Horizont.

Zur Nacht schlugen die Soldaten für den Ritter ein Zelt auf und zündeten ein großes Feuer an. Während er wieder lange schlaflos dalag, wurde ihm klar, weshalb ihn die Furcht auch den ganzen Tag über nicht verlassen hatte. Langsam begriff er, was der Kastellan versucht hatte zu beschreiben. Dieses Land war so erschreckend leer. Keine Gehöfte. Keine Scheuern. Keine Hütten. Nie ein Boot auf den Teichen.

Keine Menschen. Am anderen Tag war die Sänfte den Soldaten bald wieder weit voraus. Jessach mochte befehlen, was er wollte, die Träger taten, als verstünden sie seine Anweisung nicht. Zorn über seine Machtlosigkeit staute sich in ihm. Die Wände des Gelasses, in dem man ihn trug, waren ihm so nah, daß sie ihn bedrängten. Er öffnete die Fenster rechts und links. Mit der frischen Luft trieben Mückenschleier herein.

Zweites Kapitel

Ritter Jessach trifft ein Feenschuß · Ein Baumfrevel
Trommeln und Mord in einer Vollmondnacht

Es gab eine ruckartige Bewegung. Krachend schlug die Sänfte auf und blieb in schiefer Lage mit der linken vorderen Ecke im Wiesenboden stecken. Während sich Jessach aus seinem Gelaß befreite, rannten alle Träger bis auf einen davon.

Der eine aber, wohl der, welcher gestolpert war, lag am Boden. Das Gesicht zur Erde gewandt, die Arme weit von sich gestreckt. Aus dem Fellwams, das er trug, ragte ein langer Pfeil mit gefiedertem Ende. Der Pfeil zitterte noch.

Jessach sah verwundert auf den Leblosen. Er dachte unentwegt nur daran, daß er jetzt ganz allein hier war. Allein mit den Gräsern, den Schmetterlingen und dem Vogelgezwitscher. All das schien ihm unerträglich.

Er zurrte das Schwertgehänge, das er auf dem Rücken trug, nach vorn und zog die Klinge aus der Scheide. Erst jetzt wagte er sich näher an den Leblosen heran. Mit der Linken griff er vorsichtig nach dem aus dem Fell ragenden Pfeil. Kaum hatte er diesen berührt, da durchfuhr ein stechender Schmerz seinen ganzen Körper. Augenblicklich war er wie gelähmt. Seine Hand klebte an dem Pfeil fest. Auch seine Beine vermochte er nicht zu bewegen. Der Schmerz ließ nicht nach.

Jessach merkte, daß er gellend schrie. Er wollte nicht schreien. Er wußte, was er seiner Ritterehre schuldig war. Der Schrei rann aus ihm heraus wie eine Fortsetzung des Schmerzes, der mit seinem Blut durch den Körper kreiste. Er schrie immer noch, als die Soldaten herankamen. Das letzte Stück bis zu der umgekippten Sänfte legten sie im Laufschritt zurück.

Keuchend kamen sie heran und starrten auf den wie leblos daliegenden Eingeborenen und auf den vornübergebeugten, mit der Linken an dem Pfeil festklebenden Ritter. Der wollte einen Befehl geben, aber es gelang ihm nicht, irgendwelche Worte zu bilden. Einer der Soldaten riß sein Schwert heraus, berührte mit der flachen Klinge erst den Pfeil, dann den Träger, schließlich den Ritter. Der kreisende Schmerz in Jessach war sofort vorbei. Er konnte die Hand jetzt öffnen, den Pfeil loslassen.

Der Träger sprang auf, zitterte noch. Man riß ihm den Pfeil aus dem Rücken. Es floß kein Blut. Jessach sah keine Wunde. Dann sagte der Waldmensch etwas in seiner Sprache und einer der Soldaten drückte ihm eine Axt in die Hand. Der Träger schlug damit die Pfeilspitze ab. Sie zerbröckelte. Der Mann wollte fortrennen. Die Soldaten, die im Halbkreis um ihn gestanden hatten, packten ihn. Als sie ihn wieder losgelassen hatten, gab der Waldmensch mit fuchtelnden Händen zu verstehen, sie sollten sich beeilen, von diesem Platz wegzukommen.

»Und die anderen Träger?« fragte Jessach den Sergeanten, der das Kommando bei der Wachmannschaft hatte.

»Die werden wir nie wiedersehen, Herr.«

»Aber warum das alles?« klagte Jessach mit Eigensinn in der Stimme, als könne er so den Zwischenfall ungeschehen machen, »was hat das zu bedeuten?«

»Ein Elfenschuß, Herr.«

»Was ist das?«

Ein Pfeil, von dem ein Zauber ausgehe, der festbanne. Der Bann könne gebrochen werden, wenn man den Pfeil mit Eisen berühre. »Warum gerade mit Eisen?«

Das wisse er nicht. Es sei eben so.

»Sei eben so, sei eben so«, äffte der Ritter ihn wütend nach. Sie seien aus dem Hinterhalt beschossen worden. Er werde das nicht ungestraft hinnehmen.

Es wäre besser umzukehren, sagte einer der Soldaten. So ein Elfenschuß sei ein schlechtes Omen. Deswegen wären die anderen Träger auch davongelaufen, erklärte der Sergeant.

»Nichts da«, erwiderte Jessach, sie seien hier als Vertreter eines mächtigen Königs. »Unsere immer siegreiche Armee!« Er werde Mittel und Wege finden, dem Ansehen Seiner Majestät auch hier in der Einöde Geltung zu verschaffen. Ein Vogel tirilierte. Am liebsten hätte er ihn erschlagen, aber er flog in dem hohen Raum unter dem Himmel.

»Wo ist das Feldzeichen? Warum wird es mir nicht vorangetragen?« fragte Jessach einen Ton schroffer.

»Gestattet den Hinweis«, sagte der Sergeant vorsichtig, »aber es ist durchaus nicht üblich, ja sogar gegen das Reglement, bei einem Marsch im Grenzland das Feldzeichen offen zu zeigen.« Es befinde sich in der Kiste, die an seiner Sänfte hinten aufgeschnürt sei.

»Holt es heraus ... auf der Stelle und steckt es auf eine Stange. Ich befehle, daß man es von nun an mir unbedingt immer voranträgt. Wir marschieren zum nächsten Dorf und beziehen dort Nachtquartier. Es gibt doch Dörfer hier in der Nähe, oder?«

»Im Freien wären wir sicherer. Wir könnten über Nacht drei, vier große Feuer unterhalten«, erklärte der Sergeant.

»Es bleibt bei dem, was ich angeordnet habe«, sagte Jessach.

Das Feldzeichen war das Abbild eines geflügelten Schiffes. Es war mit Silber auf Leder geprägt. Man würde in einem Gehölz nach einem geraden, dünnen Stamm suchen müssen. »Zwei Zoll dick, sieben Spannen lang und kerzengerade«, schärfte Jessach den beiden Soldaten ein, die ausgeschickt wurden. »Und nehmt den Waldmenschen mit«, er machte eine Kopfbewegung gegen den Träger hin, »er soll euch einen Fleck zeigen, an dem es junge Bäume gibt. Beeilt euch.«

Um Bäume zu finden, hätten die beiden den Norrländer nicht gebraucht. Sie waren zunächst einem der kleinen Bachläufe etwa eine Meile nach Osten gefolgt. Dann tauchte ein Erlenwäldchen vor ihnen auf. Der Norrländer blieb plötzlich stehen.

»Na, was ist denn?« fragte Nuri, der jüngere von den beiden Soldaten. Er faßte den Träger am Handgelenk und versuchte, ihn mit sich fortzuzerren. Der Norrländer schüttelte die Hand ab und deutete nach rechts, wo eine halbe Meile entfernt ein größeres Waldstück begann.

»Ach was«, sagte Nuri, »kommt nicht in Frage. Wir haben es eilig.«

Der Norrländer gestikulierte mit den Händen und stammelte aufgeregt immer wieder ein und dasselbe Wort.

»Kaschal … kaschal!«

»Was hat der nur?« fragte Nuri.

Turku, der ältere Soldat, sprach ein paar Worte Norrländisch. »Kaschal heißt Erlen«, erklärte er.

»Klar, wissen wir doch, daß das Erlen sind«, sagte Nuri, so als ob er zu einem Kind spreche.

Der Norrländer explodierte jetzt nur so vor Worten. »Hast du davon was mitgekriegt?« fragte Nuri seinen Kameraden. »Er meint wohl, wir dürften da nicht rein.«

»Und warum nicht?«

Turku übersetzte die Frage und wieder folgte ein Wortschwall. »Er sagt was von Bäumen und Geistern, daß das Wäldchen heilig sei und noch mehr solchen Quatsch.«

»Für wie dumm hält der uns! Der will uns doch nur in den großen Wald da rüberlocken, damit seine lieben Freunde über uns herfallen können.«

»Ich weiß«, sagte Turku zögernd.

»Mensch, Beeilung, sonst gibt's 'nen Rüffel vom Alten.«

»Der Alte kann mich mal«, sagte Turku und rief gleich darauf etwas in dieser fremden Sprache, die Nuri nicht verstand. Der Norrländer setzte sich aber erst wieder in Bewegung, nachdem ihm Nuri einen Tritt in den Hintern gegeben hatte. Bis zum Rand des Wäldchens waren es nur noch ein paar Schritte. Wenn eine Brise kam, flimmerten die Blätter.

»Blödsinn, das mit dem Feldzeichen«, sagte Turku, »bringt nix als Ärger … wirst sehen.«

»Ich glaube, der Alte zeigt es den Waldmenschen.«

»Ach der … da ist nicht viel dahinter. Der tut nur so wild.«

»Und ich sag dir, das ist ein Eisenfresser.«

»Desto schlimmer für uns.«

»Wie meinst du das?«

»Wir sind unerwünscht hier. Der Elfenschuß … das war nur eine Warnung. Das nächste Mal schlagen sie härter zu.«

»Die haben ja nicht einmal Pfeilspitzen aus Eisen.«

»Brauchen sie nicht. Die haben so manches andere, diese verdammten Waldmenschen.«

»Denen muß endlich mal einer eine Lektion erteilen. Da denk ich wie der Alte.«

»Warte nur, bis sie uns die nächste Lektion erteilen.«

»Bäume und Geister«, sagte Nuri großspurig, »völlig verdreht, der Waldmensch da.«

Der Norrländer war wieder stehengeblieben. Turku schlug ihm die Faust in den Rücken und sagte etwas in der anderen Sprache. »Was haste denn jetzt wieder mit ihm zu quasseln?« fragte Nuri mißtrauisch.

»Na was schon«, knurrte Turku, »›voran!‹ hab ich zu ihm gesagt … ›und ein bißchen plötzlich, sonst setzt's was‹.«

»Mit so einem wie dir werden wir immer noch fertig«, sagte Nuri und stieß dem Träger den Axtstiel in die Seite.

Sie liefen jetzt zwischen den jungen Erlen. Der Norrländer zitterte heftig, lief aber weiter mit.

»Na bitte«, sagte Nuri, »jetzt spurt er. Meine Rede: Prügel, das verstehen die immer.« Dann schaute er nach oben, prüfte die Stämme und entschied: »Der da sollte es tun.« Er klatschte mit der Handfläche auf die Rinde.

»Könnte hinkommen«, sagte Turku zustimmend. »Hier, du Waldmensch. Mach dich an die Arbeit. Den Baum nehmen wir.« Nuri wollte dem Norrländer die Axt in die Hand drücken, der aber verbarg seine Hände hinter dem Rücken und schüttelte den Kopf. »Was ist denn jetzt schon wieder?« fragte Nuri.

»Wetten, der hat die Arbeit auch nicht erfunden«, meinte Turku lachend. Nuri holte mit der Axt aus, als wolle er auf den Norrländer einschlagen. Der sprang einen Schritt zur Seite. Die Klinge der Axt fuhr blitzend zwischen das Laub, das den Boden bedeckte. Der Norrländer stand wie versteinert da. Turku schüttelte den Kopf.

»Scheißkerl!« schimpfte Nuri.

»Laß ihn«, sagte Turku und griff nach dem Axtstiel, »eh wir uns noch länger mit dem rumärgern, mach ich es lieber gleich selbst. Er wollte mit dem Fällen beginnen, aber ehe er noch den ersten Hieb führen konnte, war der Norrländer vor den Baum gesprungen und streckte abwehrend seine Hände aus.

»Jetzt reicht's aber, Freundchen!« rief Nuri und sprang ihn an. Sie rangen miteinander, stürzten zu Boden, wälzten sich im Laub. An Körperkräften schien der Norrländer Nuri überlegen. »Der schafft dich«, sagte Turku etwas schadenfroh. »Soll ich dir helfen?«

»Der und mich schaffen. Das wollen wir doch noch sehen.«

»Dann mach Schluß mit der Balgerei.«

Jetzt bekam Nuri den Dolch zu fassen, den er im Gürtel trug. Man hörte einen heiseren Laut. Das war alles. Nuri sprang auf, spie aus, klopfte sich die Blätter von den Hosen und sagte: »Der hat genug für heute.«

»Der Waldmensch ist tot«, sagte Turku. Er hatte sich über den verkrümmt am Boden liegenden Mann gebeugt und richtete sich jetzt wieder auf. »Auch recht«, sagte

Nuri nur und begann mit der Axt eine Kerbe in den Stamm zu treiben. Holzsplitter wirbelten. Er arbeitete wie besessen, bis der Stamm krachend fiel.

»Sieh mich nicht so an«, sagte Nuri, als er die Axt hatte sinken lassen, »es war Notwehr. So werden wir es melden.«

»Dem Alten wird das gar nicht gefallen.«

»Ach was … er ist dafür, daß den Waldmenschen eine Lektion erteilt wird. Wir haben nur schon mal damit angefangen.«

Turku starrte erschreckt auf die Pfütze Blut, die sich neben dem verkrümmten Mann gebildet hatte und auf der ein paar Holzsplitter trieben.

»Hast wohl noch nie einen Toten gesehen«, sagte Nuri und machte sich daran, die Äste vom Stamm abzuschlagen.

»Zu viele«, sagte Turku.

»Wegen eines Baumes«, sagte Nuri mit einem geringschätzigen Lachen, »nicht zu fassen. So. Das wäre es jetzt. Machen wir, daß wir fortkommen.«

»Sollten wir ihn nicht begraben?«

»Die Wölfe wollen auch leben.«

»Ich finde, wir sollten ihn verscharren.«

»Womit denn … etwa mit den Fingern?«

»Na ja. Da hast du wohl recht.«

Sie nahmen den Stamm auf und gingen. Auf dem Rückweg sprachen sie nicht. Ihre Kameraden sahen sie fragend an, als ihnen auffiel, daß sie ohne den Norrländer zurückkamen. Turku machte Meldung. Der Waldmensch sei plötzlich gewalttätig geworden. Ein Handgemenge. Wie ein Berserker habe er um sich geschlagen. Notwehr. »Sollen wir noch einmal zurück … den Burschen begraben?« fragte Turku, der vor Jessach und dem Sergeanten stand. »Dummes Zeug«, sagte der Ritter schroff, »wir müssen schnellstens weiter.«

»Hatte er Schmuck auf dem Leib?« fragte der Sergeant. »Wir haben nicht nachgesehen«, sagte Nuri.

»Wohl mit der Angst zu tun gekriegt, was?«

»Schluß davon jetzt«, befahl Jessach, »an die Arbeit, Männer. Das Feldzeichen auf die Stange.«

Eine halbe Stunde später brach die Abteilung auf. Es war immer noch sehr heiß. Wenn Turku aufblickte, sah er in der Luft die Pfütze Blut mit den kleinen Holzsplittern, die darauf trieben. Plötzlich war Nuri neben ihm.

»Noch mal Schwein gehabt, was Kumpel?« Turku gab keine Antwort.

»Ist was … ?«

Noch immer sagte Turku nichts.

Sein Gesichtsausdruck gefiel Nuri nicht. »He … wie ich dir sagte, dem Alten ist's ganz recht gewesen. Keine Bedenken.« Er lachte. »Wir müssen aufpassen«, sagte Turku wie aus einem Traum, »wir müssen höllisch aufpassen. Wir sind in großer Gefahr.«

»Aber wie denn, was denn? Nun spuck's schon aus.«

»Es ist mir erst hinterher aufgegangen. Er hat etwas gesagt … der Waldmensch. Gleich zu Anfang. Es war ein Baumheiligtum! Und was es noch schlimmer macht

… jetzt, in diesen Tagen, beginnt für sie der Monat der Erlen. Und die Erle ist Bru heilig.«

»Wem, verdammt?«

»Der Feenkönigin, der Herrscherin über die Anderswelt.«

»Dich hat's wohl«, sagte Nuri erleichtert, »du redest ja schon wie der Waldmensch. Feenkönigin … wenn's weiter nichts ist. Das sind doch Hirngespinste!«

»Da wäre ich nicht so sicher«, antwortete Turku, »sie läßt uns alle umbringen, wenn wir nicht abhauen.«

»Ich und abhauen«, sagte Nuri, »hier gibt's Beute. Gute Beute, viel Beute. Das riecht meiner Mutter Sohn.«

Das Dorf erwies sich als eine Ansammlung von vielleicht dreißig, vierzig Gehöften auf einer Waldlichtung. Jessach ließ seine Kettenhemden auf dem Anger antreten und befahl dem Sergeanten, den Dorfältesten herbeizuschaffen. Der dicke Ritter erwartete ihn in eindrucksvoller Pose, hinter sich die Abteilung Soldaten, vor ihm einer mit dem Feldzeichen, neben ihm sein Dolmetscher. Der Dorfälteste erschien in Begleitung zweier anderer Männer. Alle drei trugen trotz der heißen Jahreszeit schöne Pelzmützen. Der Dolmetscher übersetzte Jessachs Befehl: Bequemes Nachtquartier. Verpflegung. Für den anderen Morgen einen Scout bis zum Ufer der Schwarzen Seen. Nachricht an ein Dorf dort, dessen Namen ihm der Sergeant, die Landkarte in der Hand, souffliert hatte. Die Aufforderung, dort die Nachen bereitzustellen, um übersetzen zu können. Hundert Eichhörnchenfelle als Sühne für den feigen Überfall unterwegs.

»Und sag ihm«, hatte Jessach geschlossen, »sag ihm, als Zeichen dafür, daß er unserem König und uns wohlgesinnt und gewillt ist, zu tun, was wir von ihm verlangen, soll er sich vor unserem Feldzeichen verbeugen.«

Die drei Waldmenschen hörten die Worte des Dolmetschers mit unbeweglichem Gesicht an. Eine unbehagliche Stille trat ein. Endlich sprach der Dorfälteste ein paar Worte.

»Er will alles tun, was Ihr befehlt. Nur Felle besitzt er keine. Sein Dorf ist arm, behauptet er.«

»Sag ihm noch einmal: ich will hundert schwarze Eichhörnchenfelle oder er wird etwas erleben.«

Wieder rührte sich kein Muskel im Gesicht der Männer, während der Dolmetscher sprach.

»Nun?« fragte Jessach.

Immer noch keine Antwort.

»Sag ihm, wir schlagen hier alles kurz und klein, wenn er keine Eichhörnchenfelle herausrückt.«

»Der fremde Mann redet zu schnell. Die Tiere sind unsere Freunde«, sagte er Dorfälteste ruhig.

Während der Dolmetscher übersetzte, gab Jessach über die Schulter den Befehl: »Zieht eure Schwerter!«

Man hörte das Geräusch der eisernen Klingen. Endlich zeigte sich in den Augen der Waldmenschen eine Wirkung. Wieder redete der Dorfälteste.

»Er läßt Euch sagen, er weiß, daß Ihr nicht spaßt«, sagte der Dolmetscher.

»Das will ich meinen.« Jessach lachte selbstzufrieden.

»Er wird sich bemühen, jedes Fell herbeizuschaffen, das im Dorf vorhanden ist, aber er kann zu dieser Jahreszeit keine Tiere töten.«

»Seine Sache. Hundert ist gnädig«, sagte Jessach, »und jetzt sollen sie uns gefälligst huldigen.«

Er lauschte den unverständlichen Lauten nach, zu denen seine Worte wurden. Die drei Norrländer schritten gehorsam auf das Feldzeichen zu. Plötzlich, sie waren nur drei, vier Schritte von der Stange entfernt, rissen sie die Arme hoch, schrien etwas, schrien wie am Spieß und rannten auf die Gehöfte hin davon.

»Was hat das zu bedeuten?« fragte Jessach den Dolmetscher, als er sah, daß aus den Häusern rings um den Anger Waldmenschen stürzten und unter wildem Geschrei in den Wald hinein flüchteten.

Der Dolmetscher zuckte die Achsel: »Offenbar hat ihnen unser Feldzeichen einen solchen Schrecken eingejagt.

»Aber weshalb? Und was haben sie geschrien?«

»Geschrien haben sie: Baumfrevel.«

Jessach erinnerte sich an den Bericht der beiden Soldaten, daß der Eingeborene sich geweigert hatte, den Baum zu fällen. Er wurde unsicher. »Sergeant!«

»Zu Befehl, Herr.«

»Wie beurteilt Ihr die Lage? Was sollen wir tun?«

»Das Dorf räumen. Biwak im Gelände. Die ganze Nacht über große Feuer.«

Jessach dachte daran, daß ihm der Sergeant schon vor ein paar Stunden dasselbe geraten hatte. Eigentlich neigte er jetzt dazu, darauf einzugehen. Etwas war ihm unheimlich an diesem Dorf, aber dann überlegte er sich, daß es seiner Autorität abträglich sein werde, wenn der Sergeant am Ende seinen Willen durchsetzte.

»Falsch«, sagte er deshalb scharf, »wenn die Waldmenschen fortrennen, sind wir hier in Sicherheit.«

»Mir scheint ... «, mischte sich der Dolmetscher ein.

»Euch scheint, und ich weiß«, schnitt ihm Jessach das Wort ab. »Wir bleiben. So. Und nun wollen wir uns dieses Dorf einmal etwas näher ansehen.«

Gefolgt von der Gruppe der Kettenhemden ging er auf das nächstliegende Haus zu. Die Eingeborenen hatten offenbar nicht einmal das Nötigste von ihrer Habe mitgenommen. Um seine Männer bei guter Laune zu halten, gab Jessach die Ortschaft zur Plünderung frei. Aber sie fanden nichts in den Häusern, was sie verlockt hätte. Die Waldmenschen schliefen auf Strohmatten. Ein Tisch, Stühle, ein Schrank, irdenes Geschirr, Messer aus Stein, hölzerne Näpfe und Löffel. Als Jagdwaffen hatten sie große Bogen, die an den Wänden hingen. Die waren schön gearbeitet, in die Enden des Bügels waren Bäume geschnitzt. Daneben häufig eine Steinaxt.

Im Süden benutzte man Armbrüste und Pfeile mit Eisenbolzen für die Jagd. Die Axtklingen waren aus Eisen.

Jessach betrat ein Gehöft, dessen Gebäude etwas großzügiger wirkten als die Häuser, die sie bisher durchsucht hatten. Dem Wohnhaus gegenüber, in einer Einzäunung aus Palisaden, lag ein langgestreckter Schuppen. Jessach ließ das mit einem Querbalken verschlossene Tor öffnen. Etwas Licht fiel in den großen Raum. Da war etwas. Es wurde ihm ganz heiß. Schwarz war es. Gebündelt. Er trat rasch näher. Seine Hand, die er gierig ausstreckte, berührte weiches Fell.

»Schwarze Eichhörnchen«, murmelte er verzückt.

»Wieviel, Herr?« fragte der hinter ihm stehende Sergeant.

Jessach ging durch die Reihen der Stapel. Das nahm und nahm kein Ende. Er kam zurück, auf den Sergeanten zu.

»Ein paar tausend würde ich meinen«, sagte Jessach sehr leise. »Dann hätten wir unseren Tribut beisammen ... brauchten nicht weiter zu ziehen?«

»Aber nicht doch, Sergeant. Zusätzliche Beute. Wo sich viel findet, ist auch noch mehr. Der König gibt eine Belohnung, sobald wir wieder daheim sind.«

»Ja, Herr!« sagte der Sergeant kleinlaut.

Als sie wieder auf dem Hof standen, fiel Jessach ein, daß sich ein Siegel in seinem Gepäck befand.

»Hier will ich bleiben«, sagte er, deutete auf das Wohnhaus und sah in dem Augenblick, daß die Eckbalken mit merkwürdig fratzenhaften Figuren versehen waren.

»Mein Gepäck«, befahl er, »und laßt Wachen aufstellen. Bringt ein paar Leute mehr mit, damit wir die Bündel zählen lassen können. Danach sollen sie ihre Ruhe haben. Bei Sonnenaufgang geht es weiter nach Norden. Und Ihr, Dolmetscher, kommt mit und helft mir, mich im Haus einzurichten.«

Jessach schien es, als fliege die fratzenhafte Figur auf ihn zu. Er schlug die Hand vor die Augen. »Lächerlich«, murmelte er.

Drinnen kamen sie vom Flur in eine geräumige Küche. Er hieß den Dolmetscher rasch ein Feuer anzünden, die Speisen kosten, die sich in der Speisekammer fanden und ihm deren Geschmack beschreiben. Was der Dolmetscher aufzählte, als das Feuer brannte, war nicht nach seinem Gusto: »Schaut nach, ob Ihr irgendwo Bärenschinken findet.«

Der Dolmetscher ging hinaus, stieg hinauf auf den Boden, wo er den Rauchfang vermutete. Während ihn Jessach noch dort oben herumtappen hörte, kam der Sergeant herein, gefolgt von zwei Männern, die Jessachs Gepäck trugen. Er ließ die beiden Kisten in die Nähe des Feuers rücken, öffnete die eine und suchte nach dem Siegel. Es zeigte, wie das Feldzeichen, ein geflügeltes Schiff, darunter waren noch die Zinnen einer Burg angedeutet. Jessach nahm das Petschaft und den Siegellack. Er wollte bei der Zählung der Felle mit dabei sein, dann die Tür des Schuppens mit seinem Siegel verschließen.

Als sie auf den Flur traten, kam gerade der Dolmetscher die Treppe herab. Er schwenkte ausgelassen zwei Bärenschinken: »Eine Delikatesse. Selbst ein König würde sich die Finger danach lecken«, pries er seinen Fund an.

»Seht zu, daß Ihr auch noch etwas zum Trinken auftreibt«, befahl Jessach, »vielleicht haben sie Met. Der Schinken wird Durst machen.«

Dann folgte er dem Sergeanten hinaus auf den Hof.

Vor der Haustür stand Nuri, neben sich die Stange mit dem Feldzeichen in den

Boden gerammt. Er salutierte. Unwillkürlich wurde Jessachs Blick von der Fratze dort oben am Eckbalken angezogen. Es begann einzudunkeln.

»Wir brauchen Licht«, sagte er.

Drüben vor dem Tor des Lagerschuppens hatte der Sergeant zwei Mann als Wachen aufstellen lassen.

»Sehr umsichtig von Euch«, lobte Jessach, »die Felle könnten leicht Beine kriegen. Schärft allen Soldaten ein: Wer Pelze findet und sie für sich behält, vergreift sich am Eigentum des Königs. Wen ich beim Stehlen erwische, dem lasse ich die rechte Hand abhacken.«

Der Sergeant rannte noch einmal zum Wohnhaus zurück, um am Herdfeuer eine Fackel zu entzünden. Das Abendlicht war von mulmigem Grau. Viel dunkler würde es nicht mehr werden. Jessach blickte zu der Holzschnitzerei hin. Selbst jetzt im Zwielicht sah er sie ganz nah und deutlich, als stehe sie unmittelbar vor ihm. Das knatternde Geräusch der brennenden Fackel schreckte ihn aus der Starre hoch, in die ihn der Anblick der Fratzen hatte versinken lassen. Der Sergeant hatte fünf Soldaten mitgebracht.

»Damit wir mit dem Zählen rascher vorankommen«, erklärte er. Dann wies er die Männer an, den schweren Querbalken, der das Tor verschloß, hochzustemmen.

»Herr, was ist das?« hörte Jessach ihn sagen, als er mit der Fackel voran den hohen, düsteren Raum betrat.

Schnell begriff er, was der Sergeant meinte. Der Schuppen war völlig leer. Jessach fuhr es kalt über den Rücken. Wütend rannte er vorwärts, bis er die Wand auf der anderen Seite erreichte.

Leer, völlig leer. Er kam sich vor wie ein Kind, das Blindekuh spielt. Er sah sich um. Kein anderer Eingang. Kein Fenster. Keine Dachluke.

»Begreift Ihr das?« fragte Jessach mit brüchiger Stimme den Sergeanten, nachdem sie alles abgesucht hatten und wieder auf dem Hof standen.

Sie befragten die beiden Wachtposten. Sie befragten den Mann, der bei dem Feldzeichen stand. Keinem war etwas Verdächtiges aufgefallen. Keiner konnte sich daran erinnern, verdächtige Geräusche gehört zu haben.

In Jessach stieg die Wut hoch. Er schaute noch einmal drinnen im Schuppen nach. Nichts.

»Sie haben sie fortgehext«, sagte der Sergeant ratlos.

»Unsinn«, sagte Jessach, »ebenso gut hätten sie dann ja auch uns forthexen können. Sie müssen sich trotz der Wachen Zugang zum Schuppen verschafft und ihn ausgeräumt haben.«

Eine andere Erklärung wollte er nicht gelten lassen.

»Das wird die Waldmenschen teuer zu stehen kommen. Morgen brechen wir auf zu ihrem Herrscher und holen uns den Tribut. Aber auf dem Rückweg werden wir hier wieder vorbeikommen. Dann werden sie uns tausend Felle zusätzlich geben.«

»Was nun, Herr?«

»Ich wette mit Euch, daß ich mir meinen Bärenschinken nicht werde forthexen lassen«, sagte Jessach. »Sorgt dafür, daß unsere Leute Quartier beziehen. Morgen haben wir ein langes Stück Weg vor uns bis zu den Schwarzen Seen. Und stellt Wachen auf. Eine Stunde vor Morgengrauen soll man mich wecken.«

»Wir haben Vollmond heute nacht«, sagte der Sergeant.

»Ja und?« fragte Jessach. Er trat von einem Fuß ungeduldig auf den anderen.

»Man sagt, Herr … «, der Sergeant stockte.

»Nun, was denn … beeilt Euch, wenn Ihr mit mir noch etwas besprechen wollt. Ich habe Hunger, und außerdem bin ich todmüde.«

»Herr, ich meine immer noch, wir sollten dieses verdammte Dorf vielleicht doch besser verlassen.«

Er sprach fast flüsternd, so als fürchte er sich vor seiner eigenen Stimme, und Jessach kam es vor, als ob die Fratzen dort oben am Haus grinsten.

»Man sagt, daß bei Vollmond ihr Zauber besonders mächtig ist.«

»Kümmert Euch nicht um den Mond, sondern tut, was ich Euch gesagt habe«, erwiderte Jessach. Die Worte klangen schroffer als es ihm eigentlich lieb war. Er wandte sich ab und ging ins Haus hinein.

Jessach lag auf einem Lager aus Strohsäcken und Decken, das ihm der Dolmetscher in der Küche vor dem Herd bereitet hatte. Er hatte unmäßig viel vom Bärenschinken gegessen, der würzig nach Wacholder schmeckte. Auch Met hatte der Dolmetscher aufgetrieben. Das Lager, obwohl auf den nackten Dielen errichtet, erwies sich als weich und bequem. Vom Met hatte Jessach einen leichten Rausch.

Er war noch einmal zum Fenster getappt, um sich zu vergewissern, daß draußen noch, wie befohlen, ein Wachtposten stand. Er sah den Mann im Zwielicht auf- und abgehen. Direkt unter der Fratze, schoß es ihm durch den Sinn. Für einen Moment war er versucht gewesen, den Mann zu warnen. Gleich darauf aber war ihm der Einfall lächerlich und als seinem Ansehen abträglich vorgekommen.

Also streckte er sich wieder auf seinem Lager aus. Er nahm noch wahr, wie das Mondlicht in einer breiten Bahn durchs Fenster hereinfloß, auf das er von seinem Schlafplatz hinsah. Dann fielen ihm die Augen zu, und er versank in tiefen Schlaf.

Er wußte nicht, ob es Traum war oder Wirklichkeit. Er wußte nicht, wieviel Zeit vergangen war. Er befand sich jetzt in einem Raum, von dem er ahnte, daß es dort keine Zeit gab, und in dem er mit dem Gefühl von Angst und Unsicherheit, das ihn den ganzen Tag über nicht verlassen hatte, allein war. Der Raum hatte keine Begrenzung. Er war durchweht von einem Wind, der Ruß mit sich fortwirbelte. Es schien ihm zuerst, als befinde er sich in dem Schuppen, wo sie die Fellbündel gefunden hatten. Das war ja wohl nicht möglich. Er war doch nicht aufgestanden. Er hatte sich schlafen gelegt. Aber schlief er denn wirklich? Er streckte die Hand aus. Für den Bruchteil eines Moments war es ihm tatsächlich, als ertasteten seine Finger wieder die zärtliche Weichheit der Felle, aber sie griffen ins Leere.

Er merkte nun auch, daß er nicht ging, sondern schwebte. Er versuchte aufzustampfen, aber unter seinen Füßen war nichts. Seine Beine schienen lang und länger zu werden, ohne daß er auf etwas Festes stieß, das ihm Halt gab.

Immer größere Flocken von Ruß und Asche wirbelten an ihm vorbei. Er hörte sich selbst sagen: Es kann auch nicht die Nacht sein. Die Nächte sind viel heller hier.

Wo bin ich nur? Wohin habe ich mich verirrt? Ist hier niemand? Es wurde ihm klar, daß, wenn er sprach, seine Worte lautlos blieben, daß sie in ihm selbst eingesperrt waren.

Plötzlich sah er sich selbst. Seine Augäpfel hingen im Raum. Er blickte auf die Gestalt mit den leeren Augenhöhlen. Mit den Armen machte sie rudernde Bewegungen ... schwamm durch den Raum davon, der ohne Ende war.

Die Bewegungen der Gestalt, die er selbst zu sein schien, hatten in ihrer Langsamkeit auch etwas Lächerliches an sich. Aber er meinte, nun auch zu begreifen, was mit dem Mann in der Ritterrüstung geschah, der in die Leere hinein davonstampfte, der durch die Dunkelheit schwebte, keinen Halt fand und dessen Beine in nichts als in von Ruß geschwärzte Luft traten. Es schien ihm jetzt selbstverständlich, daß dieser Mann tot war, daß er sich nun unterwegs durch die Anderswelt auf dem Weg ins Totenreich befand.

Der Wind, der Ruß und Asche aufwirbelte, wurde immer wärmer. Die Luft roch faul. Dem Ritter fiel es immer schwerer, voranzukommen. Plötzlich kamen alle Bewegungen – die des mächtig wehenden Luftstroms wie die des sich abmühenden Mannes, dessen Gesicht schweißüberströmt war und dessen Glieder vor Anstrengung zitterten – wie durch einen Bann zum Stillstand. Die Augen saßen wieder in ihren Höhlen, und er war wieder in dem Mann, dem er für eine Weile bei seinem sinnlosen Treiben zugesehen hatte.

Die Luft wurde zu flüssigem Glas, das augenblicklich erstarrte und ihn in sich einschloß. Angst überfiel ihn. Er meinte ersticken zu müssen in diesem gläsernen Gefängnis.

Er holte mit der einen Hand aus, die plötzlich in einem eisernen Handschuh steckte. Das Glas (oder war es Eis?) erwies sich als nicht so dick, wie er zuerst gemeint hatte. Zunächst splitterte es nur vor seinem Gesicht. Er versuchte, mit einer ruckartigen Bewegung seinen Körper nach oben schnellen zu lassen. Er durchstieß das Glas, das Eis oder was immer es war.

Jetzt schoß er durch Wasser, das an seiner Oberfläche trübe und stinkend war. Er befand sich in der Mitte eines Flusses, der sehr breit schien. Etwas in ihm sagte: du mußt dich entscheiden, welches Ufer du erreichen willst.

Irgendwann kroch er durch Schlamm ans Land. Seine Rüstung zerbröckelte, als sei sie aus Sand. Das Erdreich am Ufer bestand aus fein zermahlener Lava. Dazu wurden auch die Teile seiner Rüstung, als sie von ihm abfielen.

Später begegnete er einem Mann, der, wie er selbst, nur noch die Lumpen seiner Kleidung auf dem Leib trug. »Wohin?« fragte er den Mann.

»Na, wohin wohl«, erwiderte der Mann mürrisch, »natürlich auf die andere Seite!«

»Gibt es irgendwo eine Brücke?«

»Brücken? Was ist das? Nie gehört davon. Ich suche eine Furt«, sagte der Mann und tappte in der entgegengesetzten Richtung wie Jessach auf dem Lavastrand davon, auf dem hier und da Holztrümmer lagen. Es schien Nacht zu sein. Aber die Nacht neigte sich schon ihrem Ende entgegen.

Je weiter er ging, desto heller wurde es an einem bestimmten Punkt am Horizont.

Dann sah er, wie sich langsam ein voller, blaßroter Mond in den leeren Himmel schob. Er ging weiter und kam schließlich an eine Stelle, wo etwas, das wie eine Landungsbrücke aussah, vom Ufer in den Fluß vorragte. Am Ufer stand ein Schuppen. In der Form erinnerte ihn das Gebäude an einen übergroßen Sarg. Er suchte eine Tür. Es gab keine Tür. Er suchte nach Fenstern. Es gab keine Fenster. Dann hörte er Hundegebell und das leise Rieseln von Lavasand. Ein Wesen, das statt eines menschlichen Kopfes einen Hundeschädel auf den Schultern trug, stand vor ihm.

»Was willst du?« fragte das Wesen. Jessach fiel keine Antwort ein, so erschrocken war er über diese Erscheinung. Geifer troff ihr aus dem Hundemaul. Er wollte sein Schwert ziehen, aber da war kein Schwert.

»Was wirst du schon wollen«, sagte das Wesen mit dem Hundeschädel, »hinüber wirst du wollen wie all die anderen auch, oder?«

Jessach spürte, wie er nickte.

»Hast du Münzen?« fragte der Hundemensch lauernd.

»Was für Münzen?«

»Nun eben die Münzen, die nötig sind«, erwiderte das Wesen und schüttelte unwillig seinen Schädel.

Jessach wollte in die Tasche greifen. Er fand keine Taschen in seinen zerfetzten Lumpen.

»Komm her«, sagte der Hundemensch und streckte eine behaarte Tatze vor. Er riß Jessach damit die Unterlippe herab und fuhr ihm in den Mund. Jessach war es, als müsse er sich erbrechen. Der Hundemensch trat zurück.

»Keine Münzen«, schnappte er.

»Was hat das alles zu bedeuten?« hörte sich Jessach sagen.

» … daß es noch Schulden gibt, die beglichen werden müssen, ehe du hinüber darfst.«

»Was ist dort drüben überhaupt?« fragte Jessach. »Muß ich denn hinüber?«

Der Hundemensch gab ein Geräusch zwischen Lachen und Jaulen von sich. »Willst du etwa hier bleiben«, knurrte er, »warte …«

Plötzlich war er ganz und gar zu einem Hund geworden. Der scharrte im Sand, und was er ausgrub, war eine Trommel. Der Hund kauerte sich auf seine Hinterbeine. Nun schien er Jessach doch wieder ein Mann mit einem Hundeschädel. Das Wesen hielt die Trommel zwischen die Schenkel gepreßt und sprach: »Ich werde sie rufen. Dann wird man ja sehen.«

Mit den Pfoten schlug er die Trommel. Der Rhythmus schien Jessach unter die Haut zu dringen, bis er merkte, daß er gleich mit dem Schlag seines Herzens war.

Unwillkürlich blickte Jessach zum Mond, dessen volle Rundung jetzt nur noch an einem Punkt die Linie des Horizontes berührte. Zuerst mochte er dem, was er da sah, kaum Glauben schenken. Der Mond tat sich auf … Gestalten, deren Gesichtszüge er zuerst nur erahnte, traten aus dem Mond heraus, kamen über die Lavaebene immer näher.

Da war jener Pachtbauer aus Skåne, den er samt seiner Familie hatte von Haus und Hof jagen lassen, als der Mann das zweite Jahr seinen Zins nicht zahlen konnte.

Da war ein schönes Mädchen, Etain, die Tochter des Müllers aus dem Dorf, das zu seinem, Jessachs, Besitz gehörte. Als junger Mann hatte er sie verführt, und als sie ihn beschuldigte, hatte er sie mit dem Neugeborenen als Hexe verbrennen lassen. Er hatte die alte Geschichte längst vergessen oder hatte jedenfalls Jahre nicht mehr daran gedacht, aber jetzt, als Etain mit dem Kind auf dem Arm aus der grauschwarzen Ebene auf ihn zukam, fiel sie ihm in allen Einzelheiten wieder ein.

Da war auch der junge Bursche, der in seinem Forst gewildert hatte. Er trug einen Rehbock über der Schulter, so wie er ihn damals getragen hatte, aber Jessach wußte auch, daß unter dem Fell des Tieres sich blutige Striemen über den Rücken des Mannes zogen. Er hatte damals den Wilderer selbst bestraft.

Zwei Kompanien Soldaten marschierten hinter dem Jungen mit dem Rehbock in Reih und Glied. Männer, die während des Feldzugs gefallen waren, den er für den König in Norge geführt hatte. Einen großen Sieg hatte er dort errungen und war dafür mit einer Grafschaft belohnt worden.

Und abermals kamen Frauen, alte Frauen, Mütter mit mehreren Kindern, die ängstlich ihre Röcke gefaßt hielten, junge Mädchen mit rotgeränderten entzündeten Augen, die Kleider aufgerissen, die Brüste nackt, die Haare zerrauft. Schließlich ein alter Mann. Ja doch. Auch der?

Es war auch auf diesem Feldzug in Norge gewesen. Ein Holzfäller, der sich gut auskannte in der Gegend, in der sich die Schlacht abgespielt hatte. Sie hatten ihn mit einem Goldstück verlockt. Da war er mitgekommen, hatte sie geführt, in den Rücken des feindlichen Heeres. Als die Schlacht gewonnen war, waren sie noch einmal an seiner Hütte vorbeigekommen. Er hatte sich an einem Apfelbaum in seinem Garten erhängt. Die Frau kam aus der Hütte gestürzt und hatte ihnen das Goldstück vor die Hufe ihrer Pferde geworfen.

Die Trommel dröhnte.

Jessach schlug die Hand vor die Augen. Er wußte, wer da noch alles kommen werde.

Das Donnern der Trommel blieb. »Nein«, schrie er auf, »nein …! »

Er war wach. Er sprang von seinem Lager auf. Das Mondlicht schien hell in die Küche. Es war vorbei. – Nein … doch nicht. – Das trommelte immer noch. – Wo? – Es war nicht im Traum. – Das machte es noch schlimmer.

Dieses Trommeln war unerträglich.

Es mußte aufhören. Wenn so ein Trommler tatsächlich die Macht besaß, all jene zu beschwören, deren Tod er verschuldet hatte! Er spürte, daß sein Gesicht schweißüberströmt war. Er rief nach der Wache. Der Mann draußen antwortete mit der Parole. Jessach ging zu ihm hinaus.

Das Trommeln schien überall zu sein. Wo das herkomme, fragte er den Soldaten. Das wisse er auch nicht, sagte der Mann kleinlaut. »Schaff mir den Sergeanten her. Nein, warte. Ich komme mit dir. Führ mich zu seinem Quartier.«

Unterwegs sagte der Soldat: »So geht das nun schon seit Stunden. Ich war auf Wache. Ich durfte meinen Posten nicht verlassen. Es werden wohl die Waldmenschen sein.«

»Nein, es sind nicht die Norrländer.«

»Ach«, sagte der Soldat, »wer ist es dann?«

»Der Hundemann ... Wir werden dem ein Ende machen.«

»Der Hundemann?«, wiederholte der Soldat. Er begriff nicht, was damit gemeint war. Sie waren nun vor dem Haus angelangt, das sie suchten.

»Es ist merkwürdig mit diesem Trommeln«, sagte der Soldat, »zuerst meinte ich, sie übermittelten Botschaften. Sie warnten die anderen vor uns. Aber das kann es nicht sein. Es hat etwas anderes auf sich damit. Wenn man es lange hört, sieht man Bilder. Schreckliche Bilder. Längst vergessenes Zeug, an das man sich besser nicht erinnert. Geht Euch das auch so, Herr?«

Jessach gab keine Antwort. Bei sich dachte er: Es muß ein Ende haben. Das ist schlimmer als Folter. Dieses Geräusch soll aufhören. Rasch. Sofort. – Dreißig Männer rannten durch das fahle Licht dieser Stunde zwischen Nacht und Tag. Er ihnen voran. Immer noch dröhnte ihnen der Trommelklang in den Ohren, wühlte Bilder der Angst in ihnen auf, von denen keiner zu reden wagte. Der Ritter hatte befohlen: »Sucht den Trommler und tötet ihn auf der Stelle!«

Auch ohne diesen Befehl wäre jeder der dreißig bereit gewesen zu töten. Sie ließen ihre Schwerter probeweise durch die Luft sausen, um sich so Mut zu machen. Sie hasteten an den leerstehenden Hütten vorüber. Einmal im Lauf blickte Jessach in die Ferne. Dorthin, wo hinter den Hütten der Wald begann. Die Stämme – hochaufgewachsene schwarze Wächter. Gespenster auf Stelzen. Die Zweige bauschten sich zu Mantelärmeln auf, hinter denen sich Gesichter verbargen. Schwankend, weil wie aus einem Traum aufgeschreckt, unbeholfen durch ihre Größe, bewegten sich die Bäume auf sie zu. Der Waldrand wurde zur Front eines Heeres. »Sie kommen ... die Waldmenschen kommen zurück!« schrie einer, der auch dorthin geschaut hatte.

»Maul halten!«, hörte Jessach den Sergeanten hinter sich.

»Hasenfuß«, schimpfte Jessach, »das sind keine Waldmenschen. Das sind Bäume. Die Äste von Bäumen. Fürchtet ihr euch vor Bäumen?«

»Die machen uns fertig!« hörte er es hinter sich keuchend flüstern. »Bäume.« War es die Trommel, die dieses Wort ständig wiederholte, oder war es eine Stimme, die in seiner Brust eingesperrt war? Jessach wurde es kalt an den Schenkeln. Als ob seine Beine abstürben. Er vermochte sie kaum noch zu bewegen.

Von einem breiten Weg zwischen den Hütten bog der voranstürmende Trupp auf den Anger ein.

Trotz Jessachs wiederholter Kommandos, trotz ihres eigenen wütenden Willens, dieser angstanhexenden Trommelei ein Ende zu machen, blieben sie einen Augenblick alle wie gebannt stehen. Dort, wo Jessach am späten Nachmittag seine Mannschaft hatte antreten lassen, dort, wo er mit dem Dorfältesten verhandelt hatte, war ein übermannshoher Reisighaufen aufgetürmt, der lichterloh brannte. Daneben, beleuchtet von der im Funkenflug ausfasernden Lohe, saß ein Mann mit einem sonderbaren Kopfschmuck, einem Turban aus glänzendem Seidenstoff, in den ein Gebinde aus Federn gesteckt war, und trommelte. Er trug einen weiten Mantel, der ebenfalls über und über mit Federn besetzt war, so daß man im ersten Augenblick hätte meinen können, ein riesiger Vogel habe sich dort niedergelassen. Aber dann wurde Jessach an der

Bewegung der Arme gewahr, daß es ein Mensch war, der dort saß.

Mit geradezu hämischer Freude stießen die krallenhaften Finger des Alten immer wieder auf den mit einer pergamentfarbenen Haut bespannten Kasten nieder, aus dem die die Bilder hervortreibenden Rhythmen drangen.

»Die Schwerter!« hörte Jessach den Sergeanten rufen. Von dem Sturmlauf der Mannschaft wurde auch Jessach mit fortgerissen. Obwohl er gegen eine merkwürdige Lähmung ankämpfen mußte, gelang es ihm, sein Schwert aus der Scheide zu reißen. Dann waren sie heran, und er stach zwei- , dreimal zu, wie die anderen auch, stach ein auf dieses schwankende Kleiderbündel, das schon Blut spie. Darauf rannte er weiter, aus dem Lichtkreis des Feuers hinaus und blieb keuchend stehen. Er war erleichtert. Aber es dauerte einen Moment, bis er begriff, woran das lag.

Das Trommeln hatte aufgehört. Man vernahm nur noch das Zischen und Knacken der im Feuer zerspringenden kleinen dürren Äste.

Es war Jessach, als müsse er weinen. Einen kurzen Augenblick wurde er wieder das Kind, das auch er irgendwann einmal gewesen war. Er spürte Geborgenheit und empfand, was er lange nicht mehr empfunden hatte: wie schön es sein könnte, zu leben. Er sah den Sergeanten auf sich zu kommen. Von dem Gefühl, unschuldig zu sein, geborgen, blieb nichts. Sein Gesicht verzog sich zu einer höhnischen Grimasse.

»Was nun?« fragte der Sergeant, der noch außer Atem war. »Ist er tot?«

» ... so tot wie nur einer sein kann. Ich glaube, jeder der Männer hat ihm seine Klinge durch den Leib gerammt.«

»Werft die Leiche ins Feuer«, sagte Jessach mühsam, als müsse er die Worte erst wieder entdecken, »und dann laßt antreten. Wir brechen sofort auf. Wenn wir uns beeilen, sind wir noch am Vormittag am Ufer der Schwarzen Seen.«

»Ihr wollt weiter, Herr ... weiter nach Norden?«

»Ja, was denn sonst? Habt Ihr etwa gemeint, ich ließe mich von diesem Spektakel hier einschüchtern?«

»Es war ein Zaubertrommler, Herr.«

»Was kümmert uns das. Jetzt ist er tot ... oder etwa nicht?«

»Gewiß, Herr. Aber wir sind nur dreißig Mann, und dort in den Wäldern stecken hundert, die wissen, daß wir ihn getötet haben. Wir sollten erst Verstärkung heranziehen. Wir sollten zurück zum Grenzkastell.«

»Ich habe dem Fürsten des Großen Waldes einen Befehl des Königs von Svea zu überbringen und Tribut einzuziehen«, sagte Jessach großspurig.

»Herr, Ihr wißt nicht, wie groß die Gefahr jetzt geworden ist. Ihr kennt Euch hier noch nicht aus. Sonst ...«

»Es bleibt dabei.«

»Herr, ich bitte Euch. Wir laufen in unser Verderben.«

»Wie redet Ihr denn plötzlich mit mir? Was sag ich, reden ... Ihr winselt. Die Sänfte ... mein Gepäck. Das Feldzeichen vorangestellt und dann nach Norden, Marsch. Nun lauft und führt aus, was Euch aufgetragen ist, Sergeant.«

»Zu Befehl, Herr.«

Jessach schien es richtig, dem Sergeanten nachzugehen, ihn einzuholen und ihm auf die Schulter zu klopfen. »Seid unbesorgt. Ich mag mich mit den Waldmenschen vielleicht nicht auskennen, aber glaubt mir, der Feldzug gegen Norge war auch nicht gerade ein Picknickausflug. Hart durchgreifen und die Disziplin aufrechterhalten – das erwarte ich von meinen Unterführern. Darin liegt das Geheimnis unserer Siege, Sergeant.«

»Wir werden keine Boote vorfinden.«

»Dann holen wir sie uns aus einem Dorf oder wir bauen uns selbst welche.« Jessach versuchte, ermunternd zu lachen. »Denkt doch auch einmal an die Beute ... reiche Beute. Ich hatte vor, statt zweitausend Fellen viertausend zu fordern. Nach diesen Unverschämtheiten jetzt sollten es vielleicht sogar fünftausend werden. Was würdet Ihr sagen, wenn ich Euch mit fünfhundert beteiligte?«

»Wer tot ist, braucht keine Reichtümer mehr«, erwiderte der Sergeant, »so sagt man in unserem Dorf daheim. Ich beschwöre Euch, Herr, laßt uns umkehren und Verstärkung holen. Dann könnten wir es ihnen zeigen.«

»Wir zeigen es ihnen auch ohne Verstärkung, Sergeant. Verlaßt Euch darauf.«

Eine halbe Stunde später beschien die nun aufgehende Sonne einen rauchenden Aschenhaufen auf dem Anger, in dem die noch nicht völlig verbrannte Leiche des Zaubertrommlers lag.

Der Ritter schaukelte in seiner Sänfte nach Norden. Die Kettenhemden der Wachmannschaft klirrten und klimperten beim Marsch. Die Abteilung zog durch sumpfiges Gelände. Auwald. Manchmal Vertiefungen, in denen fauliges Wasser stand. Über Knüppeldämme, die wohl die Waldmenschen angelegt haben mochten. Rechts und links knisterte Schilf. Hin und wieder flog ein Entenschwarm hoch. Im Wasser, das nirgends fern war, quakten die Frösche. Das Wasser hatte Augen. Aber sie blickten nur Jessach an.

Gegen Mittag erreichte die Abteilung die Schwarzen Seen. Zu ihrem Erstaunen fanden sie am Ende des Knüppeldamms in einem kleinen natürlichen Hafen am Rand des Schilfdickichts fünf Boote festgemacht. Jessach bekam gute Laune.

»Was sagt Ihr jetzt, Sergeant«, meinte er aufgekratzt, »es scheint sich herumgesprochen zu haben, daß es besser ist, unser Wohlwollen zu gewinnen. Oder seid Ihr immer noch anderer Meinung?«

»Vielleicht habt Ihr recht, Herr. Ich traue den Halunken immer noch nicht über den Weg.«

»Wir sind die Gesandtschaft einer Großmacht. Mir scheint, in diesem Dorf, das hinter uns liegt, hatten wir es mit der Bevölkerung eigenwilliger Randgebiete zu tun. Die Halunken der Halunken. Mit der Entfernung vom Fürstenhof nimmt überall die Selbstherrlichkeit zu. Vielleicht sind sie auch beschämt, daß sie so töricht vor uns davongelaufen sind, und versuchen nun, die Brüskierung wieder gutzumachen, bevor wir uns beim Fürsten des Waldes beschweren.«

Die Überfahrt ging sehr langsam vonstatten. Das schwarze brakige Wasser der Sumpfseen war nicht sehr tief. An den meisten Stellen konnte man nicht rudern, sondern mußte die schmalen langen Nachen stakend vorwärtsbewegen. Die Mückenschwärme waren so dicht, daß sie manchmal die Sonne verdunkelten. Immer wieder kam man an kleinen Inseln vorüber, auf denen Wollgras stand und Enten dösten, die beim Herannahen der Kähne mit einem Geräusch, das an eine Ratsche erinnerte, hochflogen. Die Luft war feucht. Es war stechend heiß.

Das ewige Quaken der Frösche machte den Ritter nervös. Einmal sah er eines der Tiere auf dem Blatt einer Seerose sitzen. Es war dreimal so groß wie die Frösche, die er aus seiner Heimat kannte, auch nicht grün, sondern haferfarben. Zuerst war er geneigt, den unförmigen Haufen auf dem idyllischen Blatt für Pferdedung zu halten. Aber dann schraubten sich aus dem gelblichen Mist, der da lag, zwei gallerthafte Punkte an Muskelsträngen hervor, die ihn herausfordernd anstarrten. Höhnende Bedrohung ging von den Augen des Tiers aus. Er befahl den Stakenden, den Nachen näher an das Blatt heranzulenken. Er zog sein Schwert, aber gerade, als sie bis auf Reichweite heran waren, stieß der riesige Frosch einen höhnischen Laut aus und sprang ins Wasser. Jessach konnte von Glück sagen, daß er von der Wucht des Hiebes, den er geführt hatte, nicht über Bord stürzte.

Die Männer an den Stangen unterdrückten ein Grinsen, und er ärgerte sich, daß er sich von einem Frosch zu einem solchen lächerlichen Kraftakt hatte verleiten lassen.

Später versank die Sonne hinter Schilffeldern im Westen und immer war die Uferlinie noch nicht in Sicht. Jessach dachte unruhig daran, wie es sein werde, wenn sie die ganze Nacht auf dem Wasser würden verbringen müssen. Er erwog schon, auf einer der kleinen Inseln ein Lager aufschlagen zu lassen, da erschallte aus dem vorausfahrenden Nachen der Ruf: »Strand in Sicht.«

In der Ferne war jetzt am Himmel ein Streifen schwefelgelb, der Rand in der Höhe aber war bläulichweiß. Einige kleine graue Wolken trieben dahin, auf die ein Widerschein der eben untergegangenen Sonne fiel. Das Wasser wirkte jetzt noch schwärzer als bei Tag. Wie Lack. Abgesehen von den Linien, die durch das Staken entstanden, war darin kaum eine Bewegung zu sehen. Es schien, als ob es langsam selbst zu Nacht werde.

»Wird es ein Dorf geben am Ufer?« fragte Jessach den Sergeanten, der hinter ihm im Boot stand und sich anstrengte, im Zwielicht die Küstenlinie auszumachen.

»Nein«, sagte der Sergeant, »ihre Siedlungen liegen jenseits des Bannwaldes.

»Dann übernachten wir auf dem Strand.«

Der Gedanke an den Großen Wald verursachte dem Ritter Unbehagen. Hinter dem Bannwald? Was bedeutete das nun schon wieder?

»Ich weiß nicht recht«, meinte der Sergeant und rieb sich das Kinn, »auf den Bäumen oben wären wir vielleicht sicherer.«

»Wie meint Ihr das … auf den Bäumen?«

»Ihr werdet gleich sehen, Herr. Ein paar Schritte vom Ufer fort, und der Wald beginnt. Einzelne alte Mammutbäume. In der Mehrzahl sehr hohe Buchen und Fichten. In ihrem Schatten sind Eichen und Ahorn nicht ganz so hoch aufgewachsen. Das ist der Bannwald. Unten ist ganz und gar kein Durchkommen. Ein Dschungel aus Sträuchern und Dornhecken. Aber wir sollten die Trittäste finden, die auf die Höhe der Bäume hinaufführen. Dort oben auf den Wipfeln läuft der Weg, und da werden uns die Waldmenschen nie und nimmer angreifen.«

»Wollt Ihr Euch über mich lustig machen … ein Weg über einen Wald hin?«

»Kurios, gewiß, aber es verhält sich so wie ich Euch sage.«

»Und weshalb sollten wir gerade dort oben besonders sicher sein?«

»Weil dieser Bannwald für sie heilig ist. Es gibt da eine Sage. Sie meinen, er sei ein Wesen, oder vielmehr, die Mammutbäume seien Riesen, die, zu Bäumen verwandelt, ihr Reich schützen.«

»Dummes Zeug«, raunzte der Ritter.

»Nein«, sagte der Sergeant, »wovor man sich aber dort oben hüten muß, sind Luchse und Stürme.«

Jessach sann immer noch über die Unwahrscheinlichkeit eines Weges über die Baumwipfel eines ganzen Waldes nach, als ihn das Knirschen von Sand aus seinen Gedanken hochschrecken ließ. Die stakenden Männer stießen einen Freudenschrei aus, während Jessachs Blick auf den fetten Mond fiel, der seitwärts, von ihm nicht beachtet, aus dem Wasser aufgestiegen war.

»Verzeiht, Herr«, sagte der Sergeant, »ohne ein paar Schritte durchs Wasser wird es nicht abgehen. Beladen ist das Fahrzeug zu schwer, um noch näher heranzufahren.«

Zwei der Nachen waren schon auf den Strand gezogen, weitere näherten sich rechts und links von Jessachs Boot dem Ufer. Wie in Trance auf den Mond hinstarrend, stieg Jessach aus dem Boot. Das Wasser ging ihm bis knapp über die Knöchel. Neben ihm waren die Männer damit beschäftigt, die Sänfte aus einem der Nachen an Land zu bringen.

Er wollte in der Sänfte übernachten. Das mochte unbequem sein, aber es schien ihm immer noch einladender als auf den Baumwipfeln. Der Sandstreifen an Land war schmal, keine zwanzig Schritte vom Wasser entfernt begann schon der Wald.

»Fackeln!« befahl der Sergeant.

Es dauerte eine Zeit, bevor die Männer damit zurechtgekommen waren, die Holzscheite, die an einem Ende mit langsam brennendem Baumharz getränkt waren, aus dem Gepäck hervorzuholen und anzuzünden.

»Leuchtet uns«, sagte der Sergeant und schritt mit den Bränden und den am Boden zuckenden Fackeln auf die schwarze Mauer zu, als die sich der Wald darbot.

Jessach folgte den Männern. Sie suchten etwas, hielten jetzt die Fackeln tiefer.

»Da«, sagte der Sergeant und deutete auf einen phosphoreszierenden Stein, »das führt uns zu den Trittästen. Wir haben Glück gehabt, daß wir so rasch darauf gestoßen sind. In Abständen von tausend Schritt finden sich solche Wegweiser.«

Vom See her hatte sich der Bannwald ausgenommen wie eine dunkle abweisende Masse. Jetzt, aus der Nähe, ließen sich Einzelheiten erkennen und Jessach sah, daß es tatsächlich drei Wälder von verschiedener Höhe waren, die sich ineinanderschoben, miteinander verwachsen waren.

Die Mammutbäume, deren Stämme kein Ende zu nehmen schienen, so weit man auch den Kopf in den Nacken legte, mußten die legendären Wächter sein. Sie standen in beträchtlichen Abständen voneinander und überragten, die Wipfel gewaltigen Helmbüschen gleich, die Buchen und Fichten, die auch schon an die zwanzig, dreißig Meter hoch sein mochten und das Gros der Bäume ausmachten. Zwischen ihnen drängten knorrige Eichen mit von der Witterung zerborstenen Stämmen zum freien

Himmel. Nahe dem Boden bildeten Birken, Haselnußstauden und Holunderbüsche, durchwunden von Efeu, wildem Geisblatt und übermannshohen Brombeerhecken, ein tausendfach verflochtenes Dickicht.

»Da …!« rief der Sergeant triumphierend, »die Trittäste.«

An einer Fichte, deren Stamm so breit war, daß sie ein ausgewachsener Mann nur mit Mühe hätte umspannen können, waren in bestimmten Abständen nach oben die Äste derart beschnitten, daß sich ganz deutlich eine Folge von Sprossen ergab. Jessach grauste es davor, dort hinaufsteigen zu sollen, aber es erschien ihm plötzlich einleuchtend, daß man da oben sicherer war als auf dem Strand.

»Und die Sänfte?« fragte er.

»Ihr seht ja selbst … man wird sie hier unten zurücklassen müssen. Dort oben kommt man nur zu Fuß voran.«

Jessach wollte ihn fragen, weshalb man dann die Sänfte überhaupt bis hierher mitgenommen habe. Aber angesichts des Sachverstandes, den der Sergeant bisher immer bewiesen hatte, fürchtete er, dieser könnte ihn auch jetzt mit einer plausiblen Antwort beschämen.

»Nun ja«, sagte er mit einer Forschheit, die Furcht verriet, »dann also hinauf! Es bleibt uns ja wohl keine andere Wahl.«

»Wartet noch einen Moment, Herr«, sagte der Sergeant, »ein paar der Männer sollen mit Fackeln und Speeren Fische stechen, sie am Feuer braten und uns dann hinaufbringen. Gewiß seid auch Ihr hungrig.«

»Schrecklich hungrig, und auch durstig. Sagt dem Dolmetscher, er soll die Kruke mit dem Met nicht vergessen, die wir aus dem Dorf mitgenommen haben.«

Während der Sergeant mit den beiden Fackelträgern noch einmal zu den Nachen zurückging, um den Männern dort seine Anweisungen zu geben, wartete Jessach vor dem Stamm mit den Trittästen. Hier war es dunkler als auf dem Strand. Er wandte den Kopf zur Seite und sah zum Mond. Er hatte gehofft, dessen mildweißliches Licht werde die Unruhe, die er in sich verspürte, beruhigen. Aber sogleich wurde er an das Traumbild vom Mond in der letzten Nacht erinnert, und es grauste ihm bei dem Gedanken, demnächst könne das Gestirn sich auftun und der Zug seiner Opfer werde abermals auf ihn zu marschieren. Er sah zu Boden und versuchte, an etwas Angenehmes zu denken. Es kam aber nur jene Empfindung in ihm auf, die die Berührung der weichen Felle mit den Fingerspitzen am vorigen Tag in ihm ausgelöst hatte. Doch auch diese Erinnerung erfüllte ihn mit Furcht, weil er gleich wieder darüber ins Grübeln geriet, wie die Felle wohl verschwunden sein mochten. Das Geräusch von Schritten hinter seinem Rücken ließ ihn hastig herumfahren. Es war der Sergeant mit der Mehrzahl der Soldaten.

»Laßt drei oder vier vor Euch in den Baum einsteigen und klettert dann auch hinauf«, hörte Jessach ihn sagen. Er war bereit, dem Sergeanten blind zu vertrauen. Wie töricht, sich vorzunehmen, die Nacht in der Sänfte nahe dem Wasser zu verbringen. Aber wie würde es dort oben aussehen? Er konnte sich einfach nicht vorstellen, daß es da in der Höhe einen Weg geben sollte.

Der Sergeant und nach ihm drei Soldaten stiegen geschickt in den Baum ein. Dann kam die Reihe an Jessach. Sein schwerer Panzer war ihm lästig, als er sich zum ersten

Trittast hinaufmühte. Am liebsten hätte er ihn ausgezogen und hinabgeworfen. Ab dem dritten oder vierten Trittast ging es schon leichter voran. Es blieb ihm wenig Zeit, seiner Furcht weiter Beachtung zu schenken, denn hinter ihm kamen weitere Soldaten, und er war fest entschlossen, beim Aufstieg keine schlechte Figur zu machen. Es war jetzt tatsächlich so, als steige man eine Leiter aufwärts. Er war bereit zuzugeben, daß die Waldmenschen sich da etwas ausgedacht hatten, das an Einfachheit und Zweckmäßigkeit seinesgleichen suchte.

Immer noch war das Ende des Steigbaumes nicht abzusehen. Einmal schaute er, sich mit der Hand sichernd, seitwärts. Er lehnte sich weit über, erkannte tief unten das Feuer auf dem Strand, das inzwischen von den unten zurückgebliebenen Soldaten zum Fischebraten angezündet worden war. Darauf kletterte er beruhigt weiter.

Plötzlich hörte er ein trockenes, splitterndes Geräusch über sich. Er meinte, wieder zu träumen. Der Mann über ihm stieß einen gellenden Schrei aus, sackte in sich zusammen, stürzte und streifte ihn im Fallen. Jessach verlor das Gleichgewicht. Von überall her hörte er Schreie und die Geräusche brechender Äste. Wieder sauste etwas seitwärts an ihm vorbei, das schneller fiel als er. Ein Ast peitschte ihm quer übers Gesicht, zerriß ihm die Haut. Jessach schrie, blieb in Ästen hängen, den Kopf nach unten, um sich geheimnisvoll raschelnde Blätter. So starrte er abwärts, während ihm das Blut die Augäpfel aus dem Kopf zu pressen schien.

Seine Finger suchten unsicher in dem knisternden Gestrüpp unter sich. Da war kein Halt. Auf dem Kopf stehend, blickte er auf das Feuer hin, an dem sich Unglaubliches zutrug. Schilfbündel hatten sich von hinten auf die Kettenhemden gestürzt, die dort standen. Sie bogen die Soldaten, denen stöhnendes Schreien entfuhr, vornüber in die Glut des Feuers, bis sie erstickt waren.

Über ihm und unter ihm – vielleicht auch neben ihm, genau ließ sich das schwer ausmachen, erschienen Menschen (oder waren es Menschen und Tiere?) in einen wütenden Kampf verbissen. Auf all das grinste gelassen der fettrunde weiße Mond.

Jetzt kam Jessach mit seinen strampelnden Beinen frei. Äste schrammten über seine Wange, während er weiter hinabstürzte. Feuer zuckte über seine Augen hin. Er wußte nicht, war es ein Blitz oder ein brennender Ast. Dann kam der Aufschlag, nach dem er betäubt liegenblieb. Aber sofort hagelte es Schläge. Jemand hieb mit einer Steinaxt auf seinen Kopf ein. Dann rann ein spitzer Schmerz durch seinen Rücken, zerstückelte seine Gedanken. Seine Seele entwich aus einem Körper, dessen Haut stinkend verschmorte – ein Leuchtfaden, einem Glühwürmchen ähnlich, rieb sie sich auf dem körnigen Sand, fuhr in das schwarze Wasser des Sees und wurde von einer Kröte verschluckt, der es im Maul davon brannte und die sie sofort wieder ausspie.

Esnir, einer der Söhne des Zaubertrommlers Nogal, die den Hinterhalt an dem Baum der Trittäste gelegt hatten, stand vor dem Feuer und sah auf die vier Kettenhemden hin, die von seinen mit Schilfbündeln getarnten Männern, Kopf voran in die Glut gepreßt worden waren.

»Wieviel hast du gezählt?« fragte er seinen Bruder, der erschöpft auf ihn zukam.

»Dreißig. Unser Vater ist gerächt. Keiner der Barbaren ist entkommen.

»Hilf mir«, sagte Esnir zu seinem Bruder, »wir wollen ihre Leichen aus der Glut ziehen. Dieser Gestank ist eine Beleidigung für die Bäume und für das Schilf.«

»Bist du sicher, daß sie tot sind?«

»So tot wie die Fische, die sie gebraten haben«, sagte Esnir. »Sie sind in diese Falle getappt wie Eichhörnchen.«

»Jetzt sag nur noch, es tue dir leid um sie.«

»Ihre Geister tun mir leid«, sagte Orn, »wo wollen sie hier Zuflucht finden, he! Und zurück in den Süden werden sie sich auch nicht wagen ... von wegen der Schande.«

»Und der Geist unsres Freundes Pohul, der Geist der Erle?«

»Sie sind im Reich der Schwarzen Fürsten. Bru hat uns Kraft verliehen. Undenkbar sonst, daß wir mit dreißig schwer bewaffneten Männern fertig geworden wären.«

»Unsere Männer wollen ein Fest.«

»Und ich sage: wir feiern erst morgen den Sieg. Töten macht müde, die Luft ist voller schlechter Vibrationen«, sagte Esnir.

Einer von denen, die sie für den Überfall angeworben hatten, kam heran. »Eisen«, sagte er, »alle haben sie Eisen auf dem Leib. Die Männer sind ganz verrückt nach all dem Eisen.«

»Sie werden warten können«, sagte Esnir, »morgen früh wird geteilt. Und dann feiern wir. Sag ihnen: beim dritten Eulenruf fahren wir ab zur Wollinsel. Es ist sicherer so. Man kann nicht ausschließen, daß sich noch mehr von diesen Halunken hier herumtreiben.«

Drittes Kapitel

Madrus Kindheit · Ein Skalde kommt · Madru und Eigar unter den Schwingen der beiden Greifen · Seine erste Liebe

In diesem Sommer war der Junge fünfzehn Jahre alt. Er wirkte mager und hochaufgeschossen und war hellblond. Wenn man ihn ansah, beeindruckten am meisten seine großen, weit aufgerissenen Augen, die immer in die Welt blickten, als sei er gerade einem Wunder begegnet und davon noch etwas geblendet. Der Junge hieß Madru und gehörte zum Haushalt des Jarl Aldur auf Skolund. Die Mutter war eine Sklavin, die in der Küche Dienst tat. Sie hatte den Namen Orna. Von dem Vater des Jungen ging das Gerücht, er sei, vor dessen Geburt noch, von einem Baum erschlagen worden. Wie die meisten Vierzehnjährigen war Madru im letzten Jahr als Treiber bei den Jagden mitgegangen, ohne sich allerdings besonders auszuzeichnen. In zwei Jahren würde er in der Miliz Dienst tun. In diesem Jahr hockte er zusammen mit den beiden Söhnen des Jarl im Schreib- , Lese- und Rechenkurs. Der Jarl hatte die Teilnahme eines Sklaven an den Schulstunden, die gegen Sitte und Gewohnheit verstieß, damit zu rechtfertigen versucht, daß er den Jungen später als Schreiber verkaufen wolle. Im Unterricht mußte Madru sich nicht eben übermäßig anstrengen. Während den beiden anderen der Stoff durch häufige Wiederholung gewissermaßen eingetrichtert werden mußte, begriff er rasch und behielt, was er einmal aufgenommen hatte, für immer.

Es war für den eulengesichtigen Magister, einen Mann, der im Ruf stand, weit in der Welt herumgekommen zu sein, erst recht aber für die Söhne des Jarl etwas peinlich, daß ausgerechnet der Sohn einer Sklavin fast mühelos lernte und auch vom Lernen nie genug bekommen konnte. Die anderen Jungen nannten ihn einen Streber. Sie ließen keine Gelegenheit aus, ihm seine Intelligenz, bei der es ihrer Meinung nach nicht mit rechten Dingen zuging, als Vergehen anzurechnen.

Im übrigen war Madru auf der Hofstatt beliebt, denn er war ein guter Kassarspieler. Trotz seiner Magerkeit und nicht allzu großer Körperkräfte gefiel er durch seine fast tänzerisch wirkende Gewandtheit und seinen geradezu störrischen Einsatzwillen. Ein guter Kassarspieler zu sein, galt viel auf den Hofstätten an der Grenze. Für diesen Sport begeisterten sich alle. Selbst der Jarl ließ es sich nicht entgehen, das Endspiel der Meisterschaft, die unter den Mannschaften von jeweils zehn Hofstätten ausgetragen wurde, anzuschauen, und es hatte seinem Stolz geschmeichelt, daß beim Winterpokal, bei dem Madru zum ersten Mal in der Ersten Mannschaft eingesetzt worden war, dieser im Finale durch einen bravourösen Vorstoß von der Vierzigfuß-Linie zum Mal den Cup für Skolund hatte gewinnen helfen.

War der späte Vormittag mit dem Kassartraining ausgefüllt und hielt am Nachmittag Magister Kelby seine Schulstunden ab, so erwartete man, daß ein Sklavenjunge am Morgen in einer der Werkstätten zur Hand ging, oder bei Arbeiten in der Küche half.

Die Aufträge, die er auszuführen hatte, erfuhr er schon jeweils am Abend zuvor, und es gab beliebte, unbeliebte und scheußliche Arbeiten. Zu den scheußlichen gehörte beispielsweise, alle Nachttöpfe der Herrschaften auf einem Sickerfeld zu entleeren und sie dann zu putzen. Beliebt, zumindest bei Madru, war der Fischfang, weil man dabei, wenn man sich aufs Angeln verstand, auch einmal dösen und träumen konnte ... auch Bälgetreten in der Schmiede tat er gern, weil Kultan, der Schmied, ein Mann war, der von weit aus dem Osten stammte und mancherlei Wunderdinge über sein Heimatland und die Länder zwischen dort und hier zu erzählen wußte.

Seit im vorletzten Winter der alte Skalde gestorben war und der Jarl es nicht für nötig befunden hatte, einen neuen in Kost und Logis zu nehmen, fehlte Madru etwas. Zwar war Orna, seine Mutter, unter den Sklavinnen und Sklaven als gute Geschichtenerzählerin bekannt, aber sie erzählte, wenn er sie darum bat, eben nur Sklavengeschichten, kurze Anekdoten, mit einer dick unterstrichenen Moral. Madru hingegen war an Sagas und wilden Zaubermärchen gelegen, in denen eine Gesa den Helden zu schwer erfüllbaren Aufgaben in einem Land hinter dem Horizont verpflichtete, die dieser Wunderkerl dann doch jedes Mal noch löste, sei es durch die Unterstützung treuer Tiere oder durch den Einsatz von Zauberei.

Als Sklavenjunge war Madru zu den Erzählnächten in der großen Halle nicht zugelassen. Solche Vergnügungen waren nur für die Söhne des Adels und der Freisassen bestimmt. Aber er hatte es einzurichten gewußt, dennoch dabei zu sein – heimlich.

In der großen Halle auf der Galerie hing ein riesiger Teppich, das Wappen des Jarl, zwei schwarze Greifen, abbildend. Das Gewebe war schon etwas fadenscheinig geworden. Auf die Galerie hinauf und hinter das Abbild der beiden Raubvögel gelangte Madru mit einer nicht ungefährlichen Kletterpartie über einen hohen Eichbaum und durch eine Dachluke. Das war allemal ein gewagtes Unternehmen, nicht nur wegen der verbotenen Wege durch die Nacht – es war Sklaven untersagt, sich nach der zehnten Stunde im Freien aufzuhalten –, mehr noch wegen des Risikos, in der Halle selbst oder auf dem angrenzenden Flur entdeckt zu werden. Nie hatte Madru, was seine nächtlichen Ausflüge anging, seine Mutter ins Vertrauen gezogen, wenngleich sie, durch die Geschichten, die er am Tag danach voller Begeisterung nacherzählte, wohl ahnen mochte, was er da trieb. Aber sie fragte nie weiter nach. Manchmal schien sie zu schmunzeln, und was sie nicht ausdrücklich mißbilligte, mochte wohl als geduldet hingehen.

In Madrus Augen war seine Mutter die beste Frau der Welt. Geborgenheit und Wärme gingen von ihr aus. Sie konnte sich nie zu Unterwürfigkeit verstehen, womit die anderen Sklavinnen ihr Los zu erleichtern suchten. Sie kam ihm außerordentlich gerecht vor. Er bewunderte ihren Stolz und ihre Unabhängigkeit. Mit ihm war sie streng, ließ ihm nichts durchgehen. Madru liebte den Geruch ihrer Haut wie den Geschmack ihrer Kuchen. Er wäre bereit gewesen, sich für sie in Stücke reißen zu lassen, und er konnte sich nicht vorstellen, je von ihr getrennt zu werden. Bis zu seinem zehnten Lebensjahr hatte er auf einem Lager in der Sklavenhütte neben ihr geschlafen. Als es dann geheißen hatte, er sei nun zu alt hierfür und müsse in den Saal der jungen Burschen überwechseln, wo zunächst jeder Neue allerlei grausamen Mutproben unterworfen wurde, hatte er lange geweint … heimlich, wohlverborgen in jenem riesigen Dickicht, in dem er einmal sogar auf einen Luchs gestoßen war. Es lag einen Steinwurf weit vom Gehöft entfernt. Es sollte immer wieder einmal niedergebrannt werden, aber da sich in unmittelbarer Nähe ein Erlenwäldchen befand, unterblieb dies, weil man fürchtete, die Flammen könnten auch die heiligen Bäume beschädigen.

Nun war vor geraumer Zeit etwas geschehen, was Madru immer noch stark beschäftigte. Nach den Zwölf Nächten, schon gegen das Frühjahr hin, hatte der Nachbar des Jarl seinen Märchenerzähler herübergeschickt. Es war dies eine artige Geste, wie sie einem ritterlichen Herrn gut anstand, aber die Artigkeit war gewiß auch nicht ganz ohne boshafte Hintergedanken. Indem jener Nachbar, Jarl Oeselrit, seinen Skalden nach Skolund auf Besuch schickte, wies er, wenn auch diskret, darauf hin, daß sich sein Nachbar selbst keinen Skalden halten konnte. So jedenfalls sahen es die Küchensklaven.

Jarl Aldur hatte beim Empfang des fremden Skalden, der zusammen mit einem jungen Mann und zwei älteren Männern gekommen war, an honigsüßen Worten des Dankes nicht gespart. Er hatte gerühmt, welch gefälligen und aufmerksamen Nachbarn er doch habe, daß dieser sich seines Skalden für ein paar Tage entäußerte, nur damit sein Waffengenosse und dessen Hausstand durch die kurzweiligen Erzählungen dieses Mannes unterhalten und aufgemuntert würden in den Tagen, da die Dunkelheit besonders drückend auf der Welt laste und alle Menschen grämlich stimme. So oder ähnlich hatten seine Begrüßungsworte auf der Schwelle gelautet. Für Madru, der sie etwas entfernt stehend mit anhörte, war es beschlossene Sache gewesen, daß auch er an dieser Wohltat teilhaben werde, freilich im Verborgenen, hinter dem großen Wandteppich mit den beiden Greifen. Als er aber in der zweiten Erzählnacht – so eine rechte Skaldengeschichte lief über sieben Nächte, und hier wurde die allseits beliebte Geschichte vom Schwarzen Dieb zu Gehör gebracht – nach der üblichen Kletterpartie, bei der es ohne Schrammen an Knien und Händen nicht abgegangen war, sich auf der Galerie an seinen Platz stehlen wollte, fand er diesen schon besetzt. Das Erstaunen war beiderseitig. Dort stand nämlich Eigar, die hübsche siebzehnjährige Tochter seines Trainers Thorvalt, ein dunkelhaariges Mädchen, die etwa einen Kopf größer war als der blonde Junge, der da am Abend unter den Vorhang tauchte, während unten die Gespräche der Erwachsenen noch stimmten und die Kienspäne blakten. Was sie denn hier zu suchen habe, fragte er wütend, meinte er doch auf diesen Platz ein Gewohnheitsrecht geltend machen zu können. Das frage sie ihn, gab sie zurück, ob er nicht wisse, was einem Sklavenbengel blühe, wenn man ihn hier erwische?

»Psst, nicht so laut«, sagte er und wagte es, ihr seine Hand auf den Mund zu legen, um zu verhindern, daß sie beide entdeckt würden. Eigar schüttelte sie mit einer unwilligen Kopfbewegung ab, sagte aber nun für eine Weile nichts mehr.

»Nun verschwinde schon«, drängte er sie dann.

»Warum ich...warum nicht du?«

»Dies sind Männergeschichten, die Frauen nichts angehen«, flüsterte er großspurig.

»Männergeschichten, die Sklaven nichts angehen, meinst du wohl!«

Sie blieb.

Es war ihm nicht recht, daß dieses Mädchen neben ihm stand, aber so unrecht war es ihm auch nicht. Es verschärfte jenen Kitzel des Verbotenen, denn ertappte man sie hier beide, dann war das ein Vergehen, das noch ganz anders bestraft wurde als nur mit Stockschlägen, bei denen er, um sich den Schmerz nicht anmerken zu lassen, nur die Zähne fest auf die Unterlippe pressen mußte. Wie sie nur darauf gekommen sei, sich hierherzustehlen, wunderte er sich.

Sie ließ ein unterdrücktes Lachen hören und sagte dann: »Ich habe dich beobachtet.«

»Du hast ... was?«

»Ich sah einmal, wie du auf den Baum klettertest, spät am Abend.« Schweigen. Er mußte mit diesem Sich in seine Geheimnisse Stehlen erst fertig werden. Es war ein Zufall gewesen, aber der Wunsch, ihm ihre Überlegenheit zu beweisen, um nicht doch noch von ihm vertrieben zu werden, ließ sie zischeln: »Ich weiß mehr über dich als du denkst.«

War es zu fassen! Es war ihm, als stehe er bis auf die Seele nackt vor ihr. Nur gut, daß es unter dem Gewebe dunkel war und sie unmöglich bemerken konnte, wie er errötete, trotz seiner Winterbleiche. Er bedachte all jene kleinen Geheimnisse, die er vor anderen hatte und sann darüber nach, wie sie es fertiggebracht haben mochte, ihn unbemerkt zu beobachten.

»Das glaubst du doch selbst nicht«, sagte er voller Verächtlichkeit, worauf neben ihm wieder ein leises Lachen zu hören war, das ihn reizte, einen Ringkampf mit ihr anzufangen. Aber ach, sie war ja ein Mädchen! Und selbst wenn er gewisse sanftere Umgangsformen mit dem anderen Geschlecht, wie sie ihm in seiner Erziehung wohl nahegelegt worden waren, zu mißachten bereit gewesen wäre, unter dem Teppich war an ein solches Gerangel nicht zu denken. Nervös rieb Madru mit seinen Handflächen über seine Hosenbeine. Gleich darauf drang das dreimalige Aufstampfen des Stabes zu ihm herauf, das anzeigte, daß nun der Skalde sogleich zu erzählen beginnen werde. Über den Worten der Geschichte vergaß Madru für eine Weile selbst das Mädchen neben sich.

Nur dieser Duft blieb, ein Duft, der an den anderen Abenden nicht dagewesen war. Da hatte es nur nach Staub und Spinnweben gerochen. Ein Duft, von dem er zunächst annahm, daß ihn der Skalde in der Halle mittels eines nur ihm bekannten Zaubers als Zutat zu seiner Geschichte ausstreue, bis Madru bemerkte, daß er vom Atem und der Haut dieses nun zunehmend wunderbaren Wesens herrührte, das neben ihm stand.

Als dann der Schwarze Dieb, von dessen Abenteuern der Skalde so anschaulich zu erzählen wußte, das erste Mal in Bedrängnis geriet, sich nämlich unvermittelt drei Riesenkerlen gegenübersah – was wehte da mit dem Duft, dessen Eigenart Madru vergeblich genauer zu bestimmen versuchte (roch das nach Brombeeren, nach Quitten, nach Minze oder ganz einfach nur nach frischem Gras, auf das Regen gefallen ist?), mit zu ihm herüber? Nichts anderes als die von Eigar vielleicht nur so vor sich hingemurmelte Feststellung, sie fürchte sich.

Es sei eine Geschichte, nichts als eine Geschichte, versuchte er, sie zu beruhigen.

Worauf er sie seufzen und nur aussprechen hörte, was in jenem Augenblick jeder unter den Zuhörern dachte: »Ach, wenn nur ein Ritter käme!« Dabei fühlte er, wie Eigar seine Hand ergriff und sie vor Erregung fest drückte.

Nun war Madru selbst viel zu begeistert von Ritter- und Zaubergeschichten, als daß er nicht bedingungslos in diese Forderung eingestimmt hätte, daß ein Ritter her müsse, wo ein Ritter gebraucht wird. Und weil dieser in der Erzählung länger auf sich warten ließ als dies billig schien, löste Madru seine Hand aus der des Mädchens, und legte sie beschützend, gleichsam in Vertretung des ausbleibenden Ritters, um ihre Schultern und zog Eigar und mit ihr den schönen Duft näher zu sich heran. So verharrten sie auch weiter, als sich zwar im Märchen immer noch kein Ritter hatte blicken lassen, es aber dem Schwarzen Dieb längst gelungen war, die drei Riesenkerle durch den Griff nach der Zaubernuß davon zu überzeugen, daß sie besser daran taten, sich ihm als Hilfswillige im Kampf gegen den schauerlichen Drachen anzuschließen, den zu besiegen ihm aufgetragen war.

Nicht weniger und nicht mehr ereignete sich zwischen dem Jungen und dem Mädchen in dieser Erzählnacht und in den folgenden drei Nächten, als Madru und Eigar unter dem schweren Teppich, in den das Wappen des Jarl Aldur eingewebt war, gemeinsam andächtig lauschten.

Doch in der sechsten, der vorletzten Nacht geschah dies: Als sie nämlich, vorsichtshalber kurz vor Ende der Erzählstunde, auf Zehenspitzen hinausschlichen, als von ihm ein leises »Gute Nacht« geboten, das von ihr noch leiser beantwortet worden war, griffen plötzlich ihre Hände zielsicher und gar nicht ungeschickt seinen Kopf und zogen ihn in die Nähe des schönen Dufts, und Madru verspürte, welche Empfindungen ein Kuß auszulösen vermag.

Es war angenehm. Es war mehr als angenehm. Wie sollte man es nennen, was den ganzen Körper durchkitzelte, schärfer als die Erregung bei einer immer rascher werdenden Schußfahrt auf einem Schlitten, herrlicher als das Gefühl, das einen überkam, wenn man aus dem heißen Badehaus hinausrannte und sich draußen im Schnee wälzte – es war Glück. Ja, danach wußte er, was dieses Wort wirklich bedeutete.

Als er wieder zur Besinnung kam, als er sich diese Lust, die er eben entdeckt hatte, noch einmal verschaffen wollte und fand, nun dürfe die Initiative dazu wohl auch von ihm ausgehen, war das Mädchen fort. Er tröstete sich damit, daß der Skalde immerhin noch einen Abend erzählen werde. Doch an diesem letzten Abend kam Eigar nicht. Madru wartete das Ende der Geschichte nicht ab. Es roch wieder nur noch nach Staub und Spinnweben. Das machte ihn traurig. Erschreckt stellte er fest, daß Eigar ihm wichtig geworden war, so wichtig, nein wichtiger noch als die schönste Geschichte. Nur mit dem Mädchen, seinen Arm um ihre Schultern gelegt, mit den Fingerspitzen ihre Brüste berührend, hatte die Geschichte Glanz und Wunder gehabt.

Er stahl sich davon, aber statt sich in der Hütte der jungen Männer schlafen zu legen, kroch er in sein Versteck und blieb dort bis zum Morgen hocken. Es war ihm, als habe er etwas vergessen. Es wollte ihm nicht einfallen, was es gewesen war. Zum zweiten Mal in seinem Leben spürte er, was Einsamkeit ist. Die anhaltende Traurigkeit darüber, daß sie nicht gekommen war, würgte die Frage, die er den ganzen Tag mit sich herumgetragen, für die er immer wieder Worte zu finden versucht hatte, in ihm ab. Sie saß ihm wie ein Kloß im Hals, und doch konnte er sich nicht einmal daran erinnern, was er hatte fragen wollen. Es fiel ihm erst ein, als er Eigar zwei Tage später im Flur vor der Küche sah. Sie wollte rasch an ihm vorbei. Er faßte sie ziemlich grob am Arm.

»Laß mich los, du dummer Kerl. Du tust mir weh!« Sie schüttelte seine Hände ab und verzog wütend das Gesicht.

»Es hat mir auch wehgetan, als du nicht mehr gekommen bist.«

»Madru«, sagte sie geniert, »wenn uns hier einer sieht!«

»Wenn uns dort oben jemand gesehen hätte?«

»Was willst du?«

»Ich muß dich etwas fragen. Es ist wichtig. Komm heute abend hinauf auf die Galerie.«

»Bist du toll?«

»Warum nicht? Also gut: dann frage ich dich jetzt.«

»Nein, geh mir aus dem Weg.«

»Nicht, ehe du geantwortet hast.«

»Also gut … dann frag schon.«

»Willst du mein Schatz sein?«

»Dein was?«

»Mein Schatz, meine Liebste?«
»Du dummer Kerl,« sagte sie, »was bildest du dir denn ein?«
»Aber du hast doch ...!«
»Es hat sich offenbar noch nicht bis ins Sklavenhaus herumgesprochen ... ich werde im April den Sohn des Grafen Oeselrit heiraten.

Später brachte Madru in Erfahrung, daß der junge Herr bei den Erzählabenden des Skalden unter den Zuhörern gesessen hatte. Wahrscheinlich war sie das erste Mal nur gekommen, um einen Blick auf ihren Bräutigam zu werfen, denn offiziell bekamen sich die Brautleute immer erst am Tag der Hochzeit zu Gesicht. Madru redete mit niemandem darüber.

Nur gut, daß kurz darauf das tägliche Training für die Meisterschaftsrunde wieder begann. Madru wütete bei seinen Läufen.

Viertes Kapitel

Die Möndin betrachtet Madru im Schlaf · Ein Sternensohn wird gesucht
Alte Geschichten kommen dabei ans Licht

Ohne daß er sie noch einmal wiedergesehen hatte, heiratete Eigar im ersten der Frühlingsmonate den Jarlssohn Isdry. Vier Wochen später standen sich in einem Kassarspiel die Mannschaften der beiden Hofstätten in Njosbörn gegenüber.

Madrus Zähigkeit und Rücksichtslosigkeit gegen sich selbst erregten Aufsehen. Er unternahm immer wieder Ausbruchsläufe, für die jeweils ein besonders wendiger und spurtschneller Spieler eingesetzt wird. Während die übrigen Stürmer der angreifenden Mannschaft möglichst viele Spieler des Gegners in der Nähe der Mittellinie festzuhalten versuchen, stößt der Ausbruchsläufer, der dann meist nur noch die beiden Verteidiger der anderen Mannschaft vor sich hat, gegen das Mal vor. Kann er es mit der Hand berühren, so gewinnt seine Mannschaft einen Punkt.

Während des Spiels auf Njösborn konnten sich immer wieder mehrere Spieler des Gegners aus dem ringkämpfenden Männerhaufen an der Mittellinie lösen. Bullige Burschen setzten Madru bei seinen Ausbruchsversuchen nach, stürzten sich, von hinten kommend auf ihn und trommelten einen Wirbel von Boxhieben auf seine Rippen, um ihm die Luft zu nehmen.

Nun war es üblich, daß die dem Spiel zuschauenden Frauen in der Pause zwischen den beiden Halbzeiten jenen Spielern, die sich besonders hervorgetan hatten, einen kleinen Strauß jener früh blühenden, stark duftenden Waldblume, die in Norrland

Skalamäa genannt wird, durch ihre Dienerinnen überbringen ließen. Gewöhnlich bekamen nur Spieler der Heimmannschaft solche Sträußchen geschickt. Daß an diesem Tag auch für ihn Blumen abgegeben wurden, trug Madru von seinen Kameraden spöttische Bemerkungen ein. Er war rot geworden und vergaß vor lauter Aufregung, die Dienerin zu fragen, wer ihm die Blumen hatte schicken lassen. Er vergaß sogar, sich zu bedanken, aber es war selbstverständlich für ihn, daß das Sträußchen nur von Eigar gekommen sein konnte, die er neben ihrem Ehemann unter den Zuschauern erkannt hatte.

Obwohl er einen stechenden Schmerz verspürte, rackerte er sich in der zweiten Halbzeit womöglich noch mehr ab als in der ersten. Ungeachtet seines Einsatzes verlor die Mannschaft aus Skolund das Spiel.

Madru kehrte heim mit einer doppeltgebrochenen Nase, einer angebrochenen Rippe und einem gefährlichen Traum.

Er bildete sich ein, Eigar sei sich unterdessen darüber klar geworden, daß sie den Falschen geheiratet habe. Eines Tages, so stellte sich Madru vor, werde sie Isdry verlassen, nach Skolund zurückkehren, ihn, Madru, zu einem Rendezvous unter dem Teppich mit den beiden Greifen auf die Galerie bestellen, ihn umarmen, küssen, ihm endlich gestehen, daß sie einzig und allein nur ihn liebe, immer nur ihn geliebt habe, immer nur ihn lieben werde. Die Vorstellung war von verrückter Eindringlichkeit. Sie tauchte nicht nur in seinen Träumen nachts auf, sie kam auch als Tagtraum wieder, was dazu führte, daß er zerstreut war, Arbeiten, die ihm aufgetragen wurden, viel zu langsam ausführte, Leute zu grüßen vergaß, die er hätte grüßen sollen. Das trug ihm Ärger und Prügel ein.

Madru mochte sich noch so entschieden vornehmen, er wolle wenigstens tagsüber nicht mehr an Eigar denken – plötzlich, an einem sonnigen Morgen oder an einem regnerischen Nachmittag, gewannen ihr Gesicht, ihr Körper, ihr Duft für ihn wieder eine wunderbare Deutlichkeit, und er vermochte sich diesem Gaukelspiel der Sinne nicht zu entziehen.

Der Zustand verliebter Verwirrung bei ihm wurde immer schlimmer. Die Überzeugung, der Traum werde sich, dank der Kraft seines Wünschens, irgendwann in Wirklichkeit verwandeln, war und blieb unbedingt. Schlimm war, daß selbst die Mutter mit ihm schalt und nörgelte, sie wisse nicht, was in ihn gefahren sei. Madru war klar, daß von den Menschen für die Verwirklichung seines Wunschtraums keine Hilfe zu erwarten sei. So beschloß er, die Götter in Anspruch zu nehmen.

Er lief eines Tages zu dem steinernen Altar in der Felsengrotte, in der jene Quelle entsprang, die die Bewohner von Skolund mit etwas metallisch schmeckendem Trinkwasser versorgte. Möndin hieß die Gottheit, die dort verehrt wurde. Von ihr hatte der Junge gehört, sie sei die Mutter aller Dinge, die Schöpferin dieser Welt. Wenn jemand die Kraft besaß, Träume wahr werden zu lassen, so sagte er sich, dann sie.

Dreigestaltig sah der Junge die Möndin in der Quellgrotte dargestellt: als Mädchen, Mutter und altes Weib; und in der unterschiedlichen Altersgestalt hielt sie Pfeil und Bogen, Ähre und Apfel, eine Mondsichel und eine Schlange in den Händen. Der Altar mußte uralt sein, und man ahnte die Insignien ihrer Macht mehr, als daß man sie klar erkannte, verwaschen von Regenschauern und Bachschwall und zerfressen von Frost wie sie waren.

Die Frauen wirkten auf den Jungen wie aus dem Erdinneren heraufgestoßen. Möglich auch, wie andere erzählten, daß sie den Sternbildern des Himmels entsprungen und auf einem mit heiligen Tieren bespannten Wagen heraufgefahren waren aus dem Land hinter dem Horizont. Das alles war lange her, und es erschien nur zu verständlich, daß mal diese und mal jene Geschichte davon erzählt wurde. Gemeinsam aber war allen, daß dabei ein Wunder geschah. Und nicht den geringsten Zweifel konnte es geben, daß die Möndin, die eine und drei Frauen zugleich war, große Macht hatte. Sie vermochte die Wellen des Meeres kommen und gehen zu lassen. In ihrer Hand lag es, ob die Frauen leicht gebaren oder unter reißenden Schmerzen. Sie ließ die Ernten aufwachsen und schützte die trächtigen Tiere. Sie bescherte oder verweigerte den Männern Kriegsglück und Jagdbeute. Sie trennte die Jahreszeiten voneinander. In ihre Gewalt gegeben war sogar, ob der Tod eines Menschen sich rasch vollzog oder ob er erst nach langen schlimmen Leiden und Schmerzen eintrat.

Vor dem Altar im Quellheiligtum stand der Junge, musterte jede der drei Gestalten, abwägend, welcher er am meisten Kraft und Macht zutrauen, vor welcher er folglich sein Opfer, ein Jagdmesser, niederlegen sollte. Armselig erschien ihm seine Gabe, verglichen mit den Schmuckstücken aus Gold und Silber, mit den Bronzeschwertern, Streitäxten und reichverzierten Kriegslanzen, die andere Bittsteller hier hinterlassen hatten.

Als er sich endlich entschloß, das Messer der Mittleren zu geben, geschah dies, weil er sich einbildete, sie sähe seiner Mutter ähnlich. Dabei murmelte er: »Hilf, daß mein Liebeskummer vorbeigeht. Hilf, daß sich alles ins Glück wendet. Es steht in deiner Macht. Dessen bin ich gewiß!« Er konzentrierte seinen Blick auf die Darstellung der Göttin in ihrer mütterlichen Gestalt.

»Sprich im Schlaf zu Eigar«, flüsterte er ihr zu. »Sie soll Mut haben. Ist denn das so schwer?« Er war ganz empört, schimpfte nun geradezu. »Versteh doch: es mangelt ihr nur an ein bißchen Mut. Das ist alles. Du brauchst keinen Liebeszauber über sie zu werfen. Sie hat mich immer geliebt. Sie wird mich immer lieben. Wenn sie jetzt keinen Mut faßt, wird sie das gewiß später bereuen. Gib ihr doch dieses kleine bißchen Mut, das nötig ist. Sie schämt sich, weil sie sich in einen Sklaven verliebt hat. Aber wer weiß, vielleicht stammt mein Vater aus einem edleren Geschlecht als der ihre. Was kann ich dafür, daß ich der Sohn einer Sklavin bin?«

Mehr war da nicht zu tun. Das Messer war hingegeben. Er konnte Kultan, den Schmied, bei dem er manchmal Bälge trat, bitten, ihm bei Gelegenheit ein neues Messer zu schmieden. Sobald er Zeit hätte, würde der Schmied ihm den Gefallen gewiß tun. Mit gesenktem Kopf stand Madru da und Gedanken reihten sich an den Namen des Schmieds. Kultan prügelte ihn nie wegen eines Vergehens oder einer Ungeschicklichkeit. Kultan wußte Geschichten aus dem Osten. Vielleicht war Kultan sein Vater. Nein, das konnte nicht sein. Madru erinnerte sich daran: der Jarl hatte Kultan von einer Reise an die Küste mitgebracht. Damals war er, Madru, fünf oder sechs Jahre alt gewesen. Aber wer war dann sein Vater, wenn nicht Kultan? Ein Mann, der von einem

Baum erschlagen worden war. Das war auch nur ein Gerücht. Madru wollte mehr über seinen Vater wissen. Er hätte seine Mutter fragen können. Aber das getraute er sich nicht. Es mußte etwas unangenehm Peinliches um diesen Vater sein, sonst hätte die Mutter gewiß von sich aus schon einmal darüber gesprochen. Statt dessen wich sie aus, lenkte ab, wenn sich ein Gespräch diesem Thema näherte. Aber er wollte, er mußte es wissen. Und so bat er jene steinerne Mutter, um die das Geräusch des fließenden Wassers war, auch noch um dies: »Laß mich herausfinden, wer mein Vater ist. Mach es mir bekannt. Es steht in deiner Macht. Dessen bin ich gewiß.«

Zeit verging, Tage und Wochen verstrichen, ohne daß ein Ereignis eingetreten wäre, das auf die Erfüllung seiner Bitten hindeutete. Nichts änderte Madrus traumkranken Zustand. Aber dann geschah in einer Vollmondnacht im Monat der Erlen dies: Mitten in der Nacht wurde Madru von der Helligkeit draußen wach. Er besann sich darauf, daß er wieder von Eigar geträumt hatte. Ein Gefühl von Enttäuschung überkam ihn, als er nun vollends erwachte, mit seinen Fingern nicht ihr Haar und ihre Haut neben sich ertastend, sondern stachliges Stroh. Er seufzte, legte sich auf den Rücken. Der Mond kam ihm heute runder, größer und weißer vor als sonst. Er starrte gebannt auf diese weiße Rundheit. Es ging eine Sanftheit von ihr aus, die angenehm war, beruhigend.

Plötzlich – er traute zunächst seinen Augen nicht – trat etwas aus dieser milchignebligen Weiße hervor. Eine Frau – nicht irgendeine, sondern, ganz deutlich für ihn zu erkennen, die mittlere, die mutterhafte unter den drei Darstellungen der Göttin der Schöpfung. Sie trat heran, beugte sich über ihn und strich ihm mit der Hand über die Stirn. Dann fragte sie, ob er sich jetzt besser fühle. Er nickte. Tatsächlich verspürte er ein Gefühl von Entspannung. »Höre, Madru«, sagte sie flüsternd, »geh morgen um die elfte Stunde in die große Halle des Jarl und verbirg dich unter dem Teppich mit den beiden Greifen.«

Madrus Augen zuckten: »Kommt das Mädchen? Schickt Ihr es zu mir?« fragte er aufgeregt.

»Du wirst dein Glück finden«, erwiderte die Möndin.

»Wirklich? Ich danke Euch. Ich danke Euch von ganzem Herzen.«

»Merk dir diese Worte«, sagte die Möndin, »was man von ganzem Herzen liebt, das kann einem nicht genommen werden. Was du von ganzem Herzen liebst, das ist deine wahre Erbschaft. Der Rest ist Schlacke.«

Sie richtete sich auf. Wie sie dort stand, erschien sie ihm groß und allmächtig.

»Hast du mich verstanden?«

»Gewiß habe ich das.«

»Dann sprich nach, was ich dich gelehrt habe.«

»Was ich von ganzem Herzen liebe, das kann mir nicht genommen werden. Was ich von ganzem Herzen liebe, das ist meine wahre Erbschaft. Der Rest ist Schlacke.«

»Gut so. Vergiß diese Sätze nie. Zweifele nie an ihrer Gültigkeit. Versprich mir das.«

»Ich verspreche es.«

Das Gesicht, die Gestalt der Frau waren verschwunden. Ihm aber war, als ströme neue Kraft durch seinen Körper. Er fühlte sich so sicher, wie er sich nie zuvor sicher gefühlt hatte. Es war, als würde die Zeit angehalten. Er trat auf eine weite Wiese. Auf dem Gras lag Tau. Ein Feuer zuckte knatternd auf Flammen eines Holzstoßes. Es war befreiend, dem zuzusehen, weil er wußte, es waren seine Ängste, die da verbrannten.

Dann war um ihn wieder der dunkle Raum, in dem er die Atemzüge der anderen Schläfer hörte. Er sah den dunklen Rahmen des Fensters. Die runde weiße Scheibe war draußen wieder hoch an den Himmel gerückt. Er versuchte, sich darüber klar zu werden, was da geschehen war. War das ein Traum gewesen? Er sprach noch einmal halblaut den Satz vor sich hin, den die Möndin ihn gelehrt hatte. Geh morgen um die elfte Stunde in die große Halle, wiederholte er in Gedanken ihre Anweisung. Es fiel ihm ein, daß er am Vormittag um diese Zeit Kultan, dem Schmied, helfen sollte. Was würde der dazu sagen, wenn er ihm mit einer so merkwürdigen Geschichte kam und um Urlaub bat? Aber dann wurden diese Bedenken verdrängt von der Freude, daß er morgen ... in ein paar Stunden schon, Eigar wiedersehen werde.

Gestärkt durch die Möndin, würde Eigar selbstverständlich den Mut haben, seine Liebe zu ihm vor aller Welt zu bekennen. Er biß sich in die geballte Faust, um nicht aufzuschreien vor Freude und damit seine Kameraden zu wecken.

Der Morgen kam. Es war ein sonniger, klarer Tag im Monat der Erlen, ein Tag, der begann wie viele andere.

Nach dem üblichen Frühstück, einer Schüssel Ziegenmilch mit Blaubeeren, hörte sich Madru unter den Stallburschen, Knechten und Mägden, mit denen er auf vertrautem Fuß stand, um, ob etwas über die Ankunft von Gästen bekannt geworden sei. Keiner hatte etwas gehört. »Aber es werden Gäste kommen«, beharrte Madru. Und dieser Satz wurde später, wenn auf Skolund von den Ereignissen dieses Tages die Rede war, immer wiederholt.

Um sieben Uhr ging Madru zu Kultan in die Schmiede. Er brachte es nicht gleich über sich, Kultan für später um Urlaub zu bitten. Er zögerte mit der Frage, bis draußen im Hof die elfte Stunde geschlagen wurde. Jetzt durfte er nicht länger warten. Er berührte Kultans schwarzbehaarten Arm und brachte seine Bitte vor. Jetzt würde er fragen »Warum denn?« und was er sich denn einbilde und ihm dann befehlen: »Marsch, zurück an die Bälge und fest getreten!«

Statt dessen erwiderte Kultan: »Ja ... geh nur. Ich weiß schon. Es ist schade, mein Junge. Wir werden uns wohl nie mehr wiedersehen.«

»Wer sagt das?« fragte Madru bestürzt.

»Die Möndin hat es mir geflüstert«, antwortete Kultan lächelnd.

»Ja, aber...«

»Geh nur. Es wird Zeit ...«

Von der Schmiede lief Madru in die Küche, um mit seiner Mutter zu reden. Vielleicht wußte sie etwas über den Besuch, den er erwartete. Er traf sie dort nicht an. Zwei Mägde tuschelten, als er eintrat. Er verstand nicht, was sie sich erzählten. Er sah sich ratlos um. Der Ehemann der einen Magd kam herein und sagte: »Stellt euch vor ... er ist zu Fuß gekommen. Den ganzen weiten Weg zu Fuß.«

»Wer ist zu Fuß gekommen?« fragte Madru.

»Was hat dich das zu kümmern, du Grünschnabel«, erwiderte der Mann grob. An seinem Verhalten war aber zu erkennen, daß ein Gast eingetroffen war, mit dem es etwas Besonderes auf sich haben mußte.

»Sie sind in die Halle gegangen«, erzählte der Knecht zu den Frauen gewandt. »Ich soll ihnen Wein bringen. Jetzt am hellen Vormittag schon Wein«, fügte er mißbilligend hinzu.

Wein trank man auf Skolund nur bei außergewöhnlichen Anlässen. Madru hatte genug gehört. Für ihn war sicher, daß sich das Mädchen unter den Schutz eines Ritters gestellt und dieser sie hierhergebracht hatte. Jetzt würde der Jarl den Mann zu einem Trunk einladen und sich in wohlgesetzten Worten bei ihm bedanken, während Eigar sich an jenen Platz schlich, an den die Möndin auch ihn bestellt hatte. Wunderbar doch, wie so alles in Erfüllung ging.

Madru warf noch einen raschen Blick auf den Mann und die beiden Mägde, von denen die eine sagte, wenn der Jarl Wein verlange, müsse sie erst noch in den Keller. Sie war aufgeregt, beschäftigt. Mit einer raschen Bewegung entwischte Madru aus der Küche.

Der Weg durchs Haus hinauf zur Galerie war viel kürzer als der andere, den er sonst immer hatte nehmen müssen. Und er hatte Glück, daß eben in dem Moment, als er oben die Tür vom Gang her öffnete, unten der Wein aufgetragen wurde. Er hob den schweren Wandteppich an. Nein, das Mädchen war noch nicht da. Er hatte nicht den geringsten Zweifel, daß sie bald kommen werde und schlüpfte unter den Teppich.

»Danke, Tiss. Es ist gut so. Du kannst jetzt gehen. Und sorge dafür, daß wir ungestört bleiben«, hörte Madru unten den Jarl sagen. Tiss' Schritt dröhnte unten in der Halle. Dann schlug eine Tür zu. Madru preßte das Gesicht an das fadenscheinige Gewebe. Für einen Augenblick hatte er Eigar vergessen.

Der Gast, der neben dem Jarl stand, war ein älterer, kleiner, eher unscheinbar wirkender Mann. Er hatte nur noch wenig Haar auf seinem runden Schädel. In seinem Gürtel steckte ein schwarzer Stab und auf dem Rücken hatte er eine Fiedel. Also war er ein Spielmann. Die trennten sich nie von ihren Instrumenten.

»Willkommen auf Skolund«, sagte der Jarl, »fühlt Euch hier wie zu Hause. Trinken wir erst einmal. Auf Euer Wohlbefinden!«

»Auf das Eure.«

Madru hörte das Geräusch der aneinanderstoßenden Becher.

»Und auf das Wohl des Fürsten!«

»Dem stimme ich bei.«

Sie tranken wieder.

»Ich hoffe, der Fürst ist bei guter Gesundheit.«

»Er versichert Euch seiner Gnade.«

»Nun sagt rasch, Ase … was für eine Botschaft bringt Ihr? Gibt es Krieg? Wird der Heerbann aufgeboten?«

»Nein … es ist ein angenehmer Anlaß, der mich zu Euch führt.«

»Kommt, erklärt Euch«, drängte der Jarl.

»Es ist … wie soll ich sagen … eine delikate Mission.«

»Ach … welcher Auftrag könnte Euch Schwierigkeiten bereiten«, schmeichelte der

Jarl dem Fremden, »man weiß doch, wie groß Eure Zauberkräfte sind.«

»Dererlei wird gewöhnlich übertrieben. Ich bin kein Druide. Ich gehe den Weg des Waldes«, sagte Ase mit einem gewissen Stolz.

»Der Fürst weiß, mit wem er sich als Berater umgibt.«

»Danke, Jarl Aldur. Aber kommen wir zur Sache. Ihr wißt, was es mit dem Sternensohn auf sich hat?«

»Nur ungenau. Besser, Ihr erklärt es mir noch einmal.«

»Nun, das Alte Buch des Großen Waldes schreibt vor: Sofern ein Herrscher ohne Erben bleibt oder ihm nur Töchter geboren werden, die, wie Ihr wißt, nicht seine Nachfolge antreten können, muß nach einer bestimmten im Buch mitgeteilten Regel ein männliches Kind gefunden werden. Man geht davon aus, daß es im elften Neumond des ersten Regierungsjahres des Fürsten das Licht der Welt erblickt hat.«

Der Fremde machte eine Pause, als wolle er dem Jarl Gelegenheit geben, die Vorschriften in sich aufzunehmen.

»Soll das heißen, Ihr wäret unterwegs, um den Sternensohn zu suchen?« fragte der Jarl erstaunt.

»So ist es.«

Wieder machte der Fremde eine Pause. Madru war enttäuscht. Was hatte das alles mit Eigar zu tun? Er war aber immer noch überzeugt, daß das ihm angekündigte Ereignis auch eintreten werde.

»Was du von ganzem Herzen liebst…«, murmelte er, und es war ihm, als hinge noch ein Hauch von jenem Mädchengeruch im Gewebe des Teppichs. Unten in der Halle redete der Fremde unterdessen weiter.

»Es waren die Druiden, die im Kreis der Steine von Hägar, entsprechend dem Stand der Planeten, den Ort und die Zeit bestimmten, zu der das Kind geboren worden ist. Sie haben zweifelsfrei festgestellt, daß der Sternensohn auf Eurer Hofstatt zur Welt kam.«

»Donnerwetter!«, rief der Jarl derb. Er schien mehr erschrocken als erfreut.

»Ihr führt doch wohl«, sagte der Fremde, »auf Skolund eine Chronik, in der die Geburten und Todesfälle verzeichnet werden?«

»Gewiß doch.«

»Dann laßt sie bitte herbeischaffen, damit wir feststellen können, wie der Name des Kindes lautet, das an jenem Tag geboren worden ist.«

»Nun, Meister Ase«, erwiderte der Jarl, »in unsere Chronik mögt Ihr wohl hineinschauen, damit alles seine Richtigkeit hat. Aber laßt mich einmal überlegen … der elfte Monat im ersten Regierungsjahr des gegenwärtig regierenden Fürsten, sagtet Ihr? Nun, wenn Ihr meinem Gedächtnis vorerst vertrauen wollt, kann ich Euch auf der Stelle sagen, wer dieses Kind ist. Ich weiß es deshalb so genau«, fuhr der Jarl fort, »weil die Angelegenheit bei aller Ehre, die mir nun durch sie zuteil wird, damals etwas peinlich für mich war.«

»Wie das, Jarl? Sprecht nur ganz offen. Die Umstände der Geburt dieses Kindes sind, wie Ihr verstehen werdet, von großer Wichtigkeit.«

»Nun, Meister Ase, das alles ist höchst wunderbar … », der Jarl dämpfte seine Stimme, »ich erinnere mich nämlich nur deshalb allzu genau an dieses Datum, weil jenes

Kind, das damals das Licht der Welt erblickte, außerhalb des Geländers geboren wurde, wie man bei uns sagt ... also ein Bastard ist, und ich ... ich war der Kindsvater.

»Ich bitte Euch, Jarl«, antwortete Ase, »der Seitensprung eines Herrn, wer würde sich darüber entrüsten?«

»Da kennt Ihr meine Sippschaft schlecht«, sagte der Jarl, »man entrüstete sich. Meine Frau hatte nämlich noch nicht geboren ... und dann ein Kind von einer Sklavin. Das gab ein Gezanke und Gezeter, sag ich Euch! Es dröhnt mir noch jetzt in den Ohren. Von der Verwandtschaft meiner Frau kamen Vorschläge, wie die Schande aus der Welt geschafft werden könne. Die Schwangere töten ... das Kind nach der Geburt aussetzen. Dagegen war es meine Mutter, die auf ihrer Meinung beharrte, man könne nie wissen, was aus einem Kind, und sei es das einer Sklavin, nicht noch alles werden könne. Ich habe nie bereut, den Rat meiner Mutter befolgt zu haben ... auch ohne zu wissen, daß das Kind einst über das Reich des Großen Waldes herrschen werde, habe ich den Jungen liebgewonnen und mich so manches Mal, wenn ich ihn vor mir sah, darüber gefreut, daß er am Leben geblieben ist.«

»Erlaubt,« sagte der Fremde, »daß ich nun das Ereignis auch noch in der Chronik nachlese. Danach will ich das Sternenkind kennenlernen und ein Protokoll über die Umstände anfertigen, unter denen ich es aufgefunden habe.«

Der Jarl zog an einem Glockenzug. Tiss kam wieder herein, und der Jarl befahl ihm, das Buch herbeizuschaffen. Madru aber schlüpfte hinter dem Teppich hervor, öffnete leise die Tür zum Gang und schloß sie ebenso vorsichtig hinter sich wieder. Dann begann er zu rennen. Die Treppe hinunter. Er schaute in die Küche hinein, wo er seine Mutter auch diesmal nicht fand, lief hinaus auf den Hof zum Brunnen. Da traf er sie beim Wäschewaschen an.

»Mutter«, rief er ihr noch im Rennen entgegen, »ist es wahr, daß der Jarl mein Vater ist?«

»Wer sagt das?«

»Er selbst hat es einem Fremden erzählt.«

»Es ist die Wahrheit«, antwortete sie, »der Jarl ist dein Vater. Ich durfte es dir nicht sagen. Er hätte es dir längst sagen müssen. Er wollte wohl damit warten, bis du erwachsen bist.«

»Aber ich bin erwachsen.«

»Es ist nicht recht, daß du es so erfahren hast.«

»Das kümmert mich nicht.« Er stampfte mit dem Fuß auf, empört, daß sie nicht erriet, was ihn viel stärker beschäftigte. »Ich mag nicht ihr Sternensohn sein.«

»Aber mein Kleiner«, sagte sie liebevoll, »damit hast du dein Glück gemacht.«

Er blickte zu Boden. Das Wort »Glück« erinnerte ihn an den Satz, den die Möndin zu ihm gesagt hatte. Jetzt war es ihm klar. Er hatte ihn falsch gedeutet. Das Mädchen würde nicht kommen.

Er fühlte sich wie zerschlagen. Dann vergaß er sein Elend für einen Moment und sagte wieder eigensinnig: »Ich werde nicht ihr Sternensohn sein.«

»Warum denn nicht? Du wirst ein herrliches Leben haben. In der Fürstensiedlung – !«

Er wollte nicht dieses herrliche Leben. Er wollte nicht sein wie der Jarl und die anderen mächtigen und vornehmen Herren. Er suchte vergebens nach Worten, um seinen Widerwillen auszudrücken und zu begründen.

»Man sucht sich seinen Platz auf Erden nicht aus, mein Kind«, sagte die Mutter.

»Ich will ihn mir aber aussuchen.« Er warf trotzig den Kopf in den Nacken. »Komm, laß uns zusammen fortlaufen. In den Wald. Ich kann für dich sorgen, dich beschützen.«

»Sie würden uns bald eingeholt haben.« »Komm, Mutter!« sagte er beharrend.

»Sei doch vernünftig, Kind.«

»Warum denn immer vernünftig sein?«

»Ich bitte dich, hör auf deine Mutter.«

Da schrie er gellend auf. So laut, daß es nicht nur alle Menschen auf Skolund und alle Tiere, sondern auch die Bäume und selbst die Steine mit anhörten und darüber erschraken. Er lief weg. Er wußte nicht wohin. Sein Versteck fiel ihm ein. Er kam an die Hecke. Sie schien ihm zuzuwinken mit ihren Ranken. Er ließ sich auf die Hände nieder. Er kroch bis in den finsteren Bauch in der Hecke. Er schlug die Hände vors Gesicht. Es war ganz finster. Er hörte die Rufe und das Geräusch von Schritten auf dem Hof. Stimmen nahebei. Sie kamen näher. Was da zusammenlief, mußten fast sämtliche Leute sein, die auf Skolund lebten. Sie redeten aufgeregt durcheinander.

Sie forderten ihn auf, herauszukommen. Er müsse. Sie drohten. Sie schmeichelten. Sie sagten, es sei seine Pflicht. Er lächelte in sich hinein. Er hörte, wie sie beratschlagten. Dann erkannte er die Stimme des Jarl. Die Stimme sagte stolz: »Er hat meinen Eigensinn.«

Jemand schlug vor, man solle die Hecke doch einfach anzünden. Das werde ihn schon hervortreiben. Er dachte: Dann verbrenne ich eben. Es ist kein Glück, zu den Mächtigen zu gehören. Er hörte den Fremden sagen: »Was für ein törichter Vorschlag. Geht alle fort. Freilich ist er verwirrt. Das ist doch wohl begreiflich. Laßt mich mit ihm allein.«

Er hörte, wie sie sich entfernten, murrend, schwatzend. Der Fremde setzte sich auf den Erdboden vor der Hecke und begann auf seiner Fiedel zu spielen. Die Melodie klang verlockend. Sie war wild. Sie war aber zugleich auch sanft. Madru spürte, wie es ihm warm ums Herz wurde. Er dachte an den Großen Wald. Ein ganz anderes Glück.

War es Glück? Er besann sich. Langsam, auf allen Vieren, kroch er durch die Gänge in der Hecke nach vorn. Es wurde immer heller. Dann sah er über sich blauen Himmel, wolkenlos. Ruhig geworden, setzte er sich neben den Fremden und lauschte der Musik. Irgendwann einmal setzte der Fremde die Fiedel ab.

»Ase heiße ich«, sagte er.

»Ich heiße Madru. Es hat mir gefallen, was Ihr gespielt habt. Es ist noch schöner als einem Geschichtenerzähler zuzuhören. Wenn man Euch zuhört, erfindet man sich selbst Geschichten. Sie ziehen durch einen hin, als seien es Wolken.«

»Ich könnte dich lehren, selbst Fiedel zu spielen.«

»Wirklich … das würdet Ihr tun?« Das wäre Glück, überlegte Madru.

»Besser jetzt?« fragte Ase.

»Ich bitte Euch ... spielt noch eine solche Melodie. Ich wollte nicht Sternensohn sein. Ich wollte davonlaufen mit meiner Mutter in den Wald. Sie mochte nicht mitkommen. Es ist mir jetzt anders als vorhin. Es muß an Eurer Musik liegen. Jetzt freue ich mich auf die Ferne.«

Ase begann leise zu spielen und dabei sagte er: »Schon gut, mein Junge. Es ist eine mühsame Sache, geboren zu werden. Schon das erste Mal, aber das zweite Mal auch. Ich verrate dir ein Geheimnis. Ich habe dich gesehen, als du dort oben auf der Galerie gestanden hast ... unter dem Teppich mit den Greifen, nicht wahr?«

»Ja«, sagte Madru, »ich schäme mich, daß ich gelauscht habe, aber ...«

»Wer neugierig ist auf die Wahrheit, braucht sich nicht zu schämen«, sagte Ase.

»Ich hatte geträumt –.«

»Du hast gehofft, daß du dort dein Mädchen treffen würdest, ich weiß«, sagte Ase, ohne mit der Musik aufzuhören, »pah, es wird noch viele Mädchen geben. Verlaß dich drauf. Sie werden kommen, und bei so mancher wirst du dir wünschen: ach, ginge sie nur endlich wieder!«

»Könnt Ihr zaubern?« fragte Madru. »Oder vielleicht hellsehen?«

»Was man so zaubern und hellsehen nennt. Man lernt es, wenn man den ›Weg des Waldes‹ geht.«

Sie sprachen nicht weiter darüber. Noch am Nachmittag brachen sie zur Fürstensiedlung auf. Der Jarl wollte ihnen zum Schutz drei oder vier seiner Knechte mitgeben, aber Ase wehrte ab: »Nicht nötig, Jarl. Uns schützt der Schwarze Stab, sofern uns unsere Sinne nicht schützen.«

Madru begriff nicht recht, was er damit sagen wollte. Er beschloß, Ase unterwegs danach zu fragen. Dann umarmte er seine Mutter und den Jarl. Die Leute auf Skolund wollten ihn alle noch einmal berühren, weil das Glück bringe. Er hielt stille.

»Nun komm«, sagte Ase, und sie gingen hinaus.

Fünftes Kapitel

In welchem Ase dem Sternensohn von den drei Wegen berichtet · Madru begegnet dem Tod · Die Traumtiere beraten sein Schicksal

In den Sommernächten wird es in Norrland nie ganz dunkel. Dazu kam in dieser Nacht der Schein des vollen Mondes. Madru und Ase wanderten durch einen lichten Mischwald. Hin und wieder durchquerten sie große Inseln von Farnkraut. Dann tauchten junge Birken auf und sie mußten durch verfilzte Gebüsche aus Haselnußsträuchern, in denen es modrig roch.

Ase sprach wenig. Nur gelegentlich machte er während der ersten Stunden ihrer Wanderung Madru auf ein Geräusch aufmerksam oder auf den Geruch einer seltenen Pflanze.

Es gab keinen Weg, jedenfalls keinen solchen, den andere Reisende gebahnt hatten, und der sich als regelrechter Pfad abgezeichnet hätte. Aber auch dort, wo das Unterholz dichter wurde oder Hecken scheinbar undurchdringliche Hindernisse bildeten, steuerte Ase jeweils genau auf die Stelle zu, an der sich ein Durchlaß befand, den Madru zumeist erst erkennen konnte, wenn sie unmittelbar davor standen, während Ase ihn offensichtlich immer schon von weitem gesehen, oder wie es Madru vorkam, geahnt haben mußte.

Stets fand Ase eine Route heraus, auf der sie eine gleichmäßig rasch ausschreitende Gangart beibehalten konnten, die Madru nicht anstrengend erschien, sie aber zügig voranbrachte. Mit der Zeit vergaß er beinahe, daß er überhaupt lief. Es war, als gelinge es Ase, ihr Tempo genau der Beschaffenheit der Landschaft, den Steigungen und Absenkungen in ihr anzupassen, und so war das Laufen ein Vergnügen.

Einmal fragte Madru: »Wie findet Ihr eigentlich bei Nacht so leicht und sicher Euren Weg?«

»Ist da ein Weg?«

»Muß wohl«, erwiderte Madru, »Ihr wollt doch nicht etwa behaupten, daß wir hier ziellos im Wald herumrennen!«

»Rennen wir?« fragte Ase.

»Verzeihung stimmt … wir laufen ganz bequem.«

Eine Weile sagte Madru nichts mehr. »Zaubert Ihr vielleicht den Weg?« fragte er später.

»Na, na … wer wird denn gleich an Zauber denken?«

»Aber woran erkennt Ihr, wohin wir uns halten müssen? Und wie kommt es, daß es so wenig Mühe macht, mit Euch zu gehen?«

»Nun«, sagte Ase, »man muß sich eben auskennen. Vor allem muß man richtig atmen, wenn man gut gehen will.«

»Und wie lernt man, sich damit auszukennen?«

»Das ist der Weg des Waldes«, erwiderte Ase, »ich mag die Bäume, die Bäume mögen mich. Wir reden miteinander. Sie sagen mir, wohin ich gehen soll.«

»Heißt das: man kann lernen, sie zu verstehen?«

»Gewiß doch.«

»Und wie?«

»Indem man ihnen geduldig zuhört, indem man sich ihre Gestalt einprägt, indem man mit ihnen lebt.«

»Das würde ich auch gern lernen«, sagte Madru, » ... oder macht Ihr Euch nur über mich lustig?«

»Aber nicht doch«, sagte Ase, »du bist schon dabei, das zu lernen, was es da zu lernen gibt.«

»Erklärt mir das genauer!«

»Der Anfang ist einfach. Es geht eigentlich nur darum, sich klar zu machen, was wir sehen, hören, riechen und schmecken ... ja, schmecken auch. Man kann eine Buche oder eine Reihe Weiden an einem Bach schmecken ... freilich: sie atmen doch auch. Man kann, mit einiger Übung, an diesem Atem erkennen, ob sie gesund oder krank, ob sie vergnügt und bei guter Laune sind, oder ob sie sich gerade aufgeregt haben. Ehe sich unsere Wahrnehmungsfähigkeit erweitert, müssen wir sie einfach ständig schärfen. Sieh mal, die Flechte dort drüben auf der uns zugewandten Seite des Baumes. Warum wächst sie gerade auf dieser Seite und nicht auf der anderen? Ist das nur Zufall, was steckt dahinter? Oder die Blumen, von denen wir vorhin große Büsche sahen. Sie wachsen nur in Gegenden, in denen es feucht ist ... feucht, aber nicht sumpfig. Die Feder dort zwischen den Ranken stammt aus dem Gefieder eines Kiri Vogels. Es ist eine seltene Vogelart, sie pflegt nur auf bestimmten Bäumen zu nisten, von denen sie sich nie allzu weit entfernt. Wenn wir jetzt im Umkreis von zwei- bis dreihundert Schritt suchten, würden wir mindestens einen dieser Bäume finden. Das sind Beobachtungen, zu denen jeder fähig ist. Jede für sich scheint unbedeutend. Wenn du solches Wissen sammelst, kommt der Augenblick, in dem du den Wald plötzlich mit anderen Augen siehst. Man nennt das ›den Traum vom Wald‹. Dann benötigst du keine Landkarte mehr, um im Wald deinen Weg zu finden.«

»Ich verstehe.«

»Nichts verstehst du«, sagte Ase. Er klatschte in die Hände. »Hast du das gehört?«

»Ja doch.«

»Mach es nach!«

Madru klatschte in die Hände. Irgendwo flogen erschreckt Vögel auf.

»Jetzt klatsch einmal nur mit einer Hand.«

»Das geht nicht.«

»Na schön«, sagte Ase, »aber versuch einmal es dir vorzustellen.«

»Verrückt«, sagte Madru »das geht. Ich ahne wie es geht.«

»Siehst du«, sagte Ase, »damit haben wir etwas sehr Wichtiges klargestellt. Es gibt Dinge, die scheinen nicht möglich, aber bei Anstrengung unserer Willenskraft gibt es sie doch. Es gibt sie nicht, aber obwohl es sie nicht gibt, können wir sie uns doch genau vorstellen.«

»Tatsächlich«, murmelte Madru und stolperte im gleichen Moment über eine Wurzel.

»Holla!« rief Ase und hielt ihn am Arm fest, »so war das nicht gemeint. Das Klatschen der einen Hand ... man lernt es hören, damit man den Weg des Waldes besser gehen lernt, nicht damit man hinfällt.

»Was soll denn das nun schon wieder heißen?« Madru verzog das Gesicht. »Ihr habt eine merkwürdige Art zu reden. Hat Euch das noch niemand gesagt? Ihr sprecht von den Dingen zuerst immer so undeutlich, daß man nur ahnen kann, was Ihr meint, und erst danach dann so, daß man sie ohne weiteres versteht.«

»Es ist recht, daß du protestierst«, erwiderte Ase, »freilich sollte man komplizierte Dinge möglichst einfach sagen. Laß es mich noch einmal versuchen: Du stellst dir das Klatschen einer Hand vor – nicht um dich aus der Wirklichkeit davonzumachen. Du mußt dahin kommen, die Wahrnehmungen des Sichtbaren und des Unsichtbaren in dir zu balancieren.«

»Oh«, stöhnte Madru, »wie lange wird es wohl dauern, bis ich all das gelernt habe? Es hört sich kompliziert an.«

»Ja doch ... es ist schwierig«, sagte Ase, »aber wenn ich es gelernt habe, wirst du es auch lernen können. Und wenn alles so leicht wäre wie ›Hurra‹ schreien, brauchte man sich gar nicht erst damit zu befassen. Ohnehin«, so fuhr er fort, »lernt man in dieser Kunst nie aus, und eine Kunst ist es.« Früher, da habe es wohl zum selbstverständlichen Wissen des Menschen gehört, aber als der Mensch andere Fähigkeiten für wichtiger erachtet habe, seien ihm darüber diese verlorengegangen. Heute müsse man das nun mühsam erst wieder lernen, das eben nenne man, den ›Weg des Waldes‹ gehen. Zur Bestärkung des Einzelnen und als Anreiz zu seiner immer weiteren Vervollkommnung habe man verschiedene Ränge eingeführt. »Als Schüler«, erklärte Ase nun Madru, »lernst du begreifen, was der Weg ist. Als Läufer kannst du ihn mühelos gehen. Als Gefährte bist du ein Teil des Weges. Als Meister beherrschst du den Weg. Du gebietest dann über all seine Kräfte und Bilder.«

Ase machte eine Pause, damit Madru Zeit blieb, über das, was er da gehört hatte, etwas nachzudenken. Zu welchem Rang es denn Ase bisher gebracht habe, erkundigte er sich. Man spreche nicht über den eigenen Rang, sagte Ase. Das sei eine der Bedingungen der Lehre. Man sage: Der Anfang ist so leicht wie das Ende. Das Ende ist so schwer wie der Anfang. Wenn man selbst einen höheren Rang erreiche, lasse einen das der Lehrer wissen. Nur dem Fürsten des Waldes aber sei der Rang aller bekannt, die den Weg des Waldes gingen.

»Wollt Ihr mein Lehrer werden?« fragte Madru.

»Warum nicht«, erwiderte Ase, »aber ich will dir auch gleich sagen: in mir wirst du einen besonders strengen und anspruchsvollen Lehrer haben.«

Er wolle sich gern gehörig anstrengen, meinte Madru. Ase möge ihm ruhig einiges zumuten. Er sei begierig, auf dem Weg des Waldes rasch voranzukommen.

»Es gibt da eine Redensart«, erwiderte Ase, »man kommt nicht schneller voran als die Bäume wachsen.«

Es war unterdessen heller Tag geworden. Sie blickten jetzt auf eine weite Fläche schwarzen Wassers hin … mit vielen kleineren und größeren Inseln darin, auf denen weißflockiges Gras blühte und Weiden und Erlen standen. Frösche quakten. Manchmal sprangen Fische im Wasser. Die Wärme nahm spürbar zu. Die Mückenschwärme wurden größer und lästiger für die Wanderer. Einmal bückte sich Ase. Er pflückte einige Blüten einer kleinen braungelben Blume, gab sie Madru und hieß ihn, sich damit über Stirn, Nacken, Waden und Arme zu fahren. »Du wirst sehen«, sagte er, »die Mücken lassen dich dann in Ruhe.«

Die Wirkung war erstaunlich, aber Madru überlegte, weshalb Ase sich nicht auch mit dem Moos eingerieben habe.

»Wenn du dich fragst, warum mich die Mücken nicht stechen«, sagte Ase, » … die Antwort kannst du dir selbst geben.«

»Ihr seid gefeit!«

»So könnte man es nennen«, antwortete Ase, »nur halte das jetzt nicht gleich wieder für Zauber. Ich habe mich lediglich schon so häufig damit eingerieben, daß sich auf meiner Haut immer noch Spuren jener Essenz finden, die das Moos enthält.«

Madru hatte in den letzten Stunden immer wieder daran denken müssen, wie es wohl am Fürstenhof zugehe. Er wußte wenig darüber. Zu den Wohnstätten, die südlich des Bannwaldes lagen, drang nur selten Nachricht davon. Jetzt erkundigte er sich bei seinem Begleiter danach.

»Weißt du«, erklärte ihm Ase, »es wird da auch nur mit Wasser gekocht. Laß deine Neugier ruhig noch ein bißchen wachsen. Nur dies solltest du jetzt schon wissen: Ich habe dir vom ›Weg des Waldes‹ erzählt. Daneben aber gibt es noch den ›Weg des Allwiss‹. Über ihn werden dich die Druiden belehren. Und schließlich kennt man den dritten Weg, den der Ritter. In ihm wird dich der Fürst des Waldes selbst unterweisen. Und wenn du genug über die Wege weißt, wird man dir ein Bilderspiel in die Hand drücken. Es ist vor allem dazu da, um herauszufinden, welcher von den drei Wegen gerade für dich der richtige ist.«

»Diese drei Wege«, sagte Madru und runzelte die Stirn, »verzeiht meine Unwissenheit, aber ich habe nie davon reden gehört. Ihr müßt mir noch mehr darüber erzählen.«

»Nun gut«, sagte Ase, »vielleicht sollten wir ein wenig rasten. Es spricht sich nicht gut von solchen Dingen, wenn man einen Weg unter den Füßen hat.«

Auf einem Grasfleck am Rand des Wassers erhob sich eine mächtige alte Buche. Unter ihren weitausladenden Ästen ließen sie sich nieder. »Wenn du in die Große Halle in der Fürstensiedlung kommst«, begann Ase seinen Bericht, »wirst du dort einen langen braunen Stein liegen sehen. An der Oberfläche erkennt man noch deutlich die Baumrinde. Tatsächlich handelt es sich um einen versteinerten Baum. Wie er dort hingekommen ist? Nun, vielleicht hast du schon davon gehört, daß am Anfang der Zeiten die Mondfrau ein Ei fand, das vom Himmel gefallen war. Sie brütete es aus, und heraus schlüpften zwei Kinder. Der Knabe erhielt den Namen Bri und das Mädchen den Namen Bru.

Sie wuchsen heran. Bru herrschte in der Anderswelt. Bri wurde der erste Herrscher im Großen Wald.

Bru liebte ihren Bruder mehr als irgendeinen anderen Mann. Bri fand, seine Schwester sei die Schönste unter allen Frauen. Nun gab es damals noch keine Trennungslinie zwischen dem Diesseits und der Anderswelt. In seinem Liebesrausch verbrachte Bri ein ganzes Jahr bei seiner Schwester. Dies war in der Menschenwelt eine Zeit, in der die Ernten verdarben, die Tiere keine Jungen mehr warfen und die irdischen Frauen keine Kinder mehr zur Welt brachten. Da ließ die Mondfrau, die Mutter der Zwillinge, durch Zauber eine unsichtbare Wand aufwachsen zwischen den beiden Welten und zwang Bri zuvor, in sein Reich zurückzukehren. Er mußte nun ständig in der Menschenwelt bleiben, und auch Bru durfte ihr Reich nicht mehr verlassen. Ehe sich nun die Grenze zwischen den beiden Welten schloß, sandte Bru ihrem Zwillingsbruder noch eine Botschaft. Sie war in die Rinde jenes versteinerten Baumes eingehauen, den damals zehn Riesen aus der Anderswelt herbeitrugen. Auf der einen Seite des Stammes war zu lesen:

MONDRIL DITRIU, MESCH FORAL SURIU.
Auf der anderen Seite stand:
FORAL DITRIU, MESCH MONDRIL SURIU.
Das bedeutet, übersetzt in die Sprache, die wir heute sprechen:
DIE WELT WIRD UNTERGEHEN,
ABER DER WALD BLEIBT BESTEHEN.
Und:
DER WALD WIRD UNTERGEHEN,
ABER DIE WELT BLEIBT BESTEHEN.

Bri, so erzählt man, ließ darauf alle Weisen des Großen Waldes zusammenrufen, damit sie ihm die in beiden Sätzen enthaltene Botschaft deuteten. Sie berieten lange und konnten sich nicht einig werden. Der wörtliche Sinn war klar. Aber da sich die beiden Sprüche in ihrer Aussage geradezu widersprachen, kam die Vermutung auf, es müsse noch einen verborgenen Sinn geben.

Beiden Sprüchen gemeinsam war, daß sie offenbar vor einer Katastrophe warnten, vor dem Ende der Welt. Nachdem sie sich lange genug die Köpfe zerbrochen und über das Problem debattiert hatten, meinten die Weisen des Landes, ursprünglich habe Bru vielleicht nur einen Spruch auf den Stamm geschrieben und der andere sei von einem bösen Geist hinzugefügt worden, um die Menschen zu verwirren. Sie stritten sich lange. Die einen behaupteten, allein der erste Spruch enthalte Brus Nachricht, während die anderen ebenso überzeugende Argumente dafür vorbrachten, daß der zweite Spruch der rechte sein müsse.

Jene, die den ersten Spruch für echt hielten, nämlich: die Welt werde untergehen, aber der Wald bleibe bestehen, gingen den ›Weg des Waldes‹. Nur, wenn man auf die Stimme der Bäume höre, wenn man den Großen Wald schütze, in enger Gemeinschaft mit ihm lebe, so erklärten sie, sei die Welt letztlich zu retten.

›Ganz falsch!‹ riefen die anderen, die den ›Weg der Anderswelt‹ einschlugen, der auch der ›Weg des Allwiss‹ genannt wird. Der Wald werde zerstört werden und mit ihm die ganze Menschenwelt. Komme es aber dahin, werde sich die Menschheit nur retten können, indem sie sich in die Anderswelt flüchte. Deswegen gelte es, sich mit deren Geschöpfen vertraut zu machen, ihre Sprache zu erlernen und nach den Verbindungswegen zu forschen, die vielleicht immer noch zwischen ihr und der Menschenwelt bestehen.«

Madru hatte Ase mit wachsender Verwunderung zugehört, nun aber unterbrach er ihn. »Aber warum heißt dieser Weg der ›Weg des Allwiss‹?« fragte er.

»Darauf wollte ich noch kommen«, sagte Ase, »damals, als soviel über die Inschriften gerätselt und nachgedacht wurde, gab es einen Druiden, der behauptete, er sei dort, wo der Wald am tiefsten ist, dem Zwerg Allwiss begegnet, einem Geschöpf aus der Anderswelt also, das doch noch von drüben zu uns durchgedrungen sei ... auf welchem Weg auch immer ... und dieser Zwerg habe ihm anvertraut, das Schicksal der Menschheit werde so verlaufen, wie es noch heute die Druiden lehren und wie es jene glauben, die sich heute für den Weg der Anderswelt entscheiden.«

»Und wer hat recht?« fragte Madru wieder dazwischen.

»Nun«, meinte Ase, »ich bin als einer, der den ›Weg des Waldes‹ geht, natürlich in diesem Punkt voreingenommen. Aber da du mich danach gefragt hast, will ich dir offen und ehrlich meine Meinung sagen. Ich leugne nicht, daß es eine Anderswelt gibt. Nur eben ... ich finde das Diesseits wunderbar genug. Auch lebendige, grünende Bäume wissen viele Geheimnisse.«

»Und der dritte Weg?« fragte Madru jetzt.

»Dazu mußt du wissen«, begann Ase wieder, »zwischen den beiden Wegen der Schulen, von denen wir bisher gesprochen haben, ist es von jeher aus Gründen der Macht zu viel unnützem Streit gekommen ... statt daß sie zusammengearbeitet und sich in ihrem Wissen ergänzt hätten. Es gab fanatische Anhänger des einen Weges, die ließen an denen, die den anderen Weg gingen, kein gutes Haar. Es kam schließlich soweit, daß am Streit der beiden Wege die Ordnung im Reich des Großen Waldes zu zerbrechen drohte ... bis sich Menschen fanden, die einen dritten Weg einschlugen. Nicht den Weg des Waldes, nicht den Weg des Allwiss, sondern den Weg der Ritter. Auch wer sich zu diesem Weg bekennt, fürchtet, daß sich einmal ... keiner weiß, wann ... eine große Katastrophe ereignen wird ... eine Katastrophe so furchtbar, so unvorstellbar gewaltig und umfassend, daß durch sie der Bestand der ganzen Welt ... Diesseits und Anderswelt ... bedroht ist. Aber, so sagen jene, die den Weg der Ritter gehen, diese Katastrophe lasse sich unter gewissen Bedingungen sehr lange hinausschieben. Je mehr Menschen den ›Weg der Ritter‹ einschlügen, je strikter sich der Einzelne an die Gebote dieses Weges halte, desto mehr wachse die Kraft, die die Katastrophe vorerst verhindere, diese jedenfalls bis an den Horizont der Zeit fortrücke.«

Ase schwieg, und Madru, der ein Gefühl von Geborgenheit verspürte, das von den Zweigen der großen Buche auszugehen schien, war für den Augenblick ganz unentschieden, welchen Weg er eingeschlagen hätte, wäre von ihm verlangt worden, sich auf der Stelle hier und jetzt zu entscheiden. Alle drei Wege, sowie sie Ase ihm dargestellt hatte, besaßen etwas, das ihn neugierig machte.

Ase sah ihn an. »Jetzt bist du ziemlich hin- und hergerissen, nicht wahr?« sagte er. »Das geht den meisten so. Und man sollte sich da genau prüfen. Aber früher oder später muß man sich auch entscheiden. Nun stell dir vor, jemand hat seine Wahl getroffen und nach einiger Zeit stellt sich heraus, daß er auf dem Weg, den er gewählt hat, ganz und gar nicht vorankommt, daß es der falsche Weg für ihn war. Um dies nach Möglichkeit zu verhindern, gibt es das Bilderspiel. Man sagt, daß Bru und Bri es einst geträumt haben sollen, als sie sich liebten. Zunächst einmal ist es ein schönes Spiel. Darüber hinaus aber hat man es dazu bestimmt, aufzuzeigen, welcher der drei Wege für den einzelnen Menschen der richtige ist. Mit Hilfe der Bilder kann der Spieler überprüfen, ob er unter den drei möglichen Wegen auch tatsächlich denjenigen gewählt hat, der sein Schicksal ist.«

»Schicksal?« fragte Madru, »was hat man sich denn nun darunter vorzustellen?«

»In der Fürstensiedlung«, sagte Ase, »wirst du mit den Söhnen der Vornehmen das ›Haus der Lehren‹ besuchen und über all das Genaueres erfahren. Du wirst auch lernen, wie man das Spiel zur Meditation benutzen kann. Sie werden dir vielleicht besser erklären können, als ich es vermag, was man unter ›Schicksal‹ versteht. Im Zusammenhang mit dem Spiel ist vor allem folgendes wichtig: Es kommt vor, daß Menschen mit ihrem Verstand etwas ganz anderes wollen als in der dunklen Tiefe ihres Herzens. Es sollte nicht vorkommen, aber es ereignet sich doch häufiger als man denkt. Wenn der Gegensatz zwischen dem, was der Verstand will und dem, was die Seele braucht, zu groß wird, entsteht eine Krankheit, die den Menschen genau so umbringen kann wie Aussatz oder Pest. Das Spiel hilft ergründen, ob das Verlangen des Verstandes mit dem der Seele in Einklang steht. Und ist das der Fall, dann eben folgt der Mensch seinem Schicksal.«

Madru war ganz benommen von dem, was er alles erfahren hatte. Ase aber meinte, er solle jetzt nicht weiter darüber nachgrübeln. Sie müßten sich wieder auf den Weg machen.

Madru warf noch einmal einen Blick auf die Buche, in deren Schatten er all diese wunderbaren Dinge erfahren hatte, und es war ihm, als sehe ihn aus dem Laubwerk ein riesiger Kopf an, der ihm ermunternd zunicke.

Ase begann zügig auszuschreiten, und Madru, bewegt von vielen Fragen, folgte ihm schweigend, weil er wohl merkte, daß Ase jetzt nicht mehr über die drei Wege reden mochte.

Sie hatten seit ihrer Rast drei oder vier Meilen zurückgelegt, als Ase Madru fragte, ob ihm aufgefallen sei, daß es nach Rauch rieche. Jetzt, da ihn sein Begleiter darauf hinwies, merkte es Madru auch. »Zehn, höchstens fünfzehn Krieger«, sagte Ase halblaut, aber sein Gesicht drückte Bestürzung aus.

»Müssen wir vorsichtig sein?« fragte Madru. »Nein«, sagte Ase, »es sind Norrländer.«

Madru überlegte bei sich, woher er das nun wieder wisse, sagte aber nichts. Sie liefen weiter am Ufer des Sees entlang. Hinter einem Schilfdickicht öffnete sich eine kleine Bucht.

Vier schmale Nachen lagen auf den Strand gezogen. Davor, in einem mit Steinen abgeteilten Kreis, brannte ein Feuer, um das eine Gruppe von Männern stand. Sie redeten laut und selbstgefällig. Einer von ihnen drehte den Bratspieß, an dem ein Wildschwein über der Glut schmorte.

Ein mächtiger Bursche, der Madru durch seine ungewöhnliche Kleidung auffiel, hielt ein kroß gebratenes, mit Gewürz bestreutes Fleischstück in den Händen. Das Fett troff ihm von den Lippen in seinen schwarzen Vollbart. Andere Männer waren gerade dabei, aus kleinen Fässern, die nahe an der Feuerstelle standen, Met zu zapfen. Madru verspürte Hunger.

»Heda, Fiedler!« rief einer der Männer, offenbar der Anführer, »willkommen! Seid unsere Gäste. Zu essen ist genug da. Zu trinken auch. Aber an Musik fehlt es.«

Ase grüßte den Mann und folgte ihm zum Feuer. Madru hielt sich hinter ihnen. Jemand schnitt mit einem Messer zwei Scheiben von dem Wildschweinbraten ab, reichte die eine Ase hin, die andere ihm. »Da«, sagte der Mann plump zu Ase, »sollst auch einen guten Tag haben.«

Was sie feierten, fragte Ase. In den würzigen Geruch des Fleisches mischte sich noch ein anderer Geruch. Er war unangenehm süßlich.

»Gute Beute«, hörte Madru den Mann mit dem schwarzen Bart antworten. Sein Gesicht war gerötet. Er lachte wie jemand, der damit etwas verbergen will. Jetzt betrachtete Madru sich die Kleidung des Bärtigen genauer. Er trug auf der nackten Haut ein seltsames Hemd. Es glitzerte, wenn die Sonne darauf fiel, und wenn der Mann sich bewegte, klimperte es leise.

»Da staunst du – was, Junge!« rief der Mann und fuhr mit der Hand über die Maschen. »Aus Eisen ist es. Jawohl ... ganz und gar aus Eisen. Man ist unverwundbar, wenn man es trägt.«

»Wo habt Ihr das her?« fragte Ase und trat an den Mann heran. »Was geht dich das an?« brauste der Schwarzbärtige auf, »du sollst Musik für uns machen. Ein solches Fest wie unseres wird dir nicht alle Tage geboten. Also kümmere dich nicht um das Hemd, sondern spiel auf.«

»Laß den Fremden in Ruhe, Orn«, sagte der Anführer und riß den Mann grob an der Schulter von Ase weg.

»Entschuldigt«, sagte er, »Orn ist der gutmütigste Bursche von der Welt. Aber gebt ihm nur einen Tropfen Met, gleich sucht er mit jedermann Streit. Auch ich bitte Euch: spielt uns doch auf. Ich werde Euch gut bezahlen.«

Ase sagte nichts. Er nahm die Fiedel vom Rücken und begann, sie zu stimmen. Madru spürte wieder diesen unangenehm süßlichen Geruch. Die Männer, wer immer sie sein mochten, mißfielen ihm. Er ging etwas abseits und wollte sich dort ins Gras setzen. Er freute sich auf Ases Melodien und sah zum Waldrand hinüber. Ihm fiel auf, wie mächtig und hoch die Bäume dort waren. Noch nie zuvor hatte er so mächtige Bäume gesehen. Die stärksten Stämme hatten eine rötliche Rinde. Sie schienen aufzuwachsen bis in die Wolken. Und dann sah er es. Es würgte ihn vor Abscheu und Ekel. Fünf, sechs Fuß von ihm entfernt im Gras lagen nackte tote Körper. Blutverschmiert waren manche, andere angesengt. Statt Mündern, Stirnen und Wangen – nur Aschenflecke. Er schrie gellend auf. Sein Magen revoltierte. Er spie alles wieder aus, was er eben gegessen hatte. Einen Augenblick später war Ase bei ihm und legte eine

Hand über seine Augen. Madru zitterte immer noch, als Ase ihn vorsichtig fortführte. Auch jetzt, blind, sah er noch die verwüsteten Gesichter der Toten, die blutigen Risse in ihren aufgetriebenen Bäuchen, die klaffenden Wunden in ihren Schädeln. Ase führte ihn hinunter zum Ufer. Unterwegs riß er ein paar große Blätter ab, die nach Minze rochen, befeuchtete sie und fuhr Madru damit übers Gesicht.

»Besser?« fragte er.

Madru biß sich auf die Unterlippe und nickte.

»Warte hier, bis ich dich holen komme«, sagte Ase.

Als er wegging, sah Madru, daß die Fiedel wieder auf seinem Rücken saß. Im Gehen griff Ase an seinen Gürtel und zog einen dünnen schwarzen Stab hervor, der Madru unterwegs schon aufgefallen war, ohne daß er wußte, was es mit ihm auf sich hatte. Ase hielt den Stab vor sich in Brusthöhe und ging mit bedächtigen Schritten weiter auf die Feuerstelle zu. Sobald die Männer dort des Stabes ansichtig wurden, trat eine merkwürdige Veränderung bei ihnen ein. Sie schienen zu erstarren. Ihr Lachen verstummte. Einem jeden erstarb das Wort auf den Lippen. Der Anführer kam Ase entgegen. Unterwürfig jetzt, wie ein geprügelter Hund.

»Verzeiht, Herr«, sagte er, »wir wußten nicht, daß Ihr ein Bote des Herrschers seid.«

»Wer seid Ihr? Und was geht hier vor?«

»Ich heiße Esnir«, sagte der Mann, »bei mir ist mein Bruder Orn. Die anderen sind Männer aus unserem Dorf«

»Wer hat Euch geheißen, die Waffen zu ergreifen?«

»Nicht der Fürst des Waldes, wenn Ihr das meint. Aber ehe Ihr mich und uns verurteilt, hört Euch erst an, was geschehen ist. Es sind Männer aus dem Süden gekommen. Sie haben unser Dorf überfallen. Sie haben versucht, Felle von uns zu erpressen. Mein Vater Nogal war ein Zaubertrommler. Er hat versucht, sie mit bösen Bildern abzuwehren. Aber was kann das schon helfen gegen Männer, die Eisen tragen? Sie haben ihn getötet. Da haben wir …

Er stockte.

»Ihr habt sie totgeschlagen.«

»Was blieb uns anderes übrig, Herr?«

»Ihr beschuldigt die Fremden, Felle von Euch erpreßt zu haben. Aber ihr wart doch auch auf Beute aus – … oder? Ihr wolltet ihre Kettenhemden. Ihr wolltet Schwerter und Lanzen. Ihr wart ganz verrückt nach Eisen«, sagte Ase.

»Wir sind Sieger geblieben, Herr, und als Sieger haben wir das Recht auf die Beute.«

»Sieger für wie lange?«, entgegnete Ase scharf »Was meint Ihr, Esnir, was wohl geschehen wird, wenn der König im Süden merkt, daß seine Männer nicht zurückkommen? Ich will es Euch sagen, da Ihr offenbar nicht fähig seid, selbst soweit zu denken. Er wird mehr Männer schicken. Ein ganzes Heer. Und seine Soldaten werden mit Euch so verfahren wie ihr mit den Fremden verfahren seid.« Er machte eine Pause und ging mit gesenktem Kopf auf und ab. »Ich kannte Euren Vater, Esnir«, fuhr er fort. »Er war ein kluger Mann. Es bekümmert mich, daß er hat sterben müssen. Aber Ihr werdet nicht behaupten wollen, daß er Euch den Rat gab, die Fremden anzugreifen.«

»Nein, Herr. Wie ich Euch schon sagte, er wollte sie mit Trommeln abwehren. Aber hat sein Trommeln etwa verhindern können, daß sie ihn töteten? Wir haben uns geschworen, uns in Zukunft auf unsere Schwerter und Speere zu verlassen, statt mit Zauber gegen die Fremden zu kämpfen.«

»Wenn der Weg des Waldes, den Euer Vater gegangen ist, nicht dazu taugt, um die Fremden abzuwehren«, sagte Ase, »werdet Ihr mit Euren Waffen erst recht nichts ausrichten.«

»Dessen sind wir nicht länger so sicher.«

»Es ist weit gekommen«, sagte Ase erbittert, »nicht nur, daß ihr euch herausnehmt, auf eigene Faust zu den Waffen zu greifen, ihr wagt es auch noch, statt die Trauerriten zu vollziehen, nach einem solchen Massaker ein Fest zu feiern.«

Seine Männer hätten ihn dazu gedrängt, entschuldigte sich Esnir. Sie seien so stolz auf ihren Sieg gewesen.

»Bedenkt doch, Herr«, mischte sich jetzt ein anderer der Männer ein, »dreißig Soldaten in Kettenhemden und ein Ritter. Und wir waren nur zehn.«

»Dann seid ihr wohl auch noch stolz darauf, daß die Leichen der Fremden immer noch unbestattet dort drüben im Gras liegen. So nahe am Bannwald. Erschlagen habt ihr die Männer doch schon gestern abend.

»Das stimmt, Herr, aber woher wißt Ihr das?« fragte Esnir sehr verstört.

»Sie stanken uns schon entgegen, als wir kamen. Also los! Worauf wartet ihr noch? Das Fest ist zu Ende. Sorgt dafür, daß dieser Platz von all dem Blut, das ihr vergossen habt, gereinigt wird.« »Geben wir's doch zu«, sagte Orn, der bisher etwas abseits von den anderen gestanden hatte, »wir haben uns auch gefürchtet, Herr. Deswegen sind die Toten noch nicht begraben.« Er wandte sich an seinen Bruder: »Du selbst hast gestern abend gesagt, die Luft sei voll schlechter Vibrationen. Deswegen sind wir ja auch erst heute zu dieser Siegesfeier zusammengekommen.«

»Immerhin habt ihr euch nicht gefürchtet, die Toten auszurauben«, stellte Ase fest.

Er drehte sich um und kam zu Madru zurück. Esnir folgte ihm. »Wir gehorchen Eurem Befehl«, sagte er kleinlaut, »wir tun alles, was Ihr verlangt. Wir waren verwirrt. Wir sind einfache Leute. Wenn etwas geschieht … die Dörfer, die südlich des Bannwaldes liegen, haben immer das Nachsehen. Aber ich bitte Euch, legt ein gutes Wort beim Fürsten des Waldes für uns ein. Und könnt Ihr nicht etwas tun, um die Bäume zu versöhnen, wenn wir sie erzürnt haben?«

Ase schwieg und ging weiter.

» … wollt Ihr ein Eisenhemd, ein Schwert? Wollt Ihr den Panzer des Ritters als Geschenk für den Herrscher des Waldes?«

»Laßt mich«, sagte Ase unwillig, »euer Eisen könnt ihr behalten. Es wird sich rasch genug gegen euch selbst wenden. Vielleicht gegen uns alle. Macht euch endlich an die Arbeit und begrabt die Toten.«

»Hier im Angesicht des Bannwaldes, Herr?«

»Nein, ihr ladet sie in die Nachen und schafft sie auf die andere Seite des Sees.«

»Wie Ihr befehlt, Herr.«

Ase sah immer noch finster drein als er zu Madru zurückkam. »Wir wollen rasch fort von hier«, sagte er. Zielstrebig mit einer Handbewegung, die Madru auf die weiße Markierung, im Boden hinwies, ging er auf eine mächtige Fichte am Waldrand zu.

Während sie über die Trittäste aufwärts stiegen, überkam Madru ein merkwürdiges Gefühl. Je höher hinauf sie kamen, desto mehr spürte er ein Wiegen und Schaukeln – die Bewegung des Baumes im Wind. Es war angenehm. Es löste eine Empfindung von Leichtigkeit und ein Gefühl von Freiheit in ihm aus wie er das in dieser Art noch nie erlebt hatte. Er war sich auch ganz gewiß, daß Bäume Wesen seien, deren Sprache er eines Tages würde verstehen können.

Dann standen sie oben auf dem aus Brettern gefügten Pfad, der sich nach Norden in der Ferne verlor. Ein Bild bot sich, das Madru wie aus einem Traum schien. Der Bannwald reichte in einer ebenen Landschaft so weit wie man sehen konnte. Er wirkte wie ein Meer von Bäumen, auf dem die Kronen wie die Schwingungen kleiner Wellen aussahen. Zum ersten Mal begriff Madru weshalb Norrland auch das Land des Großen Waldes genannt wurde. Er sah auf eine geschlossene Walddecke, scheinbar ohne Lichtungen oder Siedlungen. In der Nähe nahm man noch die einzelnen Baumkronen wahr, in einer Dichte, Frische und Üppigkeit des Wuchses, wie er sie sonst noch nirgends erlebt hatte. Weiter fort wurden die Bäume allmählich zu einem lichtgrünen Pelz eines gewaltigen Tieres, zu einem Fell, in dem dort, wo Fichten und Tannen die Laubbäume überwogen, dunkle, unregelmäßig verlaufende Muster auftauchten.

Die Mammutbäume, die manchmal in kleinen Gruppen von vier, fünf Stämmen zusammenstanden, meist aber einzeln und in gewisser Entfernung voneinander aufragten, kamen Madru vor wie Riesen mit grünen Federbüschen auf ihren Helmen.

Vielleicht das Erstaunlichste aber waren die Geräusche, die diese Stämme von sich gaben, wenn ein stärkerer Windstoß kam. Es war wie das Knurren oder Gähnen eines Fabelwesens, eher ein behaglicher als ein erschreckender Ton, keinem der Laute von Menschen und Tieren vergleichbar, und Madru stellte sich vor, welche Genugtuung es bedeuten müsse, zu verstehen, was diese Riesen da murmelten oder beim Gähnen sich zuraunten.

Ase hatte Madru erzählt, der Bannwald sei Urwald, am Grund über weite Strecken unbegehbar und undurchdringlich für Menschen. Im Osten schütze Norrland die Miliz, im Westen die zerklüfteten hohen Gebirge, im Norden die Schneefelder und ewiges Eis, im Süden aber der Bannwald. Freilich könne jemand versuchen, ihn durch Feuer niederzulegen. Aber einen solch gewaltigen Frevel an Bäumen würde kein Norrländer wagen, und selbst den Barbaren im Süden seien die Sagen bekannt, die auf den Zusammenhang zwischen dem Untergang des Großen Waldes und dem Ende der Welt hinwiesen. Sie liefen Stunde um Stunde oben auf dem Pfad nach Norden, und Madru wurde nicht müde, immer wieder seinen Blick über die grüne Weite hinschweifen zu lassen, und immer wieder empfand er dabei ein Gefühl von Erstaunen und Begeisterung.

Der Himmel über ihnen war erst blau, ohne Wolken und flimmernd von Hitzedunst, dann kam Röte auf im Westen und endlich schien es, als sei ein großes, graues Wolltuch ausgeworfen worden, durch dessen Löcher die Sterne blitzten. Nach Sonnenuntergang überkam den Jungen ein Frösteln. Die Bilder der erschlagenen Männer stiegen erneut in ihm auf. Er sah ihre schrecklichen Wunden wieder und roch den Verwesungsgeruch.

Ein rasch an Stärke zunehmender Wind pfiff den Wanderern um die Ohren. Er ratterte und zerrte an den Wipfeln und schien von weit herzukommen. Von den Mammutbäumen klang jetzt ein zorniges, wie warnend klingendes Brüllen herüber. Der Wind wurde zum Sturm. Unter sich hörten sie jetzt manchmal das Splittern dürrer Äste. Madru spürte, wie seine Beine von der zunehmenden Abkühlung der Luft klamm und gefühllos wurden. Ase und er hatten jetzt alle Mühe, auf dem schmalen Bretterpfad nicht die Balance zu verlieren. Wenn sie sich miteinander verständigen wollten, mußten sie schreien.

»Wir werden absteigen müssen«, rief Ase durch das Geheul des Sturmes und die Zorneslaute der Mammutbäume Madru zu. »Die Geister der Männer, die jenseits des Sees begraben worden sind, kommen durch die Luft.« Es war jetzt stockdunkel, Wolkenfetzen schwappten vorbei. Sie waren stehengeblieben. Ase hielt den Jungen an den Schultern fest.

»Können wir denn hinunter?« fragte Madru.

»Dreihundert Schritt … ein Ausstieg.«

Der Sturm riß einzelne Worte aus dem Satz, zerfetzte die Worte zu Buchstaben. Schwankend gingen sie weiter. Ihre Kleider knatterten. Endlich deutete Ase mit der linken Hand nach unten. Madru erkannte Trittäste ähnlich denen, über die sie am See heraufgestiegen waren. Auch hier waren sie mit einem leuchtenden Farbstoff markiert, so daß man keine Schwierigkeiten hatte, sie in der Dunkelheit genau zu erkennen. Je tiefer sie stiegen, desto weniger war die Gewalt des Sturmes zu spüren. Schließlich war da in der Höhe über ihnen nur noch ein ferner, pfeifender Laut zu hören. Ein Sprung noch und sie standen auf dem Waldboden.

»Halt dich dicht bei mir« sagte Ase und ging voran. Es war dunkel und nur Umrisse von Büschen und niedrigeren Bäumen waren zu erkennen. Weiter entfernt war das Geräusch von Wasser.

Nach einer Weile blieb Ase stehen. Er ergrifft einen Stab, der im Boden steckte und handhabte ihn wie einen Quirl. Nach einer Weile war ein schwaches Glühen zu sehen. Dann züngelte eine schmächtige Flamme. Vorsichtig nährte er sie mit dürrem Laub und modrigem Holz und legte nach einer Weile dann größere Äste nach. Im Schein des Feuers erkannte Madru, daß sie sich in einem nicht sehr dichten Gehölz am Ufer eines kleinen Sees befanden. Die Umrisse einer größeren und einer kleineren Hütte hoben sich aus der Dunkelheit.

»Willkommen in Ängratörn«, sagte Ase. »Es ist einer der Plätze«, erklärte er, »an denen unsere jungen Leute ihre Zeit in der Einsamkeit verbringen.« Dann begann er Holz aufzusammeln und trug es in die kleinere der beiden Hütten.

»Ruh du dich nur aus«, sagte er zu Madru und wies auf ein Moospolster. Verwundert setzte sich der Junge. Nach dem heftigen Wind und dem Gebrüll der Mammutbäume war die Stille hier geradezu unheimlich. Aber auch in der Höhe schien sich der Sturm nun völlig gelegt zu haben. Madrus Blick fiel dorthin, wo der Schein des Feuers die Dunkelheit nicht mehr aufhellte. Dort blitzten Augen von Tieren auf. Er sah nur die Augen die neugierig funkelten, aber sie wirkten nicht feindselig und er empfand bei ihrem Anblick keine Furcht. Ase kam zurück und sog hörbar die Luft durch die Nasenlöcher ein. »Ein Dachs muß hier gewesen sein«, erklärte er, »hast du ihn gesehen?«

»Nur seine Augen.«

»Das ist ein gutes Zeichen«, sagte Ase, »nun leg deine Kleider ab und geh dort hinüber in die kleine Hütte. Ich habe dir eine Sauna gerichtet.« Nackt betrat Madru den Innenraum der Hütte und sah sich um. Unter einem Steinhaufen brannte in der einen Ecke ein Feuer. An der gegenüberliegenden Wand gab es in unterschiedlicher Höhe zwei Sitzbretter.

»Setz dich zuerst auf das untere«, sagte Ase von der Tür her, »es wird rasch noch viel heißer werden hier drinnen. Aber du wirst sehen: es tut dir gut.«

Drauf ging er hinaus und schloß die Tür hinter sich. Madru kam es vor, als bohrten sich hundert winzige Nadeln in seine Haut. Er hatte Mühe zu atmen. Er mußte all seine Willenskraft zusammennehmen, um nicht aufzuspringen und hinauszurennen. Nach einer Weile merkte er, wie sich seine Muskeln entspannten und er gleichmäßiger atmete.

Ase schaute herein und sagte, er solle nun auf das höhere Sitzbrett steigen. Er trug eine große Tonschale, die mit Wasser gefüllt war und entleerte sie über dem Steinhaufen. Im Nu erfüllte eine Dampfwolke den kleinen Raum. Nur an dem knarrenden Geräusch der Tür merkte Madru, daß Ase wieder hinausgegangen war. Der Dampf war wie ein dumpfer Schlag, der ihn am ganzen Körper gleichzeitig traf. Das Herz schien mit seinen Schlägen den Brustkorb sprengen zu wollen. Die Hitze war jetzt auch in den Adern. Sie kreiste mit Madrus Blut, während die Nadelstiche auf der Haut noch heftiger schmerzten. Unangenehm aber war es nur für einen ganz kurzen Augenblick. Dann war es Madru so, als vergehe all seine Müdigkeit in der Hitze. Irgendwann steckte Ase den Kopf zur Tür herein und hieß ihn, herauszukommen, rasch zum See zu laufen und dort unterzutauchen.

Madru war erstaunt, daß ihm weder die Nachtluft noch das Wasser eigentlich kalt vorkamen. Es war, als sei seine Haut mit einer Schutzschicht aus Wärme umgeben, hinter der er die Kühle nur als etwas Fernes ahnte. Noch zweimal danach ließ ihn Ase den Wechsel zwischen Erhitzung und Abkühlung wiederholen. Dann gab er ihm ein großes Tuch zum Abtrocknen, das er in der größeren Hütte gefunden haben mochte, hieß ihn ans Feuer kommen und sich dort hinkauern. Er nahm Madru das Tuch ab und hängte ihm ein Schaffell mit langer Flocke um, das innen mit Moos ausgefüttert war.

»Wie fühlst du dich?« fragte ihn Ase. »Wach und erschöpft zugleich.«

»Sieh vor dich ins Feuer.«

In dem kleinen Steinkreis, der die Feuerstelle einfaßte, war jetzt nur noch glosende Glut.

»Was siehst du?«

»Ich weiß nicht«, sagte Madru unsicher. »Ach, freilich weißt du es.«

»Die Glut eines Feuers.«

»Und du siehst doch wohl auch, daß im Steinkreis gegen alle vier Himmelsrichtungen hin größere Steine liegen.«

»Ja, jetzt erkenne ich es.«

»Präg dir die Lage der Steine und ihr Aussehen gut ein und dann sieh mich an.«

Als Madru seinen Blick hob und zu Ase, der ihm genau gegenübersaß und leise zu singen begonnen hatte, hinsah, floß eine große Müdigkeit durch seinen Körper. Es war, als komme von hinten eine Gestalt, die ein Netz über ihn werfe; als gehe von den Schnüren des Netzes ein Kribbeln aus, das etwas in ihm lähmte. Madru sah Ases Augen seltsam überdeutlich und glänzend. Das Gesicht des Alten wurde immer mehr von wachsenden Schatten überwuchert. Je weniger von den übrigen Gesichtszügen zu erkennen war, desto gebannter starrte Madru auf die funkelnden Augen. Dann gab es einen Moment, da die Lichter nach rückwärts fortwanderten, und als er ihnen nachschaute, fühlte er sich gezwungen, aufzustehen und ihnen zu folgen. Das führte ihn vor schwarze Pfützen, die größer und größer wurden bis er zwei Teiche sah, deren Ränder sich gegeneinander hin öffneten. Ein Strudel quoll auf. Madru stürzte in das schwarze Wasser. Ein Sog zerrte ihn abwärts. Er meinte zu spüren wie sein Herzschlag hinter ihm zurückblieb. Er sank und sank stehend, bis er endlich mit den Zehen Sand berührte. Dann ging er in die Hocke. Offenbar befand er sich in einer nächtlichen Landschaft, in einer schwarzen Wüste. Es war mäßig hell, wie nachts auf der Erde, wenn nur die Sterne in der Dunkelheit leuchten. Vor sich sah er wieder den Steinkreis, aber dort, wo vorhin die größeren Steine gelegen hatten, saßen jetzt Tiere. Im Osten eine Kröte, im Westen eine Elster, im Norden ein Dachs und im Süden ein Bär.

Der Bär erhob sich sofort auf seine Hinterbeine, kam auf ihn zu und umarmte ihn mit seinen gewaltigen Pranken. Madru war noch so verwirrt von dem, was er sah, daß er den Angriff des Bären, ohne zu reagieren, über sich ergehen ließ. Er spürte den Schmerz, als die Klauen des Tieres sich in sein Fleisch bohrten und den Biß der Zähne an seinem Hals. Sein Schädel schien zu bersten. Ein winziges weißes Wölkchen blieb über der Stelle seines Sterbens. Während der Bär immer mehr Fleisch aus seinem Körper riß und es auffraß, schwebte sein Bewußtsein in dem weißen Rauch, und er nahm alles wahr, was da vor sich ging.

Nachdem der Bär sich gesättigt hatte, schleppte er das Gerippe, an dem noch ein paar Fleischfetzen hingen, davon und verschwand in der Weite der schwarzen Wüste.

Ich bin tot, dachte Madru, der Bär hat mich getötet.

Er versuchte zu sprechen, aber die Worte gewannen keinen Laut. Erst jetzt regten sich die Kröte, die Elster und der Dachs.

Sie schienen über etwas miteinander zu beraten, und als sich der Junge anstrengte, verstand er auch, was sie sprachen.

»Ich werde sein Schlüsselbein finden«, sagte die Kröte.

»Ich spüre die Haut seiner Lippen auf«, sagte die Elster, »und alles übrige Fleisch.«

»Ich weiß, wo sein Herz liegt«, sagte der Dachs. »Der Bär hat es nicht gefressen.«

Sie machten sich davon und waren bald hinter dem Horizont verschwunden. Jetzt war das bedrückende Gefühl am schlimmsten, denn aus dem weißen Rauch sah Madru nur auf die leere schwarze Lavawüste hin.

Als erstes der Tiere kam die Elster wieder. Sie brachte erst seine Lippen und nach und nach alles andere Fleisch und legte es in den Sand. Dann sprang die Kröte herbei mit einem Knochen im Maul. Als Letzter kam der Dachs. Sein Fell war nicht mehr glatt wie vorhin, sondern struppig.

»Ho«, sagte er und legte ein zuckendes Herz unter den Knochen, »es gab jemanden, der hätte das Herz lieber für sich behalten. Aber so haben wir nicht gewettet. Nun wollen wir den Jungen wieder lebendig machen. Was schenkst du ihm für sein weiteres Leben, Kröte?«

»Ich schenke ihm, daß er jung bleibt, so alt er auch werden mag«, sagte die Kröte, »und wenn er einst stirbt, so soll er eines leichten Todes sterben und jene, die ihm am liebsten ist, soll er zuvor noch einmal wiedersehen.« Sie spie auf den Knochen und sogleich lagen da alle Knochen von Madrus Körper.

»Und was schenkst du ihm, Elster, ehe wir ihn nun wieder aufwecken?« fragte der Dachs.

»Ich schenke ihm einen Blick«, zwitscherte der Vogel, »der die Frauen veranlaßt, sich in ihn zu verlieben und die Männer für ihn einnimmt.«

Und als die Elster dies gezwitschert hatte, waren alle Haut, alle Muskeln und alles Haar wieder auf den Knochen.

»Ich schenke seinem Herzen Mut«, sprach der Dachs, »aber in seine Seele lege ich die Verpflichtung, den Großen Wald nicht zu vergessen … was er bedeutet, für uns Tiere und für die Geschöpfe, die nach uns kamen in diese Welt … die Menschen.«

»Also wecken wir ihn auf«, sagte die Kröte.

»Wartet noch«, sagte die Elster, »habt ihr vergessen, daß er sich selbst ein Viertes wünschen darf, solange er träumt, und daß wir es erfüllen müssen, was immer es auch sein mag?«

»Tatsächlich, das hätten wir beinahe vergessen«, sagte der Dachs erschrocken.

Aus dem Rauch sah der Junge auf sie und auf seinen Körper hinab, der ohne Bewußtsein war. Er überlegte, was er sich wünschen solle. Lange dachte er nach, und die Tiere warteten geduldig. Er dachte an dieses und jenes, aber wenn er es abwog gegen anderes, schien es ihm wieder nicht so wichtig.

»Es ist schwierig«, sagte er nach einer Weile aus seinem Traum, »ich weiß jetzt wohl, was es ist. Aber es fehlen mir die rechten Worte, es auszudrücken.«

»Versuch es nur«, sagte der Dachs, »so ins Unreine.«

»Ich will wissen, wie die Menschen leben müssen, damit sie glücklich werden.«

»Welch ein bescheidener junger Mann«, sagte die Kröte spitz.

»Es ist sein Wunsch … wie immer er lautet, wir müssen ihn erfüllen«, erinnerte sie der Dachs.

»Ich hatte schon immer eine Schwäche für Philosophie« zwitscherte die Elster.

»Es ist nichts mehr dazu zu sagen«, erklärte der Dachs, »es ist sein Wunsch, nicht eurer. Fort jetzt, ich wecke ihn auf.«

Madru spürte, wie etwas Feuchtes sein Gesicht berührte. Er hielt es für die Schnauze des Dachses. Vielleicht jenes Dachses, den er vorhin am Rand des Lichtkreises beobachtet hatte, überlegte er. Er schlug die Augen auf und sah vor sich den Steinkreis. Ihm gegenüber saß Ase. Es schien schon Tag zu sein, denn es war jetzt viel heller und zwischen den Steinen lag rauchende Asche.

»Ich muß eingeschlafen sein für einen Augenblick«, stellte er fest. »Für einen Augenblick ist gut«, sagte Ase, »es ist unterdessen heller Tag geworden.«

»Ich hatte einen merkwürdigen Traum«, meinte Madru, und er erzählte Ase, was er gesehen hatte und was mit ihm geschehen war. Nur an die Geschenke und an seinen Wunsch vermochte er sich nicht zu erinnern, wie sehr er sich auch anstrengte.

Der Alte hörte ihm aufmerksam zu und fragte dann: »Und was hältst du von alledem?«

»Es wird wohl eine Bedeutung haben«, sagte der Junge, »aber noch begreife ich sie nicht.«

»Wirklich nicht?«

Madru schüttelte den Kopf

»Nun«, sagte Ase, »nachdem du gestern dem Tod begegnet bist und die Geister von rastlosen Toten uns nachgejagt sind, habe ich deine Schutzgeister herbeigerufen, damit sie dich stärken. Wenn du je wieder einmal in große Gefahr gerätst oder vor einer Aufgabe stehst, die du aus eigener Kraft unmöglich bewältigen kannst, tust du gut daran, nach einer Kröte, einer Elster und einem Dachs Ausschau zu halten.«

»Und der Bär?« fragte Madru.

»Das ist der Schatten, der Feind, den jeder von uns in sich trägt.« Bald danach brachen sie auf. Bevor sie wieder zum Wipfelpfad hinaufstiegen, berührte Ase mit dem Bogen seiner Fiedel den Waldboden. Auf der Stelle waren der Steinkreis und das Häuflein Asche darin verschwunden.

»Und die beiden Hütten?« fragte Madru, dem es schien, als habe Ase etwas vergessen.

Der Alte lachte. Die stünden immer hier, erwiderte er, für Wanderer, die ein Saunabad nötig hätten nach einem langen Weg oder für die jungen Männer, die in die Einsamkeit gingen, um ihre Steinaxt zu fertigen. Was es denn nun damit wieder auf sich habe, wollte Madru wissen, aber Ase meinte, darüber werde er noch genaueres erfahren, wenn es für ihn Zeit dazu sei. Gegen Abend des zweiten Tages ihrer Wanderung in der Höhe stiegen sie abermals vom Wipfelpfad herab. Hier endete der Bannwald. Noch von oben hatte Madru ein Flußtal mit Wiesen erkannt.

Auf einer großen Rodung standen so viele Hütten, wie er sie nie zuvor auf einem Fleck beisammen gesehen hatte. Sie wurden alle überragt von einer Halle, die so groß war, als habe man drei Hütten übereinandergestellt, und aus ihrem Dach wuchsen zwei Bäume hervor.

»Dort«, sagte Ase und deutete mit der Hand in diese Richtung, »das ist die Halle des Fürsten.«

Sechstes Kapitel

Madru sieht in einem Rauchloch zwei Augen, verliebt sich in das Mädchen Alissa und verspricht ihr den ersten Tanz

Ohne sich im geringsten um neugierige Blicke, ehrfürchtig klingende Grüße und geflüsterte Worte der Leute zu kümmern, denen sie begegneten, lief Ase eilig und in sich gekehrt immer einen halben Schritt vor Madru, durch die Gassen der Fürstensiedlung, die aus etwa dreihundert mit Schilf gedeckten Blockhäusern bestand. Es gab Gebäude, vor denen an hohem Pfosten ein bunt bemaltes Schild hing. Manchmal war darauf ein Baum oder eine Eule oder auch ein Sternbild zu sehen. Madru wäre am liebsten stehengeblieben, um diese Schilder genauer zu betrachten. Doch Ase schüttelte jedesmal den Kopf und drängte, weiterzugehen. Auch an Werkstätten kamen sie vorüber, in denen Schmiede, Wagenmacher, Bootsbauer, Weber und Färber ihren Gewerben nachgingen.

Manche Haustore standen weit auf, und Madru konnte im Vorübergehen das hölzerne Gerippe eines großen Flußbootes sehen oder einen Mann, der an einem Webstuhl saß. Der Ort schien geschäftig, die Menschen arbeitsam und selbstbewußt. Ihre Kleidung zeugte von Wohlstand.

Bei dem Weg, den Ase einschlug, schien er darauf bedacht, die Nähe der Großen Halle und des Fürstenhofes zu meiden. Diese Gebäude samt dem »Haus der Lehren« lagen auf einem langgestreckten Hügel inmitten der übrigen Häuser, die verglichen mit ihnen klein und beengt wirkten.

Dort, wo gegen Nordwesten hin der Ort auslief und auf einer neuen Rodung mit Palisaden umgebene einzelne Gehöfte standen, blieb Ase vor einer Hütte am Waldrand stehen, die eine ungewöhnliche Form hatte. Sie war achteckig und erinnerte durch das kegelförmige Dach aus ungeschälten Fichten, in dessen Mitte ein großes Rauchloch freigelassen war, an ein hölzernes Zelt.

»Hier trennen sich unsere Wege für eine Weile«, sagte Ase an der Tür, »vom Sternensohn erwartet man, daß er die letzten beiden Tage und Nächte vor dem Fest der Einsetzung in Stille und Abgeschiedenheit zubringt. Du darfst mit niemandem sprechen. Du darfst keine Speisen zu dir nehmen. Einen Krug Wasser wirst du drinnen finden. Feuerholz liegt auch bereit. Aber selbst darfst du das Feuer nicht entzünden. Lege dich auf das Lager aus Fellen und warte, bis die Druiden dich holen kommen. Merk dir, was du träumst. Die Druiden werden dich danach fragen. Fällt deine Antwort günstig aus, so werden vor dem Fest Fleisch, Getreide und Felle an die Freisassen verschenkt werden. Bei einer ungünstigen Antwort aber würde eine lange und mühsame Suche danach beginnen, was den Großen Wald erzürnt hat.«

»Könntet Ihr mir nicht wenigstens noch ein paar Hinweise geben, was als günstige und was als ungünstige Antwort gilt?«

»Was du wissen mußt, weißt du«, erwiderte Ase.

Er legte beide Handflächen auf Madrus Gesicht und schrieb mit dem Zeigefinger dann rasch ein Zeichen in die Luft. Ein Segenszeichen wohl. Dann wandte er sich um und war im nächsten Augenblick wie durch Zauber verschwunden.

In der Hütte war es ziemlich düster. Madru fand alles so, wie es Ase ihm beschrieben hatte: einen Stoß Feuerholz auf einem Steinherd unter dem Rauchloch, einen Krug mit Wasser und in der Ostecke der Hütte ein weiches Fellager, auf das er sich mit einem Laut des Behagens fallen ließ.

Endlich fand er Zeit, über all das noch einmal nachzudenken, was er in den letzten Tagen und Nächten erlebt hatte.

Langsam tastete er sich auf der Spur seiner Erinnerungen noch einmal zurück. Darüber schlief er ein. Er schlief tief und lange. Als er erwachte, war es völlig dunkel. Er hatte Durst. Er trank einen Schluck Wasser aus dem Krug. Durch das Rauchloch sah er nach oben in einen Sternenhimmel. Ein Gefühl von Verlorenheit überkam ihn. Plötzlich hatte er den verrückten Gedanken, wieder davonzurennen, zurück zum Gehöft des Jarl, zu seiner Mutter. Er öffnete die Tür und trat hinaus ins Freie. Das Licht war blaßgrau wie immer in den Sommernächten. Es fiel ihm wieder ein, was Ase ihm gesagt hatte. Du solltest träumen, dachte er. So kehrte er wieder in die Hütte zurück und streckte sich auf den Fellen aus.

Er tat lange nichts als sich auf seine Atemzüge zu konzentrieren. Er merkte, daß er so alle Bilder, die ihn sonst traurig werden ließen, ausschalten konnte.

Es kam ihm vor, als höre er jemanden lachen. Er öffnete die Augen, stand auf und ging wieder zum Rauchloch. Vielleicht, dachte er, bekomme ich durch die Sternbilder einen Hinweis auf das, was ich den Druiden sagen soll. Kultan, der Schmied, hatte ihn die Namen vieler Sternbilder gelehrt und Geschichten dazu erzählt. Irgend etwas verdeckte den Ausblick in den Himmel. In dem unsicheren Licht, das durch die offengebliebene Tür fiel, erkannte er dort oben zwei Augen. Er dachte an ein Tier. Vielleicht eine Wildkatze. Er griff dorthin, wo er gewöhnlich sein Messer trug. Es fiel ihm ein, daß er es ja der Möndin zum Opfer dargebracht hatte. »Du wirst dein Messer nicht brauchen«, sagte eine Stimme.

»Wer ist da?«

»Ein Mädchen.«

Es fiel ihm ein, daß er mit niemandem sprechen sollte. »Was tust du hier?«

»Ich bin neugierig.«

Er stand neben dem Stoß Feuerholz. Oben die Augen lachten. Sie mußte auf das Dach geklettert sein.

»Vorhin waren dort Sterne, wo jetzt dein Gesicht ist.«

»Wirklich?« sagte sie. »Wie hübsch.«

Der Klang ihrer Stimme gefiel ihm.

»Bist du aufgeregt?« fragte sie.

»Nein … weswegen auch?«

»Weil du nun als Erbe des Fürsten eingesetzt wirst ... weil du ein Prinz wirst.«

»Es wird hinterdrein nicht viel anders als vorher sein. Willst du nicht zu mir hereinkommen? Es ist unbequem, sich so zu unterhalten.«

»Wer sagt denn, daß ich mich mit dir unterhalten will?« antwortete sie. »Eigentlich wollte ich nur einmal sehen, wie du ausschaust, nachdem die Tiere soviel Aufhebens gemacht haben von dir.«

»Wer?« fragte Madru ungläubig.

»Die Leute in der Fürstensiedlung ...«

Es war ihm, als habe sie zuvor etwas anderes gesagt. Sie könne unbesorgt hereinkommen, meinte er dann.

»Du scheinst wirklich ein Prachtexemplar von einem Prinzen zu sein«, sagte sie spöttisch, »wenn sie herausfinden, daß ich dich besucht habe, schlägt man mir den Kopf ab, nicht dir.«

»Wirklich?« fragte er ganz erstaunt.

»Ja doch. Du bist ein Mann, ein Herr, ein Prinz. Ich bin nur ein unnützes weibliches Geschöpf.«

»Ich bin gespannt, ob du dich trotzdem getraust, zu mir hereinzukommen. »

»Eingebildet bist du auch gar nicht, wie?«

Das Gesicht oben verschwand. Er nickte zufrieden. Einen Augenblick später kam das Mädchen zur Tür herein. Sie trug eine lange Jacke aus verschiedenen bunten Stoffen zusammengesetzt, einen langen Rock und um den Kopf ein großes Tuch, das aussah, als sei es aus bunten Blättern zusammengesetzt. Eine breite Strähne rötlichen Haars hing ihr in die Stirn. Das Gesicht war mehr drollig als hübsch. Es war mit unzähligen Sommersprossen gesprenkelt. Die Augen hatten etwas sanftmütig Melancholisches. Madrus Blick verharrte auf dem Tuch. Er fragte sich, ob es tatsächlich aus Blättern sei.

»Ja«, sagte sie plötzlich mit einer raschen Handbewegung, »Jetzt hast du genug gesehen. Du darfst auch noch etwas für andere Leute übriglassen. »

»Es ist nicht sehr hell hier«, entschuldigte er sich.

Sie lächelte. Ein merkwürdiges, halb spöttisches, halb anlockendes Lächeln.

»Wer bist du?« fragte Madru.

»Die jüngste Tochter des Fürsten.«

»Ah«, sagte er, »Familie ...!«

»Wenn ich ein Junge geworden wäre, hätten sie keinen Sternensohn suchen müssen.«

»Bist du deswegen wütend auf mich?«

Sie schüttelte den Kopf.

»Und dieses Tuch ... ich bin mir nicht sicher ... ist es wirklich aus Blättern zusammengenäht?«

»Nicht genäht ... gezaubert.«

»Du kannst zaubern?« fragte er skeptisch. Alles, was mit Zauber zusammenhing, interessierte ihn ungemein. Er fand, daß Ase immer reichlich zurückhaltend gewesen war, wenn er ihn über seine Künste dieser Art hatte ausholen wollen.

»Ich kann es ein bißchen«, sagte das Mädchen, »harmloser Zauber. Kleiderzauber, Wetterzauber, Zauber, mit dem man Blätter und Gräser zusammenfügt.«

»Könntest du mir dann auch so ein Tuch zaubern?«

Sie machte eine Bewegung mit der rechten Hand in die Luft, als wolle sie dort etwas zu fassen bekommen und schüttelte bedauernd den Kopf

»Hier in der Hütte liegt schon ein starker Zauber. Dagegen komme ich nicht an. Aber wenn du Freude daran hast, kann ich dir gern mein Tuch schenken.«

Sie band es ab und reichte es ihm. Das Haar fiel ihr jetzt bis auf die Schultern. Es war kupferrot.

»Du machst gern anderen eine Freude, nicht wahr?« erkundigte sich Madru.

»Ja … doch«, sagte sie lachend.

Madru prüfte das Tuch. Es fühlte sich an wie aus Stoff und hatte doch zugleich die Farbe und die Beschaffenheit von Blättern. »Danke«, sagte er und schlang es sich um den Hals. »Danke auch«, sagte das Mädchen, nickte kurz und schon lag das Tuch wieder um ihren Kopf.

»Das war nur ein Spaß … da, bitte, es gehört dir«, sagte sie. Abermals kam dieses kurze, energische Nicken und danach saß das Tuch wieder um seinen Hals.

»Überzeugt, was den Zauber angeht«, sagte Madru, »aber wie kommst du eigentlich mitten in der Nacht hierher?«

»Ich gehe häufig nachts spazieren. Ich mag die Nacht mehr als den Tag. Ich besuche dann Mola. Sie ist eine alte Frau und wohnt im Wald. Sie hat mir an Zauberei alles beigebracht, was ich weiß.«

»Ist es denn nicht gefährlich für ein Mädchen, nachts allein in den Wald zu gehen?«

»Es gibt ein Geheimnis. Willst du es wissen?«

» … interessiert mich nicht im geringsten«, sagte er in diesem neckenden Ton, in dem er gewohnt war, mit Mädchen zu reden.

»Ich möchte aber, daß du es weißt«, sagte sie, »und ich möchte, daß du es von mir erfährst und nicht von den anderen. Ich kann die Sprache der Tiere verstehen. Und sie verstehen auch, was ich sage.«

»Sonst noch was?« fragte Madru mit Spott.

»Du glaubst mir nicht? Ich werde es dir beweisen. Du bist vor zwei Nächten dem Bären, der Elster, der Kröte und dem Dachs begegnet. Was sie dir fürs Leben geschenkt haben, werde ich dir nicht verraten. Du bist ohnehin schon eingebildet genug.

Madru pfiff durch die Zähne. »Nicht schlecht für den Anfang«, sagte er trocken.

»Ich bin ihnen begegnet, als sie von der Schwitzhütte kamen. Sie unterhielten sich über einen Burschen, der sie viel Kraft gekostet habe. Das interessierte mich. Da fragte ich sie weiter aus, und sie verrieten mir, wo ich dich treffen werde.«

»Und wer hat dich das gelehrt. Auch diese alte Frau … ?«

»Niemand. Es stellte sich plötzlich heraus. Vor ein paar Jahren, zu der Zeit, als ich eine Frau wurde. Ich wurde immer unruhig, wenn der Mond zunahm. Bei Vollmond konnte ich überhaupt nicht mehr schlafen. Dann hielt ich es unter keinem Dach mehr aus und streifte durch den Wald. Ich sammelte Blätter, Steine, Federn und Blumen im Mondlicht. Da begegnete ich Mola, der Maulwürfin. So nennt sie sich. Sie lehrte mich einige Zaubersprüche und erzählte mir von der Wirkung dieses und jenes Krautes. Sie zeigte mir auch, wie man Blätter so zusammenfügt wie bei dem Tuch, das ich dir geschenkt habe. Einmal traf ich ein Rudel Wölfe. Ich kam vor Furcht fast um, als ich sie plötzlich davon reden hörte, wie hungrig sie seien. Sie fragten mich, warum in aller Welt ich denn so heftig zittere. Ob mir etwa kalt sei. Nein gab ich zur Antwort, ich habe Angst, daß ihr mich freßt. Sie waren erstaunt!

›Weißt du nicht, daß wir deine Schutztiere sind?‹ fragten sie mich. Ich sagte ihnen, davon hätte ich keine Ahnung. Wir schwatzten dann noch dies und das, bevor sie davonsprangen. Hinterher fand ich es fast noch aufregender als in dem Augenblick, da es geschah. Wenn mich etwas beeindruckt, muß ich unbedingt mit jemandem darüber reden. Also erzählte ich meinen beiden Schwestern von meinem Erlebnis. Sie schauten mich so merkwürdig an. Als ob ich nicht richtig im Kopf sei. Dann rannten sie damit zu meiner Mutter. Wir kommen nicht allzu gut miteinander aus. Sie hatte sich, als ich geboren wurde, natürlich einen Jungen gewünscht. Letzte Chance. Du verstehst? Meine Mutter holte sich Rat bei den Druiden. Sie hält große Stücke auf sie. Ich wurde von den Druiden vorgeladen. Ich glaube, wenn ich nicht die Tochter des Fürsten gewesen wäre, sie hätten mich auf den Scheiterhaufen geschickt.«

»Aber weshalb denn?«

»Sie hassen jeden, der ihrer Macht gefährlich werden kann. Jemand, der etwas weiß, etwas kann, was sie nicht können. Der Erzdruide äußerte sich zu meinem Fall. Er sagte, vor sehr langer Zeit, als das Diesseits noch nicht von der Anderswelt getrennt war, hätten alle Irdischen die Sprache der Tiere verstanden. Aber diese Fähigkeit sei ihnen längst abhanden gekommen. Wer heute behaupte, er könne Wölfe oder eine Kröte reden hören, der sei ein Scharlatan oder verrückt.«

»Und wozu hat er sich in deinem Fall entschieden?«

»Er stellte mich auf die Probe. Ich sollte ihm übersetzen, was zwei Spatzen zwitscherten, die draußen auf dem Fensterbrett saßen. Tatsächlich hat der eine gerade zum anderen gesagt: ›Der Erzdruide ist der geborene Neidhammel.‹ Du kannst dir vorstellen, was passiert wäre, wenn ich ihm die Wahrheit gesagt hätte. Ich übersetzte statt dessen: ›Der Erzdruide ist ein brillanter Kopf.‹ Ich weiß, es war ziemlich dick aufgetragen. Aber ich bin nicht sehr geistesgegenwärtig. Er fuhr mich an, daß er ungewöhnlich klug sei, wisse doch schließlich jeder. Diesen Satz hätte ich mir gerade ausgedacht. Im übrigen sei ich eine notorische Lügnerin. Ich habe ihm darauf vorgeschlagen, er möge doch die Spatzen selbst fragen. Seither ist er nicht allzu gut auf mich zu sprechen.«

»Und deine Eltern. Was haben die dazu gesagt?«

»Ach, weißt du, mehr oder minder halten sie mich alle für verrückt. Wenn ich Mola nicht hätte, die mir von Zeit zu Zeit immer wieder mal gut zuredet, würde ich es wohl am Ende sogar noch selbst glauben.«

»Du bist nicht verrückt«, sagte Madru, »du bist so viel und so wenig verrückt wie ich es bin. Was du mir erzählt hast, klingt für mich völlig einleuchtend. Wenn einer den ›Weg des Waldes‹ geht, müht er sich ein Leben lang ab, mehr als das allzu Offenbare über Bäume, Pflanzen und Tiere herauszubekommen. Und du … du kannst es ohne jede Mühe. Du brauchst dich überhaupt nicht anzustrengen. Das ist doch großartig! Sei doch froh!«

»Ich meine immer: es macht den anderen Angst.«

»Mir jedenfalls nicht«, sagte Madru und lachte sie an. »Wie heißt du eigentlich? Da reden wir schon eine ganze Zeit miteinander und ich weiß noch nicht einmal deinen Namen.«

»Ich heiße Alissa. Und morgen werde ich deine Schwester.«

Er schwieg einen Augenblick. Und sah zu Boden, als ob er über etwas im Zweifel sei. Dann sagte er: »Ich will nicht, daß du meine Schwester wirst, Alissa.«

»Das Gesetz des Waldes schreibt es nun einmal so vor. Nichts dagegen zu machen.«

»Ich will es nicht.«

»Denk doch mal an Bru und Bri. Sie waren auch Geschwister.«

»Wir sind keine Geschwister, und wir sind nicht Bru und Bri«, sagte er aufgebracht, »ich heiße Madru, und du heißt Alissa.«

»Vielleicht änderst du das Gesetz, das vorschreibt, wir hätten Bruder und Schwester zu sein«, sagte sie.

»Ich weiß etwas viel Besseres«, sagte er lachend, »ich werde mich einfach nicht an dieses Gesetz halten. Ich werde tun, als ob es ein solches Gesetz nicht gäbe.«

»Das geht nicht. Das ist Frevel,« sagte sie ernst. »So etwas darf man nicht einmal denken. Es beschwört Unglück herauf«

»Unsinn ... !« rief er. »Das wollen wir doch sehen!«

Er machte einen Schritt auf sie zu, wollte sie festhalten, sie küssen. Sie wich ihm geschickt aus. Ihr Blick schien zu sagen: ich lasse mich doch nicht einfach von dir überrumpeln. Einen Augenblick sahen sie sich unverwandt an.

»Ich habe auch meinen Willen«, sagte sie stolz und dann vorsichtig: »Was denkst du jetzt? Ich möchte, daß du es aussprichst.«

»Dasselbe wie du.«

»Bist du so sicher?« Ihr Mund zuckte spöttisch.

»Ja.« Er nickte.

»Ich habe mich in dich verliebt, Madru«, sagte sie.

»Ich mich auch in dich.«

»Und warum mußte ich es zuerst sagen?«

»Mädchen wissen in solchen Dingen besser Bescheid. Ich wußte gar nicht, was man da sagt.«

Jetzt wehrte sie sich nicht mehr, als er sie küßte. Danach strich sie sich die Haarsträhne aus der Stirn.

»Nun mal im Ernst«, sagte sie, »da sind wir ja in etwas Schönes hineingeraten.«

»Möchtest du, daß wir wieder hinausgeraten?«

»Ich glaube nicht«, sagte sie ruhig und ihre Augen lachten, »nein, bestimmt nicht. Aber ich muß jetzt gehen.«

»Und wann sehe ich dich wieder?«

»Auf dem Fest. Ich muß hinkommen. Du kommst hin. Wir werden uns nicht aneinander vorbeiwünschen können. Aber ich will auch gar nicht. Ich freue mich darauf, dich zu sehen. Tanzt du gern?«

»Ich glaube ja ... ich meine«, stotterte er, »bitte lach mich jetzt nicht aus, aber ... ich habe in meinem Leben noch nie getanzt.«

»Auf dem Fest wird getanzt werden«, erklärte sie ihm. »Du mußt dann Ase bitten, daß er aufspielt. Nach seiner Musik kann jeder tanzen ... auch der, der es nie gelernt hat. Und ich will, daß du den ersten Tanz mit mir tanzt.«

»Versprochen.«

»Vergiß es nicht. Du wirst noch viel erleben bis dahin.«

»Verlaß dich darauf.«

»Adieu!«

Fast lautlos glitt sie hinaus.

Er nahm das Tuch ab, das sie ihm geschenkt hatte und betrachtete es noch einmal. Die Farben waren sehr schön. Leuchtendes Scharlachrot, verschiedene Gelbtöne, ein Apfelgrün.

Viel später kamen die Druiden. Sie zündeten das Feuer an, verbrannten die alten Kleider, die er trug und kleideten ihn für das Fest neu ein. Sie trugen etliche Arme voll Zweige herbei, warfen Kräuter in die Flammen und ein Duft von jungen Blättern erfüllte die Hütte. Endlich fragten sie nach seinem Traum.

»Ich habe nicht geträumt«, sagte er, »aber der Wald hat mir ein Geschenk gemacht.«

»Was für ein Geschenk?«

Er hielt ihnen das Tuch hin.

»Oh«, sagten sie ehrfurchtsvoll und verbeugten sich vor ihm. Sie schoben ihre Köpfe alle ganz nahe an das Tuch herein, als seien sie kurzsichtig.

»Der Wald hat ihn gekleidet.«

Es schien ein gutes Omen zu sein.

Siebentes Kapitel

Der Sternensohn wird auf einem Fest in der Großen Halle inthronisiert
Alissa wählt Madru zum ersten Mal · Was der Rat des Waldes beschloß

In der Hütte war es düster. Auf den Steinquadern zuckten die Flammen. Draußen schien die Sonne. Vor der Herdstelle, auf der das Feuer brannte, stand Madru. Einer von den Druiden hatte ihn dort hingeführt. Madru hatte vor die Hütte treten wollen. Das war offenbar gegen irgendwelche Regeln, nach denen sich alles abspielte. Zwei der Druiden hatten ihn am Arm gefaßt und ihn wieder zur Feuerstelle zurückgeführt. Er kam sich vor wie eine Puppe, mit der man spielt. Das mochte er nicht. Am liebsten hätte er etwas gesagt oder getan, das diese lächerliche Feierlichkeit aufhob. Außerdem war es ihm langweilig. Er sah mißmutig auf die Druiden, die im Kreis um ihn und das Feuer standen und Gebete in einer Sprache murmelten, die er nicht verstand. Er fand ihren Aufzug komisch. Sie trugen alle lange graue Gewänder und auf dem Kopf einen Kranz aus Buchengrün und Mispeln.

Madru versuchte, sich in Geduld zu üben, aber dann wurde es ihm doch zuviel. Er trat auf einen der Druiden zu und bat diesen, ihm zu erklären, was jetzt geschehe.

Sie schienen alle bestürzt. Sie steckten ihre Köpfe zusammen und tuschelten. Dann stellten sie sich wieder im Kreis auf und jener, an den Madru sich gewandt hatte, kam auf ihn zu und verneigte sich: »Erhabener Sternensohn«, sagte er, »Ihr wolltet wissen, worauf wir hier warten. Bald wird man uns zum Fest der Einsetzung rufen. Wir haben einen Boten abgeschickt zur Großen Halle, um unsere Brüder dort wissen zu lassen, wie günstig das Omen war. Derweilen sprechen wir Gebete über Euch, um Euch zu stärken.«

»Aber was ist das für eine Sprache? Ich verstehe sie nicht.«

Der Druide, ein noch junger Mensch, vielleicht drei oder vier Jahre älter als Madru, legte die Hände vor sein Gesicht und sagte dann so leise, daß es unmöglich außer Madru jemand verstehen konnte: »Die Gebete werden auf Brusinisch gesprochen. Wir alle gehen den Weg des Allwiss.«

»Bleibt in meiner Nähe«, sagte Madru, »so viele Dinge sind mir fremd und unverständlich. Ich möchte, daß mir jemand zur Seite ist, den ich fragen kann.«

Aus dem Kreis der Druiden drang unablässig Gemurmel herüber. Der junge Mensch warf einen raschen Blick auf seine Kameraden, die sich völlig auf ihre Gebete zu konzentrieren schienen, beugte seinen Kopf noch etwas näher zu Madru heran und sagte: »Wenn ich Euch einen guten Rat geben darf, Erhabener Sternensohn: Stellt keine Fragen. Man erwartet von Euch, daß Ihr dank Eurer Inspiration um alles wißt.«

Er trat in den Kreis seiner Brüder zurück. Einen Augenblick später war er in das Gebetsgemurmel der anderen eingefallen. Das fängt ja gut an, dachte Madru. Aber dieser Bursche hat recht. Am besten, ich rede nicht, sondern beobachte nur. Das fiel ihm nicht leicht. Er sprach gern mit anderen Menschen, stellte gern Fragen. Jener Augenblick, als er mit seiner Mutter gesprochen und sich, einem Instinkt folgend, gegen dieses Amt aufgelehnt hatte, fiel ihm wieder ein. Etwas von diesem Mißtrauen und dieser Aufsässigkeit hatte sich in ihm erhalten. Er gehörte nicht zu den Vornehmen, auch nicht zu diesen blassen Mönchen, die von sich meinten, alles zu wissen. Aber wenn du nicht Sternensohn geworden wärest, sagte er sich, hättest du nicht Ase getroffen, du hättest nichts von den drei Wegen gehört, hättest nicht über den Bannwald aus der Höhe hinblicken können. Vor allem aber wärst du Alissa nicht begegnet. Der Gedanke an das Mädchen stimmte ihn froh. Ja, dachte er, du bist wieder verliebt. Merkwürdig, wie groß das Vertrauen ist, daß du in sie setzt. Mit welcher Selbstverständlichkeit sie dir vertraut hat. Und du ihr! Du hast doch erst einmal mit ihr gesprochen. Und es war gleich so, als würdet ihr euch schon lange kennen. Es ist ganz anders als bei Eigar. Du bist sicher, daß Alissa dich auch liebt. Sie hat es ja gesagt, aber du willst es wieder und wieder hören. Da dankte er der Möndin, daß sie alles so gut gefügt habe und bat sie, Alissa und ihn zu beschützen und über ihrer Liebe zu wachen.

Der Bote kam, und sie brachen endlich zur Großen Halle auf. Die Straßen der Fürstensiedlung waren menschenleer. Alle Bewohner hatten sich auf der Festwiese vor der Großen Halle versammelt. Dort waren die Druiden dabei, von fünf Wagen herab Dörrfleisch, getrocknete Beeren, Pilze und wohlriechende Kräuter zu verteilen. Ursprünglich war die sogenannte »Ohmengabe« für alle Einwohner der Fürstensiedlung bestimmt gewesen. Aber die Freisassen dünkten sich neuerdings zu fein, sich um dererlei zu drängeln und anzustellen. Sie überließen es den Sklaven, sich diese Geschenke zu holen. Alle Leute in der Fürstensiedlung, ob nun Freisassen oder Sklaven, kamen Madru wohlhabender vor als die Bewohner der Gehöfte jener Gegend, in der er aufgewachsen war. Hier trugen die Frauen Goldringe und auch die Männer Ringe mit großen Steinen. Dergleichen hatte er daheim nie gesehen. Keiner der Männer war bewaffnet. Keiner kam der Gruppe der Druiden zu nahe, in deren Mitte Madru ging. Wo viele Menschen standen, machten diese ehrfurchtsvoll Platz, und Männer wie Frauen grüßten sie, indem sie ihren Kopf über die aneinandergelegten Handflächen neigten.

Noch etwas erregte Madrus Aufmerksamkeit, als sie sich jetzt der Großen Halle, einem Bauwerk das ganz und gar aus Holz bestand, näherten. Schon aus der Ferne waren ihm die beiden Bäume aufgefallen, deren Stämme durch das schindelbelegte Dach wuchsen. Es waren eine Pappel und eine Erle, deren mit Blättern begrünte Äste wie zwei riesige Standarten vom Wind bewegt wurden.

Erst wollte er seine Begleiter bitten, ihm Genaueres über die beiden Bäume zu berichten, aber dann erinnerte er sich an den Rat, den ihm dieser Druidenmönch gegeben hatte und er unterließ es. Er wußte, daß die Pappel Bri, dem Fürsten über das Diesseits und den Großen Wald, heilig war und daß die Erle der Baum Brus war, von der man sagte, sie herrsche über die Wesen der Anderswelt. Sie hatten nun das Osttor erreicht, dessen beide Flügel weit offen standen. Dort wartete der Fürst des Waldes mit seiner Familie und seinem Gefolge auf das glückliche Eintreffen des Sternensohns. Der Fürst war ein gedrungener, kräftiger Mann mit einem grauen Knebelbart und melancholischen Augen. Er trug einen weiten grünen Umhang, der vorn von einer Brosche zusammengehalten wurde, die einen Mann auf einem Streitwagen abbildete. In der rechten Hand hielt er einen geradegewachsenen Tannenbaum, bei dem nur in der Mitte des Stammes ein paar Äste herausgeschlagen worden waren, damit man ihn besser fassen konnte. Der Baum besaß aber noch all seine Wurzeln, die man allerdings säuberlich vom Erdreich befreit hatte.

»Willkommen, mein Sohn«, sagte der Fürst. Seine Stimme klang nicht sehr energisch.

Der Fürst umarmte Madru und legte ihm dabei mit einer weitausholenden Bewegung die eine Hälfte seines grünen Umhangs um. Dann trat er zurück, zog sein Schwert und berührte mit der flachen Klinge Madrus linke und mit der Spitze der Tanne Madrus rechte Schulter. Ein Jubelgeschrei brach los, das wie eine davonflutende Welle sich auch auf der Festwiese draußen fortsetzte, von überall drängten Menschen heran. Den Mantel bei der Einsetzung wehen und den Fürsten den Segen spenden zu sehen, diesen Moment wollte sich keiner entgehen lassen.

Madru erkannte in der Gruppe von Männern, die dem Fürsten auf Schritt und Tritt folgten, auch Ase, der ihm autmunternd zunickte. Madru war ihm dankbar dafür. Irgendwie verschreckte ihn dieses Zeremoniell. Es war, als werde nun endgültig und auf magische Weise ein Urteil über ihn gesprochen, dem er nie mehr entgehen konnte.

Der Fürst faßte ihn am Arm und führte ihn zu einer fülligen Matrone, die einen Kragen aus Goldblech trug und neben der rechts und links zwei jüngere Frauen standen.

»Dein Sohn von nun an«, sagte der Fürst zu der Frau mit dem Goldschmuck. Über ihr Gesicht lief ein falsches Lächeln. Eine Falte auf ihrer Stirn erschreckte Madru einen kurzen Augenblick, aber gleich war die Falte wieder verschwunden, das Gesicht war ausdruckslos wie zuvor. Die Frau kniete wie der junge Druide vorhin, vor ihm nieder und küßte ihm die Hand. Nun traten die beiden ältesten Töchter des Fürsten Arda und Hilde heran und huldigten ihm auf gleiche Weise.

»Eines meiner Kinder fehlt«, sagte der Fürst entschuldigend, »die Jüngste. Sie heißt Alissa. Du wirst sie noch rasch genug kennenlernen, ein überspanntes Geschöpf. Du mußt die Fürstin und deine beiden Schwestern auf die Wange küssen. So ist es Sitte. Möchte wissen, wo sich Alissa herumtreibt.« Das klang mehr wie eine Entschuldigung gegenüber den Männern in seiner Begleitung, doch keiner von ihnen schien Alissas Abwesenheit große Bedeutung beizumessen. Am liebsten hätte Madru gesagt: Sie wird schon noch kommen. Ich bin sicher, daß sie noch kommt. Sie hat es mir versprochen. Aber er unterdrückte auch diese Bemerkung wieder und lächelte nur, was aber niemandem weiter auffiel, weil jeder auf etwas viel Wichtigeres wartete.

Der Fürst hob Schwert und Tanne.

»Laßt uns hören, ob uns der Wald gnädig ist.«

Er schritt voran. Madru hielt sich hinter ihm. In der Halle kamen sie an einem Wäldchen von Tannen verschiedenen Alters vorbei. Madru erinnerte sich, davon gehört zu haben, daß der Segensbaum, den der Fürst trug, später wieder eingepflanzt würde. Je nachdem, ob er anwuchs oder verdorrte, war dies ein gutes oder ein schlechtes Zeichen. Sie kamen an dem versteinerten Baumstamm mit den beiden Inschriften vorbei, aber es war keine Zeit, ihn näher zu betrachten. Der Fürst blieb vor den Stämmen der Pappel und der Erle stehen, den beiden Bäumen, die durch das Dach gewachsen waren. Jemand schaffte Platz und deutete Madru an, er möge neben den Fürsten treten.

Madru spürte, daß ein Zeremoniell von großer Wichtigkeit bevorstand. Die Menschen in der Halle schienen den Atem anzuhalten.

Der Fürst zog sein Schwert. Und schlug leicht gegen den Stamm der Pappel. Es gab einen voll tönenden Klang, dem ein leises, morsches Knacken folgte. Das schien jedoch kein schlechtes Zeichen zu sein, denn Freudenrufe waren zu hören. Die Menschen fielen einander um den Hals, und wenn sie nicht so vertraut miteinander waren, schüttelten sie sich freudig, einander beglückwünschend, die Hände. Der Ruf pflanzte sich fort: »Der Wald ist auf unserer Seite. Das Unglück ist noch fern. Dank sei Bri. Es lebe der Große Wald.«

Einen Augenblick schien der Fürst unschlüssig, ob da nicht vielleicht doch etwas Bedrohliches zu hören gewesen sei. Madru, der ihn beobachtet hatte, schien es, als sinne er über etwas nach. Er sah auch, wie ihm der Schweiß in kleinen Bächen über das Gesicht lief. Dann entspannte sich sein Gesicht. Er wischte sich mit einem Taschentuch über die Stirn und strahlte.

»Man weiß nie …«, sagte er verlegen lachend zu Madru, »einmal werden wir den Todesschrei hören.« Aber laut rief er aus: »Ihr habt es alle gehört, Leute. Der Wald ist auf unserer Seite. Wir müssen nichts fürchten. Wir wollen essen und trinken und es uns wohl sein lassen.«

Ein Mann bist du, überlegte Madru, der das Wohlsein liebt, und das ist ja vielleicht nicht das Schlechteste für dein Reich.

Sie schritten durch die Halle zu einem Podest, auf dem für den Fürsten, seine Familie und den Hofstaat eine Tafel gerichtet war. Der Tisch war mit einem grauen Leinentuch gedeckt. An allen Plätzen standen silberne Teller und reichlich mit Edelsteinen verzierte Pokale. Es gab breite bequeme Stühle, mit Fellen ausgelegt. In der Halle, deren Dachstuhl aus mächtigen Tannenbalken bestand, ließen sich die Freisassen an langen Tischen nieder. Von den Balken hingen große gewebte Teppiche herab, ähnlich dem in der Halle daheim. Sie trugen die Wappenzeichen der einzelnen Klane, die in der Fürstensiedlung lebten. Dazwischen senkten sich Wagenräder herab, in denen armdicke Kerzen steckten, die nun rasch von Männern mit langen Dochtstangen angezündet wurden, denn die große Halle hatte keine Fenster.

Neben den gewaltigen Flügeln des Osttores, die innen und außen mit Holzschnitzereien verziert waren, nahmen nun rechts und links je sechs Lurenbläser in hohen Stiefeln und Lederschürzen Aufstellung.

Zwischen den zwanzig Reihen mit langen Tischen und Bänken, die Madru auf beiden Seiten des breiten Mittelganges zählte, gab es vor dem Podest mit dem Fürstentisch einen größeren freien Platz. Wenn getanzt werden würde, wie ihm Alissa erzählt hatte, dann wohl dort.

Der Fürst reichte Schwert und Tannenstamm einem Pagen. Er winkte Madru auf den Platz neben sich, ließ sich schnaufend in seinen Stuhl fallen und nahm erst einmal einen kräftigen Schluck aus dem Pokal, der vor ihm stand.

»Nun, mein Junge«, sagte er zu Madru, »wollen wir uns erst einmal miteinander bekannt machen. Ich heiße Bator. Und du bist also Madru. Ich denke, wir werden uns gut vertragen. Ich bin ein sehr verträglicher Mensch, wie dir sicher alle gern bestätigen werden.«

Er klopfte Madru auf die Schulter, und der Junge empfand diese plumpe Jovialität des Fürsten als unangenehm.

»Es wird dir schon bei uns gefallen«, fuhr der Fürst fort, »in diesem Amt läßt es sich aushalten. Man muß den Leuten nur immer das Gefühl geben, daß ihnen der Große Wald gewogen ist … daß sie sich nicht zu fürchten haben.« Er machte eine Pause. »Auch, wenn es einmal mulmig wird. Keine Angst. Das lernst du.« Er sah Madru ins Gesicht und sagte dann: »Wenn ich mich nicht täusche, dann bist du so einer … ehrlich und geradeheraus.«

»Ich weiß nicht«, sagte Madru. Das Gespräch wurde ihm zunehmend peinlicher.

»Ehrlichkeit«, sagte Bator, »ist gewiß eine Tugend. Aber Vorsicht ist für den Fürsten wichtiger. Du solltest dich mit den Anhängern aller drei Wege gut stellen«, fuhr er mit seinen Ratschlägen fort, »ein jeder wird versuchen, dich auf seine Seite zu ziehen, weil sie sich einen Vorteil davon versprechen, sobald du Fürst geworden bist. Ich gedenke, mich zur Ruhe zu setzen, sobald du deine Zeit im ›Haus der Lehren‹ und die ›Zeit der Einsamkeit‹ hinter dich gebracht hast. Was hat sich da eigentlich an den Schwarzen Seen zugetragen? Du warst doch dabei. Die Druiden fordern drakonische Strafen. Ase rät zur Mäßigung. Ah, vergiß meine Frage. Wir reden morgen im Rat des Waldes darüber. Noch etwas ... «, er dämpfte seine Stimme zu einem Flüstern, »da du ja nun gewissermaßen endgültig zur Familie gehörst: Die Fürstin hat seit zwei, drei Jahren eine Liebschaft mit dem Erzdruiden. Das ist dieser asketische Gelehrtentyp mit dem langen dünnen Schnurrbart da drüben. Er ist sehr ehrgeizig. Alle glauben sie, ich wisse von nichts, aber ich weiß genau Bescheid. Die beiden konspirieren gegen mich. Sollen sie; ich warte nur, bis ich hinreichende Beweise dafür in den Händen habe, daß sie mich stürzen wollen. Dann heißt es ›Kopf ab!‹ Keine Gnade. Du mußt dich auch vor ihnen in acht nehmen. Von nun an bist du ihnen mehr im Weg als ich. Man kann ihnen das Schlimmste zutrauen. Ich für meine Person vertreibe mir die Zeit am liebsten auf der Jagd. Die Fürstin hält die Bärenhatz für ein rohes Vergnügen. Mag sie. Für dich werden wir auch bald eine Frau finden müssen.«

Madru war ganz bleich geworden bei diesem Redeschwall. Der Fürst schien seine Bestürzung bemerkt zu haben.

»Ach«, sagte er tröstend zu Madru, »du wirst sehen, das ist alles halb so schlimm, wie es sich anhört. Man gewöhnt sich daran. Und manchmal macht das Leben trotz all dem Spaß. Jetzt wollen wir vergnügt sein. Das Volk erwartet das von uns.«

Er hob den Arm: »Das Fest soll beginnen!« rief er laut in die Halle. Die Lurenbläser bliesen ein schrilles und unrein klingendes Signal und schon bewegte sich ein merkwürdiger Zug, begleitet von vielstimmigen Ah- und Oh-Rufen der Gäste, durch das Osttor in die Halle hinein.

Jeweils zwanzig Männer trugen große Bretter, auf denen halbe Ochsen, Spanferkel, gebratene Elchslenden, Bärenschinken, geräucherte Forellen und Spieße mit gebratenen Wildtauben lagen. Dann kamen andere, welche die Körbe mit dem Festbrot schleppten, knuspriges Stangenweißbrot, mit Kräutern und Salz bestreut, wie es nur zu den großen Festen gebacken wurde, weil Weizenmehl sehr rar war in Norrland. Schließlich folgten Männer in Lederschürzen und grünem Kopfschmuck, von denen jeder ein Faß von beträchtlicher Größe den Mittelgang entlang rollte.

Alle Speisen und Getränke wurden zunächst vorn auf dem Tanzplatz abgestellt. Und dann begann das Bedienen und Vorlegen. Die Fässer enthielten ein schweres, süffiges Bier oder herben, mit Harz gewürzten Wein der von jenseits des Kleinen Meeres eingeführt wurde. Wer aber weder Bier noch Wein mochte – beide galten als fremdländische Getränke, auf die die Freisassen nicht besonders scharf waren –, der ließ sich Apfelwein einschenken oder sprach dem Met zu. Ob nun Fleisch, Fisch, Brot Käse, Wein, Met oder Apfelwein – alles war an diesem Tag im Überfluß da. Während es sonst in Norrland üblich war, sich nie völlig satt zu essen, hielt sich an einem solchen Festtag niemand an dieses Gebot, sondern jeder gab sich uneingeschränkt seinen Gelüsten hin.

Ehe aber die Jäger und Netzewerfer, die Fleischhauer, die Forellenräucherer, die Aschepuster und Spießdreher, die Metpanscher und Apfelpressendreher, die Teigkneter und IndenBackofenSchieber, die Scharfwürzer und Kroßbrater, die Faßroller und Kannenschwenker mit dem Austeilen, Vorlegen und Einschenken begannen, brachten sie von jeder Speise und jedem Getränk etwas zum Fürsten des Waldes, damit dieser es mit seinem Schwert berühre. Dann übernahmen Läufer, die schon bereitstanden, die Platten mit den Kostproben, liefen damit aus der Großen Halle fort, bis in den Bannwald, der ja gar nicht weit davon aufwuchs, damit auch ihm der Gaumen gekitzelt werde, sich sein Magen fülle, es auch ihm wohl werde unter der Borke, wie den Gästen nachdem sie mit Essen und Trinken begonnen hatten.

Während sie noch schmatzten und schluckten, hörte man die ersten Rufe, die Fiedler sollten aufspielen.

»Einen Dreher zuerst!«

»Nein, eine Polska.«

Es waren wohl an die hundert Spielleute im Saal. Man erkannte sie an ihren weißen Strümpfen und schwarzen Schlapphüten, die neben ihren Gedecken auf den langen Tischen lagen, an den roten Westen, die in der Reihe der Tafelnden aufleuchteten. Und natürlich erkannte man sie auch an ihren Instrumenten auf dem Rücken. Noch rührte sich keiner der Fiedler, denn noch waren die Läufer nicht zurück. Madru schien es, als ob alle auf etwas warteten, das zum Fest fehlte.

Als die Läufer endlich hereinpreschten, ging ein Raunen durch die Menge. Auf ihren silbernen Tabletts trugen sie ein rötlich schimmerndes Moos, leicht und luftig, so daß sie es mit der einen Hand festhalten mußten, damit es ihnen nicht davonwehte. Sie beeilten sich, vor den Fürsten zu kommen, und einer rief, hier sende der Wald seinen Dank. Der Fürst berührte das Moos auf den Tabletts mit den Fingerspitzen und Madru sah, wie jeder an der Fürstentafel sich nun mit dem Moos bediente, etwas davon zwischen den Fingern zusammendrehte und es sich dann in die Nasenlöcher stopfte.

Madru war zuerst durchaus nicht bereit, es den anderen nachzumachen, aber Ase, der zu seiner Rechten saß, forderte ihn auf, nur zuzugreifen. Das Moos habe eine sehr angenehme Wirkung. Madru stopfte sich also eine kleine Portion in die Nase. Der Geruch war dem von Thymian nicht unähnlich, nur kräftiger und frischer. Und sobald man den Geruch eingeatmet hatte, vergaß man sofort alles, was einen bisher bekümmert hatte. Die schlimmsten Sorgen kamen einem einfach lächerlich vor. Auch das Völlegefühl von dem üppigen Mahl war wie weggeblasen.

Jetzt fingen auch die Spielleute an, ihre Instrumente zu stimmen. Sein Versprechen, den ersten Tanz mit Alissa zu tanzen, fiel Madru wieder ein. Er wandte sich an Ase und fragte: »Willst du nicht für uns aufspielen?«

»Wenn es der Sternensohn befiehlt«, sagte Ase lächelnd mit einer leichten Verbeugung, schob den Ledersack, der sein Instrument enthielt, nach vorn, klemmte seine Fiedel unter das Kinn und stimmte sie.

An allen Tischen unten im Saal waren die Spielleute jetzt aufgesprungen. Sie waren an die Tanzfläche getreten oder standen auf Tischen und Bänken. Madru folgte Ase, als dieser zu einer Gruppe von Fiedlern im Saal ging. Die Männer klopften mit ihren Bögen auf ihre Instrumente. An ihren Blicken erkannte Madru, daß Ase der Meister unter allen Fiedlern, sein Instrument das Beste unter allen Fiedeln sein mußte. Madru wurde unruhig. Wo blieb Alissa? Ase hob seinen Bogen und der erste volle Akkord flog mit verlockender Klangfülle durch den Saal. Die anderen Musikanten fielen ein. Die Männer hoben die Frauen über die Tische, setzten sie im Gang ab, begannen auf der Stelle mit ihnen zu tanzen. Die Musik wurde immer rasender und toller. Der Fürst tanzte mit einer hübschen Sklavin. Der Erzdruide tanzte mit der Fürstin. Die beiden Fürstentöchter tanzten mit jungen Männern. Es gab niemanden im Saal außer den Musikanten und Madru, der nicht getanzt hätte. Ab und zu trat eine Frau zu ihm heran und fragte, ob er nicht auch tanzen wolle. Er schüttelte den Kopf. Er klammerte sich an das Versprechen, das er Alissa gegeben hatte.

Die Musik wurde immer wilder. Die Ausgelassenheit um ihn nahm zu. Ihn, der nie tanzen gelernt, der nie zuvor getanzt hatte, kribbelte es in den Zehen, zuckte es in den Armen. Der Rhythmus der Fiedler wurde jagend, ging ins Blut, stachelte ihn an, wie die anderen zu tanzen und zu toben. Dann begriff er, daß dies alles unter Zauber geschah, denn sonst hätte doch Ase, der Fürst, irgend jemand auf ihn zutreten und zu ihm sagen müssen: so geht das nicht, Madru; der Sternensohn muß tanzen.

Aber nichts dergleichen geschah.

All diese Menschen um ihn tanzten mit einer Hingabe und Selbstvergessenheit, die sie auf nichts anderes achten ließen. Sie wußten von nichts mehr als dem Tanz, und die Fiedler wußten von nichts mehr als dem Fiedeln. In Vergessenheit sich zu drehen, die Angst totzustampfen, sie aus den Gliedern zu schütteln, das wußten sie. Sonst nichts.

Madru aber stand still und wartete. Und dann sah er die beiden Frauen. Sie waren den Mittelgang entlang gekommen. Ein merkwürdig grelles Licht war um sie, und wen von den Tanzenden der Lichtschwall berührte, hielt sich die Hand vor die Augen und fuhr zuckend zurück.

Die größere von den beiden Gestalten glich mehr einem Baum als einem Menschen. Und doch konnte auch wieder kein Zweifel darüber bestehen, daß unter dem Kleid aus gelblichgrünen Erlenblättern, das fast wie das Gefieder eines Vogels aussah, sich der Körper eines Mädchens verbarg. Wenn man genauer hinsah, erkannte man ihre nackten Brüste. Das teils dichter, teils lockerer abdeckende Blattwerk ließ wie zufällig ein Stück Haut an den Schenkeln frei, eine Linie an den Hüften, ein mit Sommersprossen gesprenkeltes Stück Schulter. Aber man dachte auch an ein Bündel frischer Zweige, die jemand mit einem Strohseil zusammengeschnürt hat, denn ein solches Seil umschlang den Körper der Baumfrau an der Taille wie ein Gürtel. Gespenstisch anzusehen war das Gesicht des Wesens. Bis auf die Augen, den Mund und die Nasenlöcher war es mit kalkigem Schlamm zugeschminkt und so jedes individuellen Zuges außer Kopfform und Blick beraubt.

Neben dem Erlenmädchen aber stand eine häßliche Alte. Ihr Gesicht war rußverschmiert. Sie trug ein Kleid aus abgeschabten Maulwurfsfellen. An der einen Hand hielt sie die Erlenfrau, die sie Madru zuführte, in der anderen Hand hielt sie ein Triangel, das diesen grellen Glanz versprühte.

Die Alte sagte zu Madru: »Du hast Alissa den ersten Tanz versprochen, Sternensohn. Du hast Wort gehalten. Bravo! Wir haben uns verspätet … hier ist deine Tänzerin.«

Madru nahm Alissa in die Arme und tanzte mit ihr. Nur ein paar Schritte. Dann sagte Sie: »Komm, wir wollen fort. Es ist nicht viel Zeit. Mola wird solange hierbleiben. Und diese Tänzer hier werden glauben, es sei nicht mehr Zeit verstrichen als ein Tanz.«

Sie faßte ihn bei der Hand und zog ihn mit sich fort. Er hörte hinter sich die Musik der Fiedler, aber durch sie hindurch auch die gleichmäßig schrillen Töne der Triangel.

Draußen vor der Großen Halle wollte Madru stehenbleiben. »Bist du es wirklich, Alissa? Oder werd ich von einem Zauber genarrt?«

»Die anderen sind die Genarrten. Nun glaub es schon.« Sie nahm seine Hand und legte sie auf das Laub unter dem ihr Herz schlug. Sie liefen jetzt über eine Wiese zu einem Fluß hin, an dem Erlen standen. Sie lehnte an einem der Erlenstämme, als er herankam. »Es tut nur leid«, sagte sie, »daß so wenig Zeit bleibt. Aber ich wollte auf keinen Fall, daß du vergeblich gewartet hättest. Es ist sehr schwer, Zeit zu zaubern und Vergessen für so viele Menschen, wenn auch das Rauschmoos ein bißchen nachhilft. Wir werden uns lange nicht sehen, Madru.«

»Was ist geschehen?«

»Mola konnte es auch nicht erraten. Sie hat das Spiel nach unserer Zukunft befragt. Jedenfalls werden wir für eine ganze Zeit voneinander getrennt werden. Ich werde viel an dich denken, und du wirst es spüren. Wenn du eine dringende Nachricht für mich hast, gib sie Mola. Meine und ihre Gedanken sind immer miteinander verbunden, und sie wird immer wissen, wo ich bin.«

»Aber du darfst nicht gehen, Alissa«, sagte er hilflos, »ich lasse das nicht zu.«

»Es steht nicht in unserer Macht. Ich habe dich heute einmal gewählt. Wenn ich dich das dritte Mal wähle, werden wir Mann und Frau werden. Auch das hat Mola vorhergesagt. Es ist ein alter Brauch. Niemand vermag etwas dagegen, wenn es so geschieht.« Er sah sie bestürzt an.

»Mach nicht so ein trauriges Gesicht«, schimpfte sie, »hat mir Mola nicht ein prächtiges Kleid gezaubert?«

»Ja«, sagte er, »aber es ist gräßlich, daß ich gleich wieder von dir getrennt werden soll, wo wir uns doch gerade erst begegnet sind. Soll sie zaubern, daß wir beieinander bleiben!«

»Sie ist keine sehr gute Zauberin.«

»Wie schade …«

»Lach einmal und dann küß mich. Unsere Zeit ist gleich um. Ich möchte dich lachend in Erinnerung behalten. Und sei nicht zu unwillig, wenn du nachher mit meiner Schwester tanzt.«

Er versuchte zu lachen. Es gelang ihm schlecht. Sie küßten sich, und er wünschte sich, dieser Kuß möge nie aufhören. Er versuchte, sich den Duft, der von ihrem Körper ausging (oder waren es die Blätter und Zweige?) einzuprägen.

Als er die Augen aufschlug, hielt er ihre Schwester Arda im Arm und machte mit ihr Bocksprünge durch die Große Halle. Beides war wohl wahr und wirklich. Arda rief beim Tanzen verzückt und verrückt: »Herrlich ... wie gut das tut, einmal so wild zu tanzen!« Madru sah Mola durch das Gedränge der Tanzenden zum Osttor hin fortgehen. Sie hielt das Triangel noch in der einen Hand, aber es versprühte keinen Glanz mehr. Niemand schien darüber verwundert, was eine alte Frau mit einem Triangel hier zu suchen hatte.

Es war Madru, als ob Ase, der immer noch fiedelte, ihm aufmunternd zuzwinkerte. Vielleicht war das nur Einbildung.

Das Fest war noch längst nicht zu Ende. Madru tanzte tapfer mit bis zum Kehraus. Er tanzte wild und verzweifelt, so wie er früher einmal Kassar gespielt hatte, ein Spiel, das es in der Fürstensiedlung nicht gab. Er dachte immer wieder daran, daß Alissa gesagt hatte, sie werde ihn dreimal wählen.

Die Frauen in der Fürstensiedlung sprachen noch lange davon, was für ein herrlicher Tänzer der Sternensohn sei. Man nahm auch das als ein gutes Omen. Keiner konnte sich später daran erinnern, daß er zu Aufang eine Zeit nicht getanzt und darauf verschwunden gewesen war. Auch von dem grellen Glanz wußte niemand etwas.

Nach dem Fest, das bis in die Nacht hinein andauerte, schlief Madru, bis ein Bote ihn weckte. Er hatte den Auftrag, Madru zu einer Ratssitzung zu bringen.

Unterwegs hörte er alle Neuigkeiten. Die Fürstin war mit ihren drei Töchtern am Morgen abgereist. Sie ziehe in ein Haus nicht weit von der Druidenakademie entfernt. Bis dorthin waren es von der Fürstensiedlung an die achtzig Meilen. Zu weit, um in einer Nacht hin- und herzulaufen, dachte Madru. Pferde waren schwer zu beschaffen. Vielleicht im Winter mit einem Hundeschlitten. So weit dachte er schon.

Wie lange die Fürstin dort zu bleiben gedächte, erkundigte er sich. Der Bote wußte nichts Genaues. Die Fürstin wolle an Exerzitien der Druidischen Akademie teilnehmen. Außerdem, setzte der Bote hinzu, verstoße die Anwesenheit der vier Frauen in der Fürstensiedlung gegen die guten Sitten.

»Wieso?«

»Solange Ihr nicht verheiratet seid«, erklärte der Mann, »solltet Ihr Euren drei Schwestern nicht begegnen.«

»Und warum nicht?«

»Keine Ahnung, Herr. Es ist so Sitte.«

Im Rat des Waldes saßen der Fürst, Guh, der Erzdruide, und Ase. Es gab noch zwei weitere Stühle, einen, der symbolisch die Anwesenheit des Großen Waldes ausdrückte, den fünften für Madru, dem Bator einen schwarzen Stab als Zeichen seiner neuen Würde überreichte.

Beraten wurde über das Massaker an den Schwarzen Seen. Die Meinungen waren geteilt. Guh plädierte für eine drakonische Strafe. Ase meinte, die armen Teufel seien mit aller Angst, die sie ausgestanden hätten, schon genug gestraft.

Es wurde abgestimmt. Ase stimmte gegen eine Bestrafung.

»Und der Sternensohn?« fragte der Fürst.

»Muß ich denn auch schon mitstimmen?« fragte Madru erschrocken.

»Wer einen schwarzen Stab trägt, gibt seine Stimme«, erklärte der Fürst.

Madru senkte den Kopf. Er versuchte zu hören, ob ihm der Große Wald etwas zuflüstere. Er versuchte sich vorzustellen, wie das Volk entscheiden würde. Endlich blickte er auf und sagte dann laut und deutlich: »Ich stimme gegen die Bestrafung.«

»Ich … schweren Herzens dafür«, sagte der Fürst.

»Ich dafür … Unentschieden«, sagte der Erzdruide und warf Madru einen wütenden Blick zu.

»Dann müssen wir den Großen Wald fragen« sagte der Fürst »wie lange braucht Ihr, Guh, um das Orakel auszuführen?«

»Gebt uns drei Tage und drei Nächte.«

Als die Sitzung vorbei war, ging Madru ein Stück mit Ase. Er erkundigte sich nach dem Orakel. Bei einem solch folgenschweren Urteil, hörte er, seien drei Orakel vorgeschrieben. Bei dem ersten würden Enten aufgescheucht, bei dem zweiten Blätter verbrannt, bei dem dritten versetze man Raben mit Hilfe von Moos in einen Rauschzustand und leite aus dem Tonfall ihres Gekrächzes das Urteil ab. Die Antworten der Orakel fielen immer dunkel und vieldeutig aus. Es sei Sache der Druiden, sie auszulegen.

Und davon hänge nun das Schicksal vieler Menschen ab, sagte Madru wütend.

Das Orakel riet angeblich, die Söhne des Zaubertrommlers und mit ihnen alle Einwohner ihres Dorfes zu bestrafen. Ohne mit Ase oder sonst jemand noch einmal darüber zu sprechen, kam Madru zu einem Entschluß. Über Mola ließ er Alissa ausrichten, er liebe sie mehr denn je und bitte sie herzlich bei ihrer Liebe, das Dorf durch die Tiere vor der Gefahr, die ihm drohe, warnen zu lassen. Als die Miliz das Dorf umstellte, fand sie alle Behausungen leer. Die Einwohner waren geflohen. Sie hatten sich in dasselbe Versteck geflüchtet, das sie seinerzeit benutzt hatten, als der feiste Ritter von ihren Ältesten die vielen Felle als Tribut forderte. Befehlsgemäß brannte die Miliz alle Hütten und Häuser nieder.

Die Druiden fanden schnell heraus, durch wen das Dorf gewarnt worden war. Der Haß des Erzdruiden auf Alissa wuchs. Er beauftragte ein Mitglied der Bruderschaft, die astronomischen Berechnungen, auf Grund derer der Sternensohn gefunden worden war, noch einmal zu überprüfen. Vielleicht, daß da ein Fehler gemacht worden sein. Nein, berichtete ihm der Bruder Physikus Mathematikus, es habe alles seine Richtigkeit, wenigstens, was den Rechnungsgang betreffe.

Zu einer Korrektur der richtigen Berechnungen mochte sich der Bruder nicht verstehen. Der Erzdruide erwog schon andere Möglichkeiten.

Unterdessen besuchte Madru das »Haus der Lehren«, an dem einer seiner Lehrer Guh, der Erzdruide, war.

Achtes Kapitel

Im Haus der Lehren · Ein Ketzer, die Macht der Druiden · Ein Freund

Am Morgen des Tages nach der Ratssitzung begann der Unterricht im »Haus der Lehren«, einem langgestreckten Bau mit einem Turm in der Mitte, nur einen Steinwurf weit von der Großen Halle, dem Haus des Rates und dem Fürstengehöft entfernt.

Madru war zuvor noch beim Schneider und beim Barbier gewesen, die zum Haus des Fürsten gehörten. Sein Schädel war kahlgeschoren. Er trug eine Jacke aus roten und schwarzen Eichhörnchenfellen, Hosen aus gelbem weichen Leder und Halbstiefel, die vorn spitz zuliefen und in denen dort, wo seine große Zehe saß, ein Glöckchen klimperte. Das war die Tracht der Scholaren.

Die Studienzeit betrug im allgemeinen ein Jahr. Es war üblich, daß der Scholar sich bis zum Fest der Wintersonne für einen der drei Wege entschied. Wer die Schlußprufüng im »Haus der Lehren« erfolgreich abgeschlossen hatte, war Beamter des fürstlichen Hofes und stieg nach einigen Jahren, die er als Steuereinnehmer auf Reisen von Gehöft zu Gehöft, als Förster im großen Wald, als Zollverwalter in der Hafenstadt oder auf dem Paß in den westlichen Gebirgen verbrachte, zum Vizegouverneur oder zum Gouverneur eines Bezirks auf, sobald eines dieser Ämter frei wurde. Schulen für jedermann gab es in Norrland nicht. Gewöhnlich lernte der Sohn eines Freisassen ein Handwerk oder er erhielt eine Ausbildung für die Jagd, den Fischfang oder die Landwirtschaft, wie sie auf einigen größeren Rodungen betrieben wurde.

Einem jungen Mann von Adel brachten der Vater oder die männlichen Verwandten den Umgang mit Werkzeugen und Waffen, das Jagen und Reiten und das Nötigste an Fragen der Rechtsprechung bei. Ein Schreib- , Lese- und Rechenkurs bei einem Magister, wie ihn Madru auf der Hofstatt des Jarl besucht hatte, galt schon als Luxus.

Wenn eine der adligen Familien etwas Besonderes für die Bildung des Erben tun wollte, schickte sie den Sohn zu Freunden in einen anderen Landesteil oder zu einem der hochmütigen Handelsherren in den Häfen am Kleinen Meer, damit er dort eine Vorstellung davon erhalte, daß jenseits des Großen Waldes auch noch eine Welt lag.

Lesen und Schreiben, beides Fähigkeiten, die die Menschen in Norrland nur selten, wenn überhaupt, im Alltag brauchten, lernte man jeweils erst dann, wenn man es in seinem Beruf zu etwas gebracht hatte, und zwar bei einem Schreib- und Rechenmeister, der seine Unterweisung, was Ausmaß und Art des vermittelten Wissens anging, ganz auf die Bedürfnisse seines Schülers abstellte.

Von ganz anderer Art war die Bildung, die man sich aneignen mußte, wollte man nicht nur den Weg des Allwiss gehen, sondern ein Druide werden. Der Name der Druidischen Akademie Shayallah stand als Synonym für weltabgewandtes esoterisches Wissen. Zu den Prüfungen für die Fünf Höheren Ränge der Druiden lernte man vor allem Mythologie, Theologie, Heiliges Recht und Brusinisch, die Sprache der Anderswelt. Hinzu kamen für die Prüfungen zum Sechsten Rang, aus dem der Erzdruide hervorging, Astronomie und Orakelkunde. Die Akademie befand sich in einem Waldgebiet nordwestlich der Fürstensiedlung und war in einem riesigen, aus Stein ausgeführten Palast untergebracht – ein vielbestauntes Wunderwerk in einem Land, in dem sonst nur in Holz gebaut wurde. Wer diesen Bau errichtet hatte, war unbekannt. Er galt als sehr alt, war in großen Teilen zerfallen. Und ein Seitenflügel wurde als Hörsaal des Ordens und als offizieller Amtssitz des Erzdruiden benutzt.

Die Mönche aber lebten in kleinen Holzhäusern mit einem kegelförmigen Dach, ähnlich dem, in welchem Madru die Tage vor der Inthronisierung verbracht hatte. Der Mönchsorden wäre reich genug gewesen, um sich den Auf- und Ausbau des Akademiegebäudes leisten zu können, aber sein Ruinencharakter sollte daran erinnern, daß alle Dinge im Diesseits vergänglich sind, und alles Lernen, Denken und Streben der Vorbereitung auf die Anderswelt zu dienen habe.

Vor dem Großen Streit zwischen den zwei Wegen, dem des Waldes und dem des Allwiss (oder der Anderswelt), waren die Fürstensöhne immer in Shayallah ausgebildet worden. Mit der Gründung des »Weges der Ritter« hatte die Auseinandersetzung um die Prinzenerziehung begonnen.

Jeder der drei Wege hatte während der Ausbildungszeit nachhaltigen Einfluß auf den zukünftigen Herrscher zu gewinnen versucht. Durchgesetzt hatte sich schließlich der »Weg der Ritter«, und zwar gewaltsam. Ein Fürst des Waldes aus der KaldyrDynastie, jenem Geschlecht, das dem nun regierenden Haus Bator vorausging, hatte seinen Sohn mit einer Hundertschaft Bogenschützen aus der Akademie in Shayallah in die Fürstensiedlung zurückbringen lassen. Aus diesem Anlaß war damals das Haus der Lehren erbaut worden. Der Hallenbau mit dem hohen Turmaufsatz in der Mitte, den Madru sah, war schon der sechste oder siebente seiner Art. Raumaufteilung und Ausstattung waren über die Zeiten hin nahezu unverändert geblieben. Vom Eingang her gelangte man in den großen Studien- und Meditationssaal. Außer den Sitzmatten und einer Skulptur, die Bri und Bru, einander an den Händen haltend, darstellte, stand darin noch eine riesige schwere Holztafel, ein Relief mit den Grundschriftzeichen des Brusinischen.

Zwischen den beiden großen Fenstern, die verglast waren – in Norrland konnte man in Madrus Jugend zwar noch kein Eisen herstellen, wohl aber Glas, und schöne Gläser waren neben Fellen eines der Hauptausfuhr- und Tauschgüter –, stand eine große, mit Schnitzwerk reichverzierte Truhe, in der 4mal 22 Schriftrollen aufbewahrt wurden. Sie waren zur Zeit der EmuDynastie, des ältesten überhaupt bekannten Herrschergeschlechts entstanden. Es handelte sich um Holzschnitte von archaischer Einfachheit und Eindringlichkeit, welche die 22 heiligen Baumarten in ihrem unterschiedlichen Aussehen während der vier Jahreszeiten darstellten.

Hinter dem großen Saal, in dem Meditationsübungen im Druidischen Stil abgehalten wurden und wo man auch Schattenboxen und Fechten trainierte, lag der Speisesaal. Von dort führte ein schmaler, tunnelartiger Gang in die im Turm untergebrachte Bibliothek. Die Bücher und Bildrollen auf den sechs Galerien waren hier nach dem Wissensstoff geordnet, der bei der Prüfung der Scholaren und den Examen zu den Sechs Rängen des Allwiss verlangt wurde.

An die Bibliothek schloß sich der Trakt mit den Einzelzellen an. Sie enthielten nichts außer einem Kleiderkasten, einem Tisch, einem Stuhl und einem Strohsack mit zwei Schaffellen.

Unterrichtssaal, Speisesaal und Bibliothek wurden im Winter mit Kaminfeuern beheizt, zu denen die Scholaren das Holz selbst einschlagen, zerkleinern und herantragen mußten, während die vielen Kerzen, mit denen man die Räume beleuchtete, aus der Kerzenzieherei des Fürstengehöfts geliefert wurden. Soviel Kerzen verbrauchen zu dürfen wie man wollte, schien manchem Scholaren, der von daheim in diesem Punkt strikte Sparsamkeit gewohnt war, schon allein ein kleines Wunder. Es gab denn auch im Volk ein Wort, das für Druiden und Scholaren gleichermaßen verwendet wurde. Man nannte sie: jene, die die vielen Kerzen verbrauchen.

In Norrland kann sich der Winter bis Ende April hinziehen. So waren Herbst und Winter bedrückende Jahreszeiten, denen die meisten Menschen jener weit zurückliegenden Epoche immer mit Furcht entgegensahen. Es war die Zeit der durch Düsternis, Kälte und Schneemassen erzwungenen Untätigkeit, des Eingesperrtseins in eine nicht immer bequeme Häuslichkeit. Es war die Zeit des Sterbens, denn hinfällige alte Menschen und durch Krankheit Geschwächte überlebten diese Zeit der strengen Kälte und Lichtarmut nur selten. Die Dunkelheit setzte dann im Winter schon gegen drei Uhr am Nachmittag ein und morgens hellte sich der Himmel nicht vor neun Uhr auf. So begreift man, daß für Norrländer Kerzen besonderen Wert besaßen. Ja, sie erzählten sich, die Kerzen seien ein Geschenk von Bru. Als ihr Bruder sie zum ersten Mal in der Anderswelt besuchte, habe er ihr Gemach von hunderten brennender Kerzen erhellt gefunden. So erinnerte Kerzenschein in Norrland die Menschen immer auch an die Liebe der Götter. Als Madru an jenem Morgen den großen Saal im Haus der Lehren betrat, waren die übrigen elf Scholaren dieses Kurses schon auf ihren Plätzen. Sie hatten im Saal mit weitem Abstand voneinander Aufstellung genommen. Das Kreuz durchgedrückt, die Arme vor der Brust verschränkt, vor sich ein Bündel mit ihrer wenigen persönlichen Habe, so standen die Scholaren regungslos da. Der Abstand voneinander wies auf ein Erziehungsprinzip hin. Freundschaften oder engere Kontakte zwischen den Scholaren waren unerwünscht. Wer entschlossen war, einmal Gouverneur eines Bezirkes zu werden, wer vorher Steuern und Abgaben einzufordern hatte, der sollte von Anfang an lernen, Abstand von anderen zu halten und auf sich allein gestellt zu leben.

Was die wenigen persönlichen Habseligkeiten anging, welche die verknoteten Bündel enthielten, so drückte sich hier ein anderes Ideal aus: es galt als Tugend, mit möglichst wenig persönlichem Besitz auszukommen. Einen Schwamm, eine grobe Seife, ein paar Zweige eines bestimmten Strauches, die als Zahnbürste dienten, die Kleider, die er auf dem Leib trug, einmal Unterzeug zum Wechseln, zwei Hemden und eine Jacke, ein Messer, ein Feuerzeug und eine Fischschnur – mehr sollte ein Scholar nicht besitzen.

Madru kam als letzter herein. Er ging durch die Reihen bis zu dem Platz, der offenbar für ihn freigelassen worden war. Die jungen Burschen, die rechts und links von ihm standen und denen er ins Gesicht sah, verzogen keine Miene noch beantworteten sie seinen Gruß. Er zuckte die Achseln und stellte sich an seinen Platz, legte das Bündel vor sich hin.

Nachdem sie etwa eine Stunde stumm und regungslos dagestanden hatten, erschien Guh. Der Erzdruide sagte zuerst kein Wort. Er lief durch die Reihen, er musterte jeden einzelnen von Kopf bis Fuß. Als die Inspektion beendet war, ging er nach vorn und sagte, sie könnten sich jetzt setzen.

Es fiel Madru nicht leicht, sich auf der dünnen Schilfmatte mit untergeschlagenen Beinen so hinzuhocken, daß er gerade und zugleich bequem saß, zumal ihm niemand dazu einen Rat gab.

Er sei ihr Lehrer in Brusinisch, sagte Guh. Seine Stimme klang, als habe er eine verstopfte Nase. Manchmal spielten seine Finger mit den langen Strähnen des dünnen schwarzen Schnurrbartes. Gewiß werde sich der eine oder andere unter ihnen schon gefragt haben, warum er eine tote Sprache lernen solle, eine Sprache, die außer ein paar hundert Mönchen niemand auf dieser Welt spreche. Nun, sie sollten sich klar machen, daß die hiesige Welt letztlich unwichtig sei. Hoffnung, Zukunft, Zuflucht im Fall der bewußten Katastrophe, wie sie in dem Spruch auf dem Stein vorhergesagt werde, sei nur in der Anderswelt. Müßten die Menschen den Großen Wald verlassen und in die Anderswelt auswandern, so gelte es zunächst einmal, den Weg dorthin zu finden. In alten brusinischen Texten gebe es immerhin Hinweise auf jene Stellen, an denen es sich zu suchen lohne. Sei man erst einmal drüben angelangt, dann müsse man sich schließlich auch mit den Wesen der Anderswelt verständigen. Vor allem zu diesem Zweck lerne man Brusinisch. Wer diese Sprache beherrsche, dürfe sich einer besonderen Heiligkeit rühmen. Er trage mit seinen Kenntnissen dazu bei, die Menschheit vor dem Untergang zu retten.

»Mit anderen Worten … wenn wir brav und fleißig lernen, werden wir am Ende in der Lage sein, uns mit Zwergen über das Wetter zu unterhalten«, rief ein Junge, von dem Madru später hörte, er komme aus den Gebirgen des Westens und heiße Padur.

Guh gab einen zischenden Laut von sich. Dann ging er dazu über, ihnen zu erklären, was ein Grundzeichen ist und weshalb es gleich in vierfacher Ausprägung vorkomme. »Tja«, fuhr er fort und rieb sich dabei die Hände, »ich kann es nicht ändern. Ich habe diese Sprache nicht erfunden. Dummköpfe und Faulenzer pflegen bei meinem Unterricht auf der Strecke zu bleiben. Ich empfinde auch nicht das geringste Bedauern für sie.«

Damit leitete er die Erklärung ein, daß es eigentlich drei Sprachen zu lernen gelte. Das Brusinische kenne nämlich eine Sommer- , eine Winter- und eine Frühlingssprache, was so erstaunlich nicht sei, wenn man daran denke, daß alle Dinge der Natur sich in den drei Jahreszeiten doch auch höchst verschieden darstellten, und selbst die

Empfindungen und Stimmungen der Menschen mit den Jahreszeiten wechselten. Die drei Jahreszeiten wiederum seien die Wandlungszustände der dreigesichtigen Göttin, der Möndin.

Durch Abstraktion seien aus den jeweiligen jahreszeitlichen Bildern der wichtigsten Bäume eben jene Schriftzeichen entstanden, wie sie sie auf dem Relief abgebildet sähen.

Ein Seliolar meldete sich und fragte, woher man eigentlich mit Bestimmtheit wisse, daß man mit dem Brusinischen Schrift und Sprache der Anderswelt vor sich habe.

Auf die Frage habe er schon gewartet, sagte Guh. Es vergehe keine erste Lektion, in der sie ihm nicht gestellt werde. Eigentlich sei es eine blasphemische Frage. Er wolle sie dennoch beantworten. Man habe in der Tat eben dafür keine Beweise. Andererseits müsse es jedem zu denken geben, daß bis auf diesen Tag Menschen immer wieder es für wert befunden hätten, die Anstrengung des Studiums dieser Sprache auf sich zu nehmen, obwohl kein sofortiger Gebrauchswert mit ihr verbunden sei. Die Sprache erinnere zudem auch daran, wie wichtig für die Menschen die Bäume seien, denn aus stilisierten Baumbildern sei die Sprache bzw. ihre Zeichen ja entstanden. Sie verweise dorthin, wo die Bäume wurzelten. Diese Sprache und der Glaube an die Anderswelt, ihre Herrscherin Bru und all ihre Einwohner seien untrennbar miteinander verbunden. Und wem die Vorstellung von der Anderswelt nicht einleuchte, der solle sich nur gleich melden. Er brauche keine Strafe zu fürchten. Er werde dann lediglich auf der Stelle das Haus der Lehren verlassen müssen und sein restliches Leben in Unwissenheit verbringen.

Niemand meldete sich. Guh warf einen triumphierenden Blick in die Runde. Man brauche aber, fuhr er fort, im Zusammenhang mit dem Brusinischen nun nicht immer an die Große Katastrophe zu denken, von der niemand wisse, wann sie kommen werde. Einigen wenigen hervorragend Begabten gelinge es, dank der an dieser Sprache geschulten Sensibilität ihrer Vorstellungskraft schon zu Lebzeiten die Grenze zwischen Diesseits und Jenseits zu überwinden.

Er riet ihnen dann noch, mit besonderem Eifer dem Unterricht seines jüngeren Kollegen Jammes zu folgen. Dieser werde sie in die Lehre von der Bedeutung der Bilder einführen und sie in der Druidischen Meditationstechnik unterrichten.

Damit war die erste Unterrichtsstunde vorüber.

Der Erzdruide war Madru nicht sympathischer geworden, aber das Thema, von dem da die Rede gewesen war, die Anderswelt, interessierte ihn sehr. Da war etwas Geheimnisvolles, etwas verlockendgrundsätzlich Anderes, und dies zog ihn jetzt mindestens ebenso stark an wie das, was ihm Ase über den Weg des Waldes auf der Reise in die Fürstensiedlung erzählt hatte. Also lernte Madru mit größtem Eifer die endlosen Wortlisten, die ihnen Guh in den folgenden Lektionen diktierte. Er ritzte die Vokabeln in Platten aus Birkenrinde. Noch waren es Worte und Redewendungen der Sommersprache, und es wurde erwartet, daß man sich zwei- bis dreihundert von einer Lektion zur anderen einprägte.

Dem Unterricht im Brusinischen verlieh Guh dadurch, daß er sich herabließ, ihn selbst zu erteilen, eine besondere Bedeutung. Außerdem hatten die Scholaren jeden

Tag eine Fechtstunde bei einem Ausländer. Dann gab es noch eine besonnen wirkende ältere Frau, von der sie beispielsweise erfuhren, daß Eichensud gegen Halsentzündungen half, man bei Verbrennungen eine Salbe aus Pappelknospen auftrug und eine Grippe mit einem Tee aus Haselnußblättern kurieren konnte.

In den Unterrichtsstunden bei Ase machten sie zunächst Waldläufe. Er zeigte ihnen, wie man dabei richtig atmet, wie man im Winter eine Nacht im Freien verbringen kann, ohne Erfrierungen davonzutragen. Er stellte mit ihnen Holzkohle her, baute mit ihnen eine Schwitzhütte, lehrte sie Bäume pflanzen, Obstbäume veredeln, Häute gerben, das Glasblasen und Fiedelspielen.

Einmal forderte er sie auf, sich alle auf den Erdboden vor einem Baum auf den Rücken zu legen und Arme und Beine von sich zu strecken. In den Himmel schauend, mußten sie versuchen, ihre Körperhülle zu verlassen und in den Stamm und die Zweige des Baumes einzutreten, »ein Baum zu werden«, wie Ase es nannte. Es stellte sich heraus, daß allein Madru dies sofort gelang. Die anderen Scholaren sahen ihn skeptisch an, als er berichtete, wie er sich als Baum gefühlt hatte.

Ase war bei den meisten Scholaren beliebt. Geradezu bewundert aber wurde Jammes, ein junger, ausgemergelter DruidenMönch mit einer Hakennase, einem fanatischen Zug um den Mund und ewig rotumränderten Augen. Bei Jammes lernte man, wie der Bogenpfeil nicht so sehr durch das Zielvermögen der Augen, sondern durch Konzentration der Willenskraft ins Ziel zu lenken sei. Er sagte: »Was man so Zauberei nennt, ist, wenn es Wirkungen auslöst, also mehr ist als bloßer Hokuspokus, immer eine kreative Kombination von Willens- und Einbildungskraft.«

In jenem Fach, das sich »Bedeutung der Bilder« nannte nahmen sie das Rukala Epos durch, eine Geschichte aus Norrlands frühester Zeit, in der die Helden Berge, Flüsse, und Wälder sind.

Energie und Aufmerksamkeit waren Jammes Lieblingsworte. Meist kam er im Geschwindschritt in die Klasse und schoß ohne stehenzubleiben, sofort seine Fragen ab, auf die er knappe und präzise Antworten erwartete. Während Guh Leistungen immer als eine Art persönlicher Huldigung auffaßte, deutete Jammes höchstens einmal an, daß es seiner Meinung nach nur vernünftig sei, sich in klarem Denken und genauer Beobachtung zu üben, diese Fähigkeiten in sich zu entwickeln. Wie theatralisch auch seine Auftritte sein mochten, kühl und distanziert war sein Verhältnis zu den Schülern.

Gerade das empfand Madru als einen Stachel. Er mochte Guhs Politik des »Bist du fleißig, bin ich nett und freundlich zu dir« ganz und gar nicht. Aber Jammes hätte er gern einen Hinweis entlockt, daß dieser ihn schätze und seine besonderen Anstrengungen wahrnahm. Genau diesen Gefallen aber tat Jammes ihm nicht. Nachdem Jammes einige komplizierte Meditationsaufgaben mit ihnen durchgegangen war, unternahm Madru eine Generaloffensive in punkto Erleuchtung. Er hatte sich an Guhs Bemerkung aus der ersten Stunde über jene Menschen erinnert, die das Studium des Brusinischen so sensibilisiere, daß sie den Übergang in die Anderswelt vollziehen konnten. Jeweils einen Tag in der Woche ging er nicht zum Unterricht, fastete und meditierte nach einer Methode, bei der man die Gedanken dem Fluß des Atemstroms folgen läßt. Man erwartet, daß der Atem wie fließendes Wasser mit der Zeit immer mehr Erinnerungsbilder fortspült, bis schließlich am Ende das wesentliche Bild übrigbleibt.

Bei dieser Übung sah sich Madru am Ende stets vor einer Mauer ... wie er meinte, vor jener Mauer, die unsere Welt von der Anderswelt trennt. Dann aber trat eine Stagnation ein. Er hatte gehofft, er werde irgendeine Öffnung, ein Schlüsselloch, ein Tor, einen sich drehenden Ring entdecken. Statt dessen lief er endlos an der Mauer entlang. Sie war hoch, ohne Tor, ohne Schloß, Lücke oder Spalt. Da war kein Durchkommen. Er zermarterte sich das Hirn nach einem Einfall ... nichts. Er überlegte, stellte sich Zahlenkombinationen vor, murmelte Beschwörungsformeln aus der brusinischen Sommersprache. Nichts. Dann wurde er müde. Er zwang sich, nicht einzuschlafen. Er durchwachte eine Nacht. Am Nachmittag des zweiten Tages besuchte ihn Jammes in seiner Zelle. Zuerst freute sich Madru, weil er meinte, er habe durch seine rigorose Anstrengung den bewunderten Lehrer zu einer Geste der Anteilnahme veranlaßt.

Jammes sagte: »Du solltest morgen wieder am Unterricht teilnehmen.

»Ist das alles, was Ihr mir zu sagen habt?« fragte Madru wütend. Er sei auch gekommen, um sich zu verabschieden, erwiderte Jammes.

Madru meinte, falsch gehört zu haben. »Ihr geht fort?« fragte er ungläubig. »Was für ein öder Ort wird das Haus der Lehren ohne Euch sein«, sagte Madru schwärmerisch.

»Solange man noch etwas lernen kann, ist es nirgendwo öde.«

»Seid Ihr eigentlich immer nur klug und überlegen?« fragte Madru grimmig.

»Entschuldige bitte«, erwiderte Jammes, »aber ich meine, was ich sage.«

»Klingt verdammt hochgestochen.«

»Ob es für dich zutrifft, mußt du selbst entscheiden.«

»Ich bin festgefahren beim Meditieren.«

»Das wird noch öfter vorkommen«, meinte Jammes ungerührt.

»Warum muß man nur all die Irrwege gehen? Die reinste Zeitverschwendung.«

»Welche Belehrung...!«

»Macht Ihr Euch über mich lustig?« fragte Madru mißtrauisch.

»Ganz und gar nicht. Sicher zu sein, daß man auf dem falschen Weg ist, kann doch wirklich eine große Errungenschaft bedeuten. »

»Erklärt mir das bitte genauer.«

»Nun ... habt ihr Guh einmal gefragt, was seiner Meinung nach hinter der Anderswelt kommt?«

»Merkwürdige Frage.«

»Wieso? Nur folgerichtig. Man fragt, bis es nicht mehr weitergeht.«

»Ja.«

»Stell ihm einmal diese Frage. Er wird dir antworten, eine solche Frage sei nicht erlaubt. Eine Ketzerfrage sei das, wird er dich anzischen. Und was sagst du dazu?«

»Ich würde meinen ... wenn man nachdenkt und fragt, ist alles erlaubt. Ihr habt uns immer eingeschärft, man müsse scharf trennen zwischen dem, was wir sehen, beobachten, mit einem Experiment beweisen können und Spekulationen ... dem, was darüber hinaus sein könnte.«

»Richtig … vergiß nie das genau auseinanderzuhalten« sagte Jammes, »aber jetzt wollen wir mal einen anderen Weg einschlagen. Du versuchst ständig, die Grenze zwischen Diesseits und Jenseits, zwischen Menschenwelt und Anderswelt in Gedanken zu überwinden. Du bist zornig, daß du es nicht schaffst. Wenn du dich weiter anstrengst, wenn du auch noch lernst, dich dabei nicht zu verkrampfen, sondern Willenskraft und Imagination gelockert einzusetzen, wird es dir eines Tages gelingen. Aber du wirst enttäuscht sein von dem, was du drüben vorfindest … diese vielgerühmte Anderswelt … sie ist die Rumpelkammer unseres Bewußtseins. Sie enthält die Relikte unseres Zustandes als Naturwesen, die wir längst nicht mehr sind. Wie ich dich kenne wirst du weiterwandern, und am Ende wirst du vor einer noch höheren und stärkeren Mauer stehen. Bis zum Himmel wird sie den Raum verschließen. Hinter sie gilt es vorzudringen.

»Ins Reich des Bösen – ins Totenreich, meint Ihr die? Denn die liegen doch dort.«

»Nein, weder ins Totenreich noch ins Reich des Bösen. Beide sind ja, wenn du in den Kategorien der Druiden denkst, Teil der Anderswelt. Was lehren sie über das Totenreich? In ihm stehe jenseits des Bitteren Flusses angeblich der Palast der Totenrichter, die darüber entscheiden, ob der Gestorbene wiedergeboren wird, in welcher Gestalt, oder ob er endgültig Erlösung findet.«

»Wie hat man sich das vorzustellen? Was ist hinter der höchsten und letzten Mauer?«

»Zwei Fragen auf einmal«, antwortete Jammes, »aber in diesem Fall zielen sie auf ein und dasselbe. Laß mich mit meiner Erklärung an einem anderen Punkt ansetzen: Diese Anderswelt, die Guh so wichtig nimmt, wie wir, wenn es nach den Druiden ginge, alle so wichtig nehmen sollen, weil ihnen das Macht gibt über uns, ist nichts anderes, als das Schattenreich unserer irdischen Erinnerungen und Wünsche. Was hier an Erinnerungen an die Frühzeit der Menschheit, an Verlangen, an Einbildungen in uns aufsteigt, wirft einen Schatten, und im Irgendwo entstehen Bilder daraus. Diese Bilder haben Lebendigkeit. Sie sind verlockend. Und jetzt sind wir an dem entscheidenden Punkt. Der einzig vernünftige Wunsch des Menschen ist der Wunsch nach Erlösung von seinem Leid … vernünftig nenne ich ihn, weil sich in ihm der Mensch in Übereinstimmung mit dem Gesetz des Kosmos befindet. Erlösung aber finden wir nicht, solange unser Verlangen an diesen Bildern haftet. Solange werden wir uns immer im Kreislauf von Geburt, Tod und Wiedergeburt bewegen. Auch die Druiden lehren, die höchste Gnade, die die Totenrichter gewähren können, bestehe darin, die Seele eines Gestorbenen ins Nichts zu entlassen. Du weißt ja, sie behaupten, solche Geschichten seien ihnen vom Zwerg Allwiss erzählt worden. Übersetzen wir das, so heißt das nichts anderes, als daß sie sehr alt sind. Sie stammen aus einer Zeit, in der alles Wissen noch nicht jenen Grad der Abstraktion erreicht hatte wie bei uns. Auch wenn von einer sehr hohen Mauer die Rede ist, muß man das nicht unbedingt wörtlich nehmen. Man könnte auch sagen: damit wird eine Schwelle bezeichnet, über die man nur mit großen Schwierigkeiten gelangt, hinter der alles zu Nichts und das Nichts alles wird. Deswegen solltest du dich nicht damit abquälen, durch Meditation in die Anderswelt einzudringen. Dem Nichts, das einem mit der Erleuchtung einsichtig wird, sollte man sich denkend und meditierend annähern. Kannst du mir folgen?«

»Einigermaßen«, sagte Madru.

»Wir wären dann nämlich, wenn uns das gelänge, der Willkür der Totenrichter entzogen. Wir würden frei werden von der Angst vor dem Tod, was Rückwirkungen auch auf die Art unseres Lebens hätte. Keiner wäre mehr Herr über unsere Zukunft, nur wir selbst. Wer wollte dann noch Macht über uns ausüben, wer wollte uns erschrecken und einschüchtern? Wir wären in der wahren Bedeutung dieses Wortes frei.«

Jammes hielt inne und schüttelte den Kopf.

»Es hat immer noch nicht die rechte Anschaulichkeit ... so, daß es für jeden verständlich ist ... «

»Das wäre ein neuer Weg«, sagte Madru.

»Ja«, erwiderte Jammes, »es wäre ein neuer Weg. Ich habe mir überlegt: vielleicht muß der Hinweis auf die Katastrophe als ein Bild verstanden werden. Vielleicht muß der Mensch alles, was sein Bewußtsein anfüllt, vernichten, um erlöst zu werden.«

»Warum bleibt Ihr nicht hier und legt uns Eure Lehre genauer aus?«

»Weil dieser Guh ein alter Esel ist ...Oder, um es anders auszudrücken: weil ich nicht auf dem Scheiterhaufen enden möchte.«

»Und wohin wollt Ihr gehen?«

»Der Wald ist groß genug. Ich bin nicht allein. Es gibt schon eine ganze Menge Anhänger meiner Lehre. Wir werden eine Siedlung gründen. Und wenn sie uns hier, im Großen Wald meine ich, nicht in Frieden lassen, werden wir weiter fortziehen.«
Madru überlegte. Sollte er Jammes fragen, ob er ihn auch mitnehmen wolle? Etwas hielt ihn hier. Zuerst war es ein vages Gefühl. Dann wurde ihm bewußt, daß es die Liebe zu Alissa war. Sie lebte mit ihrer Mutter und ihren Schwestern in einem geräumigen Haus in der Nähe der Akademie. Madru sah sie nicht, aber in unregelmäßigen Abständen erreichten ihn über Mola Nachrichten. Er hatte mehrmals versucht über Mola eine Verabredung mit Alissa zu treffen, aber die Alte hatte noch jedesmal gesagt: »Ihr werdet euch sehen, wenn es an der Zeit ist.«

Madru hatte bei sich schon entschieden zu bleiben, als Jammes zu ihm sagte: »Nein, du kannst nicht mit uns kommen, Madru. Sie werden mir noch vorwerfen, daß ich den Sternensohn entführt hätte.«

»Es hat mich nur einen Augenblick verlockt«, sagte Madru, »ehe Ihr antwortetet, war ich von mir aus schon entschlossen zu bleiben.«

Jammes sah Madru scharf an. »Pflichtgefühl oder ein Mädchen?«

» ... ein Mädchen.«

»Wenn es sich um Alissa handelt ... es sind mir da Gerüchte zu Ohren gekommen, und wenn ich es weiß, so weiß es Guh bestimmt auch ... so sei auf der Hut«, sagte Jammes »Guh versteht in dieser Beziehung keinen Spaß.«

»Es ist ja auch kein Spaß. Ich liebe Alissa. Wir sind doch gar nicht Bruder und Schwester. Und selbst angenommen, wir wären es – was ist schon dabei? Auch Bri und Bru haben sich geliebt.«

»Guh würde finden, du seiest unmoralisch.«

»Was ist das?«

»Wenn man sich über Sitten und Gebräuche hinwegsetzt.«

»Findet Ihr das auch schlimm?«

»Kommt darauf an. Es zeigt die Neigung, sich zum Richter über sich selbst zu machen. Deswegen ist Guh auch entschieden dagegen. Für ihn bedeutet es Machtverlust. Daher ist ihm auch Alissa verdächtig.«

»Verzeihung«, sagte Madru, »ich sehe den Zusammenhang da nicht.«

»Paß auf ... früher waren die Frauen sehr mächtig. Es hat lange gedauert, bis ihre Macht abnahm, bis der Mann zum mächtigeren der beiden Geschlechter wurde. Nun zu Alissa ... sie besitzt etwas von dieser alten Macht der Frauen. Und Mola ... sie besitzt vielleicht sogar noch ein Quentchen mehr davon. Das ist es was Guh so gegen sie aufbringt. Und dich zieht offenbar dieses alte Wissen an. Und Guh sagt sich: wenn der Sternensohn eine solche Frau heiraten würde, wenn der Große Wald es zuließe, ja, es vielleicht sogar begünstigt. dann ...«

»Ich begreife«, sagte Madru. Er schwieg einen Augenblick und schien über etwas nachzudenken. Dann sagte er: »Wie habt Ihr vorhin den Zustand beschrieben, den man erreichen sollte, wenn man von allem Leiden erlöst sein will?«

»Ein Zustand, in dem alles zu Nichts und Nichts zu Etwas geworden ist. Das ist freilich eine verkürzende Formel. Denk einmal darüber nach. Ich muß jetzt gehen.«

»Adieu«, sagte Madru, »ich danke Euch, Jammes. Ihr habt mir viel geholfen. Ich hoffe, wir sehen uns irgendwann einmal wieder. Wenn ich Herrscher des Waldes geworden bin, könnte ich Euch als Berater an meinen Hof berufen.«

Jammes sah ihn eindringlich an und sagte dann: »Du wirst nicht Herrscher des Waldes, aber im übrigen hast du ein recht interessantes Leben vor dir. Das immerhin kann ich dir versprechen.«

»Woher wißt Ihr das?«

»Darüber möchte ich nichts sagen. Adieu. Madru.«

Bestimmt war er durch die Tür hinausgegangen, aber Madru kam es vor, als habe er sich in Luft aufgelöst.

In der folgenden Nacht hatte Madru wirre Träume. Mal war es ihm heiß, dann wieder überkam ihn Schüttelfrost. Er sah Jammes und Alissa vor sich, die auf ihn einredeten. Er sah sich selbst auf einem endlosen Lauf durch einen brennenden Wald. Das Feuer kam näher. Er hörte sich Worte der Sommersprache murmeln und stand schließlich keuchend vor einer Frau auf einem weißen Pferd. Die Frau hob bedauernd die Hände. Ein kleiner Mann dessen ganzer Körper aus einer großen Wurzel zu bestehen schien trat vor, verneigte sich und sagte »Verzeihung, aber Ihre Majestat sprechen nur die Wintersprache.« Alissa in ihrem Baumkleid kam auf ihn zugetanzt, begleitet von einem Rudel Wölfe. Sie legte ihre Arme um seinen Hals, küßte ihn und sagte »Bei mir mußt du weder die Winter- noch die Sommersprache sprechen können Liebster!« Um sie sprangen aus dem Wald, zwischen den Stammen, viele Lichter hervor. Die Lichter überwucherten Alissas Gesicht. Es verbrannte, als sei es nur auf Papier gemalt. Madru spürte die Hitze, die von den Flammen ausging. Dann merkte er, wie ihm jemand mit einem Schwamm übers Gesicht fuhr.

Er erkannte jetzt Gestalten die sich über ihn beugten. Es waren Granna, die Frau, die im Haus der Lehren in Heilwissen unterrichtete und sein Mitschüler Padur.

»Was ist denn? Wo bin ich?« fragte er.

»Du bist in deiner Zelle. Du warst sehr krank. Wir fürchteten schon, deine Seele könnte sich in die Anderswelt davongemacht haben.

»Wo ist Jammes? Ich muß ihn dringend etwas fragen.«

»Das geht nicht«, sagte Padur.

»Was soll das heißen?«

Madru richtete sich auf. Er merkte das etwas Schlimmes geschehen sein müßte. Granna drückte ihn wieder auf den Strohsack zurück.

»Das erfährst du alles noch früh genug« sagte sie beruhigend »erst einmal mußt du wieder ganz gesund werden.«

Sie griff nach einem Becher. »Hier trink das. Es wird dir gut tun. Die Flüssigkeit schmeckte wie eine Brühe der man bittere Kräuter beigesetzt hat. Madru schüttelte sich.

»Brrr ... widerlich.«

»Ganz austrinken«, befahl Granna.

Er nickte verdrossen, gehorchte aber.

»Ich fühle mich schon besser«, sagte er dann.

»Immer langsam«, sagte Granna, »wie schwach du bist, wirst du erst merken, wenn du aufstehst. Du hattest das schwarze Fieber. Die Krise ist vorbei.« Madru schüttelte den Kopf. Schwarzes Fieber? Das war eine Krankheit, an der, wenn sie auftrat, die Menschen wie die Fliegen starben.

»Waren die Töchter des Fürsten auch krank?«

»Wenn du Alissa meinst ... sie ist gesund«, sagte Padur lachend, »du hast ständig von ihr phantasiert. Du kannst beruhigt sein. Die Seuche hat diesmal nur die Fürstensiedlung heimgesucht. »

»Und was ist mit Jammes?«

»Er ist tot«, sagte Padur.

»Junge!« rief Granna aufgebracht.

»Was soll's! Einmal muß er es doch erfahren.«

»Ist er an der Seuche gestorben?«

»Nein«, sagte Padur, »Guh hat ihn hinrichten lassen.«

»Und weswegen?«

»Wegen Ketzerei. Wir mußten alle bei der Verbrennung zuschauen.«

»Verbrennung ...?«

»Erst Folterung bis zum dritten Grad mit dem Ziel, seinen Willen zu brechen und ihn zum Widerruf zu zwingen. Und als er trotz allem nicht widerrief ... auf den Scheiterhaufen mit ihm.«

Madru sah ihn verschreckt an.

»Vielleicht hätte ich es verhindern können«, sagte er leise.

»Keine Chance, glaub mir. Der Fürst hat sein Möglichstes versucht. Sie haben es schlau angestellt. Guh hat darauf bestanden, daß der Prozeß vor einem geistlichen Gericht stattfand. Er hat selbst die Anklage vertreten. Es gibt neuerdings eine Geschichte, die man sich in den Schenken erzählt: Eine Gans geht vor Gericht, um einen Fuchs zu verklagen. Als sie in den Gerichtssaal kommt, was muß sie da sehen?

Die Schöffen sind Füchse, der Richter ist ein Fuchs, der Ankläger ist ein Fuchs, der Verteidiger ist einer und der Gerichtsdiener auch.«

»Wie haben sich die Scholaren verhalten?«

»Ich habe dir ja gesagt: wir wurden eingeladen, um an der Verbrennung teilzunehmen. Ein unvergeßliches Erlebnis, sage ich dir. Ich habe noch heute Jammes Schreie im Ohr.«

»Genug davon«, rief Granna dazwischen, »Madru ist noch schwach.«

»Nein, nein, nein«, rief Madru eigensinnig und hieb mit der Faust auf das Schaffell, mit dem er zugedeckt war, »ich fühle mich wieder vollkommen gesund. Dieser Trank, den Ihr mir gegeben habt, scheint Wunder zu wirken. Ich will in die Sauna und darauf will ich zum Fürsten.«

»Das kommt überhaupt nicht in Frage«, sagte Granna bestimmt, »vor zwei, drei Tagen kann von Aufstehen überhaupt nicht die Rede sein.«

Madru zog eine Grimasse und schüttelte sich. Dann deutete er mit dem Finger auf Granna und sagte: »Wie seht Ihr das … man darf doch die Druiden nicht schalten und walten lassen, wie es ihnen gefallt?«

»Gewöhnlich fragt man uns Frauen nicht nach unserer Meinung« sagte Granna abweisend »Ketzerei ist ein Verbrechen. Und wenn es stimmt, was vor Gericht ausgesagt worden ist.«

»Was ist ausgesagt worden?«

»Daß Jammes die Seuche herbeigezaubert habe.«

»Das ist lächerlich«, sagte Madru.

»Es ist beschworen worden von mehreren Zeugen.«

» … die man hochpeinlich verhören sollte, was man ihnen dafür versprochen hat.«

»Ich möchte nicht weiter mit dir darüber reden« sagte Granna.

»Ihr glaubt also, daß es gerecht war, Jammes auf den Scheiterhaufen zu schicken?«

»Darüber maße ich mir kein Urteil an«, sagte Granna.

»Pah«, rief Madru, »ihr habt alle Angst. Na gut. Wahrscheinlich sollte ich Euch besser dafür danken, daß Ihr mich gesund gepflegt habt.«

»Der Dank wurde schwer verdient«, erwiderte Padur, »du warst ein anstrengender Patient. Du hast phantasiert und wolltest ins Freie. Ich hätte nicht sehen wollen, was man mit uns angestellt hätte, wenn der Sternensohn am schwarzen Fieber krepiert wäre.«

»Padur …!« sagte Granna tadelnd, aber Madru lachte. Die treumütige Art des Jungen, der aus den Gebirgen im Westen stammte, gefiel ihm.

Madru genas rasch. Als er wieder zum Unterricht erschien, rief ihn Guh zu sich. Es sei ihm zu Ohren gekommen, daß er mit Jammes ein langes Gespräch in seiner Zelle geführt habe. Was denn dabei erörtert worden sei?

»Er versuchte, mich zu seiner Ketzerlehre zu bekehren. Ich wollte Euch ohnehin noch davon Meldung machen.«

»Gut so«, sagte der Erzdruide, »ich bin recht zufrieden mit dir in letzter Zeit. Bleibe nur auch weiterhin ein so eifriger Schüler. Und wenn dir wieder einmal ketzerische Äußerungen zu Ohren kommen, so setze mich umgehend davon in Kenntnis.«

»Ihr könnt Euch auf mich verlassen. Gegen Ketzer sollte man scharf durchgreifen.«

»Es wäre verdienstvoll, wenn du auch deinen Vater von diesem Standpunkt überzeugen könntest.«

»Ich will gern mein Möglichstes tun. Aber ich habe den Fürsten schon längere Zeit nicht mehr gesehen.«

»Die Sache mit Jammes ist ihm nahegegangen. Er ist zur Jagd geritten, um sich abzulenken.«

»Es ist nie alles überstanden«, sagte Madru mit einem Seufzer, verbeugte sich und ging.

Am nächsten Tag rief Guh ihn abermals zu sich. »Deine Bemerkung gestern«, sagte er, »ich habe darüber nachgedacht. Hattest du dabei jemand Bestimmten im Auge? Vielleicht einen deiner Mitschüler?«

»Nein ... es war nur eine allgemeine Feststellung.«

»Wir müssen wachsam sein. Sehr wachsam. Die Irrlehre, die dieser Jammes verbreitete ... sie wird unter den Mönchen weiter diskutiert.«

»Ich fand sie wirr und unverständlich.«

»Das ist sie auch. Welcher Hochmut: zu versuchen, einen neuen Weg einzuführen. Übrigens, hast du dich schon für einen der Wege entschieden, mein Sohn?«

Auf diese Frage war Madru nicht vorbereitet gewesen. Er geriet in Verlegenheit.

Später, in seiner Zelle, dachte er bei sich: du mußt weit besser heucheln lernen. Wenn er in der folgenden Zeit Waldläufe machte, übte er unterwegs Grimassen spontaner Empörung. Oder ein gleichmütigfreundliches Gesicht, das er sich aufzusetzen vornahm, wenn er in Wirklichkeit empört und wütend war. Er fand Spaß daran. Es war ein Spiel. Was ging es die anderen an, was er wirklich dachte?

Was die Wege betraf wurde es ihm schwer, sich zu entscheiden. Spontan neigte er dem »Weg des Waldes« zu. Am »Weg des Allwiss« faszinierte ihn das Fremde, Geheimnisvolle, die Möglichkeit, etwas zu entdecken das ganz neu anders und wunderbar war. Den »Weg der Ritter« zog er kaum in Betracht. Die Notwendigkeit, ständig Gutes tun zu müssen, kam ihm beängstigend moralisch vor.

Eines Abends, er lernte gerade die unregelmäßigen Verben der Sommersprache, klopfte es an die Tür seiner Zelle. Es war Padur.

»Wir gehen zu den Mädchen. Kommst du mit?« fragte er

»Zu welchen Mädchen denn?«

»Das sieht dir ähnlich so etwas zu fragen ... zu den Mägden vom Fürstenhof. Sie kommen jeden Abend in die Scheune. Illof hat eine Fiedel. Wir tanzen und später kannst du sie vögeln.«

Madru schüttelte abweisend den Kopf.

Padur hob die Hände. »O Verzeihung, gnädiger Herr«, rief er, »ich hätte bedenken müssen, daß der Sternensohn ein höheres Wesen ist, den wahrscheinlich nie die Lust darauf ankommt, mit einer Magd ins Heu zu gehen.«

»Unsinn«, sagte Madru »es ist nur ...«

»Soll ich dir mal etwas sagen, Sternensohn, den meisten von uns bist du ein Rätsel.«

»Und weswegen?«

»Dein Fleiß und dein Eifer sind erschreckend.«

»Ach so ... weißt du: die Anderswelt interessiert mich tatsächlich.«

»Wenn du drüben angekommen bist, vergiß nicht, mir eine Botschaft zu schicken, Madru! Tote Seelen fliegen über die Mauer oder durch sie hindurch ... was weiß ich. Aber nicht wir.«

»Guh behauptet, manchmal schafften es auch die Irdischen.«

»Ach, dieser Guh! Er will nur, daß wir alle den Weg des Allwiss gehen. Also kommst du nun mit oder nicht?«

»Erst beantworte mir ehrlich eine Frage. Glaubst du an die Anderswelt , oder nicht?«

»Was ist so wichtig daran?« wollte Padu wissen.

»Sieh mal, ich will Gouverneur werden, weil ich bei meinem Vater sehe, so ein Beamter führt ein weit angenehmeres Leben als die meisten anderen Leute. Dazu muß ich die Abschlußprüfung im Haus der Lehren bestehen, und zwar einigermaßen gut. Niemand außer dir macht sich so verrückt wegen der Anderswelt. Gut und schön, ein paar Brocken Brusinisch zu verstehen, das gehört sich nun einmal für einen gebildeten Menschen. Außerdem wird es für die Formel bei der Gouverneursvereidigung verlangt. Na, soviel, wie man da braucht, werde ich schon noch lernen. Genau so viel und, verdammt, nicht allzu viel mehr, denn ich muß dir sagen: mir gefällt es hier in dieser Welt ganz gut. Also, was geht mich die Anderswelt an?«

Madru fand, das sei eine erstaunliche Einstellung. Er hatte sich bisher tatsächlich eingebildet, jeder seiner Mitschüler sei, was die Anderswelt angehe, von dem gleichen Eifer besessen wie er selbst.

»Aber Padur, begreif doch...«

Er wollte zu einer ausführlichen Darstellung dessen ausholen, was er sich von einem Ausflug in die Anderswelt versprach.

»Nichts da«, Unterbrach ihn Padur, »entweder du vergißt wenigstens mal für einen Abend diese verfluchten unregelmäßigen Verben der Sommersprache und kommst jetzt mit, oder ich werde den Sternensohn ewig und für alle Zeiten als erbärmlichen Streber und Duckmäuser in Erinnerung behalten.«

Ein paarmal ging Madru daraufhin mit in die Scheune. Es fiel ihm nicht schwer, einem Mädchen schöne Augen zu machen und sie herumzukriegen, nach dem Tanz mit ihm ins Heu zu gehen. Er empfand es als angenehm, daß danach jene Spannung fort war, die man verspürte, wenn man ein Mädchen beim Tanzen fester an sich drückte. Es kam ihm vor wie Essen und Trinken. Man stillte einen Hunger. Danach war man satt. Man fühlte sich wohl. Aber eine Sensation war das nicht. Und gewiß auch nicht das, was es verdiente, eine Leidenschaft genannt zu werden. Wenn er überhaupt darüber nachdachte, sagte er bei sich: gut, daß ich nun weiß, wie man sich davor, dabei und danach fühlt. Im übrigen war er der Meinung, es werde zuviel Aufhebens davon gemacht.

Nach ein paar Wochen, in denen die Wälder bunt gewesen waren, setzte der erste langanhaltende Schneefall ein. Das Land wurde in ein Stille verbreitendes Weiß getaucht. Alle Dinge wirkten plötzlich anders. Die Jahreszeit hatte eine gewisse Feierlichkeit, aber es kamen mit ihr auch Ängste, die in der langen Dunkelheit verborgen saßen.

In den Stunden bei Ase bauten sie Rennschlitten für den Rodelwettbewerb, der traditionsgemäß beim Fest der Wintersonne abgehalten wurde. Madru und Padur bauten gemeinsam an einem Schlitten und trainierten, als sie dann fertig waren, auch zusammen.

Madru entdeckte die Lust an der Geschwindigkeit. Manchmal bei schnellen Fahrten hatte er das Gefühl, schwerelos zu sein. Er fuhr auf dem Platz des Bremsers, weil er so die Geschwindigkeit bestimmen konnte.

Einmal sagte Padur zu ihm: »Hör mal, Madru, willst du eigentlich per Schlitten in die Anderswelt?«

Madru schaute ihn an wie jemand, der sich bei seinen geheimen Wünschen ertappt sieht.

»Woher weißt du?«

»Das Tempo, das wir gefahren sind, war wahnwitzig. Das Risiko ist dabei einfach zu hoch. Wenn der Sternensohn nichts dagegen hat, würde ich eigentlich gern noch ein bißchen leben.«

»Aber stell dir doch einmal vor«, sagte Madru, »wir würden auf diese Weise plötzlich hinter die Mauer gelangen, die die beiden Welten voneinander trennt und zusammen Abenteuer erleben.«

»Du der Ritter und ich der Knappe natürlich!«

»Ja.«

»Eben«, sagte Padur lachend, »das könnte dir so passen, mein Lieber. Nein. So haben wir nicht gewettet. In Zukunft fahre ich als Bremser, oder du mußt dir jemand anderen suchen.«

Madru hatte nichts dagegen, daß sie beim nächsten Trainingslauf die Plätze wechselten. Er gestand sich ein, daß er Padur mochte, obwohl sie doch so verschieden waren. Padur war nüchtern, loyal und praktisch. Padur sah darüber hinweg, daß Madru Sternensohn war. Er nahm kein Blatt vor den Mund und hatte eine Unabhängigkeit, die Madru imponierte. Manchmal erzählten sie einander ihre Träume.

»Du bist noch in dem, was du träumst, vernünftig«, sagte Madru spöttisch.

»Und du fängst schon wieder an, Hirngespinsten nachzujagen. Du bekommst dann so einen abwesenden Blick«, gab Padur zurück, »ich würde meinen, es sei höchste Zeit, daß du wieder einmal in die Scheune mitkommst.«

»Ich weiß nicht«, murrte Madru, »die Kleine, die ich mir da angelacht habe … sie ist ganz nett. Aber neuerdings duftet sie nach versengten Schweineborsten.«

»Was willst du«, sagte Padur, »in der ganzen Fürstensiedlung wird jetzt geschlachtet. Versengte Schweineborsten oder Jauche! Mich stört das nicht. Das ist doch gerade das Großartige, daß man beim Vögeln alles vergißt.«

»Ich vergesse eben nicht«, sagte Madru. »Wirklich?«

»Ja … es ist immer, als sähe ich mir selbst dabei zu. Ist es das, was man pervers nennt?«

Padur schüttelte welterfahren den Kopf »Unsinn«, sagte er, »wahrscheinlich brauchst du eben nicht Sex, sondern Liebe.«

Kurz nachdem sie dieses Gespräch geführt hatten, hörte Madru, daß Bator von seinem Jagdzug zurückgekommen sei. Er ließ sich bei ihm melden. Der Fürst hatte mehrere Bären erlegt und erzählte ausführlich von seinen Jagdabenteuern. Schließlich merkte er, daß Madru sich langweilte.

»Ja doch«, sagte er, »ich habe dich vernachlässigt. Ich bin dein Lehrmeister für den Weg der Ritter. Wir haben uns noch nie ausführlich darüber unterhalten. Aber weißt du, im Grunde genommen ist alles ganz einfach. Die Söhne der Fürsten sind immer den Weg der Ritter gegangen. Also ... warum solltest du ihn nicht auch gehen?«

»Ich bin nicht sicher«, sagte Madru. Bator runzelte die Stirn.

»Was erwartet man von einem, der sich für diesen Weg entscheidet?« fragte Madru.

»Vor allem, daß er die Tradition achtet.«

Ob es etwa auch die Tradition erfordere, daß man Menschen auf den Scheiterhaufen schicke? Wo denn da der Ausgleich bleibe? Der Sinn für den Kompromiß?

»Immer langsam«, sagte Bator. »Dieser Jammes ist ein Fanatiker gewesen. Wenn es nach den Druiden gegangen wäre, hätte man all seine Anhänger gleich mitverbrannt. Ich habe immerhin durchgesetzt, daß nur einer hat daran glauben müssen. Auch Jammes wäre zu retten gewesen. Aber er hat es vorgezogen, den Märtyrer zu spielen. Wie nur jemand derartig eigensinnig sein kann! Was macht es schon für einen Unterschied, ob man sich vorstellt, daß es eine Anderswelt gibt oder zwei?«

So einfach könne man das wohl nicht sehen, warf Madru ein.

»Zugegeben«, sagte Bator und dämpfte seine sonst eher dröhnende Stimme zu einem heiseren Flüstern, »es ging um die Macht über die Seelen der Menschen. Hätte ich zulassen sollen, daß es bald auch noch einen vierten Weg gibt? Als ob wir nicht schon mit drei Wegen genügend Schwierigkeiten hätten!

Er finde es empörend und unerträglich, daß Jammes hingerichtet worden sei, bekannte Madru.

Die Jugend wisse immer viel genauer als irgendein Alter, wie die Welt zu verbessern wäre, erwiderte Bator achselzuckend, merkwürdig nur, daß ihr Zustand dann bis auf den heutigen Tag doch ein recht unvollkommener sei. Um auf den Weg der Ritter zurückzukommen, zu dem er ihm ja noch eine Unterweisung schulde, da seien zunächst einmal jene fünf Tugenden oder Gebote, denen gemäß jeder, der den Weg der Ritter gehe, sich zu leben verpflichte, damit das Gewicht des Guten auf den Waagschalen schwerer wiege als das Gewicht des Bösen. Ein Ritter habe den Großen Wald zu ehren und zu schützen. Ergo: Er habe für das Wohlergehen der Menschen, Tiere und Bäume Sorge zu tragen. Er müsse der Gerechtigkeit zum Sieg verhelfen, gleichgültig, wer es sei, der da sein Recht suche. Er müsse denen, die sich unter seinen Schutz stellten, Obdach und Beistand gewähren, sie speisen beherbergen und kleiden, den eigenen Mantel mit ihnen teilen wie es wörtlich in der »Urkunde vom Anfang des Weges der Ritter« heiße. Er sei auch verpflichtet, gegen die vielköpfige Schlange von Unfreiheit, Machtgier und Eifersucht anzukämpfen, wo immer sie eines ihrer Häupter erhebe ... tapfer und mit aller Kraft.

Ein recht anspruchsvolles Programm sei das, wenn man damit ernst machen wolle, stellte Madru fest. Bator machte eine beschwichtigende Geste.

»Auch dabei wird nicht alles so heiß gegessen wie es gekocht worden ist«, sagte er, »niemand erwartet, daß du dich vierteilen, rädern oder verbrennen läßt.

Das ergebe sich nämlich aus der fünften und letzten der ritterlichen Tugenden, der Mäßigung. Madru hielt vergebens nach einer besonderen Begabung für Mäßigung bei sich Ausschau. Abgesehen davon, mißfiel ihm Bators Hinweis, man brauche das alles nicht so ernst zu nehmen. Unbedingte Forderungen hätten ihm mehr imponiert.

»Ich weiß wirklich nicht«, sagte Madru nach einem tiefen Seufzer, »wie ich mich entscheiden soll. Manchmal denke ich, ich sollte alle drei Wege gehen, oder auch keinen.«

»Ach, so steht es«, rief der Fürst aus, sichtlich erleichtert darüber, daß sich etwas ergab, womit er die Sache von sich schieben konnte, »ja, dann ... dann mußt du ein Bilderspiel haben, das du befragen kannst.«

Das treffe sich gut, fuhr er fort. Er habe von seinem Jagdzug einen Sklaven mitgebracht. Kolwey heiße der Mann und gelte als einer der besten Karten- und Schildermaler von ganz Norrland. Er gehöre einem Jarl, der zwanzig Meilen von hier gegen Mitternacht hin wohne. Ehe das Fest der Wintersonne komme, solle Kolwey die Wappenbilder auf den Stühlen des Hofstaates in der Großen Halle auffrischen. Gewiß werde ihm auch noch genug Zeit bleiben, um ein Bilderspiel anzufertigen, ehe er wieder zu seinem Herrn zurück müsse. Madru solle nur gleich zu ihm gehen und ihm den Auftrag im Namen des Fürsten überbringen.

Madru traf diesen Kolwey in der Werkstatt hinter der Scheune des Fürstenhofes. Er war einer aus dem alten Volk, hatte schrägstehende Augen. Und eine Haut faul wie Pergament. Von Statur reichte er Madru gerade bis zum Gürtel. Madru ging in der Werkstatt umher und schaute sich neugierig um, während er auf jene Fragen antwortete, die ein Bildermacher stellt, ehe er sich an die Arbeit macht. Bei aller Gleichheit der Bilder soll jedes Spiel verschieden werden, da ja auch kein Mensch dem anderen gleicht. Auf einem Tisch lagen Pinsel, Schnitzmesser und Stichel, standen Farbnäpfe, aus denen die Farben leuchteten wie von Blättern im Herbst nach den ersten Frosten, wenn noch einmal Sonne auf sie fällt. Darüber hing an einer Lederschnur von einem hölzernen Nagel etwas herab – ein Medaillon aus Walroßzahn. Ins Oval eingeschnitzt zwei Bäume, deren Äste sich miteinander verschränkten. Gegen die beiden Stämme aber sprang von rechts und links ein Wolf an. Die Tiere reckten sich, schnappten hechelnd und gierig nach etwas, das sich oben im Geäst versteckt zu halten schien. Das Schmuckstück stich Madru in die Augen. Ich könnte es, überlegte er, Alissa zum Fest der Wintersonne schenken. Als er Kolwey darum bat, es ihm zu überlassen, wollte dieser es auf keinen Fall hergeben, was immer Madru dafür zum Tausch anbot. Während sie noch verhandelten, trat der kleine Mann rasch vor ihn hin,entriß ihm mit einem überraschenden Zugriff den Schmuck und hielt ihn fest zwischen seine Handflächen gepreßt. Er erzählte, er habe ihn einst von seiner Frau geschenkt bekommen. Diese sei vor drei Jahren als Sklavin in die Gegend der westlichen Gebirge verkauft und also von ihm getrennt worden. Er habe wenig Hoffnung, daß sie in diesem Leben einander noch einmal wiedersehen würden. Das Medaillon sei das einzige

Andenken an sie. Nein, so grausam werde Madru doch nicht sein, es ihm fortzunehmen. Für einen Augenblick überkam Madru Mitleid. Aber dann flüsterte etwas in ihm, hier lasse sich ja nun einmal erproben, ob ihm der schwarze Stab uneingeschränkte Macht verleihe über alles und jeden. Er zog ihn also aus dem Gürtel hervor und berührte spielerisch damit Kolweys Hände. Diese öffneten sich sofort. Rasch nahm Madru das Medaillon an sich und steckte es ein. Der Sklave stimmte ein lautes Gezeter an. Madru fand es schwer erträglich, jemanden so kläglich jammern zu hören. Am liebsten hätte er das, was geschehen war wieder rückgängig gemacht. Statt dessen aber sagte er: »Wenn ich Herscher über den Großen Wald bin, Kolwey, will ich dir und deiner Frau die Freiheit schenken.«

»Wenn Ihr großzügig sein wollt junger Mann«, erwiderte der Schildermaler, »warum seid Ihr es dann nicht gleich? zwischen dem Wort ›wenn‹ und dem Wort ›Freiheit‹ liegt oft ein gar langer Weg.«

»Wie?«, rief Madru. »Willst du damit etwa auch sagen, ich würde nie Herrscher des Großen Waldes werden?«

»Hätte ich dererlei auf eurem Gesicht gelesen«, sagte Kolwey, »ich würde mich wohl gehütet haben, es Euch kundzutun. Wenn ich auch nur ein Sklave bin, so ist mir mein Leben doch immer noch lieb.«

»Nun gut«, sagte Madru »ich mache dir einen anderen Vorschlag. Mal mir ein schönes Bilderspiel und finde ich Gefallen daran, so will ich zum Fürsten gehen und ihn bitten, daß du und dein Weib wieder zusammenkommen und man euch beiden die Freiheit schenkt. Du hättest dann weit mehr gewonnen als verloren.« Er wollte gehen, aber Kolwey hielt ihn am Ärmel fest. »Stimmt es, was man sich im Volk erzählt?« fragte er. »Seid Ihr der Sohn einer Sklavin?«

Madru spürte, wie er rot wurde. »Jetzt bin ich der Sternensohn«, sagte er stolz und wandte sich rasch ab. Hinter seinem Rücken hörte er Kolwey sagen: »Ihr solltet wissen, daß die armen Leute und die Sklaven große Erwartungen in Euch setzen.«

Der Satz klang Madru noch lang in den Ohren nach.

Neuntes Kapitel

Das Bilderspiel · Träume von Freiheit
Weil er nicht Wort halten kann, geht Madru einen langen Weg

Nach einer Woche wurde das Spiel von einem Boten im Haus der Lehren abgeliefert. Sein Bilderspiel zu bekommen, war für einen Scholaren ein so wichtiges Ereignis, daß der Betreffende ein oder zwei Tage nicht am Unterricht teilzunehmen brauchte. Man fand, er brauche nun Muße, sich mit den Bildern vertraut zu machen.

Als Madru allein in seiner Zelle war, legte er zunächst die Karten in fortlaufender Reihe von 0 bis 21 auf dem Fußboden aus. Auf allen Karten waren Bäume abgebildet, die zugleich auch Personen waren. So war die Birke ein in die Welt ziehender junger Bursche um dessen Fuße ein Hündchen tänzelte. Die Buche, der Baum auf Karte eins, war zugleich auch ein Zauberer mit einer Bucheckernhülse als Zauberhelm. Er trug einen sprießenden Stab in der Hand. Ein fünfeckiger Stern, das Zeichen der Unendlichkeit und der Kelch wiesen auf magische Praktiken hin. Die Karte zwei zeigte die Erle, die zu gleich Bru war, die Herrscherin über die Anderswelt. Von den Karten drei und vier, Linde und Tanne, sahen ihn eine mütterliche Frau und ein kräftiger, bärtiger Mann an. Die fünfte Karte zeigte Bri mit mahnend erhobener Hand zwischen Pappelblättern. Auf der Karte sechs war ein Liebespaar dargestellt, das sich unter einer Ranke wilder Rosen küßte. Der junge Mann, der ihm selbst so unähnlich nicht, stärker noch aber war die Ähnlichkeit bei dem Mädchen, das eindeutig Alissas Gesichtszüge trug.

So entstand ein bunter Reigen von Wesen, halb Bäume, halb Götter oder Menschen … bis hin zu den letzten vier Karten, auf denen die Möndin unter der Mondsichel im Holunderstrauch, die Sonnenfrau in einem Ginsterbusch, die Richterin, sich aus einer Weißdornhecke aufrichtend, und Frau Welt mit einem Apfel in der Hand abgebildet waren.

Nachdem er seine Karten betrachtet und sich die Aura ihrer Bedeutungen ins Gedächtnis gerufen hatte, bildete er Reihen mit den geraden und den ungeraden Zahlen. Er kombinierte die einander entsprechenden Karten aus der äußeren und der inneren Welt, um schließlich die verschiedenen Orakel zu üben, bei denen mal sieben, mal neun und bei dem komplizierten »Wege« Orakel alle zweiundzwanzig Karten benutzt wurden.

Über solchen Übungen vergingen ein ganzer Tag und eine Nacht ohne Schlaf. Am zweiten Tag versuchte Madru mit Hilfe des Spieles Geschichten zu erfinden. Dabei ging er so vor: Er deckte eine Karte auf. Das Bild ließ ihn an ein Ereignis denken, mit dem die Geschichte ihren Anfang nahm. Er wählte eine zweite Karte, und dies Bild gab einen Anhaltspunkt, wie sich die Handlung weiterspinnen ließ.

Bei all dem geschah genau das, was sich beim Umgang mit dem Bilderspiel, das später auch unter dem Namen »Baumtarot« bekannt wurde, ereignen soll. Madru wurde mit dem Spiel eng vertraut. Es wurde gewissermaßen zu einem Teil seiner Selbst. Die Bilder des Spiels drangen tiefer und tiefer in ihn, bis sie in jenen Bereich gelangten, wo unsere Träume liegen, die nur darauf warten, daß im Schlaf die Tür aufspringt und sie nun mit Rauch und Nebel hervorwehen können. Wo aber die Bilder der Karten in den Träumen Madrus auf ihr Spiegelbild stießen, leuchtete dieses auf. Indem Madru so mit den Karten umging, näherte er sich, so könnte man sagen, spielerisch dem Wesen seiner Identität.

Am Abend des zweiten Tages rief Madru Padur in seine Zelle, weil er das Bedürfnis hatte, mit jemandem über die Erregung, in die er durch das Spiel geraten war, zu sprechen.

Der Freund bestätigte ihm, was er schon spürte, daß Kolwey beim Malen der Karten ganz ausgezeichnete Arbeit geleistet hatte.

Bei all dem dachte Madru auch nicht ein einziges Mal an das Versprechen, das er dem Sklaven gegeben hatte.

Da sah ihn nach langer Zeit die Möndin im Schlaf wieder einmal an. Sie sprach zu ihm: »Hörst du mich, Madru? Ich betrachtete dich und fand, ich müsse dich auf etwas aufmerksam machen. Du wirst demnächst meiner Tochter Bru begegnen. Es würde einem, den sie zu ihrem Ritter wählen will, schlecht anstehen, wenn er mit einem Rostfleck auf der Stirn vor ihr stünde, wie ich ihn jetzt bei dir sehe. Weiß auch nicht, wie dieser Fleck auf deine Stirn gekommen sein mag. Wenn du dich in Wasser, Eis oder Glas spiegelst, wirst du ihn selbst nicht einmal sehen und andere Sterbliche werden ihn erst recht nicht entdecken. Bru aber und ich … wir sehen ihn sehr wohl.«

Gleich darauf wurde Madru wach. Er richtete sich auf und schaute zum Fenster. Draußen war Vollmond. Er stand auf und sah hinauf zu dem Gestirn. Nichts war mehr zu sehen von dem Gesicht. Was dort oben stand, war eine weiße Scheibe mit grauen Schatten auf ihrer Oberfläche. Aber er wußte, was er zu tun hatte. Er kleidete sich an und ging durch die helle Nacht zum Fürstengehöft hinüber. Es war klar und sehr kalt. Der Schnee knarrte.

Vor dem Portal hielt ein Doppelposten der Miliz Wache. Er hieß die beiden Männer, den Fürsten aufwecken und hielt ihnen, um seinem Befehl Nachdruck zu verleihen, den schwarzen Stab hin. Er traf mit Bator in dem leeren Audienzsaal zusammen. Auch dort schien der Mond herein. Bator hatte einen Schlafrock aus Zobelfellen übergeworfen, darunter sah ein langes Hemd hervor. Hinter ihm tappte schlaftrunken ein Diener mit einer Kerze. Bator ließ ihn einen Leuchter anzünden. Und schickte ihn dann fort.

Madru kam gleich zur Sache. Er müsse mit ihm über Kolwey sprechen, begann Madru.

Wie denn? Was denn? fragte der Fürst mißmutig gähnend. Ob der Sklave einen Aufstand angezettelt habe. Ob der Kerl etwas habe mitgehen lassen? Oder warum zum

Kuckuck ihn Madru sonst mitten in der Nacht aus dem Bett hole? Madru hörte, daß Kolwey zurückgeschickt worden war zu seinem Herrn. Das Bilderspiel habe er doch hoffentlich abgeliefert, erkundigte sich Bator.

»Er hat mir ein wunderbares Bilderspiel gemalt« sagte Madru.

»Ich wußte nicht, daß er schon fort ist. Ich habe mich nicht einmal bei ihm bedankt.

»Pah«, sagte Bator mit einer abschätzigen Handbewegung, »ein Sklave tut seine Arbeit. Da braucht's keinen Dank. Er kann zufrieden sein, wenn seine Arbeit Schläge von ihm abwendet.«

Die Verächtlichkeit, mit der Bator von dem Sklaven sprach, ließ Madru zögern.

»Nun also … was gibt's?«

»Ich bitte dich, diesem Kolwey und seiner Frau, die in die Gebirge im Westen verkauft worden ist, die Freiheit zu schenken.«

Jetzt, da er es vor Bator ausgesprochen hatte, klang es ihm recht verwegen.

Bator gab ein gereiztes Lachen von sich. »Wie käme ich dazu?«

»Weil ich dich darum bitte. Weil ich es Kolwey versprochen habe. Ich habe so eine Art Handel mit ihm abgeschlossen. Ich bin ihm noch etwas schuldig. Ich nahm ihm ein Schmuckstück fort, das mir gefiel. Ich versprach, mir von dir für ihn und seine Frau die Freiheit zu erbitten, sofern er mir ein besonders schönes Bilderspiel mache. Das Spiel kam. Es gefällt mir sehr gut. Was ich Kolwey versprochen hatte, kam mir überhaupt nicht mehr in den Sinn. Doch heute Nacht hat mich die Möndin wieder daran erinnert.« Der Fürst stand auf, ging zum Fenster und sah hinaus. »Tatsächlich Vollmond«, murmelte er, und zu Madru gewandt fuhr er fort, »du bist diesem Sklaven weniger als nichts schuldig. Und keine Möndin hat dir ins Gewissen geredet. Papperlapapp. Du hast schlecht geträumt. Viele Männer träumen schlecht, wenn der Mond voll ist. Dafür gibt es eine ganz einfache Erklärung. Als die Frauen noch mächtiger waren als die Männer, war der Mond das wichtigste Gestirn. Es war wichtiger als die Sonne. Die Möndin scheint unserem Geschlecht die Zurücksetzung der Frauen noch immer nicht ganz verziehen zu haben. Deswegen plagt sie uns, wenn sie die Herrschaft am Himmel hat, mit schlechten Träumen. Laß dich nur nicht zu sehr davon beeindrucken. Nimm etwas Rauschmoos. Das wird dir gut tun.« Er suchte nach der Dose, in der er es aufzubewahren pflegte, hielt diese Madru hin, der aber schüttelte den Kopf »Danke, ich möchte nicht.«

Madru atmete tief, als könne er sich damit Mut verschaffen und sagte dann: »Wie wäre es, wenn wir die Sklaverei ganz und gar abschaffen würden?«

»O weh«, sagte Bator mit kummervoller Miene, »hat dir das etwa auch die Möndin geflüstert?«

»Nein«, sagte Madru ruhig »es ist mir so in den Sinn gekommen. Er stockte. Er mußte an seine Mutter denken und daran, daß er nie darauf gedrängt hatte, sie an den Fürstenhof holen zu lassen. »Wenn bei uns daheim zum Jarl ein Skalde kam«, sagte er weiter, »durfte ich nie zuhören weil ich der Sohn einer Sklavin war.«

»Du hast trotzdem zugehört« sagte Bator rasch.

»Woher weißt du das?«

»Ein wenig kenne ich mich schon mit dir aus und was deinen Vorschlag angeht«, er verfiel in einen spöttischen Tonfall, »wir wollen uns das einmal vorstellen: mitten in einer Vollmondnacht kurz vor dem Fest der Wintersonne ließ der Sternensohn nach dem er schlecht geträumt hatte, den Fürsten des Waldes wecken. Sie pflogen lange Rat und beschlossen darauf, ihre uneingeschränkte Macht dazu zu nutzen, allen die bis dahin Sklaven gewesen waren, die Freiheit zu schenken.«

Er schwieg und sah Madru fragend an.

»Was wäre daran auszusetzen, wenn sie später das über uns erzählen?« wollte Madru wissen.

»Herr des Diesseits, Herrin des Jenseits«, rief Bator grimmig, »wen haben die Sterne da nur für uns ausgewählt? Was bezwecken sie mit soviel Eigensinn und Verstoß gegen Anstand und Sitte! Die Sklaverei abschaffen! Womit wird er uns als nächstes überraschen?«

Madru sah beschämt zu Boden. Bator ging ein paarmal unruhig auf und ab, ließ sich dann in einen Sessel fallen. Und nahm noch eine Prise Rauschmoos.

»Falsch … völlig falsch, nicht wahr?« fragte Madru bekümmert und ratlos.

»Nun hör mir mal gut zu, mein Junge. Gewiß wäre es ehrenvoll, die Sklaverei abzuschaffen. Jeder hat dann und wann einmal solche Träume. Aber dazu müßten wir wirklich Macht besitzen viel Macht. Wir wollen einmal nachrechnen, wie es um unsere uneingeschränkte Macht tatsächlich bestellt ist. All meine Jarls sind gewohnt, Sklaven zu besitzen. Die tun für sie die schmutzige Arbeit, die schwere Arbeit, die unangenehme Arbeit. Was meinst du, was die Jarls sagen würden, wenn es mit ihrem bequemen Leben vorbei wäre, denn darauf liefe es ja hinaus? Ich will es dir sagen. Ich würde ihnen mit einem solchen Dekret eine hervorragende Ausrede dafür liefern, dem nächsten Heerbann fernzubleiben, zu dem ich sie aufrufe. Sie würden mir in diesem Fall nämlich ausrichten lassen: wir wären dir gern zu Diensten gewesen, aber leider müssen wir nun all jene Arbeit tun, die zuvor Sklaven zu verrichten pflegten, somit … Nun gelangen Nachrichten über Streitigkeiten zwischen dem Herrscher des Waldes und den Jarls mit einer Geschwindigkeit, die ans Wunderbare grenzt, zu unseren Nachbarn im Süden. Rechnen wir einmal weiter. Einer dieser Nachbarn ist ein gewisser König Lausbart. Einer seiner Ritter und dreißig seiner Soldaten wurden nahe der Grenze im Schatten des Bannwaldes erschlagen. Es gab Leute, die es einzurichten wußten, daß die Mörder dieser Männer der ihnen vom Orakel bestimmten Strafe, mit der allein die Tat gesühnt worden wäre, entgehen konnten. Eine merkwürdige Angelegenheit. Es gibt Gerüchte, vor denen ich freilich meine Ohren verschließe, weil ich prinzipiell nichts auf Gerüchte gebe, Gerüchte, die besagen, jene Mörder seien gewarnt worden von Leuten aus der unmittelbaren Umgebung des Sternensohnes und einer meiner Töchter. Die Gerüchte behaupten auch, es sei Hexerei im Spiel gewesen. Ich betone noch einmal: ich lasse mich von solchen Ammenmärchen nicht beeindrucken, aber es gibt nicht wenig Leute, die sie glauben. So, und nun wollen wir einen Schlußstrich ziehen, alles zusammenzählen und sehen, was unter dem Strich dabei herauskommt. Also, auf den ersten Blick würde ich sagen: die Sklaverei abzuschaffen, das müssen wir uns leider verkneifen. Und was die toten Männer angeht, sollen wir dem Wald danken, wenn König Lausbart solch guten Vorwand nicht doch noch eines Tages dazu benutzt, uns mit Krieg zu überziehen oder uns einen höheren Tribut abzupressen, den wir nicht zahlen konnten, weil wir uns sonst den Großen Wald zum Feind machen müßten.«

»Ich denke, der Bannwald schützt uns?«

»Von Süden her … gewiß. Im Westen das Gebirge, im Norden die Wildnis mit Eis und Schnee und vom Osten die See … so geht die Rede. In Wirklichkeit ist unser Land von Osten offen wie ein Scheunentor.«

»Und die Miliz?«

»Die reichte nicht hin, wenn sich der Adel beim Heerbann verweigert. So sieht es aus.«

»Aber du könntest doch wenigstens Kolwey und seine Frau freikaufen. Ich bitte dich darum …«

»Und ich muß dich darum bitten, nicht darauf zu beharren. Sie freizukaufen, das würde einen sehr schlechten Eindruck machen. Was sind das für neumodische Sitten, würde es heißen. Die Jarls würden unruhig werden.«

Wieder einmal empfand Madru Furcht vor dem Amt, das er bald würde ausüben müssen, solche Furcht wie damals als er sich in die Hecke verkrochen hatte, aus der ihn Ases Musik hervorlockte.

»Verzeih, daß ich dich geweckt habe«, sagte Madru.

»Schon gut«, antwortete Bator, »nur eben … wenn du wieder einmal einen solch fabelhaften Einfall hast, vielleicht, daß du dann erst einmal selbst etwas genauer nachrechnest.«

»Ich hätte nicht gedacht, daß es so um uns steht« sagte Madru immer noch kleinlaut.

»Nun, gleich den Kopf hängen zu lassen, brauchst du auch nicht«, sagte Bator. »Seit zweihundert Jahren ist es den Leuten im Süden nicht mehr eingefallen uns mit ihrem Besuch zu beehren. Vielleicht haben wir noch einmal zweihundert Jahre Ruhe. Wer weiß. Etwas Glück ist immer nötig.«

Grübelnd lief Madru zum Haus der Lehren zurück. Unruhig wälzte er sich in seiner Zelle auf dem Strohsack. Nach einer Weile stand sein Entschluß fest. Er nahm das Medaillon, steckte es in die Hosentasche, knotete das Tuch aus Herbstlaub, das ihm Alissa geschenkt hatte, um den Hals, weckte Padur und bat ihn, ihn im Unterricht zu entschuldigen. Was er denn vorhabe, fragte der Freund erstaunt.

»Laß mich«, sagte Madru, »ich habe eine Schuld zu begleichen. Es ist ein weiter Weg.«

Draußen schnallte er die Schneereifen unter, ergriff die Stöcke und stapfte los. Es schneite heftig und der Schneefall nahm im Lauf des Tages eher noch zu. Trotz der Schneereifen sank er manchmal tief ein. Er hielt eine Art Trab durch wie ihn Ase seinen Schülern für dieses Gelände bei solcher Witterung empfohlen hatte. Er machte sich Wegzeichen mit Steinen und mit Kerben in Baumstämmen. Die Tage waren kurz um diese Jahreszeit. Noch vor Sonnenuntergang erreichte er das Gehöft des Jarl, dessen Sklave Kolwey war.

Er betrat das Haus durch die Hintertür und kam in die Küche. Kolwey saß am Herd und schnitzte an einer Spindel. Er hielt inne, kniff die Augen zusammen und schüttelte dann wortlos den Kopf. Madru griff in die Tasche, holte das Medaillon hervor und drückte es ihm ebenfalls wortlos in die Hand. Kolwey sah auf das Schmuckstück und küßte es.

»Ein langer Weg liegt zwischen dem Wörtchen ›wenn‹ und dem Wort ›Freiheit‹«, sagte Madru.

Kolwey grinste verschmitzt. »Gehört ist nicht erfahren.«

»Und Dank für das Bilderspiel«, sagte Madru.

»Einem Sklaven schuldet ein Herr keinen Dank«, sagte Kolwey abweisend, fast empört.

»Noch bin ich kein Herr«, antwortete Madru, »hast du mir nicht gesagt, daß ein paar von euch Hoffnung in mich setzen? Besser, du sagst ihnen, wenn das Gespräch wieder darauf kommt, es gibt keine Chance … damit sie nicht umsonst hoffen.«

»Hoffnung ist nie vergebens«, sagte Kolwey, »wer seine Hoffnung fortwirft, ist lebend schon nicht mehr lebendig.«

»Wir sind quitt«, sagte Madru.

Kolwey sah ihn mit einem spöttischen Lächeln an. »Und wenn ich nun mit einem Herrn, wie du einer bist, gar nicht quitt sein will?« meinte er und fuhr dann fort: »Warte. Der Weg bei diesem Wetter ist eine Zugabe wert.«

Er verschwand aus der Küche. Nach einiger Zeit kam er zurück und verbarg etwas in seiner Hand. Er sagte: »Das Tuch, das du da umhast, ist kein sehr starker Zauber. Man kann damit Regen zaubern. Man kann Tänzer, wenn sie es ansehen, lustig werden lassen. Man kann mal einen Nebel machen, in dem sich ein Trupp Soldaten verirrt. Aber sehr viel weiter wirst du damit nicht kommen. Wenn du im Winter viel im Wald unterwegs bist, brauchst du einen anderen Talisman. Hier … «

Er drückte Madru eine Wolfspfote in die Hand. »Wenn die Burschen hungrig sind, können sie ziemlich zudringlich werden. Solange du die Pfote bei dir auf dem Leib trägst, werden sie dir nichts tun. Und sollte dir einmal einer frech kommen oder an den Kragen wollen, dann fahr dreimal mit dem Daumen darüber und du wirst die beste Leibwache haben, die man sich wünschen kann. »

»Danke », sagte Madru. Er wollte sich sofort wieder auf den Heimweg machen.

»Jetzt bei diesem Wetter…?«

»Ja doch.«

Ob er nicht müde sei?

»Ein wenig schon«, erwiderte Madru. Er wolle probieren, ob er es nicht trotz der Müdigkeit schaffe.

»Du bist einer, der viel von sich verlangt«, sagte Kolwey, »ich rate dir, sei freundlicher zu dir oder nimm dir eine Frau.«

Er wolle über den guten Rat nachdenken, erwiderte Madru und war schon zur Tür hinaus. Freundlicher mit mir selbst oder eine Frau, murmelte Madru vor sich hin, während er durch den tiefen Schnee stapfte. Es war kälter geworden. Der Vollmond und die klaren Sterne machten die Welt groß und weit. Nach zwei Stunden, als er nur noch taumelnd vorankam, war er bereit, seinen Entschluß, sich ohne zu schlafen auf den Rückweg zu machen, töricht zu finden.

Er bekam Seitenstechen. Seine Bewegungen erschienen ihm plötzlich unerhört langsam. Er drückte das Tuch auf sein Herz. Etwas Merkwürdiges geschah. Eine kurze Zeit beleuchtete die Sonne die verschneite Waldlandschaft. Dann verblaßten ihre Strahlen, hatten keine Wärme mehr. Es half nichts, den Zipfel des Tuches wieder aufs Herz zu drücken. Um ihn war wieder kaltes eisgraues Zwielicht. Er hörte ein Wolfsrudel in der Ferne heulen, aber die Tiere kamen nicht nahe heran.

Bei jedem Schritt mußte er gegen die Versuchung ankämpfen, sich in den Schnee fallen zu lassen. Sein Atem ging pfeifend. Nur einen Augenblick Schlaf. Er wußte: das würde den Tod bedeuten. Aber vielleicht war der Tod gar nicht so schlimm. Einmal, da war er gestorben. Wie war das gewesen? Nicht schrecklich. Keine Schmerzen. Keine Atemzüge, bei denen man jedesmal das Gefühl hat, von einem Messer durchbohrt zu werden.

Lag er schon im Schnee oder lief er noch? Er stellte sich vor langsam kämen die Wölfe näher. Er hörte sie. Er spürte sie. Dieser wilde Geruch.

Der Schnee lag an dieser Stelle so hoch, daß die Tiere Mühe hatten, zu ihm zu heranzukommen. Er fragte sich, ob Kolwey zu trauen sei. Wer verließ sich auf einen Sklaven? »Ich, Der Sohn einer Sklavin«, hörte er seine eigene Stimme schreien. Ein paar von den Tieren hatten es jetzt geschafft. Sie fingen an, ihn zu beschnüffeln. »Wolfsfutter«, hörte er Padur sagen. »Freundlich sein mit sich selbst«, sagte Kolwey. Er hörte andere reden. Das war keine Menschensprache. Es waren Wolfslaute. Merkwürdigerweise verstand er sie. Vielleicht war es ja nur ein Traum.

»So ein Dummkopf, sich hier hinzulegen.«

»Endlich was zu fressen ...«

»Viel ist an dem nicht dran.«

Verrückt, ihre Sprache verstehen zu können. Jedes Wort. Es sprengte einem nahezu den Schädel. So war das also bei Alissa.

»Er hat sich übernommen.«

»Er riecht so übel nicht.«

»Entfernt nach Alissa ...Oder täusche ich mich da?«

»Wie kommt er zu diesem Tuch? Mir ist so, als hätte ich es bei ihr gesehen.«

»Ja, das stimmt.«

»Vielleicht, daß sie es ihm geschenkt hat?«

»Ach was ... gehen wir's an.«

Sie waren im Begriff zuzuschnappen. Da sprang er auf und hielt ihnen die Wolfspfote entgegen.

»Warum hast du das nicht gleich gesagt, Bruder?«

War das nur Einbildung? Wo war der Weg? Nichts mehr zu sehen. Dichtes Schneetreiben. Und Halbdunkel. Muß wärmer geworden sein.

»Was nun?« fragte eines der Tiere.

»Ich war zu müde. Ich mußte schlafen, ich habe mich verlaufen«, gab er Auskunft.

»Und wir sind um ein Stück Fleisch gekommen.«

»Wir traben voraus. Du folgst uns.«

Er steckte die Wolfspfote fort und rieb sich eine Handvoll Schnee ins Gesicht.

Keine Wölfe mehr. Hatte er mal im Schnee gelegen? Er war nicht sicher. Vielleicht so eine Art zweites Gesicht. »Weiter«, sagte er zu sich selbst und begann im Trab zu laufen. »Immer weiter und nicht stehenbleiben.«

Als er endlich die Fürstensiedlung erreicht hatte, dachte er: es macht keinen Unterschied, ob es etwas Wirkliches war, das mir das Leben gerettet hat oder ein Traum.

Er brüllte seine Freude, am Leben zu sein, aus sich heraus. Wäre ihm jemand auf der Rodung am Rand der Fürstensiedlung begegnet, er hätte ihn wohl für verrückt gehalten. Sofort ging er in die Sauna. Dann schlief er bis zum anderen Morgen durch.

Zwei Tage später rief ihn wieder einmal Guh zu sich.

»Man macht sich Sorgen um dich.«

»Wer ist man?«

»Wir, die Druiden. Man hört, du schläfst schlecht, hast Visionen, wenn Vollmond ist. Und dann diese Geschichte mit dem Sklaven, dem du das Schmuckstück zurückbringst, das du ihm erst abgenommen hast. Benimmt sich so einer, der Herrscher des Großen Waldes werden will?«

»Ich habe mich nun einmal so benommen«, sagte Madru, drehte sich um und ging weg.

Das Fest rückte näher heran. Alle wurden jetzt nervös. Guh fragte: »Welchen Weg gehst du?« Bator fragte und erwähnte die Vorfahren. Auch Ase erkundigte sich.

»Verdammt«, sagte Madru zu Padur, »ich halte das nicht mehr aus. Alle erheben sie Anspruch auf mich. Sie halten dir eine Kiste hin, fordern dich auf hineinzuklettern und sitzt du drin, dann nageln sie den Deckel zu und rufen laut damit es auch jeder hört: ›Er gehört uns‹. Am liebsten würde ich auf und davon gehen.

»Willst du ihnen das wirklich antun?« fragte Padur. »Sie würden dir nachsetzen und dich einfangen. Es bliebe ihnen gar nichts anderes übrig. Wenn du ihnen abhanden kommst, geht die Welt unter.«

»Glaubst du daran?« fragte Madru und dachte an eine Leibwache aus Wölfen. Padur zählte auf. »Einen Schlitten hätten wir. Was wir außerdem noch brauchen wäre ein Hundegespann besser noch zwei. Aber Hunde sind nur gegen Goldstaub zu bekommen. Den müßtest du aus der Schatzkammer im Fürstenhof stehlen. Die Leute aus den Westbergen schicken nicht nur Felle, sondern bezahlen ihre Steuern manchmal auch mit Goldstaub, den sie aus den Flüssen waschen.«

»Ich bin kein Dieb«, sagte Madru. Dann fragte er »Was liegt jenseits der Westberge?«

»Ein steiniges Land mit Meeresbuchten, die sich bis in die Küstengebirge hineinwinden … dann die Große See und jenseits davon die Insel mit dem grünen, grünen Gras. Man nennt sie auch die Insel des Regenbogens.«

»Warum zweimal grün?«

»Oh, man sagt, das Gras, das dort wächst, habe neunundvierzig Schattierungen von Grün. Es wäre etwas umständlich, sie alle aufzuzählen.«

»Und weiter?«

»Abermals Meer … Und dann weiß ich nicht. Irgendwo kommt man dann wohl zum Rand der Welt.«

»Wenn ich schon fortlaufe«, sagte Madru, »möchte ich bis über den Rand der Welt hinausgelangen.«

»Was willst du nun tun?« fragte Padur.

»Ich überlege noch.«

»Wenn du fort möchtest«, erklärte Padur, »müssen wir bald aufbrechen. Mit jedem Tag, den wir warten, wird es schwieriger. Bis zum Gehöft meiner Leute zu kommen, ist kein Problem. Sie würden nicht gerade erfreut sein, wenn sie hörten, daß wir auf der Flucht sind. Aber natürlich würden sie uns mit Proviant versorgen, und wir könnten dort unsere Schlittenhunde gegen ausgeruhte Tiere einwechseln. Nur werden eben jetzt die Schneefälle immer häufiger und stärker und bald werden die Pässe der Westberge bis zum Frühjahr nicht mehr zu überqueren sein.«

»Es ist klar«, sagte Madru, »ich muß mich entscheiden. Bis morgen weiß ich, was ich will.«

Er spürte einen Stich im Herz.

Im Winter endete der Unterricht gegen drei Uhr. Um diese Zeit begann es draußen schon dunkel zu werden. Im Haus der Lehren setzten sich die Scholaren um diese Stunde vor dem Kamin in der Bibliothek zusammen. Man schwatzte, übte sich im Fiedelspiel, einige schnitzten aus Holz Geschenke für das Fest der Wintersonne.

Madru nahm das Bilderspiel und legte die Karten aus mit der Frage, ob er reisen solle oder nicht. Die Antwort war nicht eindeutig. Er verspürte ein merkwürdiges Kribbeln in Armen und Beinen. Das veranlaßte ihn aufzustehen. Es war, als ziehe ihn etwas an. Er überließ sich diesem merkwürdigen Sog, ging auf die Straße, an der Großen Halle vorbei und kam schließlich auf die Wiese, auf der er damals im Sommer mit Alissa getanzt hatte.

Es war graudunkle Luft, durch die einzelne Flocken trieben. Madru sah die Reihe der Bäume, die den Bachlauf bezeichneten und einen Felsen zwischen dem anderen Ufer und dem Waldrand vor sich. Plötzlich sprühte an einer der Erlen ein scharfes, kaltes, weißliches Licht auf. So, als ob Schnee zu brennen, zu glühen anfange.

Madru rieb sich die Augen, weil er es für eine Sinnestäuschung hielt. Er hatte in den letzten Tagen häufig an Alissa gedacht. Wie er dort hinstarrte, wie er daran dachte, daß dieses kalte, übergrelle Licht dem ähnlich sei, das auf dem Fest die Große Halle erfüllt hatte, als Mola und Alissa hereinkamen, spürte er, daß er seinen Körper verlassen und in den Stamm des einen Baumes eintreten konnte. Einen Moment später schien sein Körper in dem Flimmern des weißen Lichts zu stehen. Etwas drängte ihn, weiterzugehen. Er trat aus dem Baum aus der Erle heraus als komme er durch eine Tür. Er überquerte einen breiten Fahrweg, stand vor einem großen, eleganten Holzhaus, das er nie zuvor gesehen hatte. Vor dem Haus wartete ein Reiseschlitten mit einer Koppel Hunde, und ein Treiber in Pelze vermummt, paßte auf die Hunde auf. Immer noch, ohne genau zu wissen wo er sich befand, von einer merkwürdigen Erregung getrieben, betrat Madru eine geräumige Diele, in der buntbemalte Truhen standen und ein großer Wandteppich aufgehängt war. Immer noch wie unter Zwang war er ganz sicher, eine bestimmte Tür öffnen zu müssen. Er gelangte in ein Zimmer, in dem er Alissa sah.

Sie stand an einem Tisch und hatte vor sich einen Haufen getrocknete Erlenblätter liegen, von denen sie eines nach dem anderen aufnahm, es in die Flamme einer Kerze hielt und verbrennen ließ. Als sie Madru erkannte, hielt sie sofort damit inne, lächelte wie jemand, der über etwas Genugtuung empfindet, kam auf ihn zu, fiel ihm um den Hals und gab ihm einen Kuß. Er versuchte etwas zu sagen, aber er hörte keinen Laut. Ein Traum, dachte er und dann: aber im Traum reden doch die Leute auch. Er freute sich, Alissa zu sehen. Sie hatte sich verändert in den Monaten, in denen sie voneinander getrennt gewesen waren. Sie war erwachsener geworden. Er wollte sie wieder und wieder küssen. Er spürte, welches Verlangen er nach ihren Küssen gehabt hatte und wie er immer erregter wurde. Sie erwiderte seine Küsse, und es war fast wie in jenem Augenblick, als sie sich voneinander getrennt und er nichts anderes mehr gewußt hatte, als daß sie sich küßten. Plötzlich aber schob sie ihn von sich fort, machte eine Bewegung, als wolle sie etwas abschütteln, faßte ihn an der Hand und ging, ihn hinter sich herziehend, rasch durch drei, vier Räume. Vor einer angelehnten Tür blieb sie stehen, küßte ihn noch einmal und lief dann zurück. Durch den Spalt der angelehnten Tür sah er in einen kleineren Saal. Der Fußboden war mit Fellen ausgelegt. Ein Kaminfeuer brannte.

Er wurde sich wieder bewußt, daß er allein war, daß alles stumm vor sich ging, er jedenfalls weder Worte, Töne noch andere Geräusche wahrnahm. Er betrat den Saal und ging auf eine Gruppe von drei Menschen zu, die in einem Erker standen und lebhaft aufeinander einredeten, ohne daß er etwas davon verstanden hätte, was sie sprachen. Es waren der Erzdruide, die Fürstin und … Madru erschrak, zuckte zurück … ein junger Mann, der ihm aufs Haar glich. Im ersten Augenblick schien es ihm sogar, als stehe er zugleich da vor dem brennenden Kamin und dort drüben, zwischen den beiden, im Erker. Dann wurde er sich bewußt, daß er es mit einem Doppelgänger zu tun hatte. Der andere erwies sich bei näherem Hinsehen als etwas älter, hatte breitere Schultern, aber die Ähnlichkeit war dennoch verblüffend.

Was soll das? dachte Madru. Zugleich war ihm, als wisse er ganz genau, warum er hier stehe und diesen drei Personen bei ihrer Verhandlung zuschaue.

Da er nicht hören konnte, was sie sagten, bemühte er sich, aus den Gesten, Mienen und Bewegungen zu erraten, was da vor sich ging. Zuerst redeten der Erzdruide und die Fürstin auf seinen Doppelgänger lebhaft ein. Sie schienen ihm etwas zu erklären. Dann verließ die Fürstin den Raum. Sie kam unmittelbar an Madru vorbei, und es erschien ihm einfach lächerlich, daß sie ihn nicht sah. Er mußte lachen. Aber von seinem Lachen hörte man keinen Laut. Die Fürstin kam mit zwei Beuteln zurück, kleinen Lederbeuteln, wie man sie in Norrland fast ausschließlich dazu benutzt, um Goldstaub aufzubewahren. Sie ging zum Erker und gab dem Doppelgänger den einen Beutel. Er verlangte offenbar auch noch den zweiten Beutel, aber sie schüttelte energisch den Kopf und ihre Gesten, so erriet Madru, deuteten an, daß der Doppelgänger den zweiten Beutel erst dann bekommen sollte, wenn er das getan hatte, was man von ihm verlangte.

Die ganze Szene stand in einem Licht von Tücke und Gemeinheit. Madru wendete sich angewidert ab. Er wollte zu Alissa zurück, sie noch einmal in die Arme nehmen, sie wieder küssen.

Eben da sah er wieder den Felsen zwischen dem anderen Ufer und dem Waldrand vor sich.

Mit einer Raschheit, die sein Herz schmerzen ließ, fand er sich wieder in den grauen Winternachmittag auf die Wiese zurückversetzt … vor sich der Felsen, der Bach, die Reihe der Erlenbäume, von denen zwei für Augenblicke in diesem weißkalten Licht dagestanden hatten. Es war nicht mehr. Er sah dort drüben nur noch die Stämme, alle mit nackten Ästen. Bedächtig, immer noch über das merkwürdige Erlebnis nachgrübelnd, lief Madru zum Haus der Lehren zurück.

Er suchte Padur, sagte, er müsse ihn unter vier Augen sprechen. Sie gingen in Madrus Zelle und dort erzählte er dem Freund, was er eben erlebt hatte.

»Begreifst du, was das alles zu bedeuten hat?«

»Soviel begreife ich«, sagte Padur, »wenn sie einen Doppelgänger für dich gefunden haben und ihm ein Säckchen Goldstaub jetzt und ein zweites später geben wollen, haben sie wohl vor, dich zu töten.«

»Mich oder Alissa«, sagte Madru. Er verspürte ein unbehagliches Gefühl.

»Du mußt fort«, sagte Padur. »Willst du warten, bis sie dich umbringen?«

»Und Alissa?«

»Es geht um dich, nicht um sie, nach all dem was du erzählt hast«, sagte Padur, »Hunde treiben wir schon irgendwo auf. Was den Proviant angeht, so könnte ich sicher mit einer der Mägde sprechen.«

Madru schüttelte den Kopf. »Wir bleiben hier«, sagte er.

»Sei nicht töricht, Madru. Sie töten dich. Du darfst eine solche Warnung nicht einfach in den Wind schlagen. Und wenn der Erzdruide mit von der Partie ist, mußt du doppelt vorsichtig sein. Denk daran, wie es dem armen Jammes ergangen ist.«

»Das wollen wir doch mal sehen«, sagte Madru eigensinnig. »Danke, es tut mir gut, zu wissen, daß ich auch noch Freunde habe. Aber ich kann jetzt nicht fort.«

»Und warum nicht?«

Madru rieb sich das Kinn, verzog das Gesicht und zuckte die Schultern. »Wie soll ich dir das erklären? Nun, vielleicht verstehst du es, wenn ich dir sage, daß ich mich noch einmal in Alissa verliebt habe.«

»Dir ist nicht zu helfen«, sagte Padur kopfschüttelnd.

Zehntes Kapitel

Späteres Unheil deutet sich an · Das Fest der Wintersonne wird gefeiert Madru wählt den »Weg des Waldes« · Alissa wählt Madru zum zweiten Mal

Das Fest der Wintersonne war herangekommen. Tage zuvor schon hatten in der Fürstensiedlung die Vorbereitungen begonnen. Jagen und Fischen, Backen und Brauen. Die Rennstrecke war zu vermessen, Reisig für die Feuerräder auf den Hügel zu bringen.

Traditionell schmorte in der Pfanne eines jeden Freisassen als Festbraten am ersten Feiertag ein Hase. In großen Haushalten brachte man ein ganzes Reh auf den Tisch. Krons- und Multbeerenmarmelade, süßherb, gab es dazu. Weißbrote wurden gebacken und große Brezeln, die man den Kindern schenkte. Aus Teichen holte man Karpfen und Schleie. Jetzt wurde abgefischt. Aus den Bächen in den Gebirgen im Westen kamen Lachse und Forellen. Zum Fest der Wintersonne trank man Met und starkes braunes Bier, dazu einen Schnaps aus Schlehen, der den Rachen putzte und Unerfahrenen die Augen tränen ließ. Am zweiten Feiertag kam Biersuppe auf den Tisch, zu der man das Gebräu noch mit besonderen Kräutern versetzte. Eine Wolke von Bierdunst lag dann über der Siedlung. Und zum Schlittenrennen ging man an diesem Tag. Am dritten Feiertag aß und trank man noch einmal üppig und sah sich, sobald es dunkel geworden war die feurigen Räder an, die man zum Zeichen, daß der Winter schon besiegt war, zu Tal rollen ließ.

Die Fürstin und ihre drei Töchter waren für die Festtage in die Fürstensiedlung zurückgekehrt. Man munkelte, daß das Fürstenpaar von nun an wieder zusammenleben wolle, was begrüßt worden wäre. Man hätte auch gern gewußt, wen der Sternensohn heiraten werde. Summende Nervosität hing über der Siedlung.

Viele Gäste waren von weit her angereist, um mitzuerleben, wie die Scholaren ihren Weg wählten. Die Festvorbereitungen verliefen wie immer, und doch war etwas anders als sonst. Ein Schatten fiel auf alles, ohne daß man zu sagen vermocht hätte, was es war, das den Schatten warf.

Der erste Feiertag war der Tag des Zeremoniells. In Begleitung seines Hofstaates und einer großen Schar von Druiden zog der Fürst des Waldes in die Große Halle ein, um den beim letzten Fest wieder eingepflanzten Segensbaum zu betrachten. Es war der Erzdruide, der darüber zu befinden hatte, ob der Zustand des Baumes als sehr gut, gut oder schlecht zu bezeichnen sei.

Hinter dem Hofstaat zogen die Scholaren ein. Sie traten einzeln vor den versteinerten Baum hin, beugten die Knie und erklärten, für welchen der drei Wege sie sich entschieden hatten.

Madru hatte lange geschwankt, bis er seine Entscheidung getroffen hatte. Schließlich schien es ihm ganz selbstverständlich, sich für den »Weg des Waldes« zu entscheiden. Sein Bilderspiel hatte ihm bestätigt, daß er so richtig wählte. Wieder und wieder war er von Kameraden nach seiner Wahl gefragt worden. Er hatte immer geantwortet, die paar Stunden bis zum Fest würden sie doch wohl noch warten können. In der letzten Nacht schlief er schlecht. Am Morgen steckte er sich einen Tannenzweig in den Gürtel und ging, ohne etwas gegessen oder getrunken zu haben, hinüber in die Halle. Es war Sitte, daß man zum Zeremoniell nüchtern kam. Danach wurde desto ausschweifender gegessen und getrunken. Vor dem Osttor hatte sich eine große Menschenmenge versammelt. Die Leute gestikulierten, schienen bestürzt. Von einem Unglück, einem bösen Omen hörte Madru. Keiner wußte etwas Bestimmtes. Er bahnte sich mit seinem Schwarzen Stab einen Weg. Den Zugang zum Tor sicherte Miliz, die ihre Lanzen in Gürtelhöhe hielt und so eine Schranke bildete. Madru suchte nach Padur. »Was geht hier vor?« fragte er, als er auf den Freund stieß.

»Sie haben das Tor eingedrückt … zeitig am Morgen. Neugierige, die es nicht abwarten konnten. Das ganze Wäldchen der Segensbäume drinnen soll verdorrt sein.«

»Unmöglich«, sagte Madru. Er erinnerte sich daran, daß ihm Bator einmal erzählt hatte, wenn die Bäume am Abend zuvor einen matten Eindruck machten, lasse er in der Nacht vor dem Zeremoniell einfach frische Bäume pflanzen. Ihm war das zynisch vorgekommen, aber Bator hatte ihm klarzumachen versucht, daß es vor allem darauf ankomme, das Volk ruhig zu halten und in Sicherheit zu wiegen.

»Die Leute wollen hinein«, sagte Padur, »die Miliz hält sie zurück. Wann hat es das je gegeben? Und warum, wenn es nichts zu verbergen gibt?«

»Vielleicht hat da Guh seine Finger im Spiel«, sagte Madru, »dem käme ein schlechtes Omen vielleicht gerade recht.«

»Das halte ich durchaus für möglich«, erwiderte Padur, »weißt du, was man sich erzählt?« Er dämpfte die Stimme: »Ich habe Gerüchte gehört, Guh wolle zusammen mit der Fürstin die Macht übernehmen.

»Möglich ist alles.«

»Vielleicht, daß wir uns unter diesen Umständen doch besser davonmachen sollten?«

»Ach, Junge«, sagte Madru, der guter Laune war, »und wer fährt morgen das Schlittenrennen mit?«

»Wenn es morgen überhaupt noch ein Schlittenrennen gibt«, sagte Padur und deutete auf die Miliz, die alle Mühe hatte, die andrängenden Leute aufzuhalten.

Ein Raunen ging durch die Menge. Der Fürst und sein Gefolge kamen. Bator gab sich gut gelaunt. Wozu die Aufregung? Man möge sich zum Festzug aufstellen. Nach dem Hofstaat die Scholaren, dann alle übrigen.

»Die Segensbäume!« schrien die Leute.

»Was ist mit den Bäumen?« fragte Bator gelassen.

»Verdorrt sollen sie sein, Herr!«

»Verdorrt?« Er machte ein besorgtes Gesicht und lachte gleich wieder. »Einen Augenblick nur Geduld. Wir werden gleich sehen.

Der Zug begann sich zu formieren. Einmal sah Madru auch Alissa. Sie war von einer Gruppe von Leuten umgeben, die zu harmlos taten, um keine Aufpasser zu sein. Sie winkte, rief ihm etwas zu. Er verstand es nicht. Sie wurde abgedrängt.

Einen Augenblick blieb er stehen und lächelte vor sich hin. Allein die Vorstellung, daß sie dort drüben ging, machte ihn glücklich. Er reihte sich unter die Scholaren ein.

Die Miliz gab den Torweg frei. Selbstbewußt betrat der Fürst des Waldes mit seinem Hofstaat die Große Halle. Das Gesicht der Fürstin sah wieder einmal wie eingefroren aus. Madru dachte daran, daß er kaum etwas über sie wußte, außer, daß sie wahrscheinlich konspirierte, um ihn beseitigen zu lassen. Die drei Töchter gingen hinter dem Paar. Alissa sah Madru an, als könnten sie sich so verständigen. Dann kamen Ase und der Erzdruide. Dieser fingerte nervös an seinen gezwirbelten, dünn auslaufenden Schnurrbartspitzen. Vielleicht doch ein Umsturz, dachte Madru. Um den Hofstaat wimmelte eine Schar Druiden. Diese langen Gewänder, die im Staub schleiften, und wo nahmen sie eigentlich immer die Mispeln her für ihren Kopfschmuck?

Die Miliz achtete streng darauf, daß noch keiner der Freisassen mit in die Halle gelangte. Kaum hatten die Scholaren die Schwelle des Osttors überschritten, da kam der Zug zum Stehen.

»Nun wird man ja hören«, flüsterte Padur neben Madru. Madru meinte zu spüren, wie jeder den Atem anhielt. Nicht einmal eine Waffe habe ich bei mir, dachte er, und sein nächster Gedanke war, daß sie ihm im Fall eines Putsches auch nichts helfen würde. Bis zu Alissa durchzukommen und sie zu schützen, war nicht mehr als ein frommer Wunsch. Dann kam Guhs näselnde Stimme: »Wir freuen uns, hiermit kund und zu wissen zu tun, daß der letzte Segensbaum gut angewachsen ist.«

Heuchler sterben auch, dachte Madru. Die Nachricht pflanzte sich bis nach draußen unter die Freisassen fort. »Gut angewachsen! »

Es war zu merken, daß ein Mißtrauen blieb.

»Betrug!« hörte Madru hinter sich einen der Scholaren sagen, »mit eigenen Augen gesehen hab ich's. Alle Bäume verdorrt.«

»Hüte deine Zunge!« rief ein anderer lauter.

»Es geht nichts über einen tüchtigen Gärtner«, sagte Padur leise vor sich hin. »Werden wir einmal diesem Humbug ein Ende machen? Wie siehst du das, Madru?«

»Große Erwartungen«, sagte der und dachte: Noch bin ich nicht Fürst.

Der Zug setzte sich wieder in Bewegung. Sie schritten auf das Wäldchen zu. Die Tännchen sahen frisch und gesund aus. »Unglaublich!« sagte jemand. »Was lassen wir uns denn noch bieten?« Auch nicht undenkbar, daß Guh hinter den Scholaren steckte, dachte Madru.

Vor dem versteinerten Baum mit den beiden Inschriften standen der Fürst, der Erzdruide und Ase. Madru trat vor. Ein Basiliskenblick traf ihn aus den Augen des Erzdruiden, als dieser sah, daß Madru auf Ase zuging, vor ihm niederkniete und sagte: »Ich wähle den Weg des Waldes.«

Wie das Zeremoniell verlangte, fragte Ase zurück: »Bist du auch sicher und gewiß?«

»Ich habe mich geprüft.«

Nach ihm trat Padur vor Ase hin und gab seine Wahl für den Weg des Waldes bekannt. Nachdem alle Scholaren sich erklärt hatten, ließ man die Freisassen und Sklaven herein. Im Nu war die Halle voller Menschen. Den meisten war es darum zu tun, das Wäldchen mit den Segensbäumchen selbst in Augenschein zu nehmen. Dort kam man nur bis auf fünf Schritt heran.

Eine Hand legte sich auf Madrus Schulter »Ich gratuliere dir, du eigensinniger Kerl!« sagte jemand. Es war Bator.

»Verzeih, daß ich nicht nach deinen Wünschen gewählt habe.« Bator zuckte die Schultern. »Jeder ist in seiner Wahl frei«, sagte er großzügig. »Ich nehme es dir nicht weiter übel. Aber den Erzdruiden hast du dir so bis ans Grab zu deinem Feind gemacht.«

»Was ist mit den Bäumen?« fragte Madru.

»War etwas damit?« Bator hob die Braue. »jetzt ist doch alles in Ordnung?«

»Die Leute waren aufgebracht. Man hörte schlimme Gerüchte. Einer von den Scholaren will gesehen haben . .

»Will oder hat?« unterbrach ihn Bator. »Ich frage mich, wie die Leute in die Große Halle gekommen sind. Wer hat ihnen das Osttor geöffnet?«

»Stimmt das, was man so redet?«

Der Fürst beugte sein Gesicht nahe an Madru heran. »Ich stehe vor einem Rätsel. Gestern abend habe ich wie immer einen Gärtner herübergeschickt. Er hat nur versichert, es sei alles in bester Ordnung. Und heute früh? Alle, aber auch wirklich alle Bäume verdorrt. Gerippe, dürr, braun, ohne Nadeln. Ein erbärmlicher Anblick. »

Madru machte ein betretenes Gesicht.

»Du mußt dir nicht immer jede Regung gleich an der Nasenspitze ansehen lassen«, sagte der Fürst. »Übrigens, da wir gerade miteinander reden: Du solltest dir Alissa aus dem Kopf schlagen. Wir werden uns für dich nach einer anderen Frau umsehen.«

Er klopfte Madru auf die Schulter und sagte aufmunternd: »Ich habe schon etwas im Auge. Eine hübsche Person. Und du würdest dem Land einen großen Dienst erweisen. Was du nebenher treibst, darum kümmert sich keiner.«

»Du weißt, daß ich eigensinnig bin.«

»Warum machst du uns und dir eigentlich das Leben so schwer? Was ist eigentlich so besonderes dran an meiner jüngsten Tochter?«

»Ganz einfach«, sagte Madru, »ich liebe sie. Kann man erklären, warum man jemanden liebt?«

»Ich hätte dich für einsichtiger gehalten. Überleg dir das noch einmal gut. Jetzt, da du deinen Weg gewählt hast, müssen wir auch in dieser Sache eine Entscheidung treffen.«

Darauf wandte er sich ab. Madru ging hinaus ins Freie und hörte sich an, was die Leute redeten. Die verdorrten Segensbäume waren immer noch Gesprächsstoff. Aber je mehr Schlehenfeuer konsumiert wurde, desto mehr gewann die Feststimmung die Oberhand über trübe Gedanken. »Frohes Fest!« riefen die Leute sich zu. »Glückliches Fest!« Die Fiedler spielten. Man tanzte im Schnee auf den Straßen und Plätzen. Man konnte in ein Haus hineingehen, dessen Bewohner man nie zuvor gesehen hatte und wurde eingeladen, mitzuessen und mitzutrinken.

Madru schlenderte durch die Siedlung. Die Warmherzigkeit der Menschen und ihre Gastfreundlichkeit gefielen ihm. Am Nachmittag, er war schon etwas betrunken, unterdessen kam ihm der Gedanke, er müsse Alissa finden. Als er am Haus der Lehren vorbeikam, prügelten sich dort zwei Scholaren. Der eine war jener, der die verdorrten Bäume selbst zu Gesicht bekommen hatte. Er hatte sich für den »Weg der Ritter« entschieden und fühlte sich nun, um der Wahrheit willen, der er immer und überall zum Sieg verhelfen sollte, genötigt, auf einen Kameraden einzudreschen, der den »Weg des Waldes« gewählt und ihm vorgeworfen hatte, er verbreite in unverantwortlicher Weise Gerüchte. Sie riefen ihn zum Schiedsrichter an. Als Madru sich weigerte, einem von beiden recht zu geben, fielen sie gemeinsam über ihn her. Er mußte zusehen, daß er ihnen entkam.

Er erkundigte sich im Fürstengehöft nach Alissa. Es hieß, sie sei mit ihren Schwestern ausgegangen. Er wurde nicht müde den ganzen Abend, bis tief in die Nacht hinein auf den Tanzfesten der wohlhabenden Freisassen, die sich einen eigenen Fiedler, manchmal sogar zwei oder drei leisten konnten, nach ihr zu suchen. Überall mußte er auch ein Gläschen Schlehenfeuer mittrinken und mittanzen. Nach Mitternacht erst war er in seiner Zelle. Die Decke schien sich zu drehen und mit ihr kreisten die Bilder des Tages: die bestürzten Gesichter vor dem Osttor, Alissas Lachen, das Gesicht des Fürsten ganz nahe, die zufriedenen arglosen Gesichter der Menschen an den langen Tafeln in den Dielen der Häuser, die verzerrten Münder betrunkener Männer, die nur noch lallten, die erhitzten Gesichter der Frauen in den Häusern, in denen er am Abend nach Alissa gesucht hatte. Die Gesichter der beiden Kameraden, als er sich weigerte dem einen oder dem anderen recht zu geben.

Angst überkam ihn, daß die verdorrten Segensbäume doch ein böses Omen gewesen sein könnten. All diese Gesichter … ausgelöscht von der großen Katastrophe. Mit dieser Schreckensvision schlief er ein. Er erwachte mit Kopfschmerzen, die sich an der frischen Luft beim Weg hinaus zum Rennen verloren.

Die Rodelstrecke führte durch ein breites Bachbett. Das Wasser war gefroren. Die Vertiefung hatte man dick mit festgestampftem Schnee ausgepolstert. Eine Stunde stieg man hinauf zum Start. Immer zwei Schlitten fuhren um die Wette. Der Sieger kam in den zweiten Lauf. Die Fahrer trugen besondere Rennkappen aus weichem Elchsleder, die den Kopf schützten. An Mund und Augen waren Schlitze ausgespart. Sobald die Rennrodler ihre Kappen aufgesetzt hatten, erkannte man nur noch an der Stimme und Statur, wen man vor sich hatte.

Beim zweiten Lauf fuhr jeder Lenker mit einem Bremser aus einem anderen Team. Als Madru oben am Start stand und Padur gegangen war, schlenderte jemand auf ihn zu und fragte, ob er schon einen Bremser habe. Die Stimme des Fragenden klang merkwürdig brüchig. Der Blick, aus den Sehschlitzen der Kappe hervor, gefiel Madru.

»Versuchen wir's miteinander«, sagte Madru. »Wie heißt du?«

Irgendein Name wurde genannt, den er aber auch sofort wieder vergaß.

»Schnell oder langsam?« fragt der andere. »Zügig«, sagte Madru.

Als sie abstießen, hatte er ein merkwürdiges Gefühl, ein vager Verdacht, daß mit dem Bremser etwas nicht stimme, überkam ihn. Unsinn, sagte er sich, Katastrophenphantasien.

Sie kamen gut in Fahrt und gingen sicher durch die ersten schwierigen Kurven. Das Tempo nahm zu. Madru genoß das Gefühl der Leichtigkeit.

Er pflegte immer vom Start weg zu zählen; wenn er sich nicht täuschte, war dies eine sehr rasche Fahrt. Der andere Schlitten war hinter ihnen. Sie überfuhren eine Strecke mit vielen kleinen Erhebungen und wurden langsamer. Madru legte sich weit nach hinten zurück.

»Schneller … Mut!« schrie er seinem Bremser zu, weil der Schlitten holperte und sprang, und er fürchtete, das könne den anderen veranlassen abzubremsen. Das Tempo nahm wieder zu. Mutwillen überkam ihn.

»Noch schneller!«

Sein Kopf lag jetzt auf der Brust dessen, der hinter ihm saß. Er versuchte, dem anderen in die Augen zu schauen. Überall sehe ich Alissas Augen, dachte er. Aber dann wußte er, daß es Alissa war, und er dachte, wie merkwürdig, daß ich sie nicht erkannt habe, als sie mich fragte, ob wir miteinander fahren wollen. Er spürte, wie ihre Arme, mit denen sie seinen Körper umspannt hielt, fester zupackten. Es war ein angenehmes Gefühl von Lust, dem er sich hingab. Für einen Augenblick war er unaufmerksam. Das rächte sich sofort. Der Schlitten brach nach links aus. Er steuerte gegen, aber viel zu stark. Mit großer Wucht schossen sie über den Rand der Bahn. Sie hingen gewissermaßen noch in der Luft, als unter ihnen ihr Konkurrent vorbeipreschte. Ein splitterndes Knacken. Um sie stob der Schnee.

Madru lag auf dem Rücken. Er sah den zerbrochenen Schlitten. Er sah Alissa hinter sich im Schnee sitzen und ihn erstaunt ansehen. Sie stand auf und nahm ihre Rodelkappe ab.

»Hals- und Beinbruch«, sagte er und rappelte sich hoch. Daß der Schlitten kaputt war, ärgerte ihn.

»Tut mir leid«, sagte sie, »ich hätte zu gern mit dir gewonnen.«

»Du bist hier«, sagte er kopfschüttelnd.

»Ich mußte dich sprechen«, sagte sie, »es ging einfacher als ich es mir vorgestellt hatte. In diesen Kappen sehen wirklich alle gleich aus.«

Er stampfte durch den Schnee auf sie zu und schloß sie in die Arme. Dann erzählte er ihr, wie er gestern den ganzen Nachmittag und Abend nach ihr gesucht hatte.

»Ich war eingesperrt«, sagte sie, »sie ließen nicht einmal Mola zu mir. Ohne Mola kein Zauber. Meine Künste sind mäßig. Es war schön, dich neulich zu sehen. Hast du begriffen, um was es ging?«

»Was ist mit dem Mann, der aussieht wie ich?«

»Er soll dich umbringen. Und dann werden sie ihn an deine Stelle treten lassen.«

»Sie müssen verrückt geworden sein«, sagte Madru, »lange würden sie die Leute so nicht täuschen können.«

»Wenn der Fürst und du beseitigt sind … wer könnte ihnen noch gefährlich werden?«

»Du«, sagte er, »du bist viel mehr gefährdet als ich.«

»Du weißt doch … die Töchter des Fürsten kommen nicht auf den Thron.«

»Du bist vorhin wie ein Junge gefahren«, sagte Madru und betrachtete sie von Kopf bis Fuß.

»Willst du Beweise, daß ich keiner bin?«

»Bei dem Kostüm damals hatte man keine Zweifel. Und an dies und jenes kann ich mich noch erinnern. Wie ist das eigentlich zugegangen … damals beim Tanz in der Großen Halle? Ich bin nicht ganz klug daraus geworden.«

»Mola hat die Zeit eine halbe Stunde angehalten.«

»Ich wollte immer, daß sie ein Rendezvous mit dir vereinbart.

Aber sie vertröstete stets wieder und sagte, die Zeit sei noch nicht da.«

»Sie hat recht … heute habe ich dich zum zweiten Mal gewählt.«

»Und beim dritten Mal?«

»Bist du schon ungeduldig?«

Er überlegte, was er ihr sagen sollte.

»Ich sehe es dir an. So muß es sein. Es gefällt mir.«

»Um noch mal von der anderen Sache zu reden«, sagte er, »es stimmt also, daß der Erzdruide sich zum Fürst des Waldes ausrufen lassen und deine Mutter heiraten will?«

»Die Tiere sprechen davon.«

»Und was sagen sie noch?«

»Sie sind unruhig. Die Segensbäume in der Großen Halle … kein Mensch hat da nachgeholfen. Sie sind von allein verdorrt.«

»Die große Katastrophe? Die Welt wird untergehen, aber der Wald bleibt bestehen?«

»Niemand mag sich das vorstellen. Die Tiere sagen auch, daß ich dich zum dritten Mal wählen werde. Du hast mächtige Verbündete im Klan der Wölfe. Sie werden dir gehorchen, wenn du sie rufst.«

Madru erzählte ihr, was er mit Kolwey erlebt hatte und sagte dann: »Was ich nicht begreife: Warum beißen sie nicht dem Herren seiner Frau und seinem Herren die Kehle durch. Dann wären die beiden frei?«

»Da hätten sie viele Kehlen durchzubeißen«, sagte Alissa, »gewöhnlich mischen sie sich in die Schicksale der Menschen nicht ein. Mich finden sie vielleicht ganz lustig, weil wir uns verständigen können. Und … das mußt du nicht wissen. Was Kolwey betrifft, so wird es wohl so sein, daß er nicht aus ihrem Klan ist. Einer deiner Vorfahren muß einen Wolfsnamen gehabt haben oder Wolfsblut. Deswegen treten sie für dich ein.«

»Du weißt viel davon?«

»Nur was sie so schwatzen. Und sie vertrauen mir. Bei den meisten sind sie verachtet. Aber ich finde sie in vielem sympathischer als Menschen, die immer behaupten, Wölfe seien so grausam.«

»Ich hoffe, sie schützen auch dich.«

»Mach dir um mich keine Sorgen. Jetzt bist du in Gefahr.«

»Weißt du, daß sie mich verheiraten wollen?«

»Schon bald?«

»Ja, dein Vater machte gestern so eine Bemerkung.«

»Die Frau, die dich heiratet, würde ich mit eigenen Händen erwürgen.«

»Vielleicht sollten wir es nicht dazu kommen lassen«, sagte Madru lachend.

»Du meinst, ich sollte dich bald zum dritten Mal wählen.«

»Vielleicht wähle ich dich«, sagte Madru.

»Du bist doch schüchtern«, sagte sie neckend, »gleich zu Anfang mußte ich schon das erste Wort sagen.«

»Ich könnte über dich herfallen . . .?«

»Im Schnee«, sagte sie strafend, »wie war's übrigens mit dieser kleinen Magd?«

»Das weißt du?«

»Freilich«, sagte sie, »da ich in den Sternensohn verliebt bin, war es mir nicht völlig gleichgültig, ob er mir treu ist oder nicht.«

»Hattest du Treue erwartet?«

»Nein«, sagte sie, »ich bin schon mit Ehrlichkeit zufrieden.«

»Ehrlichkeit kann manchmal weh tun.«

»Wer behauptet denn, daß es immer ohne Schmerzen abgeht?« In kurzer Folge kamen zwei Schlitten vorbei.

»Ich muß gehen«, sagte Madru.

»Paß auf dich auf.«

»Ich möchte einmal … « sagte er.

» …einen ganzen Tag und eine ganze Nacht nichts als lieben und schwatzen«, unterbrach sie ihn. »Drei Tage, drei Nächte … eher ließ ich dich nicht wieder fort.«

»Beeil dich«, sagte er lachend, und sie warf ihm eine Handvoll Pulverschnee ins Gesicht.

Sie küßten sich und stapften in verschiedenen Richtungen davon. Den Zielrichtern im Tal erzählte Madru, sie seien gestürzt, sein Mitfahrer habe sich verletzt. Er habe ihn erst heimschaffen müssen. Niemand zog seine Geschichte in Zweifel, aber Padur murrte: »Was für einen Tölpel hast du nur als Bremser gehabt?«

»Ein Mädchen«, antwortete Madru wahrheitsgemäß.

»Willst du mich auf den Arm nehmen? Mädchen sind zum Rennen nicht zugelassen. Mädchen können wahrscheinlich überhaupt nicht Schlitten fahren. Jedenfalls habe ich nie eine gesehen, die es konnte.«

»Ich kenne eine, die es kann«, behauptete Madru.

»Ich verstehe überhaupt nicht, wie du Witze darüber machen kannst«, sagte Padur beleidigt. »Dieser Sturz hat uns den Sieg gekostet. Wir dürfen auch nicht mehr antreten, weil unser Schlitten zerbrochen ist.«

»Es gibt noch mehr Rennen in diesem Winter«, sagte Madru lässig.

Aber das Rennen am Fest der Wintersonne sei es das zähle, erwiderte Padur.

Am nächsten Morgen kam der Freund erbost zu Madru. Inzwischen wußte er, was sich tatsächlich zugetragen hatte, und zudem wußte es offenbar die halbe Fürstensiedlung.

»Ihr habt sie ganz schön aufgebracht mit euren Eskapaden«, meinte Padur, »zur Strafe werden sie dich ins Ehejoch stecken.«

»Und wen, bitte, soll ich heiraten … das weißt du doch sicherlich auch schon.«

»Ja«, sagte Padur, »die starke Mara, die Tochter des reichsten Kaufmanns von Österstrand.«

»Warum nennt man sie stark?«

»Wahrscheinlich ist sie etwas kräftig geraten. Aber sie soll auch ganz hübsch sein.«

»Du könntest sie mir abnehmen«, schlug Madru ihm vor.

»Irgendwo hört die Freundschaft ja wohl auf«, sagte Padur.

Am dritten Festtag war es üblich, daß die Scholaren, die den Weg des Waldes gewählt hatten, zeitig auszogen, um aus Reisig Feuerräder zu flechten, die über einen Abhang neben der Rennstrecke zu Tal gerollt wurden, sobald es anfing, dunkel zu werden. Die großen Räder aus dürren Tannenzweigen wurden mit Strohseilen umschnürt und mit Pech getränkt und sollten an die Macht der wiederkehrenden Sonne erinnern.

Als an diesem Vormittag die Scholaren an der Arbeit waren, ging ihnen ihr Vorrat an Strohseilen aus. Jemand mußte zurück in die Fürstensiedlung. Es war Madru, der als erster eine Hand frei hatte, und so schickte man ihn. Er hatte schon den Fuß des Hügels erreicht und ging durch den verschneiten Talgrund, als sich zwischen den Stämmen eines Birkenwäldchens zwei Gestalten lösten und rasch auf ihn zukamen. Madru griff nach seinem Messer … er hatte es liegen gelassen. Madru überlegte, wie er ihnen ausweichen könne. Zu seiner Rechten lag der Bannwald, der sich wie eine feste Mauer ausnahm, nach links wäre er in einen Sumpf geraten. Dann eben geradeaus, sagte er zu sich selbst.

Als die Männer näher herangekommen waren, erkannte er in dem einen seinen Doppelgänger und gab sich verloren. Er griff in die Hosentasche, suchte nach der Wolfspfote und fuhr dreimal mit dem Daumen über die Krallen. Viel Hoffnung hatte er nicht, daß ihm das helfen werde. Weit und breit war kein Wolf zu sehen. Die Männer waren jetzt ganz nahe. Das Grausige war, daß der andere sein Gesicht hatte. Das lähmte Madru fast. Der Doppelgänger blieb stehen und schickte den anderen vor. Der Mann hatte einen schmalen Dolch in der Hand und kam lauernd auf ihn zu. Mit einer plötzlichen Sprungbewegung, bei der er mit angezogenen Knien den Mann gegen die Brust trat, wehrte Madru den ersten Angriff ab. Er sah, wie der Doppelgänger sich langsam in seinen Rücken schlich und ein langgezogenes Bronzemesser mit beiden Händen hielt.

Der am Boden liegende Mann sah verduzt zu Madru auf. Dann besann er sich auf sein Messer und warf es. Es fuhr Madru in den linken Arm und blieb dort stecken. Er riß es heraus und wandte sich mit einer raschen Drehung dem Doppelgänger zu. Sie sprangen einander an. Ihre Messer schabten mit ihren Schnittflächen aneinander, was einen schaurigen Laut gab.

Der Doppelgänger ließ seinen Oberkörper zur Seite pendeln. Ich kann ihn nicht töten, dachte Madru, ich töte mich. Kalter Schweiß trat ihm auf die Stirn. Das war das Ende. Der Doppelgänger holte zum Stoß aus.

Plötzlich schnellte etwas durch die Luft, vor ihm, hinter ihm. Überall Felle. Krallen. Zähne. Die Wölfe. Eines der Tiere hatte den Doppelgänger seitwärts angesprungen. Dieser mußte über große Körperkräfte verfügen. Es gelang ihm, es abzuschütteln. Hinter sich hörte Madru einen Schrei, der ihm durch Mark und Bein fuhr. Er stand unter Wölfen. Sie fiepten und jaulten. Zwei der Tiere setzten dem Doppelgänger nach, der auf das Birkenwäldchen zu rannte.

Madru sah sich nach dem zweiten Mann um. Er lag mit dem Gesicht nach unten. Neben seinem Kinn sickerte Blut hervor und färbte den Schnee schwarz. Er ging hin, beugte sich herab und drehte den Körper auf die Seite. Erschreckt fuhr er sofort zurück. Die eine Gesichtshälfte des Toten war nur noch blutiges, zerfetztes Fleisch.

Vier, fünf Tiere rieben ihre Schnauzen an seinem Bein, als wollten sie ihn auf etwas aufmerksam machen. Darunter waren auch die Tiere, die den Doppelgänger zum Birkenwäldchen gejagt hatten. Er sah dort hinüber. Einer der Bäume brach, schlug mit einem dumpfen Geräusch zu Boden und begrub den Mann, den der Stamm getroffen hatte, unter sich. Madru blickte wieder auf den Toten vor sich,

»Der andere ist auch tot«, sagte einer der Wölfe.

»Kanaille. Gierig nach Gold«, sagte ein anderer.

Elftes Kapitel

Die Reise in die Stadt am Meer,
eine Liebesfalle, ein Wort unter Wölfen und die Lichternacht

Nach dem Fest der Wintersonne in der Zeit der wilden Nächte, der zeitlosen Zeit zwischen dem alten und dem neuen Jahr, brach der Fürst des Waldes mit kleinem Gefolge nach Österstrand, der Stadt im Meer, auf. Zum Schutz des Hafens lagen in Österstrand fünf Fähnlein Miliz. Wer für die Löhnung aufzukommen habe, war zwischen den Kaufleuten und dem Fürsten strittig. Es gelte, so hieß es, die Kaufmannschaft günstiger zu stimmen, sie fester an den Fürstenhof zu binden. Der Hafen war einer der strategischen Punkte, an denen Norrland leicht verwundbar blieb. Man sprach von der Anschaffung einer gewaltigen Eisenkette, um im Fall eines Einfalls von der See her das Hafenbecken zu sperren. Eine solche Kette mußte man im Ausland anfertigen lassen. Sie war teuer.

Ase reiste als Wegkundiger mit ans Meer. Die Fürstin und Bators fünf Töchter blieben zurück. Die Reise sei für die Frauen zu beschwerlich, erklärte Bator, und das konnte man glauben. Der Erzdruide wurde für die Zeit der Abwesenheit des Fürsten als Reichsverweser eingesetzt. Das entsprach seiner Stellung als Mitglied im Rat vom Walde. Es gab Leute, die schlossen Wetten darauf ab, daß er Bators Abwesenheit dazu benutzen werde, um die Macht an sich zu reißen. Als Madru Bator darauf ansprach, lächelte Bator vieldeutig und meinte: »Sollen sie es nur versuchen. Sie werden sich dabei die Finger verbrennen.«

Es war Madru, der darauf gedrungen hatte, daß Padur mitkam. Vom Haus der Lehren war er beurlaubt worden. Bator sprach großspurig von einer Lehre in Diplomatie, die jedem angehenden Gouverneur nur zu wünschen sei. Madru kam es so vor, als habe Bator ein schlechtes Gewissen.

Man reiste mit Pferdeschlitten, dick in Pelze vermummt. Ein Schlitten Miliz am Anfang des Zuges, ein zweiter als Nachhut. Von Frieden landauf, landab konnte keine Rede sein. In dem Gebiet zwischen der Fürstensiedlung und Österstrand gab es Räuberbanden. Man reiste auf einer Route am nördlichen Rand des Bannwaldes drei Tage durch düsteren Fichten- und Vogelbeerwald und über einsame Heiden, über die ein beißender Wind fegte. Man kam nicht sehr rasch voran, weil die Tage kurz waren und jeweils nur vier bis fünf Stunden zum Reisen blieben. Übernachtet wurde auf den Hofstätten der Jarls. Am Abend hörte man Märchen und Harfner traten auf.

Zuerst hingen graue Wolken tief und bedrückend über Wald und Heiden. Je näher man zur Küste kam, desto häufiger klarte es auf. Die Luft roch anders, nach Salz und Tang. Am vierten Tag sah Madru von einer Düne herab zum ersten Mal das Meer. Es erinnerte ihn in seiner Weite und mit den Wellen, die da kamen und gingen, ineinander verschlungen waren, an den Blick auf die Wipfel des Bannwaldes. Aber während der Wald in sich ruhte, eine gewaltige sich verschließende, Geborgenheit bietende Hecke war, schien ihm im Meer eine Kraft zu sitzen, die fortlockte, von der Ferne raunte, vom Anderen, Unbekannten. Wie ein Sog war das zusammen mit dem ungewohnten Geruch der Luft.

Sie erreichten Österstrand, eine Stadt mit Mauern und Türmen, eine Stadt, so groß und prächtig, wie Madru noch nie eine Stadt gesehen hatte. Es gab hier so manche Dinge, die aus Teilen der Welt stammten, von denen Madru wenig wußte. In einer Schenke auf einer kleinen Schaukel hielt der Wirt einen Vogel mit buntem Gefieder, der wie ein Mensch sprechen konnte. An Lagerhäusern kamen sie vorbei, aus denen es nach fremdartigen Gewürzen roch.

Sie hatten vorgehabt, in der Herberge des Fürsten Quartier zu beziehen, aber das Haus war verfallen. Es schneite zum Dach herein. Lundquist, ein Kaufmann, der sieben Schiffe besaß, der Mann, der in der Stadt den Ton angab, bot dem Fürsten des Waldes und seinem Gefolge an, doch unter sein Dach zu ziehen..

Am Morgen ging Madru mit Ase an den Hafen. Dort lagen Schiffe mit Masten höher als die beiden Bäume in der Großen Halle daheim. Sie begegneten einem Mann, der hatte tiefschwarze Haut und trug im Ohr einen großen goldenen Ring.

In Lundquists Haus wies man Madru und Padur eine Kammer im ersten Stock an. Davor lag eine Galerie, von der aus man auf eine große Diele herabsah. Im Bett, die Kissen waren nicht aus Fell, sondern aus weißem Linnen und statt des Schaffells gab es hier zum Zudecken ein Federbett. Ein großer Ofen, dessen Kacheln mit Bildern bemalt waren, machte auf Madru besonderen Eindruck. Abends gab Lundquist für den Fürsten des Waldes ein Bankett. In der Diele unten war eine große Tafel gerichtet. Jene Männer, die zusammen mit Lundquist die Stadt regierten, kenntlich an ihren Biberhüten, die sie auch bei Tisch nicht ablegten, hatten stolze herausfordernde Mienen. Bator kümmerte sich nicht um ihre nur zu offensichtliche Arroganz. Er gab sich jovial bis zur Lächerlichkeit. Beim Bankett sah Madru auch zum ersten Mal Lundquists Tochter, die starke Mara. Sie war ein Geschöpf mit einem wahren Gebirge von Busen, fleischigen Armen, einem Schmollmund und runden Wangen, die wirkten, als habe jemand Pfingstrosen darauf gemalt.

Sie prostete ihm, kaum daß man sich gesetzt hatte und die offiziellen Begrüßungsreden vorbei waren, vertraut zu, als ob sie schon alte Bekannte seien. Sie trug zuviel Schmuck auf dem Leib und ihre Bewegungen wirkten linkisch. Ab und zu brach sie, scheinbar ohne Anlaß, in ein glucksendes Kichern aus.

Wenn Madru sie ansah, wurde ihm unbehaglich zumute. Sie zeigte eine merkwürdige Mischung von Lüsternheit und Blödigkeit, die ihn abstieß.

Als Vorspeise beim Festessen gab es Austern. Madru hatte noch nie welche zu Gesicht bekommen, geschweige denn gegessen. Um sich nicht zu blamieren beobachtete er zunächst wie die anderen sie aßen. Diese graugallertartig Masse, auf die man ein paar Tropfen des Saftes einer gelben Frucht träufelte und dann teuren Pfeffer streute, erinnerte ihn an den Geruch der See und an den Blick von der Düne herab.

Auch das Brot war anders hier. Dünne, graue Platten, die Oberfläche gewellt. Mara kaute mit offenem Mund. Das Krachen drang über den Tisch. Als das Essen vorüber war, hielt der Fürst eine Rede und Lundquist antwortete darauf. Dann kam Ase an die Reihe, der es kurz machte, und ihm antwortete einer von denen mit den Biberhüten. So ging es weiter. Dieser und jener sprach. Madru wunderte sich, wie geschickt es alle verstanden, lange zu reden, ohne dabei irgend etwas von Bedeutung zu sagen; und weil er sich langweilte, trank er zuviel von dem schweren braunen Wein. Es entging ihm nicht, daß die starke Mara immer wieder versuchte, seine Aufmerksamkeit zu erregen. Das nahm er nicht weiter ernst, lächelte nur zurück, weil er nicht unhöflich sein wollte und der leichte Rausch, den er hatte, ihm eine lachende Gleichgültigkeit gab.

Erst gegen Mitternacht wurde die Tafel aufgehoben, und zwar mit einem Trinkspruch.

»Und so erhebe ich mein Glas«, rief Lundquist aus, »auf die segensreiche Vereinigung unserer beiden Häuser, die sich in dieser Nacht vollzieht. Möge sie unserem Land nützen, indem aus ihr viele Nachkommen hervorgehen, tapfere Männer und tugendsame Frauen …«

Es waren schon merkwürdigere Sätze an diesem Abend gefallen. Madru hob sein Glas und tat dem Kaufmann Bescheid. Er wunderte sich, daß Lundquist, ehe sie tranken, ihm aufmunternd zuzunicken schien. Der Kußhand, die ihm Mara über den Tisch hin zuwarf, maß er ebenfalls keine besondere Bedeutung bei. Zusammen mit Padur ging er in sein Zimmer, fand das Kissen unter seinem Kopf glatt und kühl, das Federbett weich und warm und versank rasch in einen tiefen, traumlosen Schlaf.

Er wurde geweckt von Kommandos, hastigen Schritten und Ausrufen des Erstaunens. Das ganze Haus schien auf den Beinen zu sein. War Feuer ausgebrochen? Im ersten Augenblick begriff Madru nicht, wo er war. Er richtete sich im Bett auf. Zusammen mit Padur war er schlafen gegangen. Padurs Bett dort drüben war leer. Madru schlüpfte schnell in seine Hose. Die Tür stand offen. Er trat hinaus auf die Galerie. Was er sah, ließ ihn vor Schreck erstarren. Es brannten einzelne Kerzen, die den großen Raum des Innenhofes nur mäßig erhellten. Unten, wo am Abend die Tafel gestanden hatte, stand jetzt ein großes Bett. In ihm lag nackt und rosig, und sich offenbar ihrer Blöße nicht schämend, die starke Mara und neben ihr, ein Laken bis ans Kinn hochgezogen, dreinschauend wie jemand, den man beim Äpfelstehlen erwischt hat, saß im Bett aufgerichtet Padur.

Über Treppengeländer und Brüstung der Galerie lehnten sich Diener, Kammerfrauen und Knechte. Die meisten waren unzureichend bekleidet. Die Nachthauben, Zipfelmützen und langen weißen Nachthemden gaben ihnen das Aussehen von Gespenstern. Um das Bett aber, als bestehe Gefahr, daß jemand daraus entkomme, standen mit gezogenen Schwertern die Türsteher des Lundquistschen Hauses. Eben ging eine Tür auf, und Lundquist, angetan mit einem Schlafrock aus schwarzer Seide, sein eisweißes Haar unfrisiert, betrat die Szene, freudig bewegt hob er die Arme und rief aus: »Die Ehe ist vollzogen. Nehmt meinen Segen, meine Kinder.«

Genau gegenüber aber ging nun eine andere Tür auf, aus der Bator hervorstürmte. Er stutzte, streckte den Kopf vor und rief dann verzweifelt: »Verdammt, es ist der Falsche! Es ist Padur. Wie konnte das nur geschehen?«

Sofort begann die starke Mara zu bitten und zu flehen: »Ich will ihn, ich will ihn … er ist mir recht.« Nachdem sie das sieben- , achtmal leiernd gesagt hatte, entstand eine Pause, und sie fügte fast flüsternd, als vertraue sie allen ein Geheimnis an, hinzu: »Er ist ein so schöner Mann!«

Lundquist und Bator standen sich mit geröteten Gesichtern gegenüber: »Wie ist das möglich?«

»Was weiß ich, aber nun gebt doch bitte mir nicht die Schuld.«

»Ich will ihn zum Mann«, zeterte Mara wieder, »nicht wahr, ich darf ihn behalten?« Sie legte ihren fleischigen Arm besitzergreifend um Padurs Schultern.

»Kommt der Bursche denn wenigstens aus einer adligen Familie?« erkundigte sich Lundquist bei Bator, offenbar schon halb entschlossen, sich mit den veränderten Umständen abzufinden. »Der Vater ist Gouverneur in den Westbergen«, erklärte Bator, »ein zuverlässiger Mann.«

Lundquist war zu seiner Tochter hingetreten, er tätschelte Maras Arm und sagte: »Nur ruhig, Kind. Du bekommst ihn ja … ist ja alles nicht so schlimm. Das bringen wir schon in Ordnung.« Er zog mit einem energischen Griff Padur das Laken fort, um damit die unbekümmert dargebotene Blöße seiner Tochter zu bedecken. Padur saß da, vornübergebeugt, die Hände vor dem Geschlecht. »Einen Kanzlisten fur den Ehevertrag!« rief Lundquist. »Ihr alle seid Zeugen. Ich erwarte die Herrschaften in einer halben Stunde in meinem Kontor.«

Während sie sich oben in ihrer Kammer ankleideten, entlockte Madru einem verstörten Padur, was geschehen war. Mitten in der Nacht hatte er ein Glöckchen klingeln hören. Beim ersten Mal dachte er noch, er habe geträumt. Beim zweiten Mal auch. Beim dritten Mal trieb ihn seine Neugier an. Er war aufgestanden, auf die Galerie hinausgegangen und hatte unten, beleuchtet von zwei Kerzen, die starke Mara sich auf ihrem Lotterbett verführerisch räkeln sehen.

Zuerst hatte er noch gezögert, aber dann, als der Notstand, der da vorlag, durch immer neue einfallsreiche Gesten und Posen nur zu eindeutig beschrieben worden war, hatte er gefunden, es sei wenig höflich, einer so dringlich vorgebrachten Einladung nicht Folge zu leisten. Er war hinuntergestiegen, nicht mehr im Sinn als ein beiläufiges Abenteuer, wie er schon manche gesucht und tapfer bestanden hatte. Als er das große Bett erreicht hatte, waren von Mara die beiden Kerzen noch ausgeblasen und ihm dann ein Empfang zuteil geworden, von dem er auch jetzt noch nicht abfällig zu reden bereit war.

Nur hatte es ihn gewundert, daß Mara bei ihren Umarmungen immer Madrus Namen statt des seinen murmelte. Mehrmals habe er ihr, so erzählte Padur, vorsichtig zu verstehen gegeben, daß er auf einen anderen Namen höre. Zuerst habe sie ihn ausgelacht, es einfach nicht glauben wollen, später dann habe sie gesagt, ob Padur oder Madru ... für die Sache, um die es hier und jetzt gehe, sei das weiter nicht von Belang. Das habe ihn, Padur, denn doch gekränkt. Mit dem Hinweis, auch der tüchtigste Ringelstecher bräuche irgendwann einmal eine Mütze Schlaf, habe er sich verabschieden wollen. Da sei er aber bei Mara an die Rechte gekommen. Sie habe ihn gleich wieder in die Arme genommen. Dabei habe sie geflüstert, er sei für sie – Name hin oder her – der Richtige, sie habe es herrlich gespürt, wolle es wieder spüren, die Nächte seien so wundervoll lang um diese Zeit des Jahres. Plötzlich – er werde sich ewig schämen, wenn er sich wieder an diesen Augenblick erinnere – sei ihm einfach angst und bange geworden, sie könne ihn in ihrem Liebesrausch erwürgen. Laut und gellend habe er um Hilfe geschrien und sogleich sei die ganze Hausmannschaft herbeigeeilt.

So entging Madru der Liebesfalle, die ihm gestellt worden war, auf wunderbare Weise und Padur aus den Westbergen ward statt seiner mit der starken Mara kopuliert.

Für die in Aussicht genommenen Verträge, die der Fürst mit der Kaufmannschaft von Österstrand hatte schließen wollen, erwies es sich als Behinderung, daß der falsche Schwiegersohn ins Netz gegangen war. Mara war damit zufrieden. Die Pfingstrosen auf ihren Wangen blühten. Doch der Vater hätte sich gern mit dem Fürstenhaus verschwägert gesehen. Die Verhandlungen darüber, wer den Sold für die fünf Fähnlein Miliz und die Kosten für die Kette zur Sperrung der Hafeneinfahrt übernehmen werde, zogen sich hin. Die Kaufmannschaft von Österstrand wußte um die strategische Schlüsselposition ihrer Stadt. Sie forderte, der Fürst des Waldes müsse ihr, sofern sie für beides in barer Münze aufkomme, zweitausend Felle schicken, Fuchs und Eichhorn. Ase nannte diese Forderung horrend und gewissenlos.

Nachdem Hochzeit gefeiert und vierzehn Tage zäh geschachert worden war, einigte man sich auf tausend Felle in jedem Frühjahr. Man unterschrieb einen Schutz- und Trutzvertrag, in eben jenem Kontor, in dem nach jener turbulenten Nacht der Ehevertrag zwischen Padur und Mara aufgesetzt und besiegelt worden war.

Der Heimweg wurde ohne Padur angetreten, denn die Kaufmannstochter hatte darauf bestanden, daß ihr junges Eheglück nicht durch eine Trennung getrübt werde, und ehe sie ihre Schwiegereltern besuchen fuhr, wollte sie den so lang ersehnten Mann erst noch an der Küste ein wenig herumzeigen.

Es fiel schwer, nach dem bequemen Leben in der Hafenstadt sich wieder an das rauhere Dasein im Wildland zu gewöhnen. Die Rückreise ging langsam vonstatten. Bator hielt es für richtig, noch diesen und jenen Jarl aufzusuchen, ihm den Sternensohn vorzustellen und sich der Loyalität seiner Gastgeber und der in der Umgebung wohnenden Freisassen zu versichern. Madru wurde unruhig. Er träumte schlecht. Wenn sie auf einem der Jarlshöfe mehrere Tage blieben, streifte er durch die Bachauen und suchte nach Erlenbäumen. Er verharrte Stunden in der Kälte vor ihnen, versuchte in sie einzutreten, um so eine telepathische Beziehung zu Alissa herzustellen. Aber was ihm einmal ohne Anstrengung geglückt war, wollte ihm jetzt nicht gelingen. Er sprach mit Ase darüber. Der tröstete ihn, sagte, er dürfe nicht erwarten, daß solche Experimente schon ständig gelängen. Dazu habe er noch zu wenig Erfahrung.

Madru drängte Bator zu einer rascheren Heimkehr, doch dieser wurde von dem Jarl, bei dem sie zuletzt Station machten, zu einer Bärenjagd eingeladen. Madru hatte den Eindruck, als zögere Bator ihre Rückkehr in die Fürstensiedlung ganz bewußt immer wieder hinaus.

Bei der Bärenjagd schien es, als jage man ein Gespenst. Die Hunde stellten das Tier, aber noch jedesmal war es, ehe die Jäger herankamen, wieder verschwunden. Es war ein sehr alter Bär, schlau und gewalttätig. Manche sagten, man habe einen Widergänger vor sich, der in Bärenfellen gelle. Madru waren Bären unsympathisch. Die Jagd auf diese Tiere war ihm auch ein zu derbes Vergnügen.

Eines Vormittags, er war nicht mit der Jagdgesellschaft ausgezogen, hielt er es vor Unruhe kaum noch aus. Er nahm, um sich zu beruhigen, sein Bilderspiel hervor und zog drei Karten. Er deckte die Heckenrose, Weißdorn und Erle auf. Er schob die Karten wieder ins Spiel zurück, mischte und zog noch einmal zwei Karten. Diesmal waren es Efeu und Erle. Er überlegte. Die Erle war der Baum Brus, aber auch Alissas Baum. Der Efeu wies hin auf Zerstörung. Madru trat vor die Tür. Er war nicht erstaunt, im Halbkreis draußen Wölfe sitzen zu sehen. Sie schauten ihn erwartungsvoll an. Der Führer des Rudels kam eher zögernd näher. Sie musterten sich. Es war, als wenn sie miteinander sprächen. Madru legte seine linke Hand auf die Wolfspfote.

»Was ist mit ihr?« fragte er.

Jetzt hörte er, was sie untereinander redeten, was der Anführer sagte: »Die Gelegenheit war günstig. Der Erzdruide hat Alissa als Hexe anklagen lassen. Sie ist verurteilt worden. Er will sie auf dem Scheiterhaufen verbrennen lassen.«

»Was rätst du?«

»Wir fragen uns, ob du dich unser noch länger als Bundesgenossen bedienen willst. Das letzte Mal, als wir dir halfen, schien es, als ob du uns verachtetest.«

»Von Verachtung war nie die Rede! Eure Grausamkeit hat mich erschreckt.«

»Wir gehorchen deinem Befehl aufs Wort.«

»Nur ungern, wenn er unsere Kraft einschränkt«, rief eines der Tiere aus dem Halbkreis, »aber du weißt, auch wir haben das Mädchen gern.«

Madru überlegte.

»Nun sprich schon«, drängte der Anführer, »viel Zeit bleibt uns nicht mehr. Wir mußten warten, bis du wieder im Großen Wald warst, ehe wir zu dir kommen konnten.«

»Ich will nicht, daß jemand sterben muß ... weder sie noch einer von den anderen.«

»Gut. Aber wir könnten dem Erzdruiden und seinem Henker Beine machen.«

»Und was kann ich tun?«

»Besorge dir einen Hundeschlitten mit drei Gespannen. Fahr, so rasch du kannst, zur Fürstensiedlung. Halte draußen vor der Siedlung. Geh zu der Wiese hinter der Großen Halle. Dort ist der Richtplatz. Zeig den Leuten den schwarzen Stab. Wir werden an deiner Seite sein.«

Madru ging, befahl einen Schlitten anzuschirren. Jedem hielt er den schwarzen Stab hin. Das wirkte Wunder.

Er jagte mit dem Hundeschlitten zurück zur Fürstensiedlung. Schneller, ihr. Noch schneller. Die graue Schar war immer voraus. Das war auch ein Ansporn für die Hunde.

Als er ausschirrte, kamen viele Leute vorbei. Neugierige, die zum Richtplatz wollten. Es geschah nicht alle Tage, daß man eine Frau so sterben sah. Und nun gar des Fürsten jüngste Tochter. Er hörte sie sagen: »Eine Hexe ist sie und muß brennen« Sie hatten so gierige und mordlustige Augen. Leute, die harmlos aussahen. Leute, unter deren Dach er schon getanzt, gegessen und getrunken hatte. Leute, deren Gastfreundlichkeit und Fröhlichkeit beim Fest der Wintersonne er bewundert hatte. Jetzt hätte er am liebsten mit ihnen Streit angefangen. Als die Leute die Wölfe sahen, die an seiner Seite trabten, flüchteten sie schreiend, obwohl die Tiere ganz ruhig liefen und niemanden anfielen.

Sie erreichten die Wiese. Ein Holzstoß war aufgetürmt. Oben stand Alissa, gefesselt, im Büßerhemd, mit aufgelöstem Haar. Madru unterdrückte einen wütenden Schrei. Der Erzdruide wandte ihm und dem Wolfsrudel den Rücken zu, als sie herankamen. Guh verlas ein Urteil: »Wegen Zauberei und Blasphemie . . .!« Immer mehr Leute drehten sich nach den Wölfen um, musterten sie ängstlich und unsicher, wie sie sich verhalten sollten. »Und so befehle ich Euch, Henker, sie den Flammen zu überantworten.«

Auf dem Kopf trugen die Henker schwarze Kapuzen. Sie traten an ein Becken mit glühenden Kohlen, um ihre Fackeln zu entzünden. In diesem Augenblick ließ eines der Tiere einen jaulenden Laut hören. Guh fuhr herum. Eine Kette von Wölfen sah ihn an.

Madru hob langsam den schwarzen Stab. Guhs wütendem Blick hielt er stand. Er sah, wie sich in den Augen des Erzdruiden Furcht ausbreitete. Jeder erwartete, die Wölfe würden sich auf ihn stürzen, würden beißend in die Menge fahren. Nichts dergleichen geschah. Es wurde sehr still auf dem Platz. Nur das Hecheln der Tiere und das Knattern der Flammen war zu hören. Die Henker wagten nicht, Feuer zu legen.

»Voran!« brüllte Guh.

Die Henker standen zitternd. Madru schaute gespannt auf die Tiere. Sie bibberten und hechelten, aber sie rührten sich nicht von der Stelle.

»Fort mit euch!« rief der Erzdruide, auch er hielt seinen schwarzen Stab jetzt in der Hand. Er versuchte, die Tiere mit beschwörenden Armbewegungen fortzujagen.

»Besser Ihr geht, Guh«, sagte Madru ruhig, »Euer Spiel ist aus.«

»Wir werden sehen«, sagte der Erzdruide mit einem tückischen Lächeln. »Kommt«, sagte er zu den Henkern, »wir weichen der Gewalt.«

Madru reckte die Hand mit dem schwarzen Stab höher. »Ich frage euch, Leute, wer übt hier ungerecht Gewalt aus?«

Man hörte erste Stimmen, die forderten, man solle den Erzdruiden statt des Mädchens auf den Scheiterhaufen schicken. Der Erzdruide begann zu rennen. Die beiden Henker rannten hinterdrein.

»Ein paar Bisse in die Waden, das wäre ein Spaß«, hörte Madru einen der Wölfe sagen.

»Verderbt jetzt nicht alles. Wer hätte gedacht, daß es so ausgehen würde?«

»Wir!« sagte der Anführer des Rudels selbstbewußt.

Die Leute warfen staunende Blicke auf die Wölfe. Sie schickten sich an, Steine aufzuheben und Guh nachzurennen.

»Halt! Hiergeblieben!« rief Madru. »Bindet das Mädchen los. Den da …«, er wies auf den flüchtenden Guh, der sich beim Rennen umsah, »laßt laufen. Oder wollt ihr euch von den wilden Tieren beschämen lassen?«

Daß sie die Rolle der Retter übernehmen konnten, ließ die Zuschauer ihre Lust auf ein Opfer vergessen. Sie kamen mit Alissa zu ihm zurück. Madru sah Alissa an, die sich eine Haarsträhne aus der Stirn strich.

»Ich war sicher, daß ihr kommen würdet«, sagte sie und hängte sich bei Madru ein. So gingen sie ein Stück langsam unter den Wölfen. Dann, als sich ihre Erregung etwas gelegt hatte, blieben sie stehen.

»Danke den Wölfen«, sagte Madru.

Alissa kauerte sich hin, streichelte jedes Tier, nannte es bei seinem Namen, redete leise auf die Tiere ein. Die Leute, die Alissa eben noch hatten brennen sehen wollen, drängten sich heran. Jetzt wollten sie sich überzeugen, daß sie mit den Tieren sprechen, deren Sprache verstehen könne. Alissa redete leise mit den Wölfen, sprach beschwichtigend, zärtlich. Es wurde später viel gemutmaßt, was sie ihnen erzählt habe. Sicher ist soviel, daß die Tiere kurz darauf hintereinander ruhig auf den Waldrand zuliefen. Erst dort begannen sie schneller zu rennen und zu heulen, und später erzählte Alissa Madru, der Anführer habe gesagt: »Es ist anstrengend, zahm zu sein.«

Madru versorgte Schlitten und Hunde. Dann ging er in seine Zelle im Haus der Lehren und legte sich schlafen.

Als er am Morgen ins Fürstengehöft kam, hörte er, daß Bator immer noch nicht zurück sei, der Erzdruide aber und die Fürstin waren in einem Schlitten zum Paß in den Gebirgen im Westen aufgebrochen. Der Hauptmann der Miliz fragte, ob er ihnen nachsetzen solle. Madru merkte, daß man von ihm Befehle erwartete.

»Laßt sie laufen. Sie werden sich aus ihren Lügen selbst noch den Strick drehen«, sagte er.

An diesem Abend klopfte es an das Fenster seiner Zelle. Draußen stand Mola mit einem Licht in der Hand. Madru ging hinaus. Er wußte, was das zu bedeuten hatte. Er spürte, wie die Lust ihn überkam. »Paß auf«, sagte er etwas verlegen zu Mola, »daß der Wind dir dein Licht nicht ausbläst.«

»Es geht kein Wind heute Nacht. Es ist still. Nur die Sterne singen. Komm mit mir.«

Später betraten sie einen großen Raum in einem Haus. Im Kamin loderte helles Feuer. Die Alte hatte auf der Schwelle kehrtgemacht. Sie war wieder in der Nacht verschwunden.

In der Ecke neben dem Kamin war ein breites, bequemes Lager aus Schaffellen gerichtet. Auf dem Fußboden standen viele brennende Kerzen, die einen leisen, summenden Laut von sich gaben. Das Mädchen saß nackt mit angezogenen Beinen unter den vielen Lichtern.

Sie sagte: »Alissa hat dich zum dritten Mal gewählt.«

Ohne Hast kleidete er sich aus, hob sie auf und trug sie zu dem Lager.

Zwölftes Kapitel

Die Zeit in der Wildnis · Der Ledermann · Es stellt sich heraus, daß es doch Zwerge gibt

Unbekümmert lebten seit jener Nacht Madru und Alissa als Mann und Frau und freuten sich ihrer Liebe. Der Fürst, als er endlich von der Bärenhatz heimgekehrt war, schien angesichts der Ereignisse, die sich in seiner Abwesenheit abgespielt hatten, geradezu erleichtert. Er weinte seiner Frau keine Träne nach, und was Guhs Flucht betraf, so äußerte er zu Madru, sie enthebe ihn der unerfreulichen Pflicht, Guh als Hochverräter anklagen und hinrichten lassen zu müssen.

Ein neuer Erzdruide wurde gewählt, der Abt der Akademie, ein stiller Gelehrter, der sich mehr für die Etymologie der Sommer und Wintersprache interessierte, als für Politik und Kabale bei Hofe. Bator verheiratete seine beiden ältesten Töchter: die eine an einen Kaufmann in Österstrand – vielleicht, damit der Traum der Kaufmannschaft von einer Verbindung mit dem Fürstenhaus doch noch wahr werde und auf diese Weise die Kette vor dem Hafenbecken im Notfall besser halte –, die andere an einen Gouverneur im hohen Norden, was, wie spitze Zungen behaupteten, einer lebenslänglichen Verbannung gleichkam. Als die Kinder aus dem Haus waren, nahm Bator eine Mätresse, die fünfzehn Jahre jünger war als er.

Einer Heirat zwischen Madru und Alissa verweigerte der Fürst weiterhin seine Zustimmung. Aber er zeigte sich stolz und gerührt, als Madru ihn wissen lies, daß Alissa schwanger sei und sie beschlossen hätten, mit dem Kind auf dem Arm Hochzeit zu halten. Es gab nämlich in Norrland eine Sitte, so alt wie die dreifache Wahl des Mannes durch die Frau: Einem Paar gegenüber, das mit seinem Kind auf dem Arm in der Großen Halle erschien und angesichts der Großen Pappel und der Großen Erle erklärte, es wolle als Familie zusammenleben, war jeder sonst gültige Hinderungsgrund fur eine Eheschließung null und nichtig.

»Nun gut«, sagte Bator, als er hörte, daß ihn seine jüngste Tochter zum Großvater machen werde, »dann wollen wir zum nächsten Fest der Wintersonne Hochzeit und Kindtaufe feiern und der Sternensohn wird an eben diesem Tag Fürst des Großen Waldes.« Madru hatte seine Studienzeit als Scholar im Haus der Lehren abgeschlossen. Bald würde er in die Wildnis ziehen. Die »Zeit in der Einsamkeit« war in Norrland für einen jungen Mann aus dem Stand der Vornehmen die Schwelle zwischen Jugend und Erwachsenendasein. Bevor ein junger Mann seinen Beruf auszuüben begann und eine Familie gründete, sollte er in dieser Zeit Gelegenheit haben, noch einmal über sich selbst nachzudenken. Er sollte schweigen und fasten. Er sollte sein Bildlerspiel daheim lassen. Er sollte sich ohne alle Ablenkung prüfen, ob er, nur auf sich selbst gestellt leben, allein überleben konnte. Als sichtbares Zeichen dafür, daß er sich in der Wildnis behauptet und bewährt hatte, brachte er aus der »Zeit in der Einsamkeit« eine Steinaxt mit heim.

Freilich gab es in Norrland längst Streit- und Werkzeugäxte aus Bronze, die von bestimmten Handwerkern angefertigt wurden, und somit war die Herstellung der Steinaxt ein Vorgang von symbolischer Bedeutung. Er zeigte eben an, daß man erwachsen war, Frau und Kinder durch seiner eigenen Hände Arbeit ernähren und erhalten konnte. In fast jedem Haushalt in Norrland konnte man in den Fluren und Dielen solche Äxte hängen sehen, und wenn die Rede auf sie kam, wurden abenteuerliche Geschichten üher ihre Entstehung und den, der sie in jüngeren Jahren angefertigt hatte, erzählt.

War die Steinaxt fertig, so mußte man, der Sitte entsprechend, in der Wildnis nach einem Baum Aushorch halten, der danach rief, gefällt zu werden. »Aushorch« war in diesem Zusammenhang durchaus das passende Wort, denn angeblich riefen solche Bäume den, der sie fällen sollte, herbei. Und keiner vergaß, ein paar von den Holzsplittern, die dabei anfielen, aufzuheben, denn sie galten als Glücksbringer.

Das Kind, das in Alissa wuchs hatte sich schon bewegt als Madru seinen Aufbruch in die Wildnis vorbereitete. Alissa hatte in letzter Zeit viele schlechte Träume gehabt. Sie erzählte auch, sie habe Beunruhigendes von den Tieren gehört, aber als Madru sie bat, ihm Genaueres darüber zu erzählen, schüttelte sie den Kopf und sagte, sie wolle nicht, daß er in die Zeit der Einsamkeit kummervolle Gedanken mitnähme.

In diesen Tagen, bevor Madru in die Wildnis ging, verbrachten Alissa und er viele Stunden mit Gesprächen und Zärtlichkeiten. Das war an sich nichts Außergewöhnliches. Alle Liebespaare in Norrland hielten es so, und die Älteren behandelten die jungen Leute mit Nachsicht.

»Ach«, sagte man, wenn einer der beiden darüber seine Arbeit vernachlässigte, »laß sie doch. Der Junge geht in die Wildnis.« Madru aber gab sich der Täuschung aller Verliebten hin, daß sich nie ein junger Mann und eine junge Frau inniger geliebt hätten als er und Alissa. Er empfand Furcht vor der Einsamkeit, hielt es aber für unmännlich, auch nur ein Wort darüber zu verlieren. In dieser Beziehung glich er ebenfalls vielen anderen jungen Männern, die bezweifelten, daß sie der bevorstehenden harten Bewährungsprobe gewachsen sein würden.

Dann war der Tag da, an dem Madru aufbrechen sollte. Die meisten Mädchen und jungen Frauen begleiteten ihre Männer noch ein Stück über die Wiesen bis an den Rand des Bannwaldes. Madru aber bat Alissa, nicht mitzukommen. Es schien ihm leichter, in dem schönen Haus Abschied zu nehmen, das sie sich von ihrem Muttererbe gekauft hatte und in dem sie nach seiner Rückkehr zu leben gedachten.

»Versprich mir«, sagte sie zu Madru »dir um mich keine Sorgen zu machen. Meiner Liebe kannst du gewiß sein was immer auch geschehen könnte. Mola ist bei mir. Was sind drei Monate. Danach bleibt uns die Zeit eines ganzen Lebens.«

Jeder junge Mann, der in die Wildnis zog, hatte einen alten erfahrenen Mann als Paten, der ihn hinbrachte, darauf sah, daß er mit dem Nötigsten versorgt war, aber auch nicht mit mehr, und später holte ihn eben dieser Mann auch wieder heim. Madrus Pate war Ase. Er brachte ihn zu dem Platz, der Ängratörn hieß.

Sie nahmen diesmal nicht den Pfad über die Baumkronen, sondern bahnten sich auf dem Boden des Bannwaldes ihren Weg. Das war ein mühsames und anstrengendes Unterfangen, bei dem man sich leicht verirren und umkommen konnte. Während über der Fürstensiedlung und in den Wiesen das heiterstimmende Licht eines Sommertages lag, herrschte in dem Eichenwald, durch den sie gingen, ein von Modergeruch durchwehtes Halbdunkel, das sich alpdruckhaft auf die Brust legte. Über hingestürzte alte Bäume mußten sie steigen, in diesem Eichendickicht, unter das sich Eisbeerbüsche, Speierling und Wildbirnen mischten, und über dem sich noch ein Hochwald aus Fichten erhob.

Obwohl Madru in den zurückliegenden Monaten manches über den Wald, die Bäume und deren Bewohner, gelernt hatte, wurde ihm rasch klar, daß er ohne Ases große Erfahrung hier hoffnungslos verloren gewesen wäre. Das GigantischLabyrinthische des Bannwaldes, die Kraft, die er in sich einschloß und die er ausstrahlte, wurden ihm auf diesem Weg erst recht bewußt. Es war ihm, als sei dieser Wald ein einziges Wesen, mit tausenden Köpfen, Händen und Füßen. Schließlich, erst unmittelbar bevor sie Ängratörn erreichten, ging der düsterunheimliche Eichenwald in ein Erlengehölz über. Sie näherten sich der Lichtung am See von einer anderen Seite als damals, da sie vom Wipfelpfad abgestiegen waren. Hier wuchsen entlang eines Baches, der in den See mündete, neben hochstämmigen Erlen auch Moosbirken und Faulbaum, mannshohes Pfeifengras; Haselnußgebüsche standen an den trockeneren Stellen. Der Boden war mit einem Teppich von Blaubeerkraut bedeckt.

Es gab noch die große Hütte mit dem Feuerqurl und das Schwitzhaus, auch die Feuerstelle, an der sich damals die Reinigung von den Ausdünstungen der toten Seelen abgespielt hatte. Von der Wohnhütte sah man auf den kleinen See.

Auf einem Strand mit großen grauen und rötlichen Kieseln, die glänzten, wenn das anlaufende Wasser über sie hingeleckt hatte und die Sonne darauf schien, lag ein Ruderboot. Netze und Angeln waren vorhanden, Fallen, Spaten, Beil und Hammer, eine Zange, ein Jagdbogen, ein Wurfspieß und ein hölzerner Eimer.

Brennholz gab es mit den morschen Ästen, die die Frühlingsstürme abgerissen hatten, in Hülle und Fülle. Eine klare Quelle sprudelte nahe der Hütte.

Drei Säckchen holte Ase aus dem Rucksack. In dem einen waren getrocknete Früchte, Äpfel und Birnenschnitze, Pflaumen und süße Beeren, im zweiten luftgedörrtes, in Streifen geschnittenes Fleisch, in dem dritten Mehl um Fladen zu backen. Wenn diese Vorräte nach der Fastenzeit aufgezehrt waren, würde sich Madru selbst versorgen müssen. »Der Wald schenkt alles. Man muß nur suchen«, hieß der Satz, der ihm aus einer der ersten Lektionen bei Ase wohlbekannt war.

Ase wünschte ihm zum Abschied guten Mut und erklärte ihm, wenn er die ersten zwei, drei Tage überstanden habe, liege der unangenehmste Teil des Unternehmens hinter ihm. In neunzig Tagen komme er ihn wieder abholen und wünsche sich, ihn dann gesund und um viele Erfahrungen reicher hier wieder anzutreffen. Darauf ging er nach Nordosten davon.

Madru lief ihm nach und holte ihn ein, gerade noch ehe er den Baum mit den Steigästen erreicht hatte. Was es denn so Wichtiges gebe, fragte Ase unwirsch.

»Vergiß nicht, Alissa zu sagen, daß ich sie liebe.«

»Ist das alles?« fragte Ase sichtlich erbost, und als Madru nickte, meinte er brummend: »Kälberliebe!« Dann ging er auf den großen Baum zu und begann rasch in den Ästen aufwärts zu steigen. In den ersten Tagen fühlte sich Madru unglücklich. Er ertrug die Einsamkeit schlecht. Erinnerungen, die ihm Angst machten, stiegen in ihm auf, bedrängten ihn. Es war ihm später, als hätten die täglichen Saunabäder entscheidend mit dazu beigetragen, daß er danach ruhiger wurde, sich seine Stimmung besserte.

Dann begann eine Periode des Wohlbefindens, die er dazu nutzte, die Steinaxt herzustellen. Er hob dazu eine Grube aus, legte um einen unregelmäßig geformten Felsbrocken lange Birkenscheite. Er deckte die Grube mit einer Lehmschicht zu, jedoch so, daß weiterhin genügend frische Luft zugeführt wurde, um das so entzündete Feuer am Brennen zu halten. Bei den hohen Temperaturen in dem brennofenähnlichen Behältnis bekam der Stein an manchen Stellen Sprünge, ja es lösten sich manchmal schon beim Brennen flache Splitter mit scharfen Randflächen. Aus ihnen suchte man einen heraus und formte aus ihm durch Nachschleifen und Schmirgeln die Schneide. Für die Befestigung des geschliffenen Steinblattes am Schaft mußte ein bestimmter Baum gesucht werden, dessen bastartige Rinde allein dazu geeignet war. Endlich kam der Tag, an dem Madrus Axt fertig war und es sich erweisen mußte, ob sie tatsächlich als Werkzeug brauchbar war. Madru hatte sich nie so recht vorstellen können, was die Leute meinten, wenn sie erzählten, ein Baum habe danach gerufen, gefällt zu werden. Jetzt stellte er fest, daß jeder Baum, wenn der Wind weht, einen bestimmten Ton von sich gibt, aus dem sich mit einer gewissen Übung heraushören läßt, ob der Baum krank oder gesund ist. Er überlegte sich, daß diese merkwürdige Redewendung vielleicht nur sagen wolle, es gehe darum, einen kranken Baum zu fällen, die Übung aber den Zweck habe, die Sinne zu schärfen.

Er fällte den Baum und zerteilte ihn in neun Scheite, ein jeder so lang wie der ausgestreckte Arm. Er stellte sie auf ein Gestell zum Trocknen. Sie würden von dem nächsten jungen Mann, der seine Zeit in der Wildnis am Ängratörn verbrachte, als Brand für seine Grube benutzt werden.

Ein paar Späne hob er auch als Glücksbringer auf, und als all diese Arbeiten getan waren, beendete er sein Fasten und bereitete am Abend jenes Tages aus dem Inhalt des Säckchens sich eine Mahlzeit, die ihm so gut schmeckte, wie lange schon nichts mehr. Da seine Vorräte trotz größter Sparsamkeit bald aufgebraucht waren, lernte er dann durch Fischen, Fallenstellen und Sammeln bestimmter Wildkräuter sich selbst zu ernähren.

An der Außenwand der Hütte hatte er eine Schiefertafel aufgehängt, die er bei seinen Streifzügen um den Ängratörn gefunden hatte. Auf dieser Platte standen schon dreiundsechzig Striche. Madru war bei guter Laune. Die Einsamkeit machte ihm nicht mehr zu schaffen, und er fand nun, jedem Menschen, der nicht eine Zeitlang allein in der Wildnis gelebt hatte, sei eine entscheidende Erfahrung entgangen.

Er hatte an jenem Morgen einen guten Fang gemacht und war auf dem Weg vom Strand hinauf zu seiner Hütte, um sich den großen Fisch, dessen Bauch weiß und rötlich schimmerte, gleich zu braten. Da sah er plötzlich einen fremden Mann vor sich. Wenn er sich zuvor manchmal sehnlichst einen Gesprächspartner gewünscht hatte, so versetzte ihn nun die plötzliche Anwesenheit eines Menschen in einen Zustand von gereizter Ablehnung, den er nur mühsam verbergen konnte.

Vielleicht war auch das seltsame Aussehen des Fremden daran schuld. Er war von Kopf bis Fuß in braunes Leder gekleidet, trug Halbstiefel, wie sie Madru in Norrland noch nie gesehen hatte, einen Lederanzug und eine Lederkappe mit einem Riemen unter dem Kinn, so daß sie am Kopf überall fest anlag und nur das Gesicht freiblieb. Es schien, als sei das viele Leder, das er auf dem Leib hatte, zu einer Art zweiter Haut geworden, und vielleicht bestand ja der ganze Kerl überhaupt nur aus Leder.

Er verbeugte sich knapp vor Madru, zog aus dem Schaft seines Stiefels ein gefaltetes und versiegeltes Blatt Papier und reichte es ihm.

»Wer seid Ihr?« fragte Madru.

Der Ledermann schüttelte den Kopf »Wo kommt Ihr her? So redet doch!«

Der Mann deutete in die Baumkronen. Madru begriff, daß er offenbar stumm war.

»Sollt Ihr eine Antwort abwarten?«

Der Bote schüttelte heftig mit dem Kopf.

»Aber Ihr werdet hungrig sein. Setzt Euch einen Augenblick. Ich bin gerade dabei, einen Fisch zu braten. Es ist genug für zwei dran.

Der Bote machte eine lächerliche Bewegung. Er riß die angezogenen Beine fast bis ans Kinn hoch, machte dann eine abrupte Kehrtwendung und rannte in Richtung des Baumes mit den Trittästen davon.

Madru schüttelte verwirrt den Kopf und besah skeptisch das Papier, das ihm der Bote übergeben hatte. Es war nicht üblich in Norrland, Briefe zu schreiben. Nachrichten ließ man gewöhnlich mündlich ausrichten. Papier, was man über Österstrand aus der Femwelt bezog, war etwas, worauf man Skaldenlieder, Gesetze oder wichtige Verträge schrieb, nicht Botschaften an junge Männer in der Waldeinsamkeit.

Madru sah auf das Siegel. Es war das Siegel des Fürsten, er erbrach es und las:

Mein Herr!

Wenn ihr wissen wollt, mit wem die Frau, die ihr liebt, Euch schamlos betrügt, so komm umgehend in die Fürstensiedlung. Nehmt den Weg in der Höhe. An seinem Ende werdet Ihr erwartet .

Einer der es gut mit Euch meint.

Der Brief war in der Frühlingsprache der Anderswelt abgefaßt. Madrus erste Reaktion war ein Wutanfall. Er knüllte das Blatt zusammen und wollte es ins Feuer werfen, das brannte, um den Fisch zu braten. Dann kam ihm ein Einfall. Der Bote konnte noch nicht weit gekommen sein. Er brauchte ihm nur nachzugehen. ohne daß der andere etwas davon merkte, und dieser Ledemensch würde ihn zu dem Schandkerl führen, der das geschrieben hatte. Er sprang auf und erschrak gleich noch einmal.

Vor ihm stand ein kleiner Mann, der ihm bis an die Knie reichte. Er trug eine rote Zipfelmütze, wie man das von Zwergen erwartet, eine grüne Jacke und Bundhosen aus Hirschleder. Sein Gesicht wirkte uralt. Er stand leicht vornübergebeugt da und stützte sich auf eine Krücke mit einem Griff aus Silber, der die Form eines Elfenwesens hatte, das wie eine große schlanke Libelle mit ausgebreiteten Flügeln aussah.

»Immer langsam«, sagte der Zwerg, »da haben wir denn doch auch noch ein Wörtchen mitzureden, wenn man sich unserer Sprache bedient.«

»Wer seid ihr?«

»Lassen wir das zunächst einmal auf sich beruhen ... verschieben wir die Vorstellung auf später. Erlaubt, daß ich Euch erst einmal eine Frage stelle. Habt Ihr den leisesten Zweifel an der Treue der Frau, die Ihr liebt? Aber seid ehrlich.«

»Nein«, sagte Madru entschieden.

»Ihr seid noch jung und recht verliebt«, stellte der Zwerg fest. »Wohl wahr.«

»Nun ... dann wäre soviel doch klar: Es handelt sich um eine Verleumdung, um eine Lüge.«

Madru nickte.

»Um eine ziemlich plumpe Lüge«, sagte Allwiss. »Und wohin wollt Ihr so eilig, wenn ich fragen darf?«

»Dem Schandkerl auf den Leib rücken, der das geschrieben hat, ihm den Hals umdrehen.

»Und wenn nun eben das bezweckt wäre, daß Ihr dem Boten nachrennt? Wenn am Ende des Weges in der Höhe Euer Mörder wartete und sich diesmal kein rettendes Wolfsrudel zeigte?«

»Meint Ihr, so könnte es kommen?«

»Ich meine es nicht nur, ich weiß es. Ihr werdet mir vielleicht zunächst keinen Glauben schenken, wenn ich Euch sage, daß ich alles weiß.«

Madru musterte den Zwerg von Kopf bis Fuß.

»Ja«, sagte der kleine alte Mann und deutete eine Verbeugung an, »ich bin Allwiss. Jener Allwiss ... nun Ihr wißt schon.« Er machte eine Pause, um Madru Zeit zu lassen, sich von seinem Erstaunen zu erholen und sprach dann weiter: »Mit dieser Begegnung in frühester Zeit verhielt es sich übrigens etwas anders als man immer sagen hört. Mir war damals ein entscheidender Umstand nicht klar. Ich war der Meinung, wenn ich den Menschen sagen würde, was ich weiß, würde das Schlimmste nicht eintreten. Ich dachte, sie seien dann gewarnt ... hätten eine Möglichkeit, sich anders zu entscheiden. Aber das war ein Irrtum.«

»Wieso?«

»Weil alles ein Traum ist, und er ist schon geträumt. Ein langer, unendlich verwickelter, höchst komplizierter Traum von Zeit. Verstehst du, was das heißt: die Mondin ein Traum, Bri und Bru ein Traum, eure Welt ein Traum, die Menschen ein Traum und eines Nachts wird ein anderer Traum geträumt werden, und auch von ihm weiß ich schon den Inhalt. Es macht ziemlich melancholisch, soviel zu wissen und nichts daran ändern zu können. Aber was blase ich dir da die Ohren voll. Du hast andere Sorgen.«

»Nein«, sagte Madru, »was du da erzählst, scheint mir wichtiger zu sein.«

»Kannst du mir folgen?«

»So in etwa. Aber wenn alles schon entschieden ist, wäre es ja für den Einzelnen sinnlos, überhaupt noch etwas zu tun.«

»Im großen und ganzen entschieden. Und woher willst du wissen, ob das Leben des Einzelnen viel Einfluß auf das Endergebnis hat?« »Der einzelne Mensch«, rief Madru empört, »bedeutungslos?« »Lassen wir das«, sagte Allwiss, »in diesen Dingen bekomme ich mit den Leuten immer Streit. Soviel jedenfalls ist sicher: Weil träumend alles erschaffen und bestimmt worden ist, darum ist das Träumen selbst etwas Heiliges. Man kann sagen: wer gut träumen lernt, ist den Göttern nahe. Hat dir schon einmal jemand gesagt, daß du eine große Begabung dafür hast? Nein? Nun gut, dann erfährst du es jetzt. Bru hat mich herübergeschickt. Sie möchte sich deiner Fähigkeit, gut zu träumen, bedienen. Sie läßt dich grüßen und versichert dich ihrer Huld und Zuneigung.«

»Soll das heißen, daß Ihr aus der Anderswelt herübergekommen seid?«

»So ist es.«

» ... und auch wieder hinübergeht?«

»Tatsächlich hat sie mir erklärt, ich solle mich beeilen, sie werde mich bald zu einer anderen Mission brauchen.«

»Dann wißt Ihr auch, wie man von dieser Welt in die Anderswelt gelangt?«

»Erinnere dich daran, daß ich leider alles weiß.«

»Und die Übergänge?« fragte Madru begierig. »Sind es Löcher im Boden, kann man an einer bestimmten Stelle über die Mauer klettern? Ist sie irgendwo eingestürzt?«

»Nicht doch«, sagte der Zwerg, »das sind so Vorstellungen, wie sie diese Druiden den Sterblichen aufgeschwatzt haben, um sich wichtig zu machen. Tatsächlich sieht es ganz anders aus. Du wirst es ja selbst bald erleben. Und jetzt, leb wohl, mein junger Freund. Wir sehen uns bald wieder. Du wirst dann in einer etwas verzweifelten Stimmung sein. Deswegen verspreche ich dir schon jetzt:

Du sollst einen Wunsch frei haben ... einen Wunsch für etwas, das dir Freude macht.«

»Ein merkwürdiger Mann seid Ihr«, sagte Madru kopfschüttelnd, »wie kommt es, daß Ihr mir so ohne weiteres einen Wunsch schenkt?«

»Es war Brus Einfall, und der Wille meiner Herrin ist mir Befehl. Vielleicht sollte ich dich daran erinnern, daß sie dir gewogen ist.« Damit wandte er sich um und ging eilig fort. Madru sah ihm nach. Einen Moment wurde der Zwerg von einem Baumstamm verdeckt. Ein Stück weiter, und er mußte wieder zu sehen sein. Aber er tauchte nicht wieder auf.

Madru rannte zu dem Baum hin. Da gab es nichts besonderes zu sehen. Keine Höhle im Wurzelwerk, kein Kaninchenloch. Aber einen Steinwurf weiter sah er Haselnußsträucher. Die Blätter mehrerer Zweige senkten sich wie ein grüner Vorhang. Es fiel Madru ein, daß die Karte des Einsiedlers im Bilderspiel zugleich die Karte mit dem Haselnußstrauch war. Er war sicher: dort drüben, in diesem Busch, war der Zwerg verschwunden.

Dreizehntes Kapitel

Zu Pferde in die Anderswelt
Die Nebelfrauen lassen den Tag zur Nacht werden

Etwas Bestürzendes geschah. Madru verlor sein Erinnerungsvermögen. Alissa, Ase, der Fürst des Waldes – zuerst wurden alle zu Schemen, dann sah er nur noch Fragmente, wenn er sich zu erinnern versuchte – eine Gesichtshälfte, eine Hand, eine Hüfte, das Lächeln, das um einen Mund spielt, dann gar nichts mehr. Es war, als würden von einer unbekannten Macht auch bestimmte Gefühle in ihm ausgelöscht.

Einmal fiel sein Blick auf die Schiefertafel, auf der er – bis zum Besuch des Boten und des Zwerges – jeden Tag, den er schon in der Wildnis war, mit einem Strich markiert hatte. Welche Empfindungen hatten sich einmal mit diesen Strichen verbunden? Er wußte noch vage, daß sie ihm wichtig gewesen waren, aber das Warum konnte er in seinen Gedanken nicht mehr aufspüren.

Es war gut jetzt, daß es die alltäglichen Beschäftigungen gab, die er verrichten mußte, um sich ernähren zu können. Er fischte, sah nach, ob Kaninchen in seine Schlingen gegangen waren. Einmal blieb er stehen, schaute den Wolken nach und dachte: jemand hat geträumt, daß sie dahintreiben. Ja, warum nicht? Er heizte mit Birkenscheiten die Schwitzstube. Er schwamm im See, und wieder fiel ihm ein: jemand hat geträumt, daß ich schwimme. Er bereitete sein Abendessen und holte von der Quelle Wasser. Er schlief und träumte von nichts anderem als vom Träumer, der diese Welt geträumt hat.

Tage vergingen. Er sammelte Kräuter für den Salat, den er sich mittags zubereitete, für den Kessel Tee, den er am Morgen kochte. Es ging ihm durch den Kopf, was Allwiss gesagt hatte. Wenn Träume solche Macht haben, dachte er, will ich lernen, selbst die Welt zu träumen.

Er dachte an das Bilderspiel. Er wußte nicht mehr, wo er es liegengelassen hatte. Eigentlich, überlegte er, sind die Karten ein Lehrbuch für Träumer. Wenn die Welt unterginge oder der Wald, und man hätte vorher einen mächtigen Traum geträumt ... das wäre auch eine Rettung. Einen Traum, in den sich alle flüchten konnten, einen Traum der die Katastrophen nicht kennt.

Dann überkam ihn eine merkwürdige Unrast. Er ging wieder zu dem Haselstrauch, in dem der Zwerg veschwunden war und untersuchte das Gebüsch noch einmal genau danach, ob es dort einen Zugang zur Anderswelt gäbe. Außer einem lächerlichem Mäuselöchlein fand er nichts. Er verfiel ins Grübeln darüber, wo solche Stellen liegen mochten. Hohle Bäume, Gegenden, in denen die Waldblumen merkwürdige Muster bildeten, Erhebungen, unter denen sich vielleicht uralte Gräber verbargen, das Quellenloch, in dem man das Wasser aus dem Erdinnern aufsteigen sah? Ein Ufer, ein Dickicht, der Grund des Sees, über dem ein goldenes, rostbraunes Licht stand? Er lief umher, beobachtete, kletterte, tauchte im See. Wie ein Spürhund kam er sich vor und wußte zugleich, daß alles vergeblich war. Nachts wachte er auf mit der Frage, wo er am nächsten Tag suchen solle und geriet in einen Zustand nahe dem Wahnsinn. Er aß nicht mehr. Zufällig sah er sein Spiegelbild im Wasser und erkannte, daß ihm ein struppiger Bart gewachsen war.

Zum Schluß saß er auf dem Strand, zusammengekauert, auf den Fersen hockend, das Kinn auf den Knien und starrte auf die Wasserfläche hin. Kleine Wellen brachen sich am Strand. Einmal meinte er, in ihrem Aufblitzen den Zugang zur Anderswelt gefunden zu haben. Bei einem Sturm waren Algen angespült worden. Die angetrockneten Fäden und Büschel, waren sie ein Spruch, eine Mitteilung? Er fühlte sich leer und erschöpft. Er unternahm eine letzte, verzweifelte Anstrengung, Erinnerungen in sich aufzuspüren. Er wußte jetzt nicht einmal mehr, wo er geboren war, alle Bilder aus seiner Kindheit waren in ihm verschwunden. Er kam sich vor wie jemand, der langsam den Boden, auf dem er steht, zerbröckeln spürt. Gleich würde er ins Nichts stürzen.

Etwas zwang ihn, aufzublicken. Es war ein klarer Abend. Die Silhouette der Bäume rings um den See stand schwarz und scharfumrissen da. In dem wolkenleeren, türkisfarbenen Himmel zeigte sich eine schmale Mondsichel, die etwas Grausames hatte. Vom anderen Ende des Sees rollte eine Nebelbank heran. Das geschah häufig um diese Jahreszeit. Es bedurfte dann nur eines Windstoßes, und der Nebel löste sich sofort wieder auf. Jetzt aber wurde er dichter und dichter, und bald war von der Landschaft vor ihm, von dem Haus in seinem Rücken, ja selbst von dem Boot, das nur einen Steinwurf zu seiner Linken auf den Strand gezogen lag, nichts mehr zu sehen. Die wabernde wattige Weiße blieb. Er hörte ein Wiehern und Schnauben. Dann hoben sich, zunächst nur für Augenblicke, später ganz deutlich, die Umrisse von zwei Reiterinnen aus dem Nebel. Die eine zog an einem kurzen Strick ein drittes Pferd, das ungesattelt war, hinter sich her.

Beide Frauen hatten kurzes Haar, das schwarzbläulich wie Rabengefieder schimmerte, während ihre bloßen Arme und ihre Gesichter so aussahen, als seien sie mit kreidigem Schlamm bestrichen.

»Da sitzt er!« rief die eine, deutete auf ihn, und beide lenkten jetzt ihre Pferde hinab zur Erde. Als die Hufe die Kiesel des Strandes berührten, sprangen zwar einige Steine auf, aber es gab keinen Laut. Die Frauen ließen ihre Pferde frei. Das eine schüttelte den Kopf, als wolle es etwas abstreifen. Gleich darauf waren alle Tiere im Nebel verschwunden.

Madru musterte die Frauen, die näher kamen. Langsam, als hemme etwas den Lauf der Zeit.

Die eine war groß und hager und in der Mitte ihrer Unterlippe stand ein riesiger grüner Zahn vor. Die andere war eher fällig und gedrungen. Beide trugen lange graue Röcke aus Spinnweben und Blusen, die aus Mohnblättern zusammengenäht waren.

»Ein hübscher Bursche«, sagte die Dicke, »sie hat keinen üblen Geschmack, wenn es darum geht, ihre Ritter zu wählen.«

»Erinnere dich daran, liebe Schwester«, sagte die Hagere, »was sie befohlen hat. Wir sollen ihn zu ihr bringen, so rasch wie möglich und ohne Umweg und Aufenthalt.«

»Den Lohn ist auch er uns schuldig. Und ich gedenke ihn einzumahnen. In einer Nacht schaffen wir die Reise ohnehin nicht«, sagte die Dicke, »laß uns also bis zu unserem Haus reiten und den Tag über dort rasten.« Sie lächelte lüstern.

»Es ist noch nicht raus, ob er in deinem Bett schläft, Peg!« »Das findet sich dann, Jenny Grünzahn. Er wird wählen.«

»Wette, daß du schlecht abschneidest Schwester. Du bist feist geworden über den Winter. Das viele ›Schlehenfeuer‹!«

»Es gibt Männer, die haben etwas dagegen, wenn sie sich überall an Knochen stoßen.«

»Ein unerschöpfliches Thema«, erwiderte Jenny und zuckte die Achseln, »sehen wir zu, daß wir den Kerl in den Sattel hieven und den Weg unter die Hufe kriegen.«

»He, du!« sie tippte Madru mit einem knöchernen Finger auf die Schulter, und es kam ihm vor, als berühre ihn ein Eiszapfen, »wir müssen los. Hab keine Furcht vor dem Gaul. Er sieht gewaltig aus, gellt aber zahm wie ein Schaukelpferd.«

Sie holte eine kleine silberne Pfeife hervor. Ein schriller Ton erklang und sofort kamen die drei Pferde angetrottet.

»Was soll das alles?« fragte Madru mürrisch.

»Oh, auch so einer von denen, die es ganz genau wissen wollen«, maulte Peg, »die Sorte kenn ich.«

»Nicht der«, sagte Jenny Grünzahn, »er kann sich an nichts mehr erinnern.«

»Juhhe!« rief Peg. »Dann wird es lustig.«

»Benimm dich doch«, zankte Jenny und versetzte ihr einen Knuff mit ihrem spitzen Ellbogen. Dann fügte sie tadelnd hinzu: »Es gibt Leute, die wirklich nur das Eine im Kopf haben.«

»Wie«, krächzte Peg, »tu doch nicht so, als hättest du keinen Spaß daran.«

»Immer noch gehabt«, sagte Jenny, »also, junger Mann, wenn wir den Auftrag bekommen, einen rüberzuholen, muß er sich's schon heftig gewünscht haben. Das ist die Voraussetzung. Offenbar hat Bru einen Narren an dir gefressen. Wenn dem so ist, kannst du's bei uns ganz schön weit bringen. Sie sagt, wo's lang geht. Ne flotte Person. Steht tipptopp in der Wäsche, würde ich sagen. Wir sind nur ihre Büttel. Schwerer Job das. Geht nicht immer auf die feine Art ab. Na, denn mal los!«

Madru blieb keine Zeit, sich lange zu besinnen oder noch weitere Fragen zu stellen. Sie stießen ihn mehr auf sein Pferd, als daß es ihm aus eigener Geschicklichkeit gelungen wäre, auf dessen Rücken zu gelangen, und im Nu waren sie selbst im Sattel. Jenny Grünzahn rief: »Hussa!« und Peg: »Yerrah!«, und schon erhoben sich die Tiere mit einem mächtigen Satz in die Luft.

Madru bekam gerade noch die Mähne seines Gauls zu fassen und hielt sich dort mit beiden Händen krampfhaft fest. Sie hatten inzwischen eine schwindelerregende Höhe erreicht.

Über dem Wald, der hinter dem See lag und eine gewaltige Ausdehnung hatte, aber aus größerer Höhe immer kleiner wurde, stand ein Regenbogen.

Etwas klirrte, schepperte, zersprang. Winzige, in den Spektralfarben leuchtende Teilchen flogen Madru um die Ohren, und er erkannte jetzt, daß es nicht, wie er immer sagen gehört hatte, eine Mauer war, die die beiden Welten voneinander trennte, sondern eine hohe Wand aus Kristall. Sie waren offenbar bewußt mit den Pferden mitten hineingeritten. Ein Riß, ein Sprung war entstanden, und durch ihn hindurch waren sie hinübergelangt.

Madru wandte sich neugierig um, ohne die Mähne des Pferdes los zu lassen.

Dort, wo die Kristallwand ganz unversehrt war, sah man den Wald nur noch recht verschwommen. Nur durch die Bruchstelle sah man die Menschenwelt klar und deutlich. Und jetzt flogen sie schon über eine ganz andere Landschaft, eine öde bräunlichviolettgraue Heide. Jenny Grünzahns Pferd richtete sich auf den Hinterbeinen auf. Es schnaubte und aus seinen Nüstern stob schwefelgelber Atem. Sie zwang das Tier mit den Zügeln zum Gehorsam und lenkte es um die Hinterhand. Sie galoppierte jetzt nicht mehr waagerecht zum Erdboden, sondern tatsächlich senkrecht. Es schien, als wolle sie mit ihrem Pferd in den Himmel reiten, wo gerade die ersten Sterne zu funkeln begannen. Sie machte sich an der einen Satteltasche zu schaffen und holte etwas heraus. Ein Blitz fuhr, kaltes Feuer versprühend, über die Wand aus Kristall und die Bruchstelle war wieder verschlossen.

Die Frauen ritten voraus und gaben die Richtung an. Madru machte sich gar nicht mehr erst die Mühe, sein Pferd zu lenken. Es schien einem Zauber zu gehorchen. Bald senkten sich die Tiere wieder, und als die Hufe dann den Boden berührten, nahm das Tempo des Rittes zu.

Zuerst erschien die Heidelandschaft Madru einsam und verlassen, aber nach geraumer Zeit sah er, daß die Nacht voller Wanderer war. Es waren jeweils ganze Abteilungen, Haufen, Kolonnen und Gruppen, die offenbar alle einem bestimmten Ziel zustrebten. Während sie an ihnen vorbeiritten, blieben manche stehen, winkten ihnen zu und grüßten, während andere keine Notiz von ihnen nahmen und weitermarschierten. Trotz des schmalen Mondes war es hell genug, um Einzelheiten erkennen zu können. Zunächst war Madru von dem ungewöhnlichen Aussehen der Gestalten verwirrt und wußte nicht, wofür er sie halten sollte, bis ihm seine Begleiterinnen erklärten, daß dies alles Wesen seien, die in den verschiedenen Bäumen und Sträuchern wohnten, und sie nannten ihm auch jeweils die Namen, unter denen sie in der Anderswelt bekannt waren.

Da gab es die Tannenalben, die weiße Gesichter mit roten Augen hatten. Auf dem Kopf trug jeder von ihnen einen Helm aus Tannenzapfen und in den Händen hielten sie überlange Holzspieße. Die Weißdornwichte erkannte man daran, daß ihnen die Nase wie ein überlanger Dorn aus dem Gesicht ragte. Sie hatten lange dünne Ohren, stockdünne Leiber und spitze Kappen, die aus den Häuten von Pilzen zusammengenäht zu sein schienen und in einem langen, spiralförmig gedrehten Wurzelhaar ausliefen. Die Eschenormen waren abweisend und finster. Sie schleppten sich an den Stämmen samt Wurzelwerk ab, in denen sie gewöhnlich wohnten. Breitgesichtig und grauhaarig kamen die Holunderhulden daher. Sie hatten ihre Schürzen aus Kohlblättern gerafft und hielten darin die blauschwarzen Früchte ihrer Sträucher.

Die Haselnußbolzen waren, verglichen mit Maßen des menschlichen Körpers, kniehoch, hatten Mardergesichter und Raffzähne. Sie hielten Steinschleudern in den winzigen knolligen Händen. Barhäuptig, die ovalen Gesichter schwarzweiß gescheckt, latschten die Birkenkerle dahin, unbewaffnet. Aber die Frauen wiesen im Vorbeireiten auf die überlangen Fingernägel in der linken Hand, und erzählten, wenn sie damit jemanden am Kopf berührten, wachse ihm kein Haar mehr. Es bleibe ein weißes Mal und der Betreffende sei um den Verstand gebracht.

Mit Dreschflegeln und hölzernen Gabeln bewaffnet waren die Apfeltruden, dralle schnucklige Dirnen, rotbäckig, mit strammen Waden, die moosgrüne Wollstrümpfe zierten.

Die Eichenhenker hielten auf eine geschlossene Marschformation. Wenn man in ihre Gesichter schaute, zuckte man unwillkürlich zurück, denn da sah man keine Augen, keinen Mund und keine Nase, sondern glatte Haut, auf die sie Aschenkreuze gemalt hatten. Auf der Stirn wuchs ihnen ein riesiges Geweih. Statt Händen hatten sie Klauen wie Raubvögel, und am Kinn traten Hauer wie bei einem Wildschwein hervor.

Die WeidenDilldapps erschienen Madru wie Esel, denen lichtgrüne Ruten als Haare zu Berge stehen. Sie hatten vier Beine und zwei Arme und trugen wuchtige Keulen geschultert.

An der Spitze des langen Zuges marschierten die Heckenrosenamazonen, nacktbrüstige Fräulein, die Haut mit feinen Stachelhärchen besetzt, zwischen den Zähnen sichelförmige, gefährlich funkelnde Klingen.

Freilich erkundigte sich Madru bei seinen beiden Begleiterinnen auch danach, wohin all diese Baumwesen denn unterwegs seien und warum die meisten von ihnen bewaffnet daherkämen. Aber darüber verweigerten die beiden jegliche Auskunft und meinten, das werde er noch rasch genug erfahren, wenn sie zu Bru, ihrer Königin, kämen.

Die ganze Nacht ritten sie durch eine Landschaft, die sich kaum veränderte. Ein Anflug von Helligkeit ließ sich nahe dem Horizont ahnen, da tauchte auf der Heide ein alleinstehendes, kurioses Gebäude auf. Es sah aus wie ein großer rechteckiger Turm, auf den man eine Hütte mit einem Strohdach abgestellt hat, und dort, wo die beiden so unterschiedlichen Gebäude sich berührten, stand in der Luft ein breiter Nebelstreif. Das turmartige Unterteil erwies sich als ein Stall, in dem die riesigen Gäule, mit denen sie durch die Nacht unterwegs gewesen waren, eingestellt wurden. Eine Wendeltreppe aus Elfenbein führte nach oben zu einer Falltür, durch die man das Wohnhaus betrat. Im Flur brannten schon Fackeln. Madru sah, daß die Wände nicht aus Stein und Mörtel, sondern aus einem Gewirr von ineinander verschlungenen Pflanzen bestanden. Während er sich noch umschaute und sich über die merkwürdige Bauweise wunderte, erschien Jenny Grünzahn, die sich in der Küche zu schaffen gemacht hatte, mit einem Krug und einem Becher und sagte, indem sie ihm eingoß: »Trink das, dann wirst du eine gute Nacht haben.« Dabei sah sie ihn aus ihren schrägstehenden Augen frech und herausfordernd an. Obwohl er vermutete, daß ihm da alles andere als ein Schlaftrunk kredenzt wurde, trank er. Die Flüssigkeit schien eine Mischung aus Wein, Eigelb, Nelken und Zucker zu sein. Kaum hatte er ausgetrunken, da ging mit den Frauen eine Veränderung vor sich. Waren sie ihm bisher als schlampigältliche Vetteln vorgekommen, so standen sie nun nackt als junge Mädchen vor ihm. Die eine war eher schlank, mit kleinen, spitz zulaufenden Brüsten und schmalen hohen Beinen. Die andere hatte einen prallen, üppigen Busen, breite Hüften und einen ausladenden Hintern. Sie hatten nun auch nicht länger schwarzes Haar, sondern waren erblondet. Der Schlanken fiel das lange Haar in einem Schwall über die Schulter und umspielte mit einer Locke ihren Busen. Die Dralle hatte ihr Haar hochgesteckt. Es krönte ihren Kopf wie ein Knäul Schlangen.

»Nun wähle«, sagten sie wie aus einem Mund, »mit welcher von uns beiden möchtest du das Bett teilen?«

»Und wenn ich sagen würde mit keiner?« fragte er lachend »Das ist gegen die Abmachung. Eine Nacht mit den Männern, die wir holen … darin besteht unsere Belohnung.«

»Wie praktisch«, sagte Madru »eigentlich gefallt ihr mir beide »Guuut!« rief Peg. »Wie vernünftig« sagte Jenny. »Bleibt nur noch eine Frage« fuhr Peg fort.

»Und die wäre?«

»Eine von uns beiden müßte dir doch ein bißchen besser gefallen als die andere. Wir pflegen nämlich zu wetten.« »Meine Lieben«, sagte er und legte je einen Arm um die Hüften der einen und der anderen »wäre es wohl erlaubt, darauf zu antworten, wenn der Morgen anbricht?«

»Wenn es wieder Nacht wird, meinst du«, verbesserte ihn Peg und schob seine Hand dabei weiter nach unten, so daß sie auf ihrem breiten Hintern lag.

Die Fackeln erloschen, und sie gingen in einen Raum, der hatte keine Fenster. Leuchter mit Kerzen brannten. Das Bett war ein mächtiger Vierpfoster mit einem Baldachin. Auf eine Bordüre waren Verse gestickt. Madru, immer darauf aus, etwas über Zauber zu erfahren, las noch, während die beiden Schönen im Bett schon mit Armen und Beinen erwartungsvoll winkten. Da stand:

ACH, WESTWIND SAG, WANN BLASEST DU,
DASS DER KLEINE REGEN FÄLLT?
ACH, WÄR' MEIN LIEBSTER HEIM VON SEE,
UND ICH MIT IHM ZU BETT
UND FERN VON ALLER WELT.

Er versuchte, den Spruch auswendig zu lernen, aber da bliesen sie rasch die Kerzen aus und riefen ungeduldig: »Nun komm schon! Wir lehren dich bessere Reime.« und: »jetzt wirst du aber wohl doch wählen müssen.«

Lachend schloß er die Augen, ließ sich ins Bett fallen und sagte:

»Ich wähle blind.«

Es wollte Madru vorkommen, als ob dies ein ganz besonders langer Tag sei. Da aber viele der zärtlichen Spiele, die seine beiden Freundinnen mit ihm spielten, für ihn neu waren, und er Freude daran hatte, wie ihnen dabei immer wieder Hören und Sehen verging, spielte er sie immer wieder mit ihnen; und die beiden Frauen fanden, so reichlicher Lohn sei ihnen schon lange nicht mehr gezahlt worden. Endlich aber schliefen alle drei ein, ohne daß Madru der Urteilsspruch abverlangt worden wäre.

Er schlief traumlos und tief, bis ihn ein klägliches Miauen weckte. Er ging dem Laut nach, verließ das Zimmer, kam in die Küche und sah durch das Fenster, daß es draußen schon anfing dunkel zu werden.

Eine dreifarbige Katze drückte ihr Gesicht an die Scheibe. Er öffnete das Fenster, und sie sprang, immer noch laut miauend, herein. Sie lief voran zu einem Faß, in dem er Milch fand. Er gab der Katze zu trinken. Sie rieb ihr Fell an seinen nackten Beinen. Er sah draußen die Falltür und horchte. Es kam ihm merkwürdig vor, daß gar keine Geräusche von den Pferden heraufdrangen. Er öffnete die Falltür und blickte in einen hohen Saal, ganz und gar mit dunklem Marmor ausgekleidet.

Die Wendeltreppe war geblieben. Er stieg vorsichtig hinab und sah, daß da drei Tische aus weißem Marmor standen. Auf jedem lag ein Besen und ein Stengel Kreuzkraut. Es war ihm unheimlich zumute. Er wollte zur Stalltür hinaus. Da war keine Tür, sondern statt ihrer ein Spiegel mit einem Schafvlies verhängt. Wütend riß er es herab. Was er vor sich sah, war nicht sein eigenes Bild, sondern dies:

Vierzehntes Kapitel

Im Stall der Zauberpferde, und was Madru im Spiegel unter dem entsprechenden Schlafvlies sieht

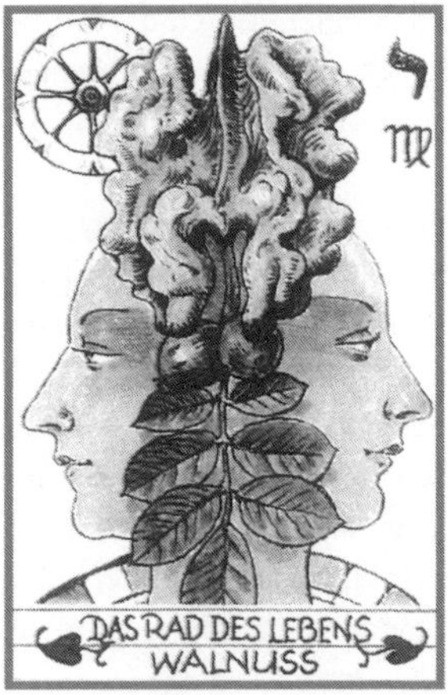

Kein Zweifel, es war die große Halle. Madru erkannte die mächtigen Stämme von Pappel und Erle. Er sah die gesund und frisch dastehenden Segensbäume. Sein Blick ging hin über den versteinerten Baumstamm mit den beiden Inschriften. Wie damals bei seiner Inthronisierung saßen die Freisassen in Reihen an den langen Tischen. Wie damals: an der Westwand der Tisch der Vornehmen, erhöht auf einem Podest.

Madru erkannte den Fürsten, Ase, die beiden ältesten Töchter des Fürsten und deren Ehemänner. Neben ihnen aber, auf dem Ehrenplatz in der Mitte saß ein Mann, den er nie zuvor gesehen hatte. Er wirkte klein, untersetzt und trug auf dem Fest, das hier offensichtlich im Gange war, eine schwarze mit Gold eingefaßte Rüstung. Auf dem Harnisch ein geflügeltes Schiff. Vor ihm auf dem Tisch neben dem Teller lagen ein langes Eisenschwert und ein Dolch. Der Mann war kahlköpfig und hatte einen langen dünnen Ziegenbart unter dem Kinn, an dem er häufig herumzupfte, obgleich dieser aus kaum mehr als sechs, sieben Haaren bestehen mochte. Wie durch Eingebung wußte Madru, daß es König Lausbart war. Er war also gekommen. Um Tribut einzutreiben oder um Rache zu nehmen? Ihm rechts zur Seite saß Alissa in einem weiten Gewand, bleich, etwas aufgedunsen im Gesicht. Dann kam Mola. Sie runzelte verächtlich die Stirn, als wolle sie dagegen protestieren, hier mit dabei sein zu müssen.

In dem Augenblick, da er in den Spiegel sah, war Madrus Erinnerungsvermögen zurückgekehrt. Er empfand jetzt Sehnsucht nach Alissa. Er wußte wieder, wie das Zimmer aussah, in dem sie schlief. Er spürte ihren Geruch, hörte den Tonfall ihrer Stimme. Er wußte auch wieder, wo in seiner Zelle sein Bilderspiel lag. Im Spiegel sah er jetzt, wie durch einen kleinen Durchlaß im weiterhin geschlossenen Osttor ein Mann die Große Halle betrat, der genau so von Kopf bis Fuß in Leder gekleidet war wie der Bote, der ihn in Ängratörn aufgesucht hatte. Der Ledermann lief durch die Halle, an den langen Tischen vorbei, in denen die Gäste den Speisen und Getränken zusprachen, auch Rauschmoos war schon gereicht worden. Es fiel Madru auf, daß unter den Freisassen ungewöhnlich viele Fiedler saßen.

Der Ledermann mit dem Brief fiel ihm ein. Wut stieg in ihm auf. Scham überkam ihn, weil in einer entfernten Ecke seines Bewußtseins doch auch ein Fünkchen Zweifel aufgeglommen war. Der Ledermann ging zu der Tafel, an der die Vornehmen saßen. Er trat hinter Lausbart und flüsterte ihm etwas ins Ohr. Der nickte, hob die Hand und rief in den Saal: »Freunde und Untertanen! Eben meldet man mir, daß der Tribut angeliefert worden ist. Viertausend Felle. Welche Freude! Nun ist wieder Frieden und Freundschaft zwischen Svea und Norrland. Ich eile, um einen Blick auf die Pelze zu werfen, die ihr mir geschenkt habt. Ihr macht mich glücklich, meine Untertanen. Haltet euch bereit. Wenn ich zurückkomme, soll getanzt werden.«

Schon bei der Anrede »Untertanen« war ein Raunen des Unwillens durch die Große Halle gelaufen. Als das Wort »Tribut« fiel, hatten manche die Fäuste geballt. Einige waren sogar aufgesprungen und hatten gerufen: »Er will uns verhöhnen!« »Nicht so, Lausbart!« »Was sagt der Fürst des Waldes dazu, he?«

Jetzt sah er Boten, die eine Zahl an die Haustore schrieben. Männer und Frauen, die diese Zahl mit besorgten Gesichtern lasen. Vierzig, fünfzig Männer, die als Treiberkette durch den Wald stapften, lärmend, mit Knüppeln auf jeden Busch, jedes Gesträuch schlagend. Die Schar der flüchtenden Eichhörnchen, Iltisse, Marder, Dachse, Hermeline, Luchse, Biber. Tausende von trabenden kleinen Füßen und Pfoten, die immer schneller rannten. Sie hechelten. Sie wurden zu Schatten. Etwas streckte ihre Leiber, verwandelte sie in Felle, Pelze, in etwas Totes. Haar, das nur noch lebendig wurde, wenn der Wind hineinfuhr. Jemand türmte die Felle zu Stapeln. Immer zehn Stück wurden zusammengelegt. Jemand wischte die mit Kreide geschriebene Zahl an dem Hoftor wieder ab.

Ein Mann sagte zu seinem Knecht: »Noch eine solche Schätzung, und es gibt keine Pelztiere mehr im Großen Wald. Was werden sie dann aus uns herauspressen, he?«

Nebel. Auf dem Pflaster eines Hofes liegt ein totes Eichhörnchen. Jetzt sind es zehn. Jetzt hundert. Jetzt zehn mal hundert. Ein Wirbelsturm. Felle wirbeln fort durch die Luft. Über den Waldboden schleppen sich die Geister der toten Tiere. Grell weiße Skelette. Ohne Haut. Ohne Fell. Ohne Hecheln.

Es hat viele Freisassen gegeben, die jetzt mit an den langen Tischen sitzen, die sie gesehen haben wollen in den letzten mondhellen Nächten. Der Nebel hebt sich. Mondlicht wird Tageslicht. Im Spiegel sah Madru, wie Lausbart, dem Ledermann folgend, durch den Mittelgang schritt. Bei den Schmähungen zuckten seine Mundwinkel. Keine Zornesfalte auf seiner Stirn. Eher schien es, als ob er böse lächle.

An der Tafel der Vornehmen wandte sich der Fürst des Waldes an Ase: »Hast du's gehört? Wir sind schon abgesetzt. Es sind seine lieben Untertanen. Uns ausplündern. Ein Fest geben, das wir bezahlen dürfen. Sich mein Amt anmaßen. Mein Siegel benutzen. Guh ist in seinem Gefolge. Desgleichen die Fürstin. Was wird uns noch alles blühen, Ase? Was sagen die Bäume? Sprich es aus. Von dir kann ich die Wahrheit ertragen.«

»Wir müssen stillhalten, mein Fürst. Er muß abziehen. Erst das. Hätten wir ihm sonst all die Felle gegeben? Er hat einen langen Weg heim, also kann er nicht ewig bleiben. Wenn er fort ist: am Pass über die Westberge mußt du eine Burg bauen lassen. Mehr Miliz brauchen wir. Und Österstrand braucht die eiserne Kette. Wenn wir's ihm heimzahlen wollen, was er uns angetan hat: einen Hinterhalt dort, wo er vom Höhenweg herab muß – an eben der Stelle, wo die Söhne des Zaubertrommlers Kettenhemden und eine Rüstung erbeuteten.«

»Dieser Ritter damals?«

»Eben den meine ich.«

»Wir hätten die Mörder bestrafen müssen.«

»Wir hätten uns mit den Mördern verbünden müssen.«

»Zu spät jetzt«, sagte der Fürst, »wer hatte auch ahnen können, daß Lausbart über die Westberge ziehen würde? Diesen beschwerlichen Weg!«

»Es gab bei uns etwas für ihn zu holen. Wenn er das nicht ohnehin schon wußte, wird es ihm Guh verraten haben.«

Bator verzog das Gesicht, nahm einen kräftigen Schluck aus dem goldenden Kelch, der vor ihm stand und wischte sich dann mit dem Handrücken über die Lippen »Wie wird das enden?« Er deutete auf die beiden großen Bäume. »Sie wissen es. Sollen sie es doch herausschreien. Ich will auch wissen, woran ich bin.

»Ich habe noch Hoffnung, Herr.«

»Wirklich? Wenn es nun käme, Ase – das was keiner auszusprechen wagt. Ich wünschte nur, daß es schnell ginge. Schmerzen kann ich nicht gut ertragen.«

Draußen vor der Halle wurde Lausbart von einer Gruppe von Rittern erwartet, aus der zu Madrus größtem Erstaunen sich eine ihm bekannte Gestalt löste und auf den König zutrat. Es war Guh, der Ex-Erzdruide in der Kutte des Mönchsordens und mit einem Kranz aus Mistelzweigen im Haar. Festtagskleidung.

König Lausbart streckte die Arme emphatisch aus: »Wirklich und wahrhaft viertausend Felle?«

»Ja, Herr. Vorzügliche Qualität. Ein jedes makellos. Werden Höchstpreise erzielen.«

»Die Kriegsflotte«, sagte Lausbart ganz ruhig und warf seinen Adjudanten einen Blick zu, der dazu gedacht war, sie wegen ihrer Kleingläubigkeit zu demütigen. »Erst will ich hier fertig sein. Nächstes Frühjahr dann übers Kleine Meer. Wie gefällt Ihnen das, meine Herren?«

»Tod allen Feinden Sveas! Es lebe unser mächtiger König!« riefen die Herren wie aus einem Mund. Es klang wie eine Litanei. Gewöhnlich ging es wohl noch weiter, denn Lausbart winkte ab und sagte: »Geschenkt.« Er wandte sich wieder an Guh. Ob die Felle auch weit genug von der Großen Halle gestapelt worden seien, wollte er wissen. »Wegen des Funkenfluges!«

»Wie Ihr befohlen habt, schon auf die Wagen verpackt, Herr«, sagte Guh beflissen, »aber wenn ich an die Wölfe erinnern dürfte.«

Ob er allen Ernstes meine, daß sie angreifen würden? So etwas geschähe seines Wissens doch nur in einem sehr kalten Winter. Jetzt aber …

»Wenn Ihr gütigst bedenken wollt, Herr«, sagte Guh näselnd, dieser Ritter Jessach … er soll auch immer gesagt haben ›so etwas gibt es doch nicht‹. Wir wissen, wie er endete.«

»Schon recht«, Lausbart war unwirsch, »meine Herren, mein Befehl lautet: Drei Reihen unserer Männer um die Halle. In das erste Glied die Bogenschützen mit Brandpfeilen. Dahinter: die Ledermänner mit Wurfmesser und Schwert. Als dritte Kette, gegen den Waldrand hin ausgerichtet: unsere vortrefflichen Armbrustschützen. Die Lanzenträger bilden um sie einen Igel. Wenn wir sie an acht Stellen rings um die Halle konzentrieren, möchte ich das Wolfsrudel sehen, das da durchkommt.«

Einer der Ritter ging, um Lausbarts Befehle weiterzugeben. Den Kopf wiegend und still vergnügt eine Melodie vor sich hinsummend, lief der König auf und ab. »Der Tod wird mit ihnen tanzen«, sagte er, als er aus dem Takt gekommen war.

Guh räusperte sich. Er mußte sich abermals räuspern, ehe er damit Lausbart aus seinen Phantasien hochschreckte.

»Ja, verdammt, was gibt's denn?«

Rasiermesserstimme. Ein verschreckter Guh. Devot. Worte, die auf Samtpfötchen daherkommen. Es gehe um die beiden großen Bäume in der Halle. Man müsse Vorkehrungen treffen, daß sie nicht mitverbrennen. Sonst werde man auf ewige Zeiten den Zorn des Großen Waldes erregen, und er wisse nicht, wie er den Wald in diesem Fall besänftigen könne.

Den Wald besänftigen, rief Lausbart, daß er nicht lache! Was habe er sich um den Großen Wald zu scheren. Er wolle Pelze, die brächten gutes Geld. Diese viertausend seien erst der Anfang. Wo sich viertausend so rasch herbeischaffen lassen, sei auch noch mehr herauszuholen. In Zukunft werde man Fang und Abschuß noch besser organisieren. Schon vor einigen Tagen habe er angeordnet, eine Schneise in den Bannwald zu schlagen. Dort wolle er eine Straße bauen lassen. Eine ordentliche, gerade Straße, die direkt nach Süden führe.

Das mit der Straße durch den Bannwald sei doch wohl nicht sein Ernst, sagte Guh. Vor Schreck vergaß er sogar zu näseln. Wie immer, wenn er sich aufregte, wurde er nun ganz gelb im Gesicht. »Mein voller Ernst!« Lausbart lachte. »Was habt Ihr, Mann?«

»Herr, macht diesen Befehl rückgängig. Wenn er ausgeführt würde, wäre das unser aller Verderben.«

»Nun wollen wir uns erst einmal anschauen, wie die anderen verderben«, sagte der König. »Kommt Ihr mit, Guh, oder müßt Ihr gehen, um Eurem zürnenden Großen Wald ein Opfer zu bringen?«

»Herr, ich bitte Euch noch einmal: Verschont die beiden großen Bäume.« Guh lief neben dem König her und rang die Hände.

»Ihr werdet lästig. Merkt Ihr das nicht? Geht mir aus den Augen.«

»Herr, ich bitte Euch.«

»Brauchen wir ihn eigentlich noch?« Die Frage Lausbarts ging an die Gruppe seiner Begleiter. Der Mann, den er dabei angesehen hatte, zuckte die Achseln und sah starr geradeaus.

»Habt Ihr eigentlich meine Befehle hinsichtlich der Fürstin endlich ausgeführt?« fragte Lausbart zu Guh hin.

»Noch nicht, Herr. Es ergab sich noch keine Gelegenheit dazu.«

»Ihr rühmtet Euch doch, Ihr wäret ein Experte in unnachweisbaren Giften?«

»Es hat sich noch keine Gelegenheit gefunden. Immerhin ist sie die Fürstin.«

»Sie war Eure Geliebte, höre ich. Ihr schützt sie. Ihr mißachtet meine Befehle, Guh.«

»Ihr habt gesagt, es müsse ohne Aufsehen vonstatten gehen.«

»Auf Euch ist kein Verlaß, Guh.«

»Euer ergebenster Diener, Herr. Es wird noch heute geschehen. Seid versichert!«

Der König blieb stehen. Er kniff die Augen zusammen, beobachtete Guh und spielte dabei mit seinen spärlichen Barthaaren. »Tötet ihn«, sagte er dann, »auf der Stelle. Schließlich gehört er auch mit zu diesem Pack. Es ist beschlossene Sache die Waldmenschen auszurotten. Fangen wir gleich bei ihm an.«

Die Ritter blickten unschlüssig. Guh stand da, erstarrt in einer lächerlichen Pose. Der Kopf berührte fast den Boden. Der Hintern schaute in die Wolken.

»Sucht Ihr Frösche dort unten?« sagte der König, und zu den Rittern gewandt: »Worauf wartet ihr noch?«

»Ein waffenloser, ein wehrloser Mann«, wagte einer einzuwenden.

»Ungeziefer«, sagte Lausbart fast sanft. Er zog mit einer raschen Bewegung sein Schwert. Ein Zischen sprang durch die Luft. Die Klinge trennte Guhs Kopf vom Rumpf. Der Hals spie Blut wie ein Springbrunnen. Der Rumpf ohne Kopf machte noch einen Schritt und stürzte dann ins Gras.

Lausbart wischte die Klinge ab, stieß sie in die Scheide und sagte:

»Gehen wir.« Zusammen mit zwei Rittern bestieg er einen Anstand, der in einiger Entfernung von der Großen Halle errichtet worden war. Ein Hornsignal ertönte.

In diesem Augenblick sah Madru, nicht im Spiegel, der andere Bilder zeigte, sondern in seinem Gedächtnis noch einmal Alissa vor sich. Er sah sie, wie er sie in dem Augenblick gesehen hatte, als sie sich ineinander verliebten. Madru spürte ihre Liebe zu ihm und zugleich wurde er sich der Unmöglichkeit bewußt, sie zu retten. Er wollte schreien, auf den Spiegel einschlagen, die Bilder dort zertrümmern, aber er konnte seine Arme nicht bewegen, seine Schreie wurden nicht laut.

Im Spiegel sah man jetzt, wie die Soldaten aufmarschierten und die Halle in einem weitgezogenen Ring einschlossen. Bogenschützen in Kettenhemden, Ritter in ihren blitzenden Rüstungen, Ledermänner, das blanke Schwert in der Hand. Lanzenträger, die, einen Kreis bildend, die Armbrustschützen hinter ihnen sicherten – einen Kreis, der an einen Igel erinnerte, dem sich die Stacheln sträubten. Etwas abseits wartete auch noch ein Reitertrupp auf niedrigen, struppigen Pferden. Ein Holzstoß loderte auf. Madru ahnte, daß sie die Leichen dort verbrennen würden.

Ein zweites Hornsignal ertönte. Die Bogenschützen begannen, mit Brandpfeilen zu schießen. Bald sah man oben aus dem Dach die ersten Flammen zucken. Klein noch. Blaß im Sonnenlicht. Dann schoß eine Feuerwand hoch. Zwei Fahnen wehten riesig. Die beiden hohen Bäume.

An die hölzernen Außenwände wurden Reisigbündel getragen und angezündet. Die ersten Menschen kamen aus der Halle gestürzt. Die Bogenschützen zielten sorgfältig. Die Flüchtenden stürzten. Wo sich noch ein Arm oder ein Bein regte, gingen die Ritter hin und stießen mit den Schwertern zu. Lausbarts Leute hatten leichtes Spiel. Keiner der Freisassen, Siedler und Jarle, die drinnen auf den Beginn des Tanzes gewartet hatten, war bewaffnet.

Die wenigen Leute von der Miliz, die sich in der Fürstensiedlung aufhielten, bewachten die Planwagen mit den Fellen. Zehn Ritter nahmen sich ihrer an. Sie leisteten Widerstand … nicht lange. Als es den in der Halle Eingeschlossenen endlich gelungen war, das Osttor zu öffnen, entstand eine Panik. Wer dort hinaus wollte, lief gegen stachliges Eisen an. Hellebarden zuckten vor, schlitzten Bäuche auf, durchbohrten Brüste, spalteten Schädel. Verwundete und Tote fielen übereinander. Einige machten kehrt. Sie sahen wie gerade das Feuer durch eine Wand in die Halle sprang. Der Tisch der Vornehmen war umgestürzt. Die Speisen am Boden. Lachen von Wein. Wichtig war nicht mehr der Pokal, sondern das Schwert. Ase und der Fürst hatten Waffen und Ase fragte: »Wollt Ihr, Fürst, daß ich Euch mit meinem Schwert eine Gasse durch unsere eigenen Leute haue? Ich tu's, aber nicht gern. Der Große Wald sei uns gnädig.«

»Jetzt hilft nur noch mit dem Schwert zu beten«, sagte Ase »Wir sollten versuchen in die Westwand eine Bresche zu schlagen«, überlegte der Fürst.

»Darauf warten sie doch. Draußen wurden wir in ihren Pfeilhagel laufen. Nein, wenn wir ausbrechen, dann an einer Stelle, an der sie es nicht erwartet haben. Das ist unsere einzige Chance. Die Frauen nehmen wir in die Mitte.

»Seht doch«, rief der Fürst verzweifelt »der Stamm der Großen Pappel hat Feuer gefangen. Bris Baum brennt. Das ist das Ende. Jetzt ist alles vergebens. Jetzt geht die Welt unter.

»Die Welt wird untergehen, und der Wald bleibt bestehen« murmelte Ase. »Jetzt wissen wir, welches der richtige Spruch war. Neben den beiden Männern stand Mola. Sie murmelte leise Zaubersprüche, befeuchtete ihren Zeigefinger mit Speichel, zog auf dem Boden einen Kreis um sich, in den sie auch Alissa hineinzerrte. »Schwacher Zauber« sagte sie »aber man tut, was man kann. Schau nicht in die Flammen. Das Kind in deinem Leib bekommt sonst ein Feuermal. Hast du die Wolfspfote, die dir Madru dagelassen hat? Gib sie mir. Ich will versuchen, unsere Freunde zu rufen. Sie sind unsere einzige Hoffnung.«

Im Spiegel tauchten jetzt zwei Wölfe auf, die durch den Wald liefen. »Ist etwas?« fragte der eine.

»Es juckt mich in meinen Pfoten. Gleich werde ich etwas hören. Ja, jetzt … Mola und Alissa sind in der Großen Halle unter denen, die Lausbart verbrennen läßt.«

»Wir haben sie doch oft genug vor Lausbart gewarnt. Der große Schlächter kommt, haben wir ihr gesagt. Nun ist er da und schlachtet.«

»Erst die Eichhörnchen, die Füchse, die Zobel und Iltisse … später wir.«

»Was gehen uns die Eichhörnchen an?«

»Eine Menge. Es war kurzsichtig, nichts zu unternehmen, als man sie zu Hunderten niedermachte.«

»Die Zobel sind hochmütige und futterneidische Burschen. »

»Der Schlächter ist unser aller Feind. Wenn es gegen ihn geht, müßten unsere Streitigkeiten untereinander vergessen sein oder niemand von uns wird überleben. Was soll nun aus Alissa und Mola werden?«

»Eigentlich wäre es doch Madrus Sache, Alissa zu schützen. Wo steckt er denn?«

»Am Ängratörn … zu weit.«

»Also bleibt es wieder einmal an uns hängen. Worauf warten wir noch?«

»Unsere Chance ist nicht sehr groß … «

»Dennoch wollen wir es versuchen. Diesem Lausbart würde ich gern an die Gurgel fahren.«

»Vielleicht bittest du ihn um eine Privataudienz.«

Mehr und mehr Tiere schlossen sich den beiden an. Bald war das Rudel vollzählig.

Sie kamen jetzt aus dem Wald hervor. Die Große Halle brannte lichterloh. Einige der Tiere zögerten.

»Cara, die Kleine, zu mir!« befahl Yarduk, der Anführer des Rudels. »Noch leben wir. Wer wird seine Freunde im Stich lassen? Auf zur Großen Halle. Von der Westwand höre ich Molas Stimme.« Sie begannen wieder zu traben. Yarduk erkannte jetzt die Kreise der Lanzenträger, dahinter standen schußbreit die Armbrustschützen.

»Nicht angreifen«, belferte Yarduk, »zwischen ihnen hindurch. Und du, Cara, kehrst um … erzähl den anderen Rudeln, was hier geschehen ist. Keine Widerrede.«

»Warum immer ich?« murrte Cara.

»Weil es immer noch die Wölfinnen sind, die die Jungen werfen«, erklärte Yarduk, »los jetzt. Du zurück. Wir vor. Und wenn wir fallen, sollen die andern uns rächen.«

»Immer Rache, Rache«, sagte Cara, »und mich machst du zur Botin der Rache.«

»Du mußt nicht gehorchen«, sagte Yarduk, »aber streiten können wir jetzt nicht lange. Geh.«

Für einen Augenblick sah es so aus, als ob das Rudel es schaffen werde, zur Halle durchzukommen. Die Körper der Tiere streckten sich von Sprung zu Sprung immer mehr. Dann aber kamen die ersten jaulenden Laute derer, die ein Bolzen getroffen hatte.

Yarduk stoppte plötzlich, um sich einen Überblick zu verschaffen. Sie liefen in der Mitte zwischen zwei Kreisen mit Bogenschützen. Die Einschläge lagen noch ein ganzes Stück entfernt. Kein stehendes Ziel bieten. Mit das Erste, was einem beigebracht wurde. Dennoch ließ er sich Zeit um den Kopf noch einmal zu wenden. War Cara drüben am Waldrand? Er machte sie aus, sie verschwand zwischen den Stämmen. Keine Gefahr mehr.

Ein Schlag traf ihn von hinten. Das war's. Der Stich fuhr in seine Lungen. Er überschlug sich. Er spürte, wie etwas Weiches in ihm hochquoll. Ein Fluß, der steigt und steigt und du sitzt da und kannst nicht vom Fleck, bis seine Wogen über dir zusammenschlagen.

In der Halle war es heiß. Immer wieder schwirrten durch die großen Löcher, die das Reisigfeuer in die Seitenwände gebissen hatte, Pfeile herein. Scharen von Vögeln, die aus einer Hecke stoben. Man hörte Schreie, Gebete, Flüche.

Mola stand murmelnd und wie verrückt an der Wolfspfote reibend in ihrem Kreis. Plötzlich zuckte sie zusammen, ließ die Pfote fallen, schrie auf und umarmte Alissa.

»Yarduk, mein Geliebter«, klagte sie, »er ist tot. Sie sind alle tot … bis auf … ja, Cara ist es. Mein schöner Freund. Wie habe ich dich geliebt!«

»Ja, er war schön, wild und tapfer«, sagte Alissa und strich Mola über die Wange. Mola schüttelte sie ab, richtete sich auf. Die Brände waren nahe.

»Alle sollen es wissen«, schrie sie, »Yarduk … ich habe Yarduk geliebt. Habt ihr es auch alle gehört? Ich, eine Sterbliche, einen Wolf. Yarduk, mein Schöner, mein Tapferer, mein Zärtlicher. Er ist tot. Nun kommt, Flammen, Pfeile, damit meine Seele ihm bald nachfliegen kann. »

»Närrisch, den Tod auch noch herbeizurufen«, brüllte Ase dazwischen, faßte Alissa am Arm und wollte versuchen, sie mit sich fortzuziehen. Er fuchtelte mit dem Schwert und deutete in die Richtung, in die er sich durchschlagen wollte. Hinter den Rauchschwaden, die in die Halle gedrückt wurden, hatte er hier ein Stück blauen Himmel erspäht. Auch Pfeile waren dort seltener geflogen als anderswo. »Bleib hier, Kind«, sagte Mola wieder ruhig und zog Alissa an sich. »Das verspreche ich dir, hier im Kreis werden wir leicht sterben. Mehr kann niemand für dich tun.«

In diesem Moment schwoll der Feuersturm, der im Gebälk raste, zu einem sirrenden Laut an, aus dem dann ein scharfer Knall sprang. Unter Dröhnen und Tosen und Funkenflug brachen die Reste des Daches herab und begruben die Menschen unter sich. Das Schicksal meinte es noch gnädig mit jenen, die drinnen umkamen. Wer ins Freie gelangte, fiel unter den gezielten Schüssen der Bogen- und Armbrustschützen oder wurde von den Ledermännern niedergestochen. Einige kamen weiter – brannten an Haar und Kleidern. Lebendige Fackeln. Sie warfen sich ins Gras, versuchten die Flammen zu ersticken. Aber nun preschten die Reiter heran, warfen ihre Lassos nach ihnen. Glücklich, wen schon die Schlinge, die man ihm über den Kopf warf, erdrosselte. Ob tot oder lebendig, man schleifte die so Eingefangenen zu dem Scheiterhaufen, wo sie die Ledermänner aus der Schlinge nahmen, an Armen und Beinen packten und die zappelnden und zuckenden Bündel in die Flammen warfen.

Erst danach gefiel es König Lausbart, von seinem Austand herabzusteigen. Seine Unterführer kamen ihm mit rauch- und blutverschmierten Gesichtern, die Waffen noch in der Hand, entgegen. »Jessach wäre damit gerächt, meine Herren«, sagte er.

Die Ritter schauten an ihm vorbei. Jeder sah Blut, verstümmelte Leiber, hörte Todesschreie, Stöhnen, erbärmliches Wimmern.

»Schwere Arbeit heute, was?« sagte der König. »Verluste?« Zwei Ledermänner, hieß es. Den einen habe ein Norrländerweib mit bloßen Händen erwürgt. Dem anderen sei vom Dach herabfließendes Pech ins Gesicht geflossen.

»Der Chronist soll schreiben kein einziger Mann«, befahl der König, »so klingt es eindrucksvoller. Kein einziger Mann.«

Es wurde zum Sammeln geblasen. Eine Stunde nach dem Massaker war die sveaische Armee auf dem Marsch zum Lager der Hundertschaft, die eine Schneise in den Bannwald zu schlagen begonnen hatte.

Zelte auf einer Hügelkuppe bei Nacht. Wäre es etwas heller gewesen, hätte jemand genau hingesehen, er hätte bemerken müssen, daß in dem großen Gebüsch, einer Weißdornhecke in voller Blüte, drei Wesen standen.

Viele Zelte. Aber nur vor dem einen stand ein Doppelposten. Ein fremdländisch aussehender alter Mann, vornübergebeugt, sich auf einen Stock stützend, kam heran. Die Wachen kreuzten die Speere und versperrten ihm den Weg.

»Parole?«

»Tod den Waldmenschen«, sagte der Mann, jedes Wort sorgfältig betonend. Er machte eine wegwerfende Handbewegung gegen die gekreuzten Speere hin, als seien sie etwas Lächerliches.

»Ich bin der Arzt«, sagte er leise. »Er hat nach mir geschickt.« Die Schranke hob sich. Der Alte schlüpfte ins Zelt. Drinnen schlief König Lausbart. Der Alte beugte sich über ihn und schnitt dem Schlafenden einige seiner Barthaare ab. Er ging zu der Kerze auf dem Tisch und verbrannte die Haare. Darauf trat er abermals an das Lager und flüsterte dem Schläfer etwas ins Ohr. Der Alte richtete sich wieder auf, beobachtete den schlafenden König eine Weile. Der begann, sich unruhig hin und her zu wälzen. Der Alte nickte befriedigt und verließ das Zelt.

»Es geht ihm besser«, murmelte er vor sich hin. Es war ihm gleichgültig, ob die Wachen verstanden hatten, was er gesagt hatte oder nicht. Den Wachen entging aber nicht, daß der Alte, während er die Zeltgasse entlanglief, kleiner und kleiner wurde. Als ihm selbst bewußt wurde, was mit ihm geschah, bog er einfach nach links ab.

»Hätte wetten wollen, da vorn laufe ein Zwerg«, sagte der eine Wachhabende zum anderen.

»Mann … Zwerge!«

»Es soll hier welche geben.«

»Ja? Sonst hast du keine Sorgen?«

Keuchend erreichte Allwiss die Weißdornhecke und tauchte in ihr unter. Zwei Baumnymphen warteten dort auf ihn. Die eine hielt eine Sanduhr in der Hand. »Abgelaufen«, sagte sie tadelnd, »und danach habe ich noch bis zwanzig gezählt.«

»Alles in Ordnung«, sagte der Zwerg, »er wird erscheinen, wie sie es wünscht. Man ist eben nicht mehr der Jüngste«, fügte er noch entschuldigend hinzu.

Wer steht dort? Wer ist denn das? Warum was soll das denn?

Nein, dieser Bart steht mir nicht. Plötzlich war Madru sein Ebenbild im Spiegel erschienen. Aus und vorbei. Ende der Vorstellung. Wie die das nur machen? Vielleicht stimmt alles gar nicht. Illusion. Böse Geister, die mir Angst und Schrecken einjagen wollen. Alissa ist … Alissa ist tot. Er sprach den Satz laut vor sich hin. Er begriff nicht, daß er laut wurde. Ein Gedanke kam ihm, an den klammerte er sich in seiner Verzweiflung. Wenn es stimmt, daß sie tot ist, gehe ich sie suchen. Ich gehe bis ins Totenreich. Ich schwöre es. Ich schwöre es bei der Möndin. Ich hier … schlafe mit diesen zwei Ischen.. und Alissa tot. Ich schwöre, schwöre. Sei still. Davon wird sie auch nicht wieder lebendig.

Wer hat das gesagt?

Madru hörte die Katze laut miauen und die Stimmen der beiden Nebelfrauen. Es sei schon viel später als sie gemeint hätten. Man müsse aufbrechen, aber hoppla hopp. Ein bißchen Beeilung. »Wo steckt der Mann?«

Madru sprang die Treppe hinauf. Jenuv Grünzahn kam ihm im Flur entgegen. Sie hatte wieder das Aussehen einer älteren, etwas verwahrlosten Person.

»Zu Mitternacht müssen wir dort sein. Nun beeil dich doch. Es ist halb zwölf«, rief sie aufgeregt über die Schulter ihrer Schwester zu. Die dreifarbige Katze saß am Treppengeländer und fauchte, als ob sie da auch noch ein Wörtchen mitzureden hätte.

Jenny musterte sie und sagte dann: »Beim Arsch eines Matrosen. Das ist nicht unsere Katze. Ich wette, es ist Bru. Sie ist gekommen, um uns anzutreiben.«

»Was für'ne Kuh?« keifte Peg. Sie erschien auf der Schwelle des Schlafzimmers ohne Fenster und war gerade damit beschäftigt, sich die Haare zu richten. »Guten Abend, gute Nacht«, sagte sie, »ich fühle mich großartig. Was für ein Tag! Aber es ist ungezogen, daß man uns jetzt so hetzt. Nichts ist schöner als beim Aufstehen zu trödeln.«

»Wir sind spät dran. Da hat sie schon recht«, sagte Jenny und streichelte die Katze, »aber haben wir nicht noch etwas von dem feinen Mittelchen für danach?«

Sie griff sich an den Kopf und überlegte, wo sie dieses suchen müsse.

»Na klar«, sagte Peg und drängte sich an ihrer Schwester vorbei, »nur eben ... wir werfen in letzter Zeit ziemlich häufig was ein. Schadet auf die Dauer der Gesundheit, oder was meinst du?«

Madru hatte da keine Meinung.

Peg öffnete in der Küche eine Schublade, griff in das Fach über den Gewürznelken und kam mit drei rotweißen Fingerhutblüten zurück.

»Nimm dir eine«, sagte sie zu Madru, »und setze sie dir auf den Deez.

»Und was geschieht dann?«

»Du wirst es überleben«, sagte sie schnodderig.

Da sich auch die beiden Frauen Blüten auf den Kopf legten, schien es ihm kein allzu großes Risiko, es ihnen nachzutun. Kaum hatte er die Hand wieder weggenommen wurde die Blüte größer und größer, bis sie seinen ganzen Kopf bedeckte wie ein kurioser Helm in Glockenblumenform. Gleichzeitig lief ein merkwürdiges Kribbeln durch seinen Körper. Es wurde ihm glühend heiß und dann wieder ganz kalt. Etwas schien in seinen Adern zu vibrieren. Er wollte gerade ausrufen »Ich muß schon sagen, Jenny Grünzahn steht dieses Hütchen nicht übel!« da fühlte er sich in Bewegung gesetzt. Er ritt auf keinem Schaukelpferd. Kein Besen trug ihn. Es war, als sei er in einen Kreisel verwandelt, der sich immer schneller drehe und dabei zu summen anfange. Für einen Augenblick wußte er nicht, wo oben und unten war. Dann stand er auf einer Wiese. In der Nähe sah man einen Steinkreis. Es roch würzig nach Heu. Viele Leute waren da. Sie standen in Gruppen zusammen, schienen auf etwas zu warten.

»Was hast du gerade sagen wollen, als wir abgeschwirrt sind, Schätzchen?« hörte er Peg fragen.

»Daß diese Kopfbedeckung Jenny besonders gut steht.«

»Du magst sie lieber als mich. Da kann man nichts machen«, klagte Peg und sah beleidigt drein.

»Wette gewonnen!« rief Jenny und gab Madru zwei schmatzende Küsse. »Bist'n lieber Kerl. Aber jetzt reden wir von etwas anderem. Da kommt die Königin ... Majestät . . .!« Sie versank in einen tiefen Knicks.

»Aber ich bitte dich«, sagte Bru, »steh doch auf. Wie oft soll ich dir noch sagen, daß ich Hofknickse nicht leiden kann?«

Fünfzehntes Kapitel

Brus Feengericht über König Lausbart
Madru wird als Ritter des Großen Waldes verpflichtet

Stolz und selbstbewußt kam sie daher. Ein großes Schiff unter Segel, in voller Fahrt, wie er es am Meer gesehen hatte. Es war aber auch etwas an ihr, das in eine blühende Sommerwiese, an über Berg und Tal sich hinziehende Weizenfelder erinnerte, an einen Buchenwald mit geraden Stämmen im frischen Grün, durch den die Sonne flutet, an Blumen und Pflanzen mit gesundem Wuchs und üppigen Blüten wie sie an Bachrändern gedeihen.

So wie Bru da auf sie zu kam, war sie freilich für einen besonderen Anlaß herausgeputzt. Sie trug gewissermaßen ihre Amtskleidung. Auf ihrem Kopf saß eine Krone aus den verschiedenen Getreidesorten. Zwischen den Ähren waren Heckenrosen und Kornblumen eingebunden. Ihre Stirn verdeckte eine hochgeschobene Halbmaske, der Schädel eines Luchses. Um den Hals lag ein Kranz aus Ginster und Distelblüten. Ihr Kleid war aus den Blättern all jener Bäume und Sträucher zusammengesetzt, die auch im Bilderspiel vorkommen. Der Gürtel bestand aus kleinen weißen und blauen Häherfedern und hatte eine Schließe in Form einer Libelle … jener Libelle, die Madru als Knauf an Allwiss' Stock gesehen hatte. Brus Beine steckten in Stiefeln aus mausgrauem Leder, dazu trug sie Strümpfe, die vorn lachsrot und hinten moosgrün leuchteten.

Madru küßte ihre Hand. Ein Geruch von Maiglöckchen und wilden Tieren fuhr ihm in die Nase.

»Willkommen zum Mitternachtsgericht!« sagte sie und fügte augenzwinkernd hinzu: »Du bist aufgehalten worden, höre ich.« Sie sprach Brusinisch, und zwar die Sommersprache. Ehe er noch etwas antworten konnte, ergänzte sie: »Die beiden treiben es manchmal ein bißchen toll, sind aber nicht von der üblen Sorte. Oder gab es Grund zu Klagen?«

»O nein, ganz und gar nicht … im Gegenteil«, antwortete Madru in der Sommersprache.

»Die Sitten sind bei uns etwas freier«, sagte Bru, »wir haben uns eben nie recht zivilisiert.« Sie gab diesem Wort einen ironischen Klang. Manchmal, wenn die Leidenschaften gar zu hohe Wellen schlügen, müsse sie auch schon mal einschreiten. »Aber im großen und ganzen kommen wir eigentlich ohne Moral recht gut aus. Vielen Dank, liebe Schwestern. Ich muß euch jetzt euren Spielgefährten entführen.«

»Ein Schicksalsschlag, an den wir gewöhnt sind«, sagte Peg, »und doch tut es immer noch ein bißchen weh. Wann werdet Ihr uns endlich einmal einen Kerl schicken, der für Jahr und Nacht bei uns einzieht?«

»Ich meine es gut mit euch«, sagte Bru, »so wie es jetzt eingerichtet ist, bleiben euch die schmutzigen Socken und die schlechte Laune der Herren erspart. Und was wäre besser als Abschiednehmen, wenn es am schönsten ist? Also, adieu, meine Lieben. Madru, in meiner Gegenwart darf man sich küssen.«

Dieser Aufforderung kam er umgehend mit Herzlichkeit nach. Dann faßte ihn Bru beim Arm, zog ihn mit sich fort und sagte:

»Bringen wir die Förmlichkeiten so rasch wie nur möglich hinter uns. Willst du mein Ritter werden und für den Großen Wald, meine Ehre und die deiner Dame kämpfen?«

»Alissa ist tot, oder bin ich genarrt worden mit dem, was ich in diesem Spiegel sah?«

»Sie sind alle tot. Ich bin traurig und ich bin zornig. Der Frevel, den Lausbart begangen hat, ist ungeheuerlich. Er hat seine Falle schlau gestellt. Alle Jarls, alle Gouverneure, alle Freisassen waren zum Fest in die Große Halle gekommen. Er hat ein ganzes Volk ausgerottet. Wir werden ihn vor Gericht stellen.«

»Vor Gericht«, sagte Madru verwundert, »dazu müßtet ihr ihn erst einmal fangen.«

»Nein«, sagte Bru, »der Angeklagte ist hier. Wir erwarten von ihm jetzt ein ehrliches Schuldbekenntnis. Es darf nicht noch mehr Blut fließen.«

»Und wenn er sich weigert?«

»Dann muß beraten werden. Ich habe neun Baumnymphen als Geschworene eingesetzt. In diesem Fall würden wir wohl deine Dienste in Anspruch nehmen müssen.«

»Und die bestünden worin?«

»Darüber möchte ich jetzt noch nichts sagen. Außerdem müssen wir uns beeilen. Es ist höchste Zeit.«

Sie hatte schon zuvor kurz zum Himmel aufgeschaut, als lasse sich dort für sie die Zeit an den Sternbildern und dem Stand des schmalen Mondes ablesen.

Nun führte sie Madru von dem Steinkreis fort, einen Hang hinauf, über eine Halde ohne Vegetation. Oben bot sich ein Bild, das Madru vor Staunen starr stehen bleiben ließ.

Obwohl sie aufwärts gestiegen waren, befanden sie sich auf dem Grund eines großen Amphitheaters, dessen Ränge dicht an dicht mit all jenen Baumwesen besetzt waren, die Madru und die Nebelfrauen bei ihrem Ritt mit den Zauberpferden vom Ängratörn her überholt hatten.

Es mußten Tausende sein. Von den Rängen drang ein Gesumm, Geknarr, Geormel, Gebolz, Getrud und Gealb herüber, daß Madru meinte, der Schwall dieser Laute werde ihn zu Boden drücken. Gerade trat ein Herold auf. Er gab ein Zeichen, das offenbar alle mit Bru, der Göttin und Feenkönigin, in Zusammenhang brachten, die bei ihren Untertanen in hohem Ansehen stand. Sofort wurde es mucksmäuschenstill und man schaute gespannt auf die Bühne.

Dort hatten schon die neun weiblichen Geschworenen Platz genommen: eine Erlengräfin und eine Lindenfreifrau, eine Heckenrosenamazone und eine Walnußdirn, eine Kirschblütenjungfer und eine Holunderemanze, eine Ginstermamsell, ein Apfeltrampel und eine Weißdornkokotte.

Bru wies auf einen Eichenschemel, der für Madru bestimmt war. Auf der anderen

Seite der Bühne stand in einem mit Birkenreisern abgesteckten Dreieck der aus kleinen verschlafenen Augen dreinblickende König Lausbart.

Bewacht wurde er von vier Eberjimmies, Geschöpfen, halb Mensch, halb Wildschwein, mit gefährlichen Hauern, die sich neben den Rüsselnasen aufwärts bogen, mit spitzem Kopf, den sie trotzig gesenkt hielten und von athletischem Körperbau, in der Art wie ihn Ringer haben.

»Zu Beltaine und Samain reite ich auf ihnen. Sie sind sehr umgängliche Burschen. Kaum zu glauben, wenn man sie so stehen sieht, und doch ist es so.« Bru nickte Madru aufmunternd zu und trat dann an die Umfriedung heran. Sie redete den Angeklagten in der Sommersprache an, die dieser erwartungsgemäß nicht verstand. Allwiss wurde herbeigerufen. Er blinzelte Madru bei seinem Auftritt kurz zu, und der nahm sich vor, den Wunsch nicht zu vergessen, den er bei dem Zwerg frei hatte. Nun begann das Verhör. Wir geben es hier, zwar übersetzt, im übrigen aber so wieder, wie es von einem der Eberjimmies protokolliert wurde.

Der König, nachdem er gegähnt, sich die Augen gerieben und mehrmals an seinen wenigen Barthaaren gezupft hat: »Wo bin ich?«

Bru: »Ihr steht vor dem Mitternachtsgericht der Anderswelt.«

König: »Träum oder wach ich?«

Bru: »Geht ruhig davon aus, daß Ihr träumt.«

König: »Was will all dieses Gelichter von mir? Warum starren sie mich alle so an, als sei ich ein Kalb mit zwei Köpfen? Laßt mich doch weiterschlafen.

Bru, *sichtlich um Beherrschung bemüht:* »Nennt Euren Namen.«

König: »Lausbart von Svea. Von Beruf König.«

Bru: »König Lausbart, sagt uns, was Euch veranlaßt hat, arglose Sterbliche in die Große Halle zu locken und diese dann in Brand zu stecken. Wir möchten von Euch weiterhin wissen, ob Ihr Euch darüber im klaren seid, daß durch Eure maßlosen Tributforderungen die Pelztiere des Großen Waldes innerhalb kürzester Frist ausgerottet sein werden. Und wollt Ihr Uns schließlich erklären, wie Ihr es wagen konntet, die Axt an die Wurzeln und Stämme des Bannwaldes legen zu lassen?«

König: »Ich schäme mich keiner dieser Taten, da sie dem Wohl meines Volkes dienten.«

Bru: »Beantwortet meine Fragen.«

Zwischenrufe von den Rängen: »Kurzen Prozeß mit ihm … aufknüpfen!« »Ach was für den ist ein Ast zu schade!« »Mörder, Kanaille … verbrennen wie seine Opfer!«

(Die Gerichtsdiener gebieten mit schnorchelndem Ton, aber höflich Ruhe.)

Bru: »Ist es richtig, daß Ihr den Tribut für Norrland von tausend auf viertausend Felle erhöht habt?«

König: »Es gibt genug von diesen Viechern im Großen Wald.«

Bru: »Ist es richtig, daß Ihr aus dem Erlös der viertausend Felle eine Kriegsflotte bauen lassen wollt, um damit über Eure Nachbarn jenseits des Kleinen Meeres herzufallen?«

König: »Geb ich gern zu. Da ist was zu holen. Ich bekenne mich ausdrücklich zu einer Politik der Stärke. Alles andere ist Humbug. Humanitätsduselei. Habe ich mich klar genug ausgedrückt?«

Bru: »Ihr müßt mit angesehen haben, wie Eure Reiter Menschen zu Tode schleiften. Tote und Verwundete wurden von den Ledermännern ins Feuer geworfen. So ist es doch gewesen? Oder wollt Ihr das bestreiten?«

König: »Hätten wir sie liegenlassen sollen, als Fraß für die Raubvögel oder als Futter für die Wölfe?«

Bru: »König, Ihr seid Euch offenbar über den Ernst Eurer Lage nicht recht im klaren. Ihr seid von diesem Gericht angeklagt, mit der Verbrennung der Großen Halle ein ganzes Volk ausgerottet zu haben.«

König *(unterbricht sie)* »Krieg ist Krieg. Wo gehobelt wird, da fallen Späne. Ein Denkzettel war überfällig. Ich weiß ja nicht wie es in Eurer Welt zugeht. In unserer geschieht derlei an allen Ecken und Enden, landauf, landab. Kaum jemand macht noch großes Auffheben davon.«

Bru: »Vielen Dank für diese Belehrung, König Lausbart.«

König: »Wie steht's denn nun? Was wollt Ihr denn noch hören? Ist doch wohl klar: da kommt nur Freispruch in Frage.«

Bru: »Von einem Freispruch kann keine Rede sein.«

König: »Ach so … das läuft hier wie anderswo auch? Was wollt Ihr haben? Nennt Euren Preis. So etwas kann man heute in aller Öffentlichkeit erörtern.«

Bru: »Wir mißverstehen einander offenbar völlig.«

König: »Ich will endlich mein Urteil. Ich will das hinter mich gebracht haben. Ich habe nicht soviel Zeit. Ich brauche meinen ruhigen Schlaf. Und keine Tricks bitte. Ich verweise auf mein blaues Blut. Adel nachweisbar über zehn Generationen hin.«

Bru: »… ist für uns belanglos.«

König: »Was soll das nun schon wieder heißen? Typisch weibliche Logik. Da sitzen ja überhaupt nur Frauen in der Jury. Ich verlange, von meinesgleichen abgeurteilt zu werden. Ich lehne dieses Gericht wegen Befangenheit ab.«

Bru: »Seid Ihr bereit, ein Schuldgeständnis, das wir vorbereitet haben, zu unterschreiben. Oder nicht?«

König: »Wie käme ich dazu? Das wird ja immer schöner ...«

Bru: »Genug damit. Er hat seine Chance gehabt. Das wird niemand leugnen. Er ist gierig, verantwortungslos, dreist, mörderisch. Schafft ihn uns aus den Augen. Aber rasch … «

(Ende des Protokolls)

Drei der Eberjimmies gelang es, Lausbart auf den Rücken des vierten zu bugsieren. Dort wurde er festgebunden und gleich darauf trabte er mit dem König dessen irdischer Schlafstätte entgegen.

»Nehmt euch in acht vor den Ledermännern!« rief Bru den Eberjimmies nach.

Die Beratung der Geschworenen verlief kurz und bündig. Darauf trat Bru auf der Bühne vorn an die Rampe und sagte mit lauter, klarer Stimme: »Da König Lausbart für die Irdischen wie für die Wesen der Anderswelt eine lebensgefährliche Bedrohung darstellt, da er in der vorangegangenen Befragung keinerlei Reue gezeigt hat, sondern nach seinen träumend getanen Äußerungen zu befürchten ist, daß er mit seiner Gier und Grausamkeit abermals Unglück über die Irdischen und Jenseitigen bringen wird, rufe ich euch alle auf, uns dabei zu helfen, seinem mörderischen Tun und Handeln ein Ende zu setzen. Es ist unser Wille, sein Heer morgen bei Sonnenaufgang anzugreifen und zu vernichten. Wir wissen wohl, daß dies auch manchen der Unsrigen das Leben kosten wird, und wir beklagen es, solche Opfer von euch fordern zu müssen. Allein die Gefährlichkeit unseres Feindes und seine Gewissenlosigkeit lassen uns keine andere Wahl. Zum Befehlshaber unserer tapferen Truppen bestimmen wir, angesichts der euch allen bekannten Tatsache, daß wir selbst die Welt der Sterblichen nicht betreten können, einen Irdischen unseres Vertrauens. Wir verpflichten euch also alle, unserem Feldherrn gehorsam zu sein, sofern er nichts Unehrenhaftes von euch verlangt. Auch, wenn es alles andere als süß und ehrenvoll ist, auf dem Schlachtfeld zu fallen, bitten wir euch, für uns den Sieg erstreiten zu helfen.«

Die Rede Brus wurde mit stürmischem Beifall und Zurufen aufgenommen, mit denen die Baumwesen ihre Kampfesentschlossenheit bekundeten. Gleich darauf sah sich Madru von Tannenalben, Weißdornwichten, Haselnußbolzen, Holunderhulden, Apfeltruden, Eichenhenkern, Eschenormen, WeidenDilldaps und Heckenrosenamazonen umringt. Alle wollten sie ihm die Hände schütteln oder klopften ihm ermunternd auf die Schultern.

»Morgen geht's gegen Lausbart!«

»Wir erwarten Eure Befehle, General.«

»Zeigen wir's ihnen, was Eschenormen sind!«

»Schon dafür, daß er die Große Pappel und die Große Erle hat niederbrennen lassen, hat er den Tod verdient dieser Barbar. Ich will ihm mit Freuden meinen Speer zwischen die Rippen pflanzen.«

So redeten sie, und einige verlangten gar, daß er ihnen seinen Schlachtplan bekanntgebe.

»Hilfe«, sagte er und griff nach ihrer Hand wie nach dem bewußten Strohhalm, als sich Bru einen Weg zu ihm gebahnt hatte.

»Ein Feldmarschall, ein General … wenn ich etwas nicht werden wollte, dann das. Das war nicht gemeint, als ich versprach, Euer Ritter zu werden.«

»Mein armer Held«, sagte sie und runzelte die Stirn, »wir brauchen aber nun einmal einen General.«

»Warum führt Ihr das Heer nicht selbst an?«

»Weißt du nicht, daß ich drüben weder lieben noch töten darf? Ich darf selbst nicht einmal hinüber. Wenn ich mich bei euch einmische, und in diesem Fall scheint mir das dringend nötig, muß ich mich eines irdischen Wesens bedienen. So hat es meine gute Mutter nun vor langer Zeit einmal bestimmt. Ich bitte dich, Madru, laß mich … laß uns jetzt nicht im Stich.«

»Was ist eigentlich mit Bru?«

»Weißt du das auch nicht?« fragte Bru erstaunt. »Freilich wird er auf unserer Seite sein, aber auch er kann kein Heer anführen.«

»Und weshalb nicht?«

»Bri hat, abgesehen davon, daß er der Große Wald ist, keine Gestalt. Bri ist eine Kraft. Du begegnest ihr im Harz, im Anblick des Großen Waldes, im Rauschmoos, in den Wurzeln, den Zweigen.« Feldherr, General«, sagte Madru immer noch ziemlich verstört, »ich kann mir nicht vorstellen, daß ich dazu tauge.«

»Denk an Alissa … an das, was sie ihr angetan haben.«

»Ja«, sagte Madru, »ich bin traurig, elend traurig ist mir zumute, aber mich rächen … damit wird doch alles nur noch schlimmer. Was tut ihr, während die Schlacht geschlagen werden wird?«

»Ich werde hier bleiben. Ich werde euch auf meine Art beistehen. Ich werde dir und allen unseren Wesen, die in die Schlacht ziehen, die Kraft geben, die sie brauchen.«

»Und wenn wir besiegt werden?«

»Das darf nicht sein.

»Aber es werden viele sterben müssen«, erinnerte Madru.

»Wenn es nach mir geht«, sagte Bru wild, »alle unsere Feinde.«

Sechzehntes Kapitel

Die Schlacht der Bäume und der Bann der Stille

Die Schlacht der Bäume, so läßt sich in der »Chronik der Fürstenzeit« nachlesen, begann mit dem ersten Morgengrauen und war bei Sonnenaufgang beendet. In einem anderen Manuskript aber heißt es, sie habe sich abgespielt im Zeitraum, der bei dem Blinzeln eines Auges, bei einem Lidschlag, verstreicht.

Wer nun fragt, wie denn all die Ereignisse, die im folgenden hier erzählt werden, sich in diesem einen Augenblick zugetragen haben können, der möge bedenken, daß die Zeit im Diesseits und in der Anderswelt nicht gleichmäßig abläuft. Während nämlich in der Welt der Sterblichen seit der Niederbrennung der Großen Halle schon fast ein Monat vergangen war, neigte sich in der Anderswelt erst jene Nacht, die auf das Massaker folgte, ihrem Ende entgegen. So wird nun auch klar, daß die oben zitierten Schriften offenbar von einem Wesen der Anderswelt angefertigt worden sind. Die Vermutungen zuverlässiger wissenschaftlicher Forschungen zielen in letzter Zeit immer häufiger auf einen jener Eberjimmies, denen wir ja auch das Protokoll über das Verhör König Lausbarts durch Bru verdanken.

Es war in jener Nacht irgendwann zu der Zeit, da es zwar noch dunkel ist, man aber schon spürt, daß nun der Tag bald kommen wird. Der letzte Wachwechsel hatte schon vor einer Stunde stattgefunden. Die Ledermänner, die zu den Wachgängen eingeteilt waren, trugen über ihren Uniformen, in denen sie Madru kennengelernt hatte, weite Lederumhänge. Sie hatten ihre Eisenschwerter umgegürtet, auf die sie besonders stolz waren, und in ihren Stiefelschächten steckten Wurfmesser.

Der Mann, der um diese Zeit auf der südwestlichen Seite der Hügelkuppe Wache hielt, dachte daran, daß er wohl vor dem Winter seine Familie kaum wiedersehen werde.

Die Arbeiten an der Schneise, die durch den Bannwald geschlagen wurde, um einen Fahrweg zu schaffen, würden mindestens noch drei, vier Monate in Anspruch nehmen. Andere sprachen gleich von drei Jahren. Der Mann auf Wache war am Abend zuvor an jener Stelle gewesen, an der jetzt die Hundertschaft mit Äxten und Sägen dem Wald zu Leibe rückte. Schwere Arbeit. Jede Woche wurden die Männer, die dort schafften, ausgewechselt. Das Stück, das sie bisher freigelegt hatten, war ihm lächerlich kurz vorgekommen. Es war ihm eingefallen, daß es über den Wipfelweg zwei oder drei Tage dauern sollte, bis man zu Fuß die Grenzmark erreichte. Ehe man die Schneise nicht geschlagen, die Baumstrünke nicht gerodet hatte, ehe das Gelände nicht planiert worden war, konnten keine Wagen fahren. Ehe die Wagen, in welchen die Felle verstaut waren, nicht fahren konnten, würden sie nicht in den Süden marschieren.

Die große Weißdornhecke auf der Südwestseite der Hügelkuppe, auf der König Lausbarts Heerlager lag, verblühte langsam. Es war jene Hecke, durch die Allwiss und die beiden Baumnymphen das Diesseits betreten hatten, als Allwiss auf Brus Befehl des Königs Seele vor das Mitternachtsgericht lud. Genau unter der Hecke aber lag eine weitverzweigte Tropfsteinhöhle, eine jener Zonen, in der sich Menschen- und Anderswelt, ohne daß sie eine Kristallwand voneinander trennt, direkt berührten.

In dieser Höhle, die ihr auch als Sommerresidenz diente, hatte nun Bru jene neun Frauen versammelt, die Geschworenen des Mitternachtsgerichts. Sie hatten auf Stühlen mit hoher Lehne Platz genommen, die aus dem Holz der verschiedenen Baumklane geschnitzt worden waren. Die Frauen saßen sehr gerade und aufrecht da, hatten die Augen geschlossen und atmeten Schwefeldämpfe ein, die aus großer Tiefe durch Spalten heraufdrangen. Es hieß, daß sie so nach geraumer Zeit in einen merkwürdig konzentrierten Zustand zwischen Schlafen und Wachen verfielen, bei dem sie ihre Gedanken zwischen der Menschen- und Anderswelt hin- und herlaufen lassen konnten, um das Schicksal beider Welten in ihrem Sinn zu beeinflussen.

Der Wachtposten war in den letzten Stunden mehrmals an dieser Hecke vorbeigekommen, ohne daß ihm dabei etwas Besonderes aufgefallen wäre. Zunächst hatte die Hecke in Nachtdunst eingehüllt gelegen. Später waren ihre Konturen schärfer hervorgetreten. Als er wieder vorbeikam, hatten die ersten Vögel in der Hecke angefangen, noch zögernd zu zwitschern. Nun ging er abermals an der Hecke vorüber und meinte, seinen Augen nicht zu trauen. Aus der Hecke wuchs, so daß man das Wachstum regelrecht wahrnehmen konnte, ein ganzes Bündel dicker Baumstämme hervor. Sie trugen eine ausladende Krone aus dichtem grünen Blattwerk, und zwischen den Blättern schaute düsterdräuend, vielleicht auch verächtlich, auf jeden Fall aber erschreckend und rätselhaft schon durch sein ungewöhnliches Aussehen, das Gesicht eines Riesen zu ihm herüber.

Die Krone des Baumes schien den Himmel zu berühren. Das Blattwerk umstand das Gesicht des Mannes wie wirres Haar, das über lange Zeit hin, ungestört und ungeschnitten, hat wachsen können. Nun, als der Wachtposten verwirrt, ängstlich, aber auch neugierig, weiter hinsah, erkannte er, daß aus dem Dickicht von Blatthaaren kleinere Äste hervorragten, kahl, unheimlich, wie Klauen. Der Posten bekam seine Schuhsohlen nicht von der Stelle, an der er stand, seit er den Baumriesen zum ersten Mal wahrgenommen hatte. Er versuchte weiterzugehen und hoffte, die Erscheinung würde verschwinden. Das Merkwürdige war, daß sie trotz ihrer Bedrohlichkeit, auch eine gewisse Schönheit besaß. Wenn nur diese Augen nicht gewesen wären. Dieser Blick, der ihm wie Garben eines grünen Feuers vorkam, war schwer zu ertragen und ließ das Blut in seinen Adern erstarren. Kälte lähmte ihn in Armen und Beinen. Er wollte schreien. Der Schrei blieb wie ein Bissen im Halse stecken und drückte ihm die Luft ab.

Er wollte laufen und Meldung machen. Da hörte er knisternd und raschelnd die Äste heranwuchern. Sie packten den Mann bei den Schultern, wirbelten ihn herum, warfen ihn zu Boden. Er lag auf dem Rücken. Die wild sprießenden Zweige krallten sich um seine Oberarme. Er lag auf dem Boden wie festgenagelt. Der Baumriese drüben hatte sich nicht bewegt. Nur, daß sein Blick den Wachtposten wieder voll traf. Ein mürrischverächtlicher Blick, der zu sagen schien: du weißt wofür.

Aus den Zweigen, die ihn zu Boden gepreßt hielten, wurden immer stärkere und sich weiter verzweigende Asthände, die ihrerseits kleines Gezweig austrieben. Die Zweige tasteten sich zu seinem Hals vor. Dürre Finger einer Hand, aus der wiederum Hunderte von kleineren Fingern wuchsen. Die Finger drückten gegen seinen Hals. Sie bohrten sich in die Haut. Dann stach grelles Licht, das die Farbe von jungen Ulmenblättern hatte, in seine Augen und blendete ihn. So starb er.

Das hervorgewachsene Baumgesicht blickte auf das Lager. Madru, der, in einen Baumriesen verwandelt, da träumte, war selbst eher erschrocken über das, was sich kraft seiner Vorstellungen und der Traumströme, die Bru und die Baumnymphe aus der Höhle heraufsandten, nun vollzog.

Aus dem Norden rückten auf seinen Befehl die Kampfreihen der Eichenhenker heran. Sie hatten das düstere graugrünliche Aussehen der knorrigen Äste von Eichen im Bannwald. Ihre Gesichter waren Wurzelballen, ohne Nasen, Ohren, Münder und Augen, nur mit einem Aschenkreuz gezeichnet, das weithin leuchtete. In den Klauen hielten sie Wurfpfeile, die vorher zur Stärkung ihrer Tötungskraft besprochen worden waren. Die Pfeile bohrten sich in die Zeltplanen, unter denen die Soldaten und die Herren Ritter schliefen, und in der Chronik wird berichtet, daß gleich fünfzig, die ein solcher Pfeil auf ihrem Lager traf, im Diesseits nie mehr erwachten.

Genau aus Westen marschierten drei Heerhaufen heran: die Apfeltruden, Hexenwesen mit fiebrig roten Bäckchen und runzliger Haut, die auf kahlen Apfelbäumen daherritten. Sie hielten Lanzen in den Händen, an deren Enden ein Dreizack saß. Ihnen zur Seite marschierten die Eschenorme, die Beile auf der Achsel trugen. Der Schaft war aus Holz, vorn aber saß ein schwerer, grauer Stein aus einem Flußbett, der jeden Schädel, auf den er niedersauste, sofort zerschmetterte. Schließlich die Weißdornwichte – kleine zähe Burschen waren das, alle mit schwarzstachligen Kampfhauben, auf denen Helmbüsche mit weißen Blüten nickten. Sie trugen immer zu sechst lange Spießstangen und hatten Doppeläxte im Gürtel.

Von Süden her brachen aus dem Bannwald die gemischten Regimenter der Holunderhulden und der Haselnußbolzen hervor. Die Haselnußbolzen zogen ihre Schleudern schon durch. Sie verschossen damit Nüsse, die sich in Kieselsteine verwandelten. Kieselsteine so groß wie jene am Strand von Ängratörn, aber nicht rund geschliffen, sondern mit scharfen Kanten. Die Holunderhulden streuten aus ihren Schürzen Hunderte und aber Hunderte jener kleinen schwarzen Kügelchen, die an den Fruchtständen des Holunderstrauches hängen. Sie verwandelten sich in einen Hagel aus Bleikörnern, und wo Sie auftraten, stäubte aus ihnen eine betäubende Essenz.

Ebenfalls aus dem Süden kamen die Tannenalben. Sie überragten an Körpergröße selbst noch die Eichenhenker, waren aber nur mit sehr langen, dünnen und spitzen Stangen bewaffnet, von denen es hieß damit trafen sie jeden Feind mitten ins Herz.

Die Heckenrosenamazonen die Birkenkerle und die Weiden Dilldapps hielten sich vorerst noch zurück, aber langsam schloß sich der Kreis um König Lausbarts Lager. Nicht selten sogar größer als die Menschen und, was ihre Körper anging, von härterer Substanz als diese, waren die Baumwesen gefährliche und furchteinjagende Gegner.

Als erste erholten sich die Ledermänner von Schreck und Verwunderung schlugen mit ihren Schwertern um sich und machten viele der Weißdornwichte nieder, die schon weit in das Lager des Feindes eingedrungen waren. Schlecht erging es auch den Apfeltruden auf ihren Baumpferden, die ein Hagel von Wurfmessern traf. Viele stürzten aus ihren Astsätteln herab.

Inzwischen hatten auch die Ritter, die in ihren Zelten aufgeschreckt worden waren und sich schützend um den König scharten, wieder Mut gefaßt. Die Notstandsstrategie der Ritter zielte nach Süden. Dort hatten die Doppelsalven der Haselnußbolzen und Holunderhulden so manchen Lanzenträger aus Svea getötet. Nun aber, da ihre Munition verschossen war, schaute man hilfesuchend zu dem Baumriesen hin, als die Ritter jene Hundertschaft, die auf der Schneise gearbeitet hatte, gegen sie vorschickte. Die glitzernden Schneiden der Holzfäller wüteten fürchterlich unter den Abteilungen im Süden. Viele Bolzen und Hulden wurden regelrecht zerhäckselt. Nicht wenige Axtschwinger brachen zwar nach Lanzenstichen der Tannenalben zusammen, aber die Waage des Kriegsglücks schlug dort deutlich zugunsten Lausbarts aus.

Da schickte das Baumgesicht die Heckenrosenamazonen in den Kampf. Sie trugen nur einen gelblichen Fellschurz, der ihre Scham und ihre Brüste deckte, aber die weiß schimmernden Rücken und prallrot leuchtende Arme freiließ. Neugierig hielten die Axtschwinger für einen Augenblick inne. Lüstern labten sich ihre Blicke an der nackten Haut. Sie spotteten noch, daß der Feind Frauen gegen sie aufbiete, als schon lassoartig Dornenranken, den Fingerkuppen der Schönen entsprießend, sich um Axt und Hand schlangen, und darauf den ganzen Mann zu einem mumienähnlichen Paket verschnürten – Rätsel für die Archäologen späterer Jahrhunderte.

Die Ritter waren hinter den Holzfällern geblieben und hatten gehofft, diese würden ihnen den Weg freikämpfen können, vielleicht sogar bis zum Höhenpfad.

Die Heckenrosenamazonen verdichteten sich zu einem Dornenknäuel, das die Axtträgermumien noch unverdaut in seinem Innern trug, weiter wuchs und wucherte, alles zerkratzte, umwand und abwürgte, was sich ihm in den Weg stellte. Dieses Ungeheuer kam auf die Ritter zu, unter denen auch König Lausbart war. Verschreckt machten sie kehrt und wollten zurück in die Richtung, aus der sie gekommen waren. Doch einer der Ritter stellte sich plötzlich mit dem Mut der Verzweiflung dem Ungeheuer entgegen.

Er beobachtete Kriechspur und Wachstum des Untiers. Und als dieses ihn erreicht hatte, hieb, stach und hackte er mit aller Macht auf die sich voranringelnden Ranken, bis es schien, als werde der Heckendrache schwach, als ermatte seine Kraft ganz und gar. Der Ritter war erstaunt. Er reckte sein Schwert in die Luft, um seinen Kameraden Mut zu machen, sie zur Umkehr zu bewegen. Doch gerade da brach seitwärts eine Horde Birkenkerle durch. Sie trugen keine Waffen. Der Ritter wandte sich siegesgewiß ihnen zu und hieb mit seinem Schwert auf den Nächstbesten von ihnen ein. In seinem Siegesrausch glaubte er, den Birkenkerl mit einem Schlag niederstrecken zu können. Doch dem Schwerverletzten gelang es eben noch, seine gespreizten Astfinger bis zum Helm des Ritters auszustrecken. Man vernahm ein Fauchen und Zischen, sah eine ätzende Brühe über das Metall rinnen, eine Dampfwolke aufsteigen, und als sie sich wieder verzog, stand der Ritter ohne Helm mit einer ins Haupthaar gesengten Tonsur da. Er verdrehte die Augen, stieß einen irren Schrei aus, taumelte noch ein paar Schritte und brach dann tot zusammen.

Nach und nach fielen auch alle anderen Ritter unter den Spreizfingern der Birkenkerle.

Der König war während dieses Gefechts abgedrängt worden. Ihm entgegen kam eine Heckenrosenamazone. Er faßte sie um die Taille, wollte mit ihr tanzen. Plötzlich steckten die zwei winzigen Klingen nicht mehr zwischen ihren Zähnen, wo sie wie Brillanten gefunkelt hatten, sondern saßen zwischen ihren zu Fäusten geballten Fingern. Erbarmungslos zeichnete sie rote Spuren kreuz und quer durch sein Gesicht xte es förmlich aus. Dann beugte sie sich über ihn zum Todeskuß. Lausbart wurde danach wächsern, schien plötzlich uralt, zerfiel zu Asche.

Die Schlacht tobte weiter. Inzwischen hatten die Ritter und Ledermänner, die Lanzentrager Bogen und Armbrustschützen gelernt, sich besser auf die Kampfweise der Baumwesen einzustellen. Überall waren jetzt erbitterte Einzelgefechte im Gange. Und es sah nicht gut aus für die Bäume.

Es war um jene Zeit, daß der Baumriese, der über alles hinsah, Furcht verspürte und es ihm an den Wurzeln so kalt wurde.

Von einer größeren Streitmacht, bestehend aus Rittern und Armbrustschützen, die von Versprengten ständig Zulauf erhielt, waren die Apfeltruden schon fastvöllig aufgerieben worden. Danach war die Wucht des Angriffs zwischen den zusammengebrochenen Baumpferden zum Stehen gekommen. Fichenhenker, Eschenorme und einzelne Weißdornwichte leisteten dort hinhaltenden Widerstand. Aber die Übermacht der Ritter und Armbrustschützen wurde immer erdrückender.

In diesem kritischen Augenblick drangen siegesgewisse Laute über das Schlachtfeld: das Geheul von Wölfen und das Gebell von Füchsen. Nicht Caras Werben hatte sie zu mobilisieren vermocht. Es war Brus Befehl gewesen. Und ihrem Befehl hatten sie gehorcht. Sie brachen aus dem Bannwald hervor, fuhren wütend los auf die irdischen

Krieger. Einige vermochten die Armbrust- und Bogenschützen niederzustrecken, ehe sie heran waren, aber diesmal war es nicht nur ein Rudel Tiere, es waren Hunderte, und wenn sie sechs, sieben erschossen hatten, kamen immer noch vier, fünf Wölfe über einen jeden der Schützen, warfen ihn zu Boden, hielten ihn auf der Erde, bis die Eschenorme und Eichenhenker heran waren und ihn töteten. Von der anderen Seite her aber ritten nun auch noch die WeidenDilldapps an, ritten nieder, wer vom Feind da noch stand, schoß, hieb oder stach.

Da drangen im Osten die ersten Sonnenstrahlen über den Horizont. Sie blendeten für einen Moment den Baumriesen. Er spürte, wie er zusammenschrumpfte. Einen Augenblick nur – die Sonne stand am Himmel und Madru war wieder er selbst. Vor der Weißdornhecke stand er und hörte ein fernes Hornsignal von irgendwo unter der Erde. Er vermochte jetzt nicht mehr das gesamte Schlachtfeld zu überschauen. Der Tag versprach sonnig und klar zu werden. Madru fühlte sich müde. Ein Gefühl von Ekel und Trauer überkam ihn.

Dann nahte ein langer Zug. Die Wölfe und Füchse. Es folgten die Baumwesen. Gelichtete Reihen. Unter denen, die da an ihm vorbeiwankten, waren viele verwundet. Die Erde hatte sich aufgetan. Es lockte die Melodie einer Flöte. Ein Trommelwirbel erklang. Durch einen breit klaffenden Spalt stiegen sie alle hinab in die Höhle. Madru lief zwischen den Wölfen, die mit unablässigem Geheul ihre Toten beklagten.

Dort, wo Fackeln das Dunkel aufhellten, stand Bru an einem riesigen aus Silber getriebenen Kessel, dessen Außenwände Reliefs verzierten. Menschenwesen, die auf Fischen ritten, erkannte Madru, Fabeltiere, einen träumenden Mann, auf dem Kopf ein Geweih, in der einen Hand einen Stab, in der anderen eine gezähmte Schlange.

Eine Kavalkade von WeidenDilldapps sprengte heran, alle mit Fellbündeln aufdem Rücken. Auch die Eberjimmies waren plötzlich wieder da und machten sich nützlich. Jede der neun Baumnymphen trug einen Holzeimer voll Wasser herbei und entleerte ihn in den Kessel.

Bru hob, Ruhe gebietend, die Hand. »Wir haben gesiegt«, rief sie. »Der Preis an Opfern, der zu zahlen war, ist hoch. Es hat uns widerstrebt, alle diese Kräfte in einer Schlacht aufbieten zu müssen.

Wir wollen Frieden. Mit dem Eintauchen in das Wasser der heiligen Quelle Modrigul werde ich kraft meines Amtes als Königin aller Wesen der Anderswelt, als Göttin der Bäume und wilden Tiere, nun all jene wieder zum Leben erwecken, die durch die Habgier der Menschen hingeschlachtet worden sind. Betet für die Seelen unserer gefallenen Kriegerinnen und Krieger wie auch für die unserer toten Feinde. Weil nun aber der Große Wald zweimal Schauplatz so grausamer Geschehnisse geworden ist und weil dadurch das Gleichgewicht von Geburt, Wachstum und Tod gefährlich gestört wurde, bestimme ich, daß von nun an für die Dauer von tausend Jahren nach der Zeitrechnung der Sterblichen keines Menschen Fuß mehr den Großen Wald betreten soll.«

Sie tauchte ihre linke Hand in den Kessel und schrieb ein Segenszeichen in die Luft. Nun wurde Pelzbündel um Pelzbündel aufgeschnürt und in den Kessel geworfen; sogleich verwandelten sich die Felle wieder in lebendige Tiere. Sie tauchten am anderen Rand des Gefäßes aus dem Wasser auf und stießen Laute des Vergnügens und der Lebensfreude aus. Vom Kesselrand sprangen sie auf den Boden der Höhle und rannten dann eiligst davon, dem Großen Wald entgegen.

Als so dem Großen Wald sein Reichtum an Pelztieren wiedergegeben und die Menschen für lange Zeit aus ihm verbannt worden waren, sandte Bru Eschenorme zu jener Schneise, die die Hundertschaft der Axtträger schon in den Bannwald geschlagen hatte und hieß sie, dort anwachsen. Damit es ihnen aber nicht langweilig werde, und vor allem, damit sie der Liebe nicht entbehren müßten, ließ sie ein paar Heckenrosenamazonen, ein paar Holunderhulden und ein paar Apfeltruden mit ihnen gehen.

»Und du … was wirst du nun tun?« fragte sie Madru, als all dies geregelt worden war.

»Ich bitte Euch, gebt mir Urlaub.«

»Wo willst du hin?«

»Ich will meine Liebste suchen, die der Tod mir entführt hat.«

»Sie ist im Totenreich«, sagte Bru, »und dahin kann kein Sterblicher gelangen, solange er noch am Leben ist.«

»Wenn sie dort ist, will und muß ich auch dorthin. Und ist sie nicht dort, so will ich dorthin, wo sie atmet und lebt, und sei es, daß ich ins Reich des Bösen müßte oder hinauf zu den Sternen.«

»Ich sehe schon«, sagte Bru, »ich werde dich nicht davon überzeugen können, daß du dich auf etwas Sinnloses einläßt. Ich gebe dir Urlaub. Aber wenn der Große Wald deiner Hilfe bedarf, befehle ich, daß du umgehend an meinen Hof zurückkehrst.«

»Der uns träumt, schütze Euch und den Großen Wald!«

»Heute morgen hast du deinen Traum träumen dürfen. Wie hat dir das gefallen?«

Von Gefallen könne keine Rede sein, erwiderte Madru, er habe durchgehalten.

»Ich danke dir, mein gehorsamer Ritter«, sagte Bru nicht ohne Spott in der Stimme.

Er suchte unter den Feenwesen Allwiss. Er erzählte ihm, daß er um Urlaub gebeten und diesen auch erhalten habe. Wie er bei Laune sei, erkundigte sich der Zwerg.

»Traurig, mißmutig«, erwiderte Madru, zum Krieger sei er nicht geschaffen. »Hab ich nicht einen Wunsch frei? Was weißt du über das Land der Schwarzen Fürsten?«

Wie es im Totenreich aussehe, wollte ihm Allwiss nicht erzählen, da sei ihm die Zunge gebunden, sagte er.

»Dann beschreibt mir wenigstens, auf welchem Weg ich bis an die Grenze des Totenreiches gelange.«

»Kommt«, sagte Allwiss, »diesen Wunsch muß ich Euch wohl oder übel erfüllen.«

Er führte ihn hinauf, zurück auf das Schlachtfeld, wo die Eichenhenker immer noch damit beschäftigt waren, die Gefallenen zu begraben. Sie traten an eine Grube, in der schon viele tote Ledermänner lagen. Immer noch wurden neue Leichen herangetragen und zu den anderen hinabgeworfen. Da hielt Allwiss zwei Eichenhenker, die einen Toten trugen, an. Es war ein junger Mann, etwa in Madrus Alter. Allwiss griff in die Hosentasche des Toten und zog etwas hervor.

»Kennst du das?« fragte er und reichte Madru das Päckchen. »Wie ... mein Bilderspiel?«

»Ganz recht«, sagte Allwiss, »er hat es in deiner Zelle gefunden, als sie das Haus der Lehren geplündert und verwüstet haben. Sie fanden dort wenig, was sie zum Mitnehmen verlockte. Aber die bunten Bilder tun es jedem an. So hat er dir dein Spiel zurückgebracht, und es kann dir den Weg zum Totenreich weisen.«

Er machte den beiden Eichenhenkern ein Zeichen, sie könnten jetzt den Gefallenen zu den anderen hinab in die Grube werfen. »Auf Wiedersehn, Madru«, sagte Allwiss, »ich bin sicher, wir sehen uns noch einmal.«

»Leichen ... zu viele Leichen«, hörte ihn Madru murmeln, als er auf seinen Stock gestützt fortging, zum Weißdornbusch hin. »Ein schlechter Traum diese Menschenwelt!«

Siebzehntes Kapitel

Die Wanderung zur großen Mauer · Der Lebensbaum des Sternensohnes wird gepflanzt, und warum Madru nicht ins Totenreich, sondern ins Land des Bösen gelangte

Madru setzte sich auf einen Stein, der irgendwo auf dem Schlachtfeld aus der Erde ragte. Er mischte das Kartenspiel, zog eine Karte heraus und ließ sie vor sich auf die Erde fallen. Da hing sie zwischen den Grashalmen. Es war die sechste. Er betrachtete das Bild. Er trat in das Bild ein, spürte, wie er zu einem Teil des Bildes wurde. Dann sah er sich selbst dabei zu, wie er aufstand und zu der Weißdornhecke ging. Ohne Schwierigkeiten gelangte er wieder hinüber in die Anderswelt. Er brauchte nur dem Gelächter und der Musik zu folgen. So geriet er auf das Fest, das zu Ehren des Sieges der Baumwesen gefeiert wurde. Eigentlich wollte er zwischen den Tanzenden nur hindurchgehen, sich nicht weiter um sie kümmern.

Er hatte nur das Ziel vor Augen, Alissa zu finden. Aber dann trat eine junge Frau auf ihn zu, deren traurige Augen ihm auffielen. Die Musik klang so verlockend. Eine Erinnerung war darin an etwas, das sehr lange zurücklag, doch es wollte ihm keinesfalls einfallen, woran.

Er begann mit der Frau zu tanzen. Sie hatte langes blondes Haar und trug ein einfaches weißes Kleid mit einem Gürtel aus Weidenblättern um die Hüften. Wie er sie so herumwirbelte und sie leicht wurden wie zwei Federn, mit denen der Wind spielt, fiel sein Blick auf die Musikanten, und er sah unter ihnen einen Fiedler, der Ase glich.

Ja sagte er sich, als sie die nächste Drehung machten und es mit dem Ausblick auf die Musikanten vorbei war, es muß Ase sein. Bis er aber wieder hinsah, war der Mann verschwunden. Madru hielt beim Tanzen inne und schüttelte den Kopf.

»Was hast du denn?«, fragte die junge Frau, »gefällt es dir nicht, wie ich tanze?«

»Doch«, antwortete er, »es tanzt sich gut mit dir. Man wird leicht dabei. Aber ich muß weiter. Ich will ins Totenreich. Du weißt nicht zufällig den Weg dorthin?«

Sie schüttelte den Kopf.

»Denk nach. Du mußt etwas wissen, sonst hätte ich diese Karte nicht gezogen.«

»Das Wasser, wenn es vorbeifließt, murmelt so manches«, erwiderte sie.

»Erinnere dich!« beharrte er.

»Ich weiß nicht«, sagte sie mit einem trägen Lächeln, »Ob du nun heute gehst oder morgen, davon wird der Weg nicht kürzer und nicht länger. Du gefällst mir. Komm mit, dann kannst du selbst hören, was sie im Wasser reden.«

»Wer redet da?« fragte er scharf.

»Die Ertrunkenen. Meist sind es unglückliche Frauen.«

Er schüttelte unwillig den Kopf, als glaube er ihr nicht, ging dann aber doch mit. Beim Tanzen war es ihm vorgekommen, als habe sie Alissas Augen. Als sie durch den Tanzsaal gingen, begegneten sie Bru, die mit großem Gefolge daherkam. Sie trug ein schimmerndes Seidenkleid und Seidenschuhe aus lindgrünem Atlas. In der Hand hielt sie einen Fächer, mit dem sie kokett spielte. Sie lachte und sagte: »Hat mein Ritter also doch noch nicht Urlaub genommen. Findet er nicht auch, daß die Frauen an meinem Hof ungewöhnlich hübsch und begehrenswert sind? Bis später, Madru.«

Die junge Frau, mit der er getanzt hatte, nahm ihn wieder bei der Hand und führte ihn aus der Höhle hinaus auf eine Flußaue. Wie Schneeflecken lag das Mondlicht auf Gräsern und Büschen. Irgendwo hörte er das tosende Geräusch eines Baches. Sie gingen auf das Wasser zu. Die junge Frau lehnte sich an einen schrägstehenden Weidenstamm und lächelte. Sie hob ihren Rock. Darunter war sie nackt. Er legte seine Hand auf ihren Schoß und sie küßten sich.

»Hast du sie flüstern gehört?« fragte sie.

»Ich hörte etwas, aber sehr fern.«

»Das habe ich dir ja gesagt« antwortete sie. Sie zog ihn fest an sich. Ihre Hände fuhren unter sein Hemd und strichen über seinen Rücken.

»Wie schön heiß du bist«, sagte sie erregt, »hier am Bach ist es immer feucht und kühl.«

Er dachte: Ich sollte sie fragen, wie sie heißt. Das vergaß er. Er sank durch einen Strudel in dieses NichtmehrWissen hinab. Aber als die Lust endete, war da ein Geräusch. Das mußten die Stimmen sein, die sie gemeint hatte. Er sah im Wasser treibende Körper. Die Kleider vollgesogen. Seegras zwischen großen, unangenehm weißen Brüsten. Gesichter, angenagt von Ratten. Steine in ihren Taschen. Einen Dolch in der Brust. Ein Neugeborenes trieb vorbei. Zwei Prinzen, die man in einem Faß Wein ertränkt und dann in den Bach geworfen hatte. Und alle flüsterten sie so voller Verlangen immer wieder diese paar Worte. So rasch, so leise. Er konnte sie immer noch nicht verstehen. Es war ihm, als müsse er erst noch in einen Brunnen springen und die Worte von dessen Grund heraufholen. Er hielt die Luft an und sprang hinab. Er sah einen goldenen Ball dort unten liegen, und als er ihn berührte, hörte er zu den Schlägen ihrer wie toll schlagenden Herzen endlich, was all die Ertrunkenen murmelten: »Die Schlucht des Vergessens.«

Die junge Frau und er lösten sich voneinander. Sie strich sich mit der Hand ihr Kleid glatt.

»Danke«, sagte Madru.

»Das Wort hast du gehört«, sagte sie »jetzt wirst du fortgehen.«

»Es hat keine Eile … jetzt nicht mehr. Wie heißt du?«

»Ich habe keinen Namen«, antwortete sie, »es sei denn, du würdest mir einen schenken. Ich bin eins der vielen Weidenweiber, die ihre Beine breit machen für die Soldaten nach der Schlacht. »

»Gut«, sagte er, »dann sollst du Melancholia heißen.«

»Wie kommst du nur darauf?«

»Es ist ein schöner Name. Er paßt zu dir. Er schließt alles ein, was ich mit dir erlebte. Oder würdest du lieber Melanie heißen? Melanie ist nichts Besonderes. Aber eine Frau, die Melancholia heißt, die wird keiner vergessen.

Darauf schieden sie, und nachdem er ein paar Schritte gegangen war, zog er die zweite Karte. Es war die Karte 0 des Bilderspiels: DIE BIRKE.

Er befand sich in einem hohen Gebirge mit kahlen Schluchten und nackten, felsigen Kämmen, auf denen Schnee lag. Ein schmaler Pfad schraubte sich einem Paß entgegen. Madru überholte einen jungen Mann, der einen langen Stab in der Hand hatte und ein Ränzel auf dem Rücken trug. Um die Füße des Wanderers tänzelte ein kleiner Hund.

»Guten Tag Kamerad« sagte Madru.

»Einen glücklichen Tag auch dir und möge der Weg unter deinen Sohlen niemals steinig sein« antwortete der Bursche freundlich. »Du hast einen kräftigen Schritt« sagte Madru, der Mühe hatte, an seiner Seite zu bleiben.

»Das versteht sich« sagte der junge Mann, »ich erfülle eine ›Gesa‹. Und falls ihr in Norrland nicht wißt, was das ist, will ich es dir auch gleich erklären. Es ist ein Befehl, dem man unbedingt gehorchen, ein Auftrag, den man unbedingt erfüllen muß. Ich bin unterwegs zu der Quelle, aus der das Wasser des Lebens fließt, und wenn ich in hundert Jahren nicht zurück bin, heiratet mein Mädchen einen Schneider, und das darf nicht sein.

»Ich habe auch meine Sorgen«, sagte Madru, »ich suche den Weg ins Totenreich.«

»Was wäre einfacher als dort hinzugelangen«, entgegenete der junge Mann, »sieh einmal da hinab. Das ist die ›Schlucht des Vergessens‹. Du mußt dort hinunter. Wer durch die Schlucht gelangt ist, der reist hinfort mit leichtem Gepäck und das ist eine wichtige Voraussetzung, wenn man hin will, wo du hinwillst.«

»Ich habe gar kein Gepäck.«

»Du hast immer noch mehr als du meinst«, sagte der Wanderer.

»Und wie komme ich dort hinab?«

»Indem du dich kurzerhand hinunterstürzt. Auf irgendeine Art und Weise mußt du doch zu Tode kommen.«

»Mich umbringen?« fragt Madru erstaunt.

»Sagt nur, du wärst nicht dazu fähig.«

»Ich habe Angst«, sagte Madru.

»Angst wovor?«

»Wenn ich mir vorstelle, wie ich aussehen werde, wenn ich dort unten angekommen bin«, sagte Madru und schüttelte den Kopf. Sie waren inzwischen an den Rand des Pfades getreten.

»Vielleicht sollte ich ein wenig nachhelfen«, sagte der Wanderer und versetzte, ohne die Antwort abzuwarten, Madru einen heftigen Stoß, so daß dieser hinabstürzte. Zuerst meinte Madru, allein der Schreck, der ihn durchfuhr, werde ihn töten. Aber als er nach einer Weile immer noch Atem schöpfen konnte und er sein Herz schlagen spürte, war er sicher, zumindest bis jetzt noch am Leben geblieben zu sein.

Einen Augenblick später wurde ihm dazu noch bewußt, daß er nicht rasch stürzte, sondern langsam dahinsegelte wie ein Blatt, das von einem Baum abgerissen worden ist. Schließlich landete er ganz sanft und ohne sich auch nur im geringsten weh getan zu haben auf einer Wiese am Boden der Schlucht. Es kamen sofort zwei Kerle daher, Gepanzerte, mit merkwürdig geformten Helmen und im Küraß. Dort, wo gewöhnlich das Herz sitzt, hing bei ihnen ein Schloß. Sie waren von gewaltiger Körpergröße. So fiel es dem einen nicht schwer, Madru einfach an den Beinen zu packen und ihn mit einem Arm von sich zu strecken. Dann klopfte ihm der andere mit der Hand auf Rücken und Hintern, und dabei fiel allerlei aus seinen Taschen, Dinge, von denen er nicht ahnte, daß er sie bei sich trug und wieder andere, die er verlegt hatte.

Der Erste von den beiden Riesenkerlen stellte ihn wieder auf die Beine, sammelte alles, was ihm aus den Taschen, aber auch aus Nase, Ohren und Mund gefallen war, sorgfältig ein, legte es auf ein Tuch, das verknotete er und sagte zu dem anderen Wächter: »Also, dann ab mit ihm!«

Sie nahmen ihn in die Mitte und führten ihn zu einem hölzernen Landesteg, der sich vom Ufer in den Fluß vorschob. Es dauerte nicht lange, da kam ein Floß den Fluß herab, auf dem saßen bärtige wilde Kerle, und alle trugen sie spitze schwarze Hüte, schwarze Samtjacken mit großen Perlmuttknöpfen und in einem Ohr einen schmalen goldenen Ring. Sie legten an, und es war offenbar längst vorher abgemacht, daß sie jeden, der hier ausgeleert worden war, mit fortnehmen mußten.

Sie bekamen von den beiden Riesenkerlen auch einige Münzen, aber kaum, daß sie in die Hand dessen gelangt waren, der den Steuerbalken bediente, da wurden sie zu Oblaten, die er unter alle aufteilte.

Als sie mit dem Floß in der Mitte des Flusses waren, holte einer der Männer ein Kartenspiel hervor. Er fragte Madru, ob er nicht mitspielen wolle, und der antwortete, er kenne die Spielregeln nicht. Das sei ganz einfach, erklärte ihm der Mann. Jeder habe fünf Karten in der Hand und die Könige seien die höchsten Trümpfe. Wer das Spiel ansage, der bekomme noch zwei Karten mehr als die anderen. Es war Madru, als sei er über eine ganz wichtige Regel getäuscht oder nur unrichtig informiert worden. Trotzdem sagte er, gut, er wolle mitspielen, und als sich zum ersten Mal Gelegenheit ergab, einen Stich zu machen, pflanzte er den König hinein. Was aber auf die Karten, welche die anderen ausgespielt hatten, fiel, war nicht einer der vier Könige aus dem Blatt, das sie benutzten, sondern die vierte Karte des Bilderspiels: DIE TANNE.

Sofort erhob sich großes Geschrei unter den Spielern. Zwei zogen gar ihre Messer, und Madru schrie: »So stecht schon zu! Dann bin ich wenigstens endlich tot und finde den Weg ins Totenreich.« Da wollten sie alle hin, bekam er zu hören, und jetzt stellte es sich heraus, daß sie Holzfäller waren, die von umstürzenden Bäumen erschlagen worden waren. Deswegen hatten sie es noch als Provokation aufgefaßt, daß er gerade diese Karte zum Stechen benutzte.

Überhaupt, sagten sie, dürfe man die Könige als Trümpfe nicht benutzen, das bringe Unglück. Er wollte sie daran erinnern, was der eine ihm zu Anfang erklärt hatte, getraute sich aber nicht, da er ja nun wußte, daß sie ins Totenreich unterwegs waren und er weiter unter ihnen bleiben mußte, wenn er auch hingelangen wollte.

Wie durch Zauber aber spielte er doch wieder den König, als sich das nächste Mal Gelegenheit dazu bot, mit dieser Karte einen Stich zu machen. Nun sei es genug, riefen sie und warfen die Karten, die sie noch in Händen hielten, auf die, mit der er gestochen hatte. Der eine holte einen Hammer hervor und ein langer rostiger Nagel fand sich auch. Andere hielten ihn an Armen und Beinen fest, und die Karte mit dem König wurde ihm auf die Stirn genagelt.

Darauf legte das Floß an und er mußte von Bord gehen. Sie hatten die Schlucht inzwischen verlassen. Der Fluß wälzte sich jetzt träg durch eine staubige Ebene, in der alles verdorrt schien. Überall sah Madru Ziegen, die auffällig mager waren und auf verbrannten Grasflächen weideten. Als ihn der Weg vom Fluß fortführte, tauchte in der Ferne eine vieltürmige Stadt auf. Sie lag auf einem Höhenrücken und war ganz und gar von starken Mauern umschlossen. Am Stadttor hielten ihn Wachen an und verlangten seinen Paß zu sehen. Er besaß keinen, deutete statt dessen auf die Spielkarte an seiner Stirn, gewiß, daß sie die auch gelten lassen würden. Jetzt wurde der Posten ganz freundlich. Ein Offizier kam. Die beiden flüsterten etwas, das er nicht verstand, bis er sie dann mit sichtlichem Frohlocken zueinander sagen hörte: »Er ist es. Endlich ist er da.«

Eine Frau trat hinzu und sagte: »Führen wir ihn zum König. Es wird Zeit, daß dem ein Ende gemacht wird.« Sie berührte sehr behutsam mit der Hand seine Stirn, zog den Nagel heraus, und in dem Moment, da er ihn selbst in die Hand nahm, wurde ein Messer daraus. Die Frau warf die Karte mit dem König fort. Darauf kam sie wieder zu Madru zurück und sprach: »Mit diesem Messer mußt du den König töten. Umarme ihn bei der Begrüßung und dabei stich ihm das Messer in den Rücken. Auf diese Weise wird er am wenigsten zu leiden haben.«

»Aber warum soll ich ihn töten?« fragte Madru aufgebracht über den Vorschlag.

»Es ist gut für dich und für uns. Er hat sieben Jahre regiert und nun muß ein neuer König her. Du bist unser neuer König.«

Madru schüttelte den Kopf und sagte, er wolle aber ins Totenreich.

»Erst mußt du den alten König töten, damit der Bann von den Menschen und den Tieren genommen ist«, sagte die Frau, »danach werden wir weitersehen.«

Bald schritt er einem gewaltigen Zug von Menschen und Ziegen voran, der sich zu dem prächtigen Schloß bewegte ... die Ziegen immer mit, als wäre es ihr gutes Recht.

Sie stiegen die breite Treppe hinauf und betraten einen großen Saal, der war völlig leer, bis auf den Thronsessel, und auf dem saß finster dreinblickend der König. Alle Fenster waren verhängt. »Gut, daß Du da bist, Junge«, sagte der König, als Madru an den Stufen des Thrones stand, »viel länger hätte ich es wirklich nicht mehr ertragen können. Du hast ja gesehen, wie sehr mein armes Volk leidet. Die Felder tragen keine Früchte mehr, die Ziegen vermehren sich nicht, die Männer können mit den Frauen keine Kinder mehr zeugen. Wir sind dir alle dankbar, daß du gekommen bist, um mich zu töten.«

Der König stand auf, um ihn zu umarmen und einem merkwürdigen Impuls, der seinem eigenen Willen zuwiderlief folgend, stieß ihm Madru das Messer in den Rücken. Der König stürzte tot hin. Das Volk und die Ziegen jubelten. Ja, die Ziegen auch, wenn sich auch deren Jubel als ein lautes Meckern kundtat. Männer mit Dudelsäcken, Klarinetten und Fiedeln kamen in den Saal marschiert. Sie spielten auf ihren Instrumenten, und die Menschen tanzten, die Ziegen tanzten, und manchmal tanzte auch ein Ziegenbock mit einer Frau.

Madru saß auf dem Thron und dachte, als er das ausgelassene Treiben betrachtete: Ich könnte König werden. So übel nicht. Zwar stinkt es in dieser Stadt überall nach Ziegen, aber daran würde ich mich wohl mit der Zeit gewöhnen. Doch sieben Jahre lang warten, bis ein neuer König auf den Thron kommt und sie mich dann in den Tod schicken, das dauert mir zu lange. Nein, ich darf mein Ziel nicht aus den Augen verlieren. Es muß eine Möglichkeit geben, um rascher ins Totenreich zu gelangen.

Er sah prüfend auf die vergnügt tanzende Menge. Die würde es gar nicht merken, ob da einer auf dem Thron saß oder nicht. Also stand er vorsichtig auf und schlich sich auf Zehenspitzen aus dem Saal ins Treppenhaus. Und was sah er da? Unten, auf der Straße war gerade eine gläserne Kutsche vorgefahren. Vier Diener in schwarzen Hemden, schwarzen Helmen, rotem Nackenschutz und roten Stiefeln trugen einen gläsernen Sarg, in dem der tote König lag, hinab zur Kutsche. Madru sprang rasch hinter eine Säule, und als die Diener langsam und gemessen mit dem Sarg an ihm vorbeischritten, sah er, daß sie Totenschädel als Köpfe hatten. Siehe da, sagte er sich, die werden doch wohl aus dem Totenreich sein. Und als dann die Kutsche unten anfuhr, rannte er schnell die Treppenstufen hinunter und sprang hinten auf. Das war eine Fahrt, als gelte es ein Wettrennen mit dem Wind, und Madru wurde ganz leicht ums Herz. Er sah sich schon am Ziel. Während die Rappen, die die Kutsche zogen, losgaloppierten, hielt er sich nur mit einer Hand fest und ließ den Daumen der anderen Hand über sein Bilderspiel schnurren. Da fiel eine Karte heraus. Sie blieb auf dem Straßenpflaster liegen, und wenn sich auch die Kutsche blitzschnell entfernte, so konnte er doch erkennen, welche es gewesen war, nämlich die Karte XV des Bilderspiels: DIE EBERESCHE.

Nun weiß man ja, wie lieb und wert Madru sein Bilderspiel war, und er fand, er könnte die Karte unmöglich dort im Staub liegen lassen. Also sprang er von der Kutsche ab, ging ein Stück des Weges zurück und dachte dabei mißmutig: Wer weiß, wie weit ich immer noch von meinem Ziel entfernt bin. Vielleicht ist es doch unmöglich für einen, der noch lebt, ins Totenreich zu gelangen. Alle haben mir das gesagt, aber ich habe es nicht glauben wollen. Endlich war er an die Stelle gekommen, an der die Karte auf dem Straßenpflaster lag. Er hob sie auf und steckte sie in das Spiel zurück. Da war es ihm, als höre er ganz in der Nähe einen Brunnen rauschen. Er wich von der Straße ab, um ihn zu suchen, denn er war sehr durstig geworden. Das Wasser sprudelte an einem Hang zwischen mit Moos überwucherten Steinen und schwefelgelbem Kies hervor. Er kniete sich hin und trank, bis sein Durst gestillt war, und als es ihm gerade durch den Sinn ging, daß es doch kaum etwas Köstlicheres gäbe gegen Durst als eiskaltes Quellwasser, sah er eine Eberesche, die Früchte trug und zwischen den grünen Blättern und den roten Beeren blinzelte ein Tier von erschreckender Häßlichkeit. Es hatte den Kopf einer Eidechse, den Schnabel eines Raubvogels und große Fledermausflügel.

»Manchmal ist rückwärts besser als voran«, sagte das Tier mit einer hohen keckernden Stimme.

»Wer bist du?« fragte Madru und blinzelte.

»Ich heiße so wie ich aussehe – Widerling«, sagte der kleine Dämon, »und von mir hörst du nur dreierlei. Auf geradem Weg kommst du nie zum Ziel.«

»Und was ist der dritte Satz?« fragte Madru.

»Der dritte Satz«, sagte der Widerling, »lautet: Der Stamm ist die Tür und zurück geht es wie durch die Nacht.«

»So ein Blödsinn«, sagte Madru. »Was soll ich damit anfangen?« Er machte ein verdrießliches Gesicht. Der Widerling war verschwunden. Madru stand da, um sich surrende Mittagshitze.

»Der Stamm ist die Tür«, murmelte er, »und zurück geht es wie durch die Nacht.« Ein merkwürdiger Satz, aber er blieb ihm im Ohr. In der Eberesche fand er keine Tür. Und dann fiel ihm jener Satz ein, den der Widerling zu allererst gesagt hatte: »Manchmal ist rückwärts besser als voran.«

Also ging er zur Straße zurück. Nach einer Weile erreichte er eine Wegkreuzung. Der erste Weg lief geradeaus, der zweite hatte Kurven und Ecken.

»Den zweiten muß ich gehen«, sagte Madru zu sich selbst, »Verzeihung, wenn ich so schlecht von dir gedacht habe, Widerling.« Der Weg führte über Berg und Tal, durch Sumpf und Morast, über Stock und Stein. Madru folgte ihm einen Tag und durchmaß all seine Kurven und Winkel. Am Ende des Tages aber, als die Sonne unterging, sah er vor sich eine große Mauer. Sie lag gegen Norden und er war sich ganz sicher, daß das die Mauer sein mußte, die die Anderswelt vom Totenreich trennt.

Es gab kein Tor und keinen Spalt, nicht einmal ein Mäuseloch im Boden, und von einem Baum, in dem eine Tür hätte sein können, war auch nichts zu sehen, und wenn man vor der Mauer stand, so meinte man, sie reiche bis über die Wolken an die Sterne.

Madru ging an der Mauer entlang und überlegte: Soll ich jetzt umkehren? Nein, erst einmal will ich schlafen. Wenn Bru mich als Träumer gebraucht hat, bin ich vielleicht kein so schlechter Träumer, und vielleicht fällt es mir im Traum ein, wie ich doch noch ins Totenreich gelange. Er streckte sich also auf der Erde aus und schob eine Hand als Kissen unter die Wange. Im Traum, der ja ein Traum im Traum war, wenn man die Dinge genau nimmt, hörte er zuerst ein klatschendes Geräusch, dann Flügelschlag und endlich ein Rascheln.

»Er hat uns längst vergessen«, sagte die Kröte, als sie heranhüpfte.

»Bisher haben die Wölfe ihm immer beigestanden«, meinte die Elster, »da konnte sich unsereiner zurückhalten.«

»Dabei sind wir seine Traumtiere«, sagte der Dachs schmollend, »und was er an den Wölfen hat, wird er noch sehen.«

»Nun hab dich nicht so«, schimpfte die Kröte, »das klingt ja als wärest du eifersüchtig.«

»Ach«, sagte der Dachs großspurig, »Unsereiner ist jenseits von gut und böse. Aber mir haben sie auch nachgestellt, und es war nicht so leicht, meine Haut zu retten. Das muß doch einmal gesagt sein.«

»Schon gut«, beruhigte ihn die Kröte, »aber nun ist ja Friede im Großen Wald. Wir sind doch nicht hier, um uns gegenseitig etwas vorzujammern, sondern wegen des Jungen. »

»Jammern kann sehr wohltuend sein«, wandte der Dachs ein.

»Ruhe«, gebot die Elster, »und bitte zur Sache. Der Junge hat es sich nun einmal in den Kopf gesetzt, das Totenreich zu besuchen. Wir sollten uns darüber einig werden, ob wir ihm dabei helfen wollen oder nicht?«

»Er soll nur gehen«, sagte der Dachs immer noch etwas brummig.

»Wie meinst du das?« fragte die Elster eindringlich. »Sei nicht so maulfaul.«

»Also, ich bin dafür, daß er seine Erfahrungen macht«, meinte der Dachs in blasiertem Tonfall.

»Dafür bin ich auch«, sagte die Kröte, »aber so ungefährlich ist das drüben nicht.«

»Und das Reich des Bösen liegt gleich um die Ecke!« flötete die Elster.

»Ich würde ihn auch noch nicht als voll und ganz erwachsen bezeichnen wollen«, brummte der Dachs.

»Als ob du es etwa wärest«, sagte die Kröte spitz. »Warum ist eigentlich Bruder Bär nicht da?«

»Bruder Bär könnt ihr vergessen. Er hat etwas gegen uns und gegen den Jungen. Seid froh, wenn er sich gar nicht erst blicken läßt. Also ich habe nichts dagegen, daß wir jetzt seinen Lebensbaum pflanzen. An was für eine Art habt ihr denn gedacht?«

»An einen Mammutbaum«, erklärte die Kröte, »sie werden sehr hoch und erreichen ein beträchtliches Alter.«

»Also dann«, sagte der Dachs, »alles klar … wie? Ich bin nämlich von Verwandten zu einer kleinen Bootspartie eingeladen … « Er wollte sich rasch empfehlen.

»Hiergeblieben«, entschied die Kröte, »erst wird die Sache erledigt, drei müssen es schon sein, wenn es ein glückliches Leben werden soll.«

»Macht euch bitte klar«, sagte die Elster, »was es bedeutet, wenn wir uns in seinem Fall für einen Mammutbaum entscheiden. Madru wird solange leben wie dieser Baum lebt, und das heißt nicht ewig, aber lange. So lange zu leben, ist nicht nur ein Spaß.«

»Nun ja«, sagte die Kröte »aber doch auch interessant.«

»Wenn niemand mehr das Wort wünscht, schreite ich zur Tat«, sagte die Elster, und sie ließ den Samen für den hohen Baum unmittelbar neben der Mauer auf den Boden fallen. Die Kröte murmelte ein kurzes Sprüchlein. Der Dachs sammelte kräftig Speichel und spuckte auf die Stelle.

»Dann bis demnächst wieder einmal, meine Damen«, sagte er und huschte davon.

Die Kröte und die Elster blieben noch ein paar Stunden, bis der kleine Baum kniehoch aus dem Boden aufgewachsen war. Kaum aber waren auch sie davon, da tappte der Bär herbei. Er ließ ein böses Brummen hören. »Ha ... Bruder Bär könnt ihr vergessen ... seid froh, daß er sich nicht blicken läßt«, er ahmte die Sprechweise des Dachses nach, »das konnte euch so passen. Auch ich bin sein Traumtier.« Und mit diesen Worten riß er das Bäumchen mit einer Behutsamkeit, die man ihm gar nicht zugetraut hätte, aus, trug es ein ganzes Stück weiter fort und setzte es dort wieder ein. Darauf nickte er zufrieden.

»Ein lebendiger Sterblicher und ins Totenreich«, sagte er zu sich selbst, »soweit käme es noch. Ja, er soll seine Erfahrungen machen. Aber er wird sich wundern, wohin er gelangt, wenn er durch die Tür in diesem Baum geht.«

Er knurrte zufrieden und trollte sich dann.

Achtzehntes Kapitel

An der Brücke des Bösen Geistes · Madru gewinnt drei Zaubermittel, aber das vierte nicht · Alissas Verwandlungen Vor den Herren der hohen Türme · Madru verliert Alissa abermals

Als Madru erwachte, sah er nicht weit von der Stelle, an der er sich schlafen gelegt hatte, einen sehr hohen Baum mit einem Stamm stehen, den fünf Männer mit ausgestreckten Armen nicht hätten umspannen können. Der Baum wuchs höher auf als die Große Mauer, und weitgespannten Äste sahen aus wie die Dächer von grünen Schirmen. Madru trat ganz nahe an den Baum heran. Ein angenehmer Duft ging von seiner Rinde aus. Der Baum stand nahe an der Mauer, aber Madru wußte nicht, wie er den Baum benutzen solle, um die Mauer zu überwinden, zumal die untersten Äste so hoch waren, daß er sie nicht erreichen konnte. Da hörte er am Baum einen Specht hämmern, und aus dem hölzernen Laut schien der Satz zu ihm hin zu fliegen: »Klopf nur an, klopf nur an!« Warum es nicht versuchen, dachte Madru, krümmte seinen Finger und klopfte dreimal an die Rinde. Und siehe da, er erkannte eine Tür und vermochte sie zu öffnen. Hinter der Tür führte eine Wendeltreppe hinunter ins Erdinnere. Er sprang sie hinab.

Die Treppe endete tief unten in einem dunklen Gang. Felsbrocken waren von der Decke herabgestürzt, und es war mühsam voranzukommen. Ein Licht sah Madru nur in großer Ferne. Dort wird der Ausgang sein, dachte er und machte sich daran, über all die Felsen, die im Weg lagen, hinwegzuklettern. Es dauerte einen ganzen Tag, ehe er an das Ende des Ganges kam.

Er trat ins Freie. Es war schon dunkel. Die Luft war heiß, und es ließ sich schwer atmen. In der Luft trieben Rußflocken. Madru stand an einem Fluß, in dessen Wasser sich zwei Monde spiegelten. Der eine leuchtete blaßrot, der andere in einem giftigen Grün. Es schauderte ihn. Der Fluß floß langsam dahin. Ein bestialischer Gestank ging von ihm aus. Das Wasser schien zäh wie Pech, und Unrat und tote Tiere wurden in den Strudeln an die Oberfläche gewühlt.

Madru folgte dem Lauf des Flusses und kam an eine steinerne Brücke mit drei Bogen. Die Häuser am anderen Ufer sahen wie Festungen aus, aber die Wände hatten Löcher und Spalten, so daß er ins Innere sehen konnte. Hier sah er, wie zwei aufeinander einprügelten, dort wie einer einen Freund von hinten erstach. Da kniete einer vor einer Truhe und zählte Geld, nebenan zwang ein anderer eine Frau, ihm zu Willen zu sein.

Am Stadttor kam Madru an zwei Scharwächtern mit Hellebarden vorbei. Sie machten keine Anstalten, ihn aufzuhalten. Er trat näher zu ihnen heran, da sah er, daß sie keine Gesichter hatten. Er fragte sie dennoch, wie denn diese Stadt heiße, in die man durch den Torweg gelangte. Da wiesen sie in die Höhe, wo auf einem Steinvorsprung ein rotes Windlicht brannte und darunter erkannte Madru den an den Hinterpfoten aufgehängten Kadaver einer Katze.

Die Stadt heiße »an der Brücke zum Bösen Geist«, sagte ein Mann, der vorbeikam, und eben da fiel es Madru zum ersten Mal auf, daß die Leute, denen er begegnete, Masken aus Leder trugen, die das ganze Gesicht abdeckten und am Hinterkopf fest verschnürt waren.

Er lief weiter in die Stadt hinein. Eine taumelnde Schar Menschen kam ihm entgegen. Sie peitschten ihre nackten Oberkörper. Aus den Striemen, die sie sich beigebracht hatten, trat hier und da schon Blut, und sie summten dazu eine unheimliche Melodie. Frauen drängten sich ganz nahe heran und flüsterten ihm lüsterne Aufforderungen zu. Auf den nackten Armen und entblößten Schultern glänzten Mistkäfer und Skarabäen, die sie offenbar als Schmuck trugen. Überall saßen Bettler, aber jeder von ihnen bekam von den Vorübergehenden statt eines Almosens nur einen Fluch oder einen Fußtritt.

Er betrat eine Schenke. Daß auch hier die Gäste alle Ledermasken trugen, machte ihm Angst. Wenn er zu jemandem hinsah, schlug dieser die Hände vor das Gesicht. Madru hörte, wie er zu weinen begann.

Der Wirt legte Madru ein Stück schimmeliges Brot hin und schenkte ihm ein Glas Wasser ein. Das Wasser war braun und tote Insekten schwammen darin herum. Als die anderen Gäste merkten, daß Madru sich beschweren wollte, brachen sie nur in ein höhnisches Lachen aus. Er würgte das Brot herunter, weil er großen Hunger hatte. Aber er brachte es einfach nicht über sich, das schmutzige Wasser zu trinken.

Zorn kam zu seinem Ekel, als er die anderen lachen hörte, und er nahm das Glas und warf es mit einer wütenden Bewegung zu Boden. Sofort sprangen an allen Tischen Gäste auf. Sie zogen ihre Messer und kamen mit wutverzerrten Gesichtern auf ihn zu. Wohin er auch sah, überall Messerklingen, die sich ihm näherten. Ein Arm schob sich von hinten unter sein Kinn, bog es zurück, und er war sicher, sie würden ihm im nächsten Augenblick die Kehle durchschneiden. Wie sinnlos, dachte er, wozu jemanden töten, da wir doch im Totenland sind. Plötzlich hörte er Schritte von draußen hereinkommen. Der Arm ließ von ihm ab, die Messerklingen zuckten zurück. Scheinbar gleichmütig schlurften seine Angreifer zu ihren Tischen hin. Eine Hand legte sich auf seine Schulter. Vor ihm stand Ase. Er erkannte ihn an der Statur, denn auch sein Gesicht war von einer Maske bedeckt. Er schien von weit her zu kommen.

Ase trug einen Umhang, der schmutzbespritzt war, seine Hände waren schmutzig von der Asche, die in der Luft trieb, über der Achsel hatte er den Lederbeutel, in dem seine Fiedel steckte. Er setzte sich und sagte: »Bestell Wein. Du hast ganz recht: das Wasser ist ungenießbar hier. Aber diese armen Teufel sind es nicht anders gewöhnt.«

»Hast du Geld?« fragte ihn Madru.

»Geld«, lachte Ase, »wer redet von Geld?«

Madru erzählte von dem Mann, den er vor einer Truhe mit Goldstücken hatte knien sehen. Das habe nichts zu bedeuten, erwiderte Ase. »Wenn du hier etwas anderes essen und trinken willst als Brot und fauliges Wasser, mußt du mit etwas anderem bezahlen.«

»Und womit wohl?« fragte Madru gespannt.

»Sie bedienen sich aus deinen Träumen.«

»Wie geht das zu?«

Das könne er ihm in zwei Worten nicht erklären, erwiderte Ase, aber nun brauche er Wein, und er wolle ihn auf seine Rechnung nehmen.

Der Wein und zwei Gläser wurden gebracht und Madru hörte, wie der Wirt Ase etwas ins Ohr flüsterte. »Was war das?« erkundigte sich Madru. »Ich möchte es doch genau wissen, was mein Wein kostet.«

»Die Zahl der Traumaugenblicke, die der Wein und saubere Gläser gekostet haben. Ich trinke selten, aber heute, da du gekommen bist, ist es nötig.«

Sie stießen an. Madru beschäftigte immer noch diese eigenartige Zahlungsweise.

»Laß es gut sein«, sagte Ase abwehrend, »wir haben Wichtigeres zu besprechen. Man muß nur aufpassen, daß man sich nicht um all seine Träume bringt.«

»Und wenn man es tut?

»Kaum jemand, der das aushält. Die meisten gehen dann hin und hängen sich auf. Du wirst unterwegs ja auch schon einiges gesehen haben.«

Sie nahmen jeder noch einmal einen Schluck, und dann erzählte Ase, daß er von Mola komme, die Madru bitte, sie und Alissa so rasch wie möglich aufzusuchen. Es lag etwas Dringliches in dieser Mitteilung.

»Wo sind sie? Und wie komme ich zu ihnen?« fragte Madru.

»Ich werde dich hinbringen«, sagte Ase, »es ist ein langer Weg. Am besten brechen wir gleich auf, wenn wir ausgetrunken haben.« Madru solle sich darauf gefaßt machen, daß sich Alissa sehr verändert habe.

»Freilich«, sagte Madru, »wir sind hier im ...«

»Psst«, sagte Ase, ehe er den Satz beenden konnte und legte den Finger auf die Lippen »merk dir eines, was immer auch geschieht, was du weißt oder was du nicht weißt, du darfst nie den Namen dieses Landes aussprechen, sonst wirst du auf der Stelle zu Staub und zu jener Asche, die überall hier in der Luft weht.«

Als sie ihren Wein getrunken hatten, standen sie auf und machten sich auf den Weg. Draußen standen immer noch die zwei Monde über den Dächern. Sie überquerten einen Platz, da ragten hohe Pfähle auf, an denen oben ein Rad saß. Auf diese Räder geflochten hingen in schrecklich verkrümmter Haltung Männer und Frauen und ein Stöhnen und Wimmern drang von ihnen herab.

»Sollten wir sie nicht losmachen, sie befreien?« fragte Madru leise.

»Du bist verrückt. Wie kannst du noch Mitleid haben? Es verrät sofort, daß du aus einer anderen Welt kommst. Hier . . .«, Ase griff in die Taschen und zog etwas hervor, »besser auch du bindest dir eine Maske vors Gesicht, ehe sie dich dazu zwingen. Wenn dir ihre Gesetze widerstreben, so merken sie es bald. Sie würden dich dann so lange foltern wie diese Armen, die dort aufs Rad geflochten sind, bis dein eigener Wille gebrochen ist.«

»Und wessen Willen gehorcht man hier?«

»Es sind die Herren von den Hohen Türmen«, erklärte Ase, »sie allein tragen keine Maske. Ihr Wille durchdringt alle, die hier leben.«

Ob er das ein Leben nennen wolle, sagte Madru aufsässig. Und wieder hieß Ase ihn schweigen. Es sei nicht gut, allzu lange von den Herren der Hohen Türme zu sprechen. Damit ziehe man ihre Aufmerksamkeit auf sich.

Sie waren unterdessen aus der Stadt hinausgelangt, aufs offene Land. Durch das Licht der beiden Monde, das ineinanderfloß, war es ziemlich hell, und es kam Madru so vor, als gäbe es in diesem Land nur Steine und Sand, als fehle hier jeder Baum, jeder Strauch, jede Blume und jedes Gras. Er wagte es aber nicht, Ase danach zu fragen. Statt dessen sprach er manchmal zu seinem Lehrer von gemeinsamen Erlebnissen in Norrland. Davon aber schien Ase nichts mehr zu wissen. Aber er war erfreut, davon zu hören und ermunterte Madru ausdrücklich, mehr und mehr davon zu erzählen, es schien ihn glücklich zu machen. Plötzlich aber verfinsterten sich die beiden Monde. Ein Donnerschlag war zu hören und Ase sagte: »Sie haben es mitangehört und wir werden bestraft.«

Es war ein Donner, dem kein Blitz vorangegangen war. Nach dem Donner aber war es Madru, als sei eine Fuhre Feldsteine auf seiner Brust ausgeschüttet worden. Das drückte und preßte, und er redete nicht mehr von alten Zeiten zu Ase.

In der Dunkelheit wurde ein Feuerschein sichtbar. Von fern sah es so aus, als ob Feuer einen Berghang hinabrinne. Madru kam es vor, als seien jetzt auch mehr Aschenflocken in der Luft. Er mußte häufig husten. Die Luft wurde immer heißer. Sie gingen auf die Feuerwelle zu.

»Können wir hier weiter?« fragte Madru ängstlich.

»Wir müssen ...«, sagte Ase, »wir wollen uns von diesem Feuer erholen.«

Bald war da nichts mehr als ein Abhang aus schwarzem Gestein, über den das Feuer herabfiel. Madru wollte kehrtmachen aber Ase hielt ihn am Arm fest: »Hiergeblieben!«

Die glühende Lava floß um sie herum, rann weiter. Bald standen sie in einem Feuermeer, und die Stelle, auf die sie ihre Füße gesetzt hatten, war die einzige Insel. Ase griff in die Tische und holte eine kleine Dose heraus, reichte sie Madru und hieß ihn, sie mit glühender Lava zu füllen. »Es ist wichtig. du wirst es brauchen. Nur Mut.«

Madru fuhr mit den Fingern in die Lava, schöpfte etwas von der feurigen Masse in die Dose, und zu seiner Verwunderung spürte er keinen Schmerz dabei.

Ase hatte unterdessen seine Fiedel aus der Lederhülle geholt und begann, eine Melodie zu spielen, und je länger er spielte, desto rascher wich die Feuerflut zurück, bis Madru sie endlich wieder den Abhang hinauflaufen sah.

Am nächsten Morgen gingen zwei Sonnen auf, und es wurde unerträglich heiß. Madrus Vermutung, daß es in diesem Land keine Bäume und Blumen gäbe, bestätigte sich. Sie wanderten jetzt durch eine Steinwüste, und es kam Madru vor, als liege da der Schädel einer Katze, eine verbeulte Uhr, der nackte Körper einer Frau, als gäbe es Tore, Türme und Häuser, aber wenn man genau hinsah, waren es nur Steine unterschiedlicher Größe, auf die die Strahlen der beiden Sonnen hinbrannten.

Schon lange trug der Wind ein leises gläsernes Klirren heran. Der Luftzug war heiß und voller Asche. Das Klirren wurde immer lauter und heftiger. Endlich sahen sie einen gläsernen Baum, an dem viele kleine Flaschen hingen, und wenn der Wind die gläsernen Zweige berührte, gab es dieses klirrendklingelnde Geräusch. Der Glasbaum aber stand am Rand einer Senke, in der sich ein Wasserloch befand. Madru wollte hinlaufen und seinen Durst stillen. Im letzten Augenblick, ehe er sich niederbeugte, hielt er inne. Um das Wasserloch ringelte sich ein schuppiger Wurm. Der Wurm riß das Maul auf und Madru starrte in einen Rachen gelblicher Zähne. Sogleich war Ase neben ihm, zog seinen schwarzen Stab aus dem Gürtel und streckte ihn gegen den Wurm aus. Der kroch gemächlich in die Steinwüste hin davon. Madru atmete auf und wollte trinken, aber Ase hielt ihn zurück: »Dieses Naß ist nicht für unsereinen,« sagte er, »es würde auch deinen Durst nicht stillen. Mit ihm kann man Gewitter erregen und ganze Sintfluten von Regen niedergehen lassen. Fülle eine von den kleinen Flaschen, die dort am Baum hängen und nimm sie mit.«

Madru tat, wie ihm geheißen. Der Durst und die Hitze schienen ihm jetzt fast unerträglich.

»Vorwärts«, sagte Ase, als er die kleine Flasche voll Wasser im Ledersack bei seiner Fiedel verwahrt hatte, »wir müssen noch weit. Erinnere dich daran, daß Alissa auf dich wartet.«

Sie zogen weiter durch das Land mit den weißen Steinen, die wie gebleichte Knochen aussahen und kamen an einen Paß. Auf den Abhängen eines Hohlwegs saßen Vögel, große und kleine, dicht an dicht. Sie hockten auch auf dem Weg. Aber sie waren ganz still. Keiner gab einen Laut von sich. Wie die Menschen, hatten auch sie lederne Masken über ihren Gesichtern.

Ase holte einen kleinen Lederbeutel, gab ihn Madru und ließ ihn diesen hoch über seinen Kopf halten. Dann ging Ase ruhig auf die Vögel zu, die vor ihm auf dem Weg hockten, und streckte ihnen seine rechte Hand entgegen, an dessen Mittelfinger ein großer grüner Ring saß, in dessen Stein das Bild eines Falken eingeschnitten war. Da flatterten sofort unter lautem Geschilp und Gezwitscher alle Vögel auf und eine Luftbewegung war von dem Schlag ihrer Flügel zu verspüren.

»Rasch«, rief Ase, »das Säckchen jetzt zugeschnürt!«

Und wenn Madru auch nicht wußte, warum das so sein mußte, tat er doch, was Ase wünschte.

Als sie den Paß überschritten hatten, gerieten sie in eine Aschenwüste, einen Landstrich, in den früher oder später all die Asche geweht wird, die in diesem Land durch die Luft wirbelt. Dort ist es ganz windstill. Es ist eine böse Stille und die Gegend ist völlig eben, ohne Erhebungen oder Vertiefungen im wüsten Gelände. »Hier muß ich dich verlassen«, sagte Ase zu Madru, »drei Elemente habe ich dir verschafft. In der Dose mit dem Feuer, der kleinen Flasche mit dem Wasser und in dem Beutel mit Wind aus Schwingen der Vögel stecken gewaltige Kräfte. Die Herren der Hohen Türme werden aber von dir auch noch eine Krume Erde verlangen, wenn du mit ihnen deinen Handel machst. Sie dir auch noch zu beschaffen, habe ich keine Macht. Aber ich schenke dir zum Abschied meine Fiedel. Vielleicht kannst du mit ihr wettmachen, daß du ihnen keine Krume Erde anzubieten vermagst. Du mußt diese Aschenwüste durchqueren. Dann wirst du zu einer Hütte kommen. Sie liegt im Tal der Verborgenheit. Es steht nur eine einzige Hütte dort. Du kannst sie nicht verfehlen.«

Darauf umarmte er Madru und ging davon in der Richtung, aus der sie gekommen waren.

Madru lief in die Aschenwüste hinein. Böse Gedanken gegen diesen und jenen, den er einmal gekannt hatte, stiegen in ihm auf und es nützte nichts, sich dagegen zu wehren.

Endlich erreichte er eine mit Binsen gedeckte Hütte, und als er anklopfte öffnete ihm Mola. Sie musterte ihn, schüttelte dann den Kopf und sagte: »Warum kommst du so spät? Sie ist verloren. Sie ist nicht zu retten. Und überhaupt, verdammt sollt ihr sein, ihr Männer.«

»Ich bin so rasch gegangen wie ich konnte«, erwiderte Madru, »aber es war ein langer Weg bis hierher.« Die Alte lachte böse, sagte zu sich selbst etwas, das Madru nicht verstand und bot ihm dann einen Schemel an. Sie brachte ihm ein Glas Wasser, und das Wasser war frisch und sauber. Als er nach Alissa fragte, erwiderte die Alte, sie sei ausgegangen.

Er mußte auf dem Schemel eingeschlafen sein, und als er von Geräuschen erwachte, war es Nacht und Alissa kam mit einem Wolfsrudel zurück. Sie kümmerte sich überhaupt nicht um ihn. Es war so, als sähe sie ihn gar nicht. Die Schnauzen der Tiere waren noch blutverschmiert, und Yarduk war der Anführer des Rudels. Er, Alissa und all die anderen Wölfe trugen lederne Masken, und als Madru Alissa begrüßen wollte, sagte sie schroff zu ihm: »Was willst du hier? Ich bin müde von der Jagd. Siehst du nicht, daß du störst? Wer bist du überhaupt und was willst du?«

»Ich bin Madru.«

»Wer ist Madru? Scher dich fort. Ich kenne keinen Madru.«

Und damit streifte sie das Wolfsfell, das sie trug, wie einen Mantel ab. Yarduk aber, der halb Wolf und halb Mensch war, legte seinen Arm um sie und führte sie fort auf sein Lager. Madru hörte die Koseworte, die sie sich zuraunten, das Schmatzen ihrer Küsse. Er war verzweifelt und wie gelähmt. Er wollte weinen, hatte aber keine Tränen.

So schlief er ein, und als er wieder aufwachte, war es abermals spät in der Nacht, und ein Rudel Tiere kam von der Jagd zurück. Diesmal war Alissa ein Wiesel. Sie sah schön aus in dieser Gestalt, aber noch schöner, so ahnte man, wäre sie gewesen, wenn man ihr Gesicht hätte sehen können, das die Maske verdeckte.

Wieder legte Alissa, sobald sie zur Tür herein war, ihr Fell wie einen Mantel ab, und wieder führte sie Yarduk, der diesmal ein Wieselprinz war, auf das Lager und sie liebten sich dort. Madru aber schickte einen Stoßseufzer zu Bru, denn er erinnerte sich, daß sie auch die Herrin über alle wilden Tiere war.

In dieser Nacht strengte sich Madru mit aller Macht an, nicht einzuschlafen. Es wurde ihm so schwer, als habe er eine harte körperliche Arbeit zu verrichten, und am Ende war all seine Anstrengung umsonst. Er schlief traumlos und tief.

Mola weckte ihn gegen Mittag. Sie sagte zu ihm: »Nun hast du ja gesehen, wie es um sie steht. Den Geliebten hat sie mir entfremdet und längst weiß sie mächtigeren Zauber als ich. Sie ist ganz und gar dem Bösen verfallen und doch leidet sie darunter wie alle, denen es so geht wie ihr. Du hast immer noch Macht über sie, auch wenn sie dich scheinbar nicht erkannt hat. Wenn du ihr helfen willst, tust du, was ich dir jetzt sage: In dieser Nacht werden Alissa, Yarduk und die anderen als Aasgeier heimkehren. Die beiden werden aus ihren Federkleidern steigen und wieder zu ihrem Liebeslager gehen. Dann nimm Alissas Federgewand und wirf es in den Kamin. Darauf wird sie sich nicht mehr weiter verwandeln können. Zwing sie, das Kleid aus grobem Leinen, das dort über dem Stuhl hängt, anzuziehen, dann fessele sie mit diesen Ketten, die ich jetzt in deine Hände lege. Draußen vor der Hütte wirst du zwei Esel finden. Setze sie auf den einen, und nimm du den anderen. Die Tiere wissen den Weg.«

»Welchen Weg?« fragte Madru.

»Den Weg zu den Herren der Hohen Türme. Nur sie können dir erlauben, Alissa zurückzuholen in eure Welt … und das willst du doch?«

»Gewiß«, sagte Madru, »ich habe einen Schwur getan, daß ich sie finden und heimbringen werde, wohne sie nun auf einem Stern oder im rotglühenden Innern der Erde. Wo sind wir hier?«

Da legte sie, wie das auch Ase getan hatte, den Finger auf die Lippen und schüttelte den Kopf.

»Dann verrate mir wenigstens, warum hier alle diese Masken tragen«, bat er sie.

»Von mir hast du genug gehört. Ein jeder sagt nur soviel, wie es zu seinem Besten ist.«

»Soll ich dir etwas schenken? Soll ich dich belohnen?« fragte er.

»Nein, nein,« erwiderte sie, »tu nur das, was ich dir gesagt habe. Das ist für mich Gewinn genug. Denn wenn Alissa fort ist, wird sich Yarduk wieder mir zu wenden. Und vergiß nicht deinen Sack mit der Fiedel und den drei Zauberdingen, denn du wirst all das noch brauchen.«

Madru wartete also bis zum nächsten Abend. Das Warten wurde ihm lang, aber immer noch war ein bißchen Hoffnung in ihm, von der er zehrte. Es geschah alles so, wie Mola es ihm schon beschrieben hatte: Diesmal kam Alissa mit Aasgeiern zurück, die gravitätisch in der Hütte herumstolzierten, und auch sie trug ein Federkleid. Kaum aber hatte sie es abgelegt, da warf es Madru in den Kamin. Ein grelles Licht zuckte durch den Raum und die anderen Aasgeier flatterten aufgeregt umher. Madru aber kümmerte sich um all das nicht, sondern hieß Alissa das Kleid aus grobem Leinen anziehen, fesselte sie mit den Ketten, hob sie draußen auf den Esel, stieg auf das andere Tier und ritt davon.

Es ging über Stock und Stein, mal rasch wie der Wind und dann wieder so langsam als ritten sie Schnecken, aber endlich gelangten sie an ein düsteres Schloß, das unter einer hohen Felswand lag. Oben wuchsen, dünn und zerbrechlich, hohe Türme aus Elfenbein in den Himmel, die man selten zu sehen bekam, weil sie meist in den Wolken lagen. Die Türsteher des Schlosses führten Madru und Alissa, die immer noch mit Ketten gefesselt war, in einen großen leeren Saal.

»Ich will zu den Herren der Hohen Türme«, sagte Madru. Da bellten die Türsteher wie Hunde. Das war ihre Art, sich belustigt zu zeigen. Sie erklärten ihm darauf, kein Sterblicher und kein Wesen der Anderswelt habe je den Herren der Hohen Türme von Angesicht zu Angesicht gegenübergestanden, aber ihr Blick reiche überallhin, durchdringe und erfülle alles, und nicht nur ihr Blick, auch ihre Ohren seien allgegenwärtig. Er solle nur sprechen.

»Ihr Herren der Hohen Türme«, sagte Madru, »laßt diese Frau frei. Sie ist meine Geliebte gewesen in einer anderen Welt, und wir sind auf grausame Weise voneinander getrennt worden.« Eine Stimme war zu hören. Sie kam von überallher und von nirgendwo und sagte höhnisch: »So haben wir es gewollt. Und nach unserem Willen drehen sich Welt und Gestirne.«

»Ich bitte Euch, Ihr Herren der Hohen Türme, wenn Ihr so mächtig seid, was kann Euch an einem unscheinbaren, sommersprossigen Wesen liegen?« erwiderte Madru.

»Du liebst es«, kam die Antwort, »Liebende sind unsere ärgsten Feinde. Was gibst du uns, wenn wir das Mädchen mit dir ziehen lassen?«

»Ihr seid doch allmächtig«, antwortete Madru, »was könnte ich Euch schon geben?«

»Du hast allerlei da in deinem Ledersack«, sagte die wie Erz dröhnende Stimme, »unsere Blicke sehen eine Dose mit Feuer, eine kleine Flasche voll Wasser und den Beutel voll Wind. Aber wo ist das Kästchen mit einer Krume Erde?«

»Ein Kästchen mit einer Krume Erde habe ich nicht.«

»Schlecht für dich«, sagte die Stimme, »dann mußt du eine Bedingung erfüllen.«

»Und welche Bedingung wäre das?«

»Du gibst uns die drei Zauberdinge, und wir geben Alissa frei. Aber wir warnen dich, sie anzublicken, bevor ihr unser Land verlassen habt.«

»Was würde geschehen, wenn ich sie ansähe?«

»Du würdest sie verlieren und die Zauberdinge blieben bei uns.«

»Ich bin einverstanden«, sagte Madru, und er hörte, wie die Ketten aufsprangen, mit denen Alissa gefesselt war und zu Boden rasselten.

»Leg deine Maske ab. Schau jetzt nicht mehr zu Alissa hin«, sagte die Stimme, »geh dort durch diese Tür, die dir der Türsteher öffnet.« Madrus Maske fiel zu Boden.

»Aber wie weiß ich, daß Alissa mir tatsächlich folgt?« fragte Madru mißtrauisch.

»Du wirst ihre Hände auf deinen Schultern spüren«, sagte die dröhnende Stimme. Und so geschah es. Er spürte, wie sich Hände auf seine Schultern legten.

»Bist du es, Alissa?« fragte er.

Statt einer Antwort von ihr, kam wieder die Stimme. »Sie weiß nicht, daß du sie liebst. Sie weiß nichts mehr von dem, was in eurer Welt geschah. Sie wird es erst wieder wissen, wenn ihr in der anderen Welt seid. Hier ist sie nichts als unser Werkzeug, wie jeder, dem du begegnet bist.«

Madru sah die Tür. Er griff nach der Fiedel. Er schritt vorsichtig, immer noch die Hände auf seinen Schultern spürend durch die Tür ... in einen dunklen Gang hinein. Er ging langsam und unbeirrt voran. Es war völlig dunkel. Die eine Hand hatte er tastend ausgestreckt, in der anderen hielt er das Instrument und den Fiedelbogen. So lief er endlos und das bißchen Hoffnung, das sich in ihm erhalten hatte, schmolz mit der Mühe dahin. Es war so leer und schwarz, kein Geräusch, kein Licht.

Er nahm die Fiedel, und sieh da, er konnte so wunderschön darauf spielen wie Ase, und die Musik ließ es ihm leichter ums Herz werden. Wie von selbst erfanden sich Hunderte von Melodien, und seine Schritte waren nun, da er auch merkte, daß ihnen da nichts im Weg stand, schneller. Dann sah er ein Licht. Erst war es ein Pünktchen, nicht größer als ein Glühwurm. Dann wurde daraus ein Schein, und je größer und heller das Licht am Ende des Ganges wurde, desto schneller konnte er gehen.

Schließlich trennte sie nur noch eine Armlänge von der völligen Helligkeit.

Er ließ die Fiedel sinken. Er wollte einen Arm freibekommen, ihn ausstrecken. Es war ihm, als könne er damit das Licht greifen. »Spiel doch weiter«, hörte er Alissa hinter sich sagen.

Er wollte gehorchen, aber es geschah nicht rasch genug, daß er wieder zu spielen begann. Ein großes Verlangen, Alissa in die Augen zu blicken, sie zu berühren, mit der Hand über ihr Haar und ihre Wangen zu fahren, überkam ihn. Er wandte sich, diesem Verlangen nachgebend, um. Sie stieß einen gellenden, hilfeheischenden Schrei aus. Die Maske rutschte von ihrem Gesicht, als sein Blick auf ihm ruhte. Er sah zerborstene Lippen, Wangen mit Rissen, aus denen Knochen hervortraten, Flecken schwarzer Fäulnis auf der Stirn, aus den Augenhöhlen rann Sand, Spinnweben hingen von einem kahlen Schädel herab.

Sein Angstschrei kam nur als ein dumpfes Stöhnen über seine Lippen. Er warf seinen Körper herum, rannte vor dem Schreckensgesicht davon in die gleißende Helligkeit. Er rannte, Fiedel und Bogen an sich geklammert, immer weiter, zur Hast angetrieben, wenn er an die Fratze dachte, in die er geschaut hatte. Irgendwann bekam er keine Luft mehr und stürzte in hohes Gras.

Neunzehntes Kapitel

Madru geht bei einem Magier in die Lehre und schließt Freundschaft mit der Schwarzen Köchin · Wölfe fliegen durch die Luft Alwiss ruft den Ritter des Großen Waldes zu Bru

Als Madru zu sich kam, lag er auf dem Rücken, die Fiedel und den Bogen an sich gepreßt, unter einem Apfelbaum dessen Zweige mit Früchten dicht behängt waren. Wie in einem Traum sah er das Gesicht der Apfelgöttin, die ihm zwischen Blättern, schwarzen Ästen und Früchten hindurch zulächelte. Er blickte an sich herab. Vor seinen Füßen stand ein alter Mann, der ihn beobachtete.

»Salute!« sagte der Mann gelassen und lüpfte seinen Hut, der aus einer Bucheckernkapsel bestand. Er trug einen Umhang, auf dem Maiglockchen und Hundsveilchen appliziert waren. Das Kleidungsstück kam Madru viel unwirklicher vor als das Gesicht der Göttin zwischen den Zweigen des Apfelbaumes.

»Montigorr mein Name ...«, stellte sich der Mann vor, »Magier, Mitglied der Zunft von der Goldenen Morgendämmerung.«

»Keine Maske vor dem Gesicht ...«, murmelte Madru erleichtert. »was war nur und wo bin ich jetzt?«

»Sphäre Anderswelt!« sagte der Mann, »Region: Grenzmark ... in bedrohlicher Nähe zum Reich des Bösen, aus dem sie dich, aus mir noch unerfindlichen Gründen im hohen Bogen rausgeschmissen haben. Offenbar Weibergeschichten wie meistens. Ich bekam den Auftrag, mich deiner ein wenig anzunehmen.«

Die Szene, mit der alles geendet hatte, fiel Madru wieder ein. Allein bei der Erinnerung daran, wurde ihm so übel, daß er die Augen schloß, als könne er so die Schwäche abwehren.

»Heda, mein Bester«, sagte Montigorr, »nun mal nicht gleich wieder wegtreten.«

Er ging um Madru herum, pflückte einen Apfel und warf ihn ihm zu. Madru ließ Fiedel und Fiedelbogen los und fing ihn auf. Er biß hinein. Das Fruchtfleisch war fest und saftig. Er fühlte sich auf der Stelle besser. Vielleicht auch ein Zauber, dachte er. Montigorr half ihm auf die Beine.

»Ausgeraubt und reingelegt«, sagte er kopfschüttelnd, als sie nebeneinander durch die blühende Wiese auf ein altes Haus zugingen, »das ist so ihre Art.«

Madru erzählte, was er im Totenreich erlebt hatte. Sie schoben sich durch eine Hecke mit Beerensträuchern, die die Begrenzung zur Wildnis hin bildete.

»Nichts da mit Totenreich«, sagte Montigorr und schwenkte die Hand, »im Reich des Bösen bist du gewesen.«

Madru blieb kopfschüttelnd stehen. Der Gemüsegarten lag hinter ihnen. Montigorr wies auf eine Bank unter einem großen alten Nußbaum. Sie setzten sich.

»Ich bin nicht im Totenreich gewesen?« wiederholte Madru immer noch erstaunt. Die Fiedel und der Bogen, er hatte beides auf den Knien liegen, machten eine merkwürdige Veränderung durch. Als ein Windstoß kam, trug er nichts als eine Handvoll Staub fort.

»Bitte«, sagte Montigorr, »da haben wir's ja!«

»Aber ich habe Ase getroffen, Alissa als Wölfin, als Wiesel und … «

Er stockte.

»Als Geierweibchen«, brachte Montigorr den Satz zu Ende, »alles Lug und Trug. Alles Täuschung. Illusionszauber, über den unsereiner nur die Nase rümpfen kann.«

»Wenn das so ist«, sagte Madru erleichtert, »dann bin ich Alissa in Wirklichkeit gar nicht begegnet. Dann bin ich von einem Schemen genarrt worden.«

»Etwa in der Art wie dieser Herr Hoffmann von jenem so lebensecht wirkenden mechanischen Spielzeug. Natürlich hat auch der Bär zu Anfang seine Hände mit im Spiel gehabt. Er, so habe ich inzwischen in Erfahrung bringen können, ist es gewesen, der deinen Lebensbaum verpflanzt hat. Von der Mauer vor dem Totenreich zur Mauer um das Land des Bösen. Du mußt wissen, es gibt da eine Stelle … und sie liegt gar nicht so weit von hier entfernt, an der stoßen alle drei Reiche zusammen. Gewissermaßen ein Dreiländereck. Andererseits hast du offenbar auch einflußreiche Gönner und Protektoren. Allwiss war hier … teilte mir mit, daß ich dich in der Wiese unter dem Apfelbaum finden würde. Ach, da wäre noch etwas zu erwähnen«, sagte er, »ich habe da eine ... wie soll ich sagen … Dienerin, Haushälterin, Köchin ... eine Schwarze Köchin eben. Unübertroffen alles, was sie an Speisen auf den Tisch bringt … Eine schwarze Perle gewissermaßen. Aber von allen magischen Experimenten, wie wir sie zusammen machen werden, ist sie strikt ausgeschlossen. Sie kennt keinen einzigen Zauberspruch, weder eine Beschwörung, noch eine Bannung, und ich möchte, daß dies so bleibt. Die Grenzen zwischen Herrschaft und Gesinde sollten scharf gezogen sein. Eine Köchin mag eine ausgezeichnete Köchin sein, eine Schwarze Köchin, sie gehört doch zum Personal. Man muß aufpassen, daß man nicht unter ihren Pantoffel gerät, sonst endet man wie weiland Merlin … festgezaubert von seiner Niniane in einer Weißdornhecke. Verstehen wir uns?«

Madru nickte. Er verstand: Der Alte hatte ihn davor warnen wollen, etwas mit den Dienstboten anzufangen.

Sie betraten das Haus. Montigorr zeigte Madru jedes Zimmer und jede Kammer vom Keller bis unter das Dach. Nur an einer bestimmten Tür ging er etwas rascher vorbei. Es war jene, hinter der die Schwarze Köchin wohnte.

Der größte Raum im Haus war der Zaubersaal. Er hatte gotische Fenster. In einer Ecke standen allerlei alchemistische Apparaturen. Verstreut auf dem Fußboden lagen die verschiedensten Bücher aufgeschlagen. Es gab ein Stehpult, auf dem ein dicker Wälzer lag. Sein Gedächtnis lasse zunehmend nach in letzter Zeit, beklagte sich Montigorr, alles Wichtige müsse er aufschreiben.

Die Wände waren mit Sternkarten und Darstellungen der Planetenbahnen behängt. Aber Madru hatte eine Abneigung gegen Astronomie, obwohl er doch dieser seine Berufung zum Sternensohn verdankte. Er blieb stehen vor einer großen, mit farbigen Kreiden auf die nackte weiße Wand gemalten Darstellung des Lebensbaumes der Kabbala. Als Montigorr merkte, wie sehr ihn diese Zeichnung beschäftigte, setzte er gleich zu einem Vortrag an. Er sprach von der Weltferne Gottes. Verwundert hörte Madru jemand von ganz anderen Göttern reden als denen, die zu verehren man ihn in seiner Kindheit gelehrt hatte. Von der Weltferne Gottes, wie gesagt, sprach Montigorr. Er unternahm einen Exkurs in die Gnosis, berichtete von dem Demiurg, der sich selbst für Gott gehalten habe, von den Arkonen, die er schuf, damit sie ihm hülfen bei seiner Schöpfung. Er stellte sehr anschaulich dar, wie dieser Demiurg nicht die leiseste Ahnung mehr von jener Gottheit gehabt habe, von der er einst abgefallen sei und kennzeichnete das Schicksal des Menschen als deswegen besonders tragisch, weil er sich in der Schöpfung eines in einem Irrglauben befangenen Schöpfers vorfinde. Darauf kam er wieder auf die Kabbala zu sprechen, erklärte die Bedeutung der zehn Kreise und zweiundzwanzig Pfade hin über den Heiligen Baum. Der Baum sei die Hoffnung. Wer die Pfade und Wege gehe, steige wie auf einer Leiter zu jenem weltfernen Gott, suche auf dem Grund der Worte nach jenem Wort, mit dem sich die Sicht auf den verborgenen, weltfernen Gott wieder eröffne.

Der Mensch, so faßte er seine Sicht der Dinge noch einmal zusammen, sei ein Gefangener, aber mit Hilfe des Wissens, auch und gerade des geheimen und verborgenen Wissens, sei er in der Lage, seinem Gefängnis zu entkommen ... hin zum wahren Ziel aller menschlichen Erkenntnis, zu dem im Licht verborgenen Gott. Bei solch grundsätzlichen Unterweisungen war die Zeit bis zum Abendessen vergangen, und nun sah Madru zum ersten Mal die Schwarze Köchin. Sie hatte tiefschwarze Haut, war hochgewachsen und trug zudem noch eine hochgetürmte Frisur, die in einen kunstvoll geschlungenen Turban aus schöngemustertem Stoff verpackt war. Ihre wulstigen Lippen und ihre großen Augen gaben ihr etwas Träges. Und immer wenn Montigorr gerade einmal nicht hinsah, warf sie Madru einen lächelnden Blick zu, der ihn bis in die kleine Zehe erregte. Was ihre Kochkünste anging, so hatte der Magier nicht übertrieben. Es gab kein Gericht, von ihr gekocht, das nicht ein Wunder gewesen wäre, ein Freudenfeuerwerk, nicht nur zur Füllung des leeren Magens, sondern Tröstung und Lust, also ein Küchlein für die Seele.

Doch die Schwarze Köchin stand nicht nur am Herd und trieb dort ihren Zauber. Sie putzte und scheuerte auch Montigorrs alte Hütte derart, daß immer Glanz in ihr war. Nicht jener fragwürdige Glanz, den ein weiblicher Putz- oder Scheuerteufel zu erzeugen vermag, sondern ein mit Lebendigkeit verbundener Glanz. Sobald die Sonne untergegangen war, hieß Montigorr die Schwarze Köchin in ihre Kammer gehen, die er nicht nur mit dem Schlüssel verschloß, vielmehr sah Madru zufällig einmal, wie der Magier auf die Türschwelle auch noch einen Drudenfuß malte und ein Sprüchlein darüber hin wisperte. Was er denn da mache, fragte er ihn. Ach, erwiderte der Magier, er wolle nur ganz sicher gehen, daß über Nacht die Schwarze Köchin aus ihrem Zimmer weder herauskönne, noch daß jemand in ihre Kammer hineingelange. Die Schwarze Köchin schien nun, bei allem Stolz, der von ihrer Erscheinung ausging, gegenüber Montigorr die Dienstfertigkeit und Unterwürfigkeit in Person. Sie hätschelte ihn, war darum besorgt, alle Unannehmlichkeiten des Alltags von ihm fernzuhalten, damit durch Verstimmungen dieser Herkunft nicht seine Zauberlaune leide. Auf seine Befehle und Anweisungen gehorchte sie immer ohne jegliche Widerrede, ja, es schien ihr auch nichts auszumachen, daß er sie Abend für Abend in jene Kammer einschloß, die sie erst am Morgen wieder verlassen konnte, wenn er den Schlüssel herumgedreht und über Fensterbrett und Türschwelle den aufhebenden Zauberspruch gemurmelt hatte.

Unterdessen war Madru von Montigorr in die Grundlagen der Magie eingeführt worden, und was er da hörte, nahm seine Aufmerksamkeit ungeteilt in Anspruch. Er sah die Schwarze Köchin, sah, wie sie ihm immer noch, sofern ihr Herr und Meister nicht hinschaute, jenes bis in die große Zehe in ihm wirksame Lächeln zuwarf ... und sah sie auch wieder nicht, weil ihn die Magie in ihren Bann geschlagen hatte. Er wußte unterdessen, daß es außer der materiellphysikalischen Welt, die die Kabbalisten »Assiah« nennen, die astrale Welt »Yetzirah« gibt, mit der man als Magier vor allem in Kontakt zu treten versucht, die Sphäre der Erzengel und anderer spiritueller Wesenheiten, »Briah« und endlich die Sphäre des Göttlichen »Atziluth«.

Er hatte gehört, daß man diese Sphären und Welten sich nicht wie eine Folge geologischer Schichtungen übereinanderliegend vorstellen dürfe, sie vielmehr eine Art Netzwerk seien, sich mit ihren Bezügen gegenseitig durchdringend.

Montigorr rühmte Madrus Begabung, als Geistwesen seine Körperhülle verlassen zu können und sich dann zu Erkundungsfahrten über die Straßen, Wege und Pfade in der Astralwelt aufzumachen. Darin erwies sich Madru sogar Montigorr überlegen. Während ihm jetzt gewisse Erlebnisse in Norrland, wie das Eintreten in die Erle oder das Aussetzen der Zeit, angesichts seiner neuen Erfahrungen gar nicht mehr so Ungewöhnlich vorkamen, war sein Lehrer begierig, von immer neuen Erlebnissen auf den Straßen und Wegen in entfernteren Gegenden der Astralwelt durch ihn zu hören.

Nach einiger Zeit machte sich der Magier daran, mit seinem Schüler jenes Ziel zu erreichen, um dessentwillen Bru wohl ihrem Ritter eine solche Lehre in Magie überhaupt verschrieben hatte. Um es laienhaft auszudrücken: Es ging darum, durch Beschwörung von Elementargeistern sich in den Besitz von Zaubersprüchen zu setzen, die eine einmalige Macht über die vier Elemente Feuer, Wasser, Luft und Erde verleihen.

Montigorr hatte Madru geraten, den drei Zauberutensilien, die ihm von den Herren der Hohen Türme abgeluchst worden waren, nur nicht weiter nachzutrauern. Solch starke Kräfte in Flaschen, Dosen, Kästen und Beuteln aufzubewahren, sei unpraktisch, ja gefährlich. Viel klüger sei es dagegen, auf den Wegen des Lebensbaums forschend, zu jenen Bergen, Wiesen, Wäldern oder Auen vorzustoßen, auf denen die Worte verborgen lägen, die gleiches bewirkten wie diese unhandlichen Zauberutensilien. Außerdem gewinne man dabei noch eine Einsicht von grundsätzlicherer Bedeutung: daß nämlich das Wesen der Magie letztlich in der Macht über das einzig richtige Wort bestehe. Wer es finde, es wisse, sei Herr über den Gegenstand oder das Wesen, das es benenne.

Auf langen, mühsamen Fahrten und Gängen hatte Madru jene Worte aufgefunden, die es möglich machten, aus heiterem Himmel einen Regenschauer niedergehen, ein

Feuer aufflackern oder einen Wind losblasen zu lassen, ohne mehr zu tun, als sie auszusprechen. (Man wird begreifen, daß diese Zauberworte hier verschwiegen werden, denn, gerieten sie in das Gedächtnis dieser oder jener Menschen, die Unordnung in der Welt würde sich noch vermehren, und sie ist doch ohnehin schon groß genug!) Jene die Elemente Wasser, Luft und Feuer regierenden Worte hatte Madru dadurch aufgefunden, daß er seine Gedanken über die Wege des Lebens wandern ließ. Aber jenes Wort, das Herrschaft über das Element »Erde« gibt – war ihm verborgen geblieben. Er hatte Montigorr, da er dies mit Recht für bedeutsam hielt, auch erzählt, daß jenes Schemen, das Ases Gestalt angenommen hatte, ihm ebenfalls nicht zu der Krume Erde hatte verhelfen können. Er hatte abermals Gedankenreisen unternommen, auf die ihm Montigorr gute Ratschläge mitgegeben hatte. Vergebens. Auch mit Sprüchen, Beschwörungen von Göttern und Geistern, mit Formeln, Ziffern und Figuren kamen sie nicht weiter. Da beschloß Montigorr zu verreisen, um sich bei einem alten Lehrer in dieser Sache Rat zu holen. Madru aber blieb daheim, weil sich noch, während der Meister fort war, eine günstige Konstellation für ein bestimmtes Experiment ergeben sollte, das seine persönliche Anwesenheit im Zaubersaal notwendig machte.

Montigorr war alles andere als ein Dummkopf. Und bei aller Suche nach dem Zauberwort für Erde, hatte er andere höchst irdische Belange keineswegs aus dem Auge verloren. Für die Zeit seiner Abwesenheit, so hatte er Madru erklärt, sei es wohl besser, wenn er, wie sonst nur bei Nacht üblich, die Schwarze Köchin in ihre Kammer einschließe und Schwelle und Fenster magisch versiegele. Madru hatte das ganz in Ordnung gefunden, bei dieser Ankündigung sogar eine gewisse Erleichterung verspürt. Dann war Montigorr aufgebrochen.

Bis das bewußte Experiment beginnen konnte, zu dem er daheim geblieben war, hatte es noch gute Weile. Madru ging unruhig im Haus umher. Eine Beobachtung beschäftigte ihn. Vor einigen Tagen, als er in den Garten hinausgegangen war, um sich etwas zu entspannen, hatte er ein Rudel Wölfe über den Himmel fliegen sehen. Er hatte Montigorr nichts von dieser merkwürdigen Beobachtung gesagt, sondern Aufschluß darüber auf den Wegen im Lebensbaum gesucht, ohne eine Antwort zu finden.

Madrus Unruhe nahm spürbar zu, als er einmal an der Tür vorbeikam, hinter der die Schwarze Köchin mit Riegel und Drudenfuß gesichert gefangen saß. Er horchte. Es war ganz still hinter der Tür. Da! Jetzt meinte er ein unterdrücktes Kichern zu hören.

»He ... bist du noch da?« fragte er und dachte daran, wie peinlich es für ihn wäre, wenn sie gerade während der Abwesenheit des Meisters davonliefe.

»Freilich«, sagte ihre warmherzige, dunkle Stimme, »und ich weiß einen, der käme gern hier herein, wenn er es nur vermöchte.«

»Warum sollte er hereinwollen?« fragte Madru neckend.

»Weil er jung ist und nicht alt ... weil ihm lange keine Frau mehr ein Liebessüppchen gekocht hat und die, die er liebt, ist weit fort. Aber er kann nicht herein, weil er eben nur den Witz eines Lehrlings hat und nicht den des Meisters selbst.«

»Nun, das ist noch nicht ausgemacht«, rief Madru, »unterdessen weiß ich mindestens so viele Zauberworte wie Montigorr, wenn nicht sogar noch mehr.«

»Dann müßte es ja ein Leichtes sein, die Riegel zu sprengen und die magischen Sperren an Tür und Fenster zu öffnen.«

»Es würde mir gelingen, wenn ich wollte.«

»Aber du willst nicht?« Sie schien enttäuscht.

»Warum sollte ich?«

Er hörte, wie sie drinnen mit dem Fuß aufstampfte und ausrief:

»Bist du so dumm oder stellst du dich so? Seit dem Tag, da du zum ersten Mal an unserem Tisch saßest, habe ich dir durch Blicke wieder und wieder zu verstehen gegeben, daß ich dich gern mag. Gewiß, bis heute hat der zittrige Alte mich und dich immer gut bewacht. Aber nun hat unsere Liebe ihre Chance. Worauf wartest du noch?«

Madru ging fort von der Tür.

Er spürte, wie das Verlangen nach der Schwarzen Köchin von ihm Besitz ergriffen hatte. Es bereitete ihm Genugtuung, sich diesem Verlangen zu widersetzen. Was war schon ein Schäferstündchen verglichen mit den Geheimnissen der Magie, die Montigorr mit ihm geteilt hatte? Aber war die Schwarze Köchin nicht auch eine Zauberin? War es nicht geradezu seine Pflicht, sich in den Zauberkünsten, über die sie gebot, unterweisen zu lassen?

Vertrauen gegen Vertrauen, murmelte Madru vor sich hin, und war wieder entschlossen, standhaft der Versuchung zu widerstehen. Wie lächerlich moralisch, war seine nächste Überlegung. Hatte er nicht sogar Bru sagen hören: wir kommen ohne Moral in dieser Welt ganz gut aus.

Er ging in den Zaubersaal, setzte sich vor den Lebensbaum, um sich so auf andere Gedanken zu bringen. Bei dem 10. Kreis, der Malkuth genannt wird, begann sein Weg. Er sah den Regenbogen und Kallah, die Königin, Braut und Jungfrau. Er stieg auf zu Yesod, worin die tiefsten und stärksten Kräfte der Natur, die Intelligenz und die Einbildungskraft, vereint sind. Er ging weiter zu Tiphareth, was Schönheit heißt. Er verspürte einen starken Sog, dem er sich überließ und kam nicht, wie er erwartet hatte, nach Chokmah, der männlichen Klugheit, sondern nach Binah, dem weiblichen Verstehen, und als er diesen Kreis erreichte, wußte er, daß es das Zeichen war, mit dem Montigorr die Kammer der Schwarzen Köchin verschlossen hatte. Eigentlich nur um sich zu vergewissern, daß er sich in dieser Sicherheit nicht täuschte, ging er vor die Tür der Kammer und fragte: »Bist du noch da, Schwarze Köchin?«

»O ja«, antwortete sie, »noch ist kein anderer gekommen und hat mir die Tür aufgetan. Aber wenn du noch lange zögerst ...«

Da kniete er sich nieder und malte das Zeichen Binah auf die Schwelle. Er hörte, wie das Schloß zurücksprang.

»Die Tür ist offen ... aber warte noch einen Augenblick« rief die Schwarze Köchin ihm zu.

Es zuckte und zerrte in ihm, aber er wartete.

»Jetzt komm zu mir«, sagte sie.

Er drückte die Klinke herunter und trat ein. Sie saß nackt, die Beine gespreizt, die Arme gegen ihn ausgestreckt, in einem Korbstuhl, der aussah wie ein Thron. Vor dem großen Stuhl lag ein weißbraun geflecktes Ziegenfell.

Einen Augenblick kam ihm der Gedanke von Furcht, daß der Alte sie überraschen könne. Dann wehten seine Kleider davon, und als sie sich umarmten, verbrannte die Furcht in einem lodernden Feuer.

Nachdem sie sich geliebt hatten, lagen sie eine Zeitlang nebeneinander.

»Was wirst du jetzt tun?« fragte er.

»Mir meine Freiheit nehmen«, sagte sie, »nachdem ich lange genug auf sie habe warten müssen.«

Und dann ging ihr Flüstern in eine Sprache über, die er nie gehört hatte. Er dachte: ich muß einen Gegenzauber sprechen. Aber es war so angenehm, sich ihrem Liebeszauber zu überlassen. Schlaf schüttete sich in ihm aus. Dürre Mohnkapseln, die ihre schwarzen Körner verstreuen. Die Schwarze Köchin war fort. Er taumelte suchend nach ihr durch endlose Räume, bis er plötzlich vor den Toren von Malkuth stand, dem Reich Gottes als Menschenwerk, und ein glühendes Eisen auf ihn zufuhr, sich auf seine Stirn senkte und ihm dort etwas einbrannte. Er schrie auf und fuhr hoch, war allein, nackt und schämte sich. Es mußte viel Zeit vergangen sein. Ein Tag und eine Nacht und noch ein Tag vielleicht, überlegte er. Bei seinen Spaziergängen im Lebensbaum hatte er auch ein Empfinden dafür entwickelt, wieviel Zeit in der einen Sphäre verstrich, während er sich in einer anderen befand. War Montigorr noch nicht heimgekehrt? Hatte er vielleicht diese ganze Reise nur als Vorwand benutzt, um die Schwarze Köchin und ihn auf die Probe zu stellen? Hatte er sie geil aus der Ferne auf magische Weise beobachtet, während sie sich liebten? Und wo war die Schwarze Köchin? Ein Schaudern überkam ihn, wenn er an sie dachte. Er kleidete sich an. Er schaute in die Truhe, von der er wußte, daß sie dort ihre Kleider verwahrte. Die Truhe war leer. Da war er sicher, daß sie fort war ... fort durch die Welt. Alissa fiel ihm ein und sein Schwur. Es war merkwürdig: er konnte mit diesem Schwur und der Erinnerung an die Umarmungen mit der Schwarzen Köchin gut leben.

Das Haus kam ihm merkwürdig verändert vor. Er wußte nicht, woran es lag. Er traf niemanden, weder Montigorr, noch die Schwarze Köchin. Er betrat den Zaubersaal. Alle Bücher, Retorten und Tiegel waren fort. Dort, wo auf der Wand der Lebensbaum der Kabbala aufgemalt gewesen war, hing jetzt ein hoher ovaler Spiegel mit einem verschnörkelten goldenen Rahmen.

Er hörte ein Räuspern hinter sich und fuhr erschreckt herum, weil er fürchtete, es könne Montigorr sein.

Allwiss stand vor ihm und sah ihn prüfend an.

»Schwaches Gewissen, schlechtes Gewissen«, sagte der Zwerg und wiegte den Kopf.

»Was ist mit Montigorr? Du mußt es mir sagen«, fragte Madru aufgeregt.

»Ich dachte, du würdest mich nach ihr fragen ... die alte Gemeinschaft der Männer!«

»Um sie braucht man sich keine Sorgen zu machen«, sagte Madru.

»Wie sie angekündigt hat«, erwiderte Allwiss, »sie hat von ihrer Freiheit gründlich Gebrauch gemacht ... die Schwarze Köchin.« Er führte Madru an ein ovales Tischchen, das immer im Zaubersaal gestanden hatte. Rein zur Zierde, wie Madru gemeint hatte. Er war gewohnt, darauf ein seltsam verformtes Glas stehen zu sehen. Das Glas lag zerbrochen am Boden. Ein kleiner schwarzer Kasten stand an seiner Stelle.

»Ja und?« fragte Madru.

»Da hast du den armen Montigorr … ein bißchen Materie in einer black box, wie man das später einmal nennen wird. Natürlich hat sie das Wort, das ihr so verzweifelt suchtet, gewußt. Sie war auch eine Zauberin … eine große Zauberin, was Montigorr sehr wohl bekannt war. Dein Empfinden hat dich nicht betrogen: Er hat sich davongemacht, um euch aus der Ferne zu beobachten. Er war völlig verrückt nach diesem Wort und … man muß es leider so nennen … du warst nichts als sein Werkzeug. Vielleicht wirst du dich ärgern. Denk daran, daß er für seine Intrige teurer bezahlt hat. Er suchte das Wort, daß das Element beherrscht … und jetzt ist er selbst … nun, Erde eben. Aber nicht wegen eurer Konflikte bin ich gekommen. Bru will dich sprechen. Die Frist ist herum. Seit etwa hundert Jahren leben im Großen Wald immer mehr und mehr Menschen. Es haben Veränderungen stattgefunden, die deine Anwesenheit dort erforderlich machen. Aber das wird sie dir selbst sagen. Komm jetzt …«

Er trat vor den Spiegel hin. Das Glas wurde zu einer vibrierenden Flüssigkeit. Er tauchte, die Arme voran, da hinein. Madru tat es ihm nach.

Zwanzigstes Kapitel

Madru in einer anderen Zeit · Gendarmen vor dem Haus und die Rote Jule drinnen · Das Tanzvergnügen in Lassekrog · Die schöne Gunilla Ein Fiedler sieht einem offenen Wagen nach

Es wird erzählt, daß in einem Jahr gegen Ende des 19. Jahrhunderts, um die Zeit, da der Ginster und die Apfelbäume blühten, ein Mann nach Norrland kam und Grund und Boden am Ängratörn erwarb. Der Mann hieß Madru und war noch jung. Es gehörten aber zu diesem Besitz der See und aller Wald an dessen Ufer, drei Meilen nach Westen und vier Meilen nach Norden. Das war ein großes Anwesen. Jedenfalls war es weit mehr Wald, als die meisten Kleinbauern und Tagelöhner, die damals in der Gegend lebten, besaßen. Sie hatten oft nur drei oder vier Kühe im Stall.

Wenn es ein schlechtes Jahr gewesen war, und vielleicht zu allem auch noch ein Esser mehr unter dem Dach, geschah es häufig, daß sie ein oder zwei Tiere verkaufen mußten. Das holte ein solcher Waldbauer kaum je wieder auf, und viele, denen das zu stieß, wanderten aus nach Amerika.

Viele Männer arbeiteten in den Sägewerken in Ljusdal oder als Flößer und Holzfäller auf den großen Einschlägen weiter landeinwärts. Wenn in einer bestimmten Gegend Holz gefällt werden sollte, gab es immer einige Leute, die schnell bereit waren, ihr Land zu verkaufen. Die anderen wurden unter Druck gesetzt. Manchmal wechselten die Waldparzellen für drei Flaschen Branntwein den Besitzer. Trunksucht hätte niemand ein Laster nennen mögen. Es war eine Leidenschaft. An Holz war viel Geld zu verdienen in der Ferne. Damals kam das Wort »Fernwelt« auf.

Und der Große Wald schien endlos Holz herzugeben. Die Frauen blieben daheim. Sie versorgten die Kinder, sahen nach dem Vieh und kümmerten sich um das Heu, das bißchen Hafer, das mager wuchs. Sie gingen in die Betstunden der christlichen Sekten. Aber viele hingen auch noch dem alten Glauben an, gegen den die Prediger wetterten. Wer an Bru und Bri und die Möndin in ihrer dreifachen Gestalt glaubte, der fragte sich im stillen, ob es recht sei, daß der Große Wald abgeholzt wurde. Der Wald, so war überliefert, sei etwas Heiliges, sei eine Macht, eine Kraft. Jetzt wurde er geplündert und ausverkauft. Erst waren die Pelztiere gefangen und abgeschossen worden. Jetzt raubte man sein Holz.

Madru, der neue Herr auf Ängratörn, war ein guter Fiedler. Er spielte auf den Tanzvergnügen in Färila und in den Krügen an der Landstraße nach Norden. Er wanderte mit seiner Fiedel in den Süden zu Fuß bis Järvsö und kam im Osten an die Küste bis Glada Hudik. Das war eine Hafenstadt, in der sich Fabrikanten und Holzkaufleute am Kai prächtige, bunt bemalte Häuser erbaut hatten, die von ihrem Reichtum kündeten.

Es war ungewöhnlich, daß sich ein Mann mit Besitz unter die Fiedler mischte. Fiedler wurde einer, der gewöhnlich nicht mehr besaß als sein Instrument, einen Knappsack und einen wollenen Schlafsack. Darüber wurde von Anfang an gesprochen. Madrus Musik erschien den Leuten zärtlich, wild, einschmeichelnd wie die keines anderen Fiedlers damals. Es kam das Gerücht auf, dieser Madru besitze eine jener Fiedeln, die von einem Nöck besprochen worden sind. Die Melodien habe er womöglich in der Anderswelt gelernt. Vielleicht sei er selbst ein Troll oder ein Feenmann.

Die Leute rätselten auch, wie so einer zu dem vielen Geld gekommen sein mochte, um Ängratörn zu erwerben. Da hatte er gewiß tief in die Tasche greifen müssen. Viel verdiente so ein Fiedler nicht, er mochte noch so gut spielen. Was man ihm zahlte, ging von der Hand in den Mund.

Ungewöhnlich gekleidet kam dieser Madru daher. Leute, die sich mit dererlei auskannten, erklärten, Hosen mit solchem Schnitt, wie er sie trage, spitze Schuhe mit Glöckchen daran und eine Kappe aus rotem Filz seien vor fünfhundert Jahren oder noch längerer Zeit in Norrland einmal Mode gewesen.

Am meisten Verwunderung aber erregte er mit seinen Reden. Er sprach offen und deutlich von der Macht der Bäume, sagte, so dürfe es nicht weitergehen. Der Große Wald sinke dahin. Man treibe nicht ungestraft so wütend Raubbau an der Natur. In dreißig, vierzig Jahren werde es in Norrland vielleicht schon keinen Großen Wald mehr geben. Sie sollten sich gefälligst einmal vorstellen, was das bedeute. Fortgewischt der Duft der Mammutbäume. Kein Grün mehr. Kein Meer von Zweigen, die sich wie Wellen bewegen. Eine Katastrophe unvorstellbaren Ausmaßes sagte er ihnen voraus. In einer Welt ohne Bäume würden die Menschen ersticken müssen. Sie würden keine Luft mehr zum Atmen haben. Heute noch unbekannte Seuchen würden sich ausbreiten. Sie alle würden dann eines qualvollen Todes sterben. Sie ließen ihn reden. Manche nickten. Die meisten hielten ihn für einen komischen Heiligen. Wegen seiner Reden wurde auch nicht ein Klafter Holz weniger eingeschlagen. Warum auch? Es gab doch genug. Unvorstellbar gerade hier, daß es einmal gar keines mehr geben sollte. Und letztlich lebten alle in Norrland vom Wald. Die Holzkaufleute und die Sägewerksbesitzer lebten wie die Maden im Speck. Die Waldbauern und Holzfäller vegetierten mehr als daß sie lebten. Es wäre ihnen noch schlechter gegangen, wenn sie nicht dies und jenes aus dem Wald geholt, eine Parzelle losgeschlagen, ihre Arbeitskraft dafür verkauft hätten, dem Wald sein Holz zu rauben.

Als den Sägewerksbesitzern und den Holzkaufleuten hinterbracht wurde, was Madru predigte, wurden sie unruhig. Die Frage wurde unter ihnen laut, ob man nicht gegen ihn wegen Geschäftsschädigung vorgehen könne. Die Holzkaufleute luden einen Richter, einen Bischof und die Kommandanten der Gendarmerieposten zu sich und berieten mit ihnen. Das Ergebnis war: Laßt ihn reden. Wer hört schon auf ihn? Das erledigt sich von selbst.

Herr Sunderman war der reichste und einflußreichste Geschäftsmann in ganz Norrland. Sunderman lud Madru zu sich und fragte ihn gerade heraus, was er verlange, damit er solche Reden einstelle. Madru erwiderte, seine Überzeugung sei ihm nicht feil. »So, so«, sagte Herr Sunderman interessiert, »Ihr habt also eine Überzeugung. Erklärt sie mir, vielleicht könnt Ihr auch mich überzeugen.«

Madru erzählte, daß das Vorbild zu jeglicher Schönheit sich in der Natur finde und in ihr vor allem bei den Bäumen. Er erzählte von den Wesen, die in den verschiedenen Bäumen wohnen, von dem Wissen, das sie dem mitteilen, den sie nicht fürchten müssen.

Herr Sunderman fand das alles sehr poetisch und fragte, ob Madru nicht in seine Dienste treten wolle, als Fiedler und als Holzschätzer, denn er hatte auch gehört, daß Madru jede Einzelheit über die verschiedenen Gattungen der Bäume wisse und durch die Rinde hindurch einem Baum ansehen könne, ob er gesundes oder krankes Holz habe. Herr Sunderman nannte eine Zahl in neuen Reichstalern, die er monatlich Madru zu zahlen bereit sei. Höflich lehnte Madru ab und ging fort.

Herr Sunderman war nach dem Gespräch mißmutig. Er gehörte zu den Menschen, die bisher in ihrem Leben die Erfahrung gemacht hatten, daß sich mit Geld alles kaufen lasse.

Sunderman war ein Mann um die fünfzig, korpulent, trug immer schwarze oder blaue Anzüge aus feinem englischen Tuch und Hemden mit hochgestellten Kragen, die sein Kinn einrahmten. Er hatte eisgraues, kurzgeschnittenes Haar, aber einen üppigen Backenbart, war Witwer und ging auf Freiersfüßen. Herr Sunderman trank gern Rotspon und hatte einen massigen, hochroten Kopf, so als werde ihn in Kürze der Schlag rühren, doch hatte er sich vorgenommen, mindestens hundert Jahre alt zu werden. An der goldenen Uhrkette, die sich über seinem kolossalen Bauch spannte, hingen drei in Gold gefaßte Wolfszähne … aus dem Gebiß des letzten Tiers, das in dieser Gegend vor drei Jahren geschossen worden war.

Aus seinen beiden Ehen waren keine Kinder hervorgegangen. Herr Sunderman war entschlossen, noch einen Erben zu zeugen. Sunderman sei der ungekrönte König von

Norrland, sagten die Leute. Ihm gehörten zwei Sägewerke in Ljusdal und an mehreren anderen Betrieben in kleineren Orten war er beteiligt. Herr Sunderman ließ Waldstücke zwischen Fineby und Enskogen aufkaufen. Es gab viele kleine Eigner. Manche wollten es ganz besonders schlau anstellen. Sie warteten noch zu, um den Preis in die Höhe zu treiben. Sie wußten wohl, daß in dieser Gegend ein großer Einschlag geplant war, aber sie stellten sich einfach taub. Ganz zufällig begegneten einem dieser Störrischen drei oder vier angetrunkene Burschen. Die »Schweinehunde«, wie man sie später zu nennen pflegte, stammten, nach ihrer Sprache zu urteilen, nicht aus der näheren Umgebung. Der verkaufsunwillige Waldbesitzer wurde zusammengeschlagen. Danach beeilte er sich, zu verkaufen. Die Nachforschungen der Gendarmerie über die Rowdies verliefen erfolglos.

Madru lebte sparsam, allein von dem, was er als Musikant verdiente, und das war nicht viel. Aber zu fiedeln: das machte ihm Freude. Außerdem besaß er noch einen Beutel mit fünfzig alten Reichstalern, die mehr wert waren als die neuen, weil sie aus fast reinem Gold geprägt worden waren. Den Beutel hatte er zusammen mit dem Bilderspiel, der Wolfspfote, dem Halstuch aus Herbstlaub, einem Bronzemesser, der Fiedel und der Grundbucheintragung über das Anwesen auf dem Küchentisch gefunden, als er das Haus am Ängratörn betrat.

Madru fiedelte Polskas auf den Tanzvergnügen und dachte nicht daran, seine eifernden Reden gegen jene zu unterlassen, die den Großen Wald abholzten. Die Nachfrage nach Holz stieg tagtäglich. Grubenholz für Exporte nach Deutschland und England, Holz für Furniere, Holz für Zündhölzer und Zündholzschachteln. Eine neue Welt schien da in der Ferne zu entstehen, zusammengefügt aus dem Holz, das man dem Großen Wald raubte, aber der schien unerschöpflich.

Hier und da lagen Äcker und Wiesen mitten im Wald, die die Menschen, mehr schlecht als recht, ernährten. Straßen zogen sich durch jenes Gebiet, in dem einst die Kronen des Bannwaldes wie die Wellen eines grünen Meeres gewogt hatten. Die eine Straße führte nach Norden, war gut ausgebaut bis Hennan, die zweite nach Nordwesten endete bei der Kleinstadt Karböle, die dritte gegen Südwesten war bis Los geführt worden. Wege gab es viele. Unvorstellbar war das undurchdringliche Dickicht auf dem Boden des Bannwaldes von damals.

Dennoch lebten hier und da Erinnerungen daran fort. »Der Wald ist heilig.« »Der Wald wird sich an denen rächen, die ihn vernichten.« Manchmal fielen solche Sätze in den Hütten der Waldbauern, wenn sie die Blüten des Fingerhuts gekaut hatten. Die so sprachen, beriefen sich nicht selten auf den Fiedler Madru. »Er hat Wissen«, hieß es. »Er vermag etwas.«

Bei den Zusammenkünften im Gildehaus besprachen die Kaufleute den Eisenbahnbau. Die Strecke sollte über Järvsö nach Ljusdal und von dort nach Hennan führen. Vielleicht auch noch eine Stichbahn nach Glada Hudik. Aber vielleicht auch nicht. Vielleicht mußten die Reeder dort von ihrem hohen Roß herunter, wenn die Stichbahn nicht gebaut wurde. Man rechnete noch.

Madru redete weiterhin für den Großen Wald. Wie er zerstückelt werde. Wie sie um ihn wie um das Kleid eines Königs würfelten. Er nannte den Profit eine Krankheit, an der alle Menschlichkeit verrecke. Dieses Wort hörte die Rote Jule, und sie begann, sich für diesen Menschen zu interessieren. Viele schüttelten über solche Worte auch den Kopf. Sie hätten nichts dagegen gehabt, etwas von den Profiten der Holzkaufleute und Sägereibesitzer in ihren Taschen klimpern zu hören. »Wie kann er sagen, daß das krank macht«, meinte einer, »ich würde prächtig aufblühen. Und einmal in jeder Woche würden wir Fleisch essen.« Die Holzarbeiter waren mausearm. Es gab Zyniker, die erklärten: »Warum überhaupt noch arbeiten? Am Ende verhungern wir so oder so.« Es gab Leute, die schlossen sich in ihre Hütte ein, kippten zwei Flaschen Fusel in sich und zündeten dann ihre Hütte an.

Da war ein Mann gewesen, der hatte versucht, eine Gewerkschaft der Holzarbeiter in der Provinz Norrland zu organisieren. Er war häufig verprügelt und verjagt worden, aber kleine geheime Grüppchen hatte er einzuschwören gewußt, und ein Netz von Kontakten zwischen diesen Grüppchen hatte er geknüpft. Dieser Mann – im Volk hatte er keinen Namen, hieß nur der Agitator – hatte in den sechs Jahren, in denen er sich in der Gegend um Ljusdal aufgehalten und überlebt hatte, Liebschaften mit mehreren Frauen gehabt und von zwei verschiedenen Frauen hatte er einen Sohn und eine Tochter. Der Sohn hatte den Namen Björn erhalten. Das Mädchen hatte die Mutter in einem Anfall von Romantik Julia genannt. Das Kind war in kein Taufbuch eingetragen worden und später riefen es alle Jule und noch später, weil es rote Haare hatte und den Kommunismus predigte, nannten sie sie die Rote Jule. Der Vater war bei einem schaurigen Unfall ums Leben gekommen. Auf einer Holzrutsche waren plötzlich Stämme herabgeschossen, zwei- , dreihundert, ohne Pause. Sie hatten ihn von einem Weg ins Wasser gestoßen. Erst hatten ihm die Geschosse von Stämmen den Schädel eingeschlagen. Dann war der schon tote Mann unter Wasser gedrückt worden. Die Leiche fand man erst im Frühjahr darauf, und viele waren es nicht, die den Agitator vermißten. Aber die aus dem geheimen Netz hingen ihm weiter an. Diesen Leuten hätte man androhen können, ihnen glühendes Blei in die Ohren zu gießen, sie hätten bloß düster gelacht und gesagt: nur zu.

Die beiden Kinder des toten Mannes erwiesen sich als aufsässige Geschöpfe, mager, aber widerstandsfähig. Sie hatten schon bis zu ihrem vierzehnten Lebensjahr beide fünf Jahre im Arbeitshaus verbracht, wo es, wie die Rede geht, immer mehr Prügel gibt als dünne Suppe. Mehrmals waren sie fortgelaufen, bis nach Ljusdal und Färila gekommen, wo sich Leute fanden, die den Vater gekannt hatten und der »Sache« noch treu ergeben waren. Beide waren sie ausgesprochen bildungswütig und hatten viel gelesen. Björn, jähzornig, rasch bereit, zum Messer zu greifen, hatte es immerhin zwei Jahre in einer Druckerlehre ausgehalten. Gerade so lange, bis er soviel von diesem Handwerk verstand, wie zur Herstellung von Fliegenden Blättern und primitiven Zeitungen nötig ist.

Danach bezog er zusammen mit seiner Halbschwester einen Schuppen am Ortsrand von Färila, den sie zugleich auch als Werkstatt benutzten. Eine alte Maschine zum Drucken fanden sie vor, aber keine Lettern für den Satz der Texte. Um die Lettern einer geeigneten Schriftart bezahlen zu können, verdingte sich Björn bei einer kleinen Akzidenzdruckerei, in der er ein Dreivierteljahr blieb. Das Gerücht verbreitete sich, in dieser Zeit habe er nicht etwa das Geld erspart, um die Lettern zu kaufen, sondern diese langsam aber sicher seinem Arbeitgeber entwendet. Wenn er nüchtern war, widersprach Björn diesem Gerücht auf das Entschiedenste, nur um es in trunkenem Zustand prahlerisch lachend zu bestätigen. Was immer die Wahrheit sein mochte: die Rote Jule und Björn brachten von nun an in unregelmäßigen Abständen ein kurioses Blättchen heraus, das sie »Aurora« nannten. Es enthielt Balladen, Klatsch, jeweils eine Belehrung über die wahren Ziele des Sozialismus (die die Rote Jule verfaßte) und bissige Kommentare zu den Ereignissen in den Sägewerken und Holzfällerlagern.

War wieder einmal eine Nummer fertig, so zog Jule landauf, landab, um sie an die Frau oder an den Mann zu bringen. Auf einer ihrer Verkaufswanderungen nun klopfte sie auch bei dem neuen Herrn auf Ängratörn an. Sie kamen miteinander ins Gespräch, redeten über Bäume. Schließlich las Madru ihr eigene Gedichte vor, Sonette auf zweiundzwanzig Bäume und Sträucher, von denen sie sich sofort einige zum Abdruck in der »Aurora« erbat. Sie ihrerseits predigte ihm Marxismus, den sie ihm als eine Wissenschaft darstellte, mit deren Hilfe das Glück aller durch die Diktatur des Proletariats herbeigeführt werden könne. Ihr Gesellschaftsideal umschrieb sie mit einem Satz aus dem Kommunistischen Manifest: »Eine Assoziation, bei der die freie Entwicklung eines jeden die Bedingung für die freie Entfaltung aller« ist.

Als Madru sie fragte, was in dieser von ihr so häufig zitierten Schrift über Bäume gesagt werde, schüttelte sie aufgebracht den Kopf und sagte, mit einer Geduld, die Madru erstaunlich fand:

»Fangen wir noch einmal von vorn an.«

Madru hatte zu diesem Zeitpunkt noch keine Zeile von Karl Marx gelesen. Er wußte nicht, worum in der Großen Französischen Revolution gestritten worden war, und die Präambel zur »Declaration of Independence«, die ihm Jule mit leuchtenden Augen zitierte, kannte er ebensowenig.

»War halten diese Wahrheiten für selbsteinsichtig« ... Sie war eben dabei ihm zu erklären, was unter Mehrwert im einzelnen zu verstehen sei, als drei berittene Gendarmen vom Wald her sich seinem Haus näherten.

Sie sprangen aus dem Sattel. Einer von ihnen hielt die Gäule. Die beiden anderen begehrten Einlaß. Als Madru auf der Schwelle erschien, forderten sie ihn auf, eine Frauensperson, die unter dem Spitznamen »Rote Jule« bekannt sei und sich bei ihm versteckt halte, an sie auszuliefern. Sie drängten ins Haus. Madru stand breit und groß, mit in die Hüften gerammten Armen auf der Schwelle. Er verlangte einen Durchsuchungsbefehl zu sehen. Es stellte sich heraus, daß die Gendarmen ein solches Dokument nicht besaßen. Sie fragten daraufhin, ob Madru bestreiten wolle, daß er die Rote Jule versteckt halte.

»Wieso versteckt halten?« sagte er. »Sie ist mein Gast. Bitte, was liegt gegen sie vor?«

Die Gendarmen hielten ihm eine Anzeige wegen Landstreicherei unter die Nase.

Das müsse wohl ein Irrtum oder eine Verwechslung sein, erklärte Madru. Wie denn von Landstreicherei die Rede sein könne, wo doch die junge Frau ständig bei ihm wohne?

Die Gendarmen wechselten vielsagende Blicke. Madru holte einen aus Norge herübergeschmuggelten Aquavit und schenkte ihnen ein. Er wies sich als Eigentümer von Ängratörn aus, während sie tranken. Er schüttete nach, zeigte seine Steuerquittung und seine Wahlbescheinigung. Einer der Ordnungswächter erinnerte sich nun, ihn auf einem Tanzvergnügen spielen gehört zu haben. Beim dritten Aquavit war die Verbrüderung nahe. Danach ritten die Gendarmen heiter davon. Später an diesem Tag spannen Madru und Jule Pläne, wie man die »Aurora« unter Einsatz von Madrus alten Reichstalern in eine richtige Zeitung umwandeln könne, in ein Sprachrohr der kleinen Leute. Madru dachte daran, in jeder Nummer einen Aufsatz über das Wunder der Bäume zu publizieren. Dafür war er bereit, Jules Grundkurs in Sozialismus hinzunehmen.

Es schien selbstverständlich, daß die Rote Jule über Nacht blieb. Was von der Flasche Aquavit nach dem Gendarmenbesuch noch übrig war, hatten Madru und Jule inzwischen ausgetrunken.

Bei der Vertrautheit, die sich zwischen der jungen Frau und Madru so selbstverständlich eingestellt hatte, wäre es ihm geradezu als Beleidigung erschienen, nicht zu versuchen, mit ihr zu schlafen. So ging er in das Zimmer, wo er für Jule ein Nachtlager gerichtet hatte. Sie aber wies ihn schroff ab. Eine Beschimpfung der Männer ergoß sich über ihn. Er hörte eher belustigt als betroffen zu. Sie schrie, sie mache sich nicht das Geringste aus Männern, werde sich nie etwas aus Männern machen, erzählte von zwei Vergewaltigungen durch Wächter im Arbeitshaus und endete mit der Feststellung, überhaupt seien Frauen zu Frauen viel zärtlicher als Männer. Achselzuckend trat er den Rückzug an.

Madru schlief in dieser Nacht also allein, aber ehe er einschlief, ging ihm allerlei durch den Kopf. Er fand Jule trotz, vielleicht auch wegen der Zurückweisung und ihrer Gefühlsaufwallungen, amüsant und liebenswert. Er stellte sich aus der Erinnerung ihr Gesicht und ihre Frisur vor. Dieser lange, um ihren Körper schlotternde, am Boden schleifende Mantel, den sie angehabt hatte, fiel ihm wieder ein. Er dachte darüber nach, daß ihr rotes Haar von einem ganz anderen Rot war als das kupferrote Haar Alissas. Er sah deutlich die blasse Farbe ihrer Haut … etwa die Farbe von entrahmter Milch. Er konstatierte, wie mager Jule war, daß sie kaum Hintern habe und vorn flach sei wie ein Bügelbrett. Ich mag sie, dachte er.

Am nächsten Morgen wanderten sie durch den Wald nach Färila. Bei einem Gespräch mit Björn tranken sie zu dritt zwei Flaschen Schnaps aus. Danach war es beschlossene Sache, die »Aurora« als Wochenendblatt erscheinen zu lassen. Madru hatte vorgeschlagen, nun auch eine Lizenz zu kaufen. Björn wurde als Drucker mit einem Monatslohn angestellt.

Für die Lizenz und die Vorauszahlung von vier Monatsgehältern, um die Björn gebeten hatte, weil er voller guter Vorsätze seine Schulden zahlen wollte, ging dann etwa ein Drittel der alten Reichstaler drauf. Madru dankte Bru, daß er das Geld besaß. Er fand im übrigen, er habe es ganz im Sinne seines Auftrags investiert. Die neue »Aurora« erschien in einer Auflage von tausend Exemplaren.

Bis Ende Juli hatten sich die Herstellung und der Vertrieb der Zeitung gut eingespielt. Anregend empfand Madru lange philosophische Gespräche mit Jule, bei denen ihm langsam klar wurde, was er alles über die neue Zeit, in die er geraten war, nicht wußte. Ihr Verhältnis zueinander war kameradschaftlich.

Und dann ereignete sich jener Zwischenfall, der den Herrn Redakteur, wie die Leute in Färila sich Madru nun zu nennen angewöhnten, in einen Zustand weitgehender Unzurechnungsfähigkeit versetzte.

Die »Aurora« war wieder einmal termingerecht am Freitagnachmittag fertig geworden. Während Jule die übliche Tour in Färila und dessen Umgebung selbst übernahm, ging Björn nach Ljusdal hinüber, wo sie bisher noch nie die »Aurora« abzusetzen versucht hatten. Es gab dort eine bürgerliche Tageszeitung. Sie gehörte, wie so manches andere, Sunderman. Es war ein Gang in die Höhle des Löwen, ein Wagnis, daß sie nur deswegen eingingen, weil sie sich ausgerechnet hatten, sofern sie ohne Behinderung in Ljusdal drei- bis vierhundert Exemplare loswurden, konnten sie den Jungen, der bei ihnen in letzter Zeit stundenweise ausgeholfen hatte, fest einstellen.

Madru spielte am Abend auf einem Tanzvergnügen in Lassekrog. Es waren drei Fiedler verpflichtet, die manchmal zusammen aufspielten, dann wieder auch allein auftraten.

Gegen halb zehn, unter den Tanzenden ging es schon lockerer zu, kam ein älterer Mann im Sonntagsgewand mit einem auffällig schönen Mädchen mit weißblondem Haar herein. Sie setzten sich an einen Tisch ziemlich weit entfernt von der Tanzfläche. Nach einer Weile kam es Madru vor, als ob das Mädchen, geradezu darum bittend aufgefordert zu werden, zu ihm hinblickte. Er erkundigte sich bei seinen Kameraden, wer der alte Mann und die Schöne sei und sie sagten ihm, dort in der Ecke, das sei der Torkelmüller mit seiner Tochter, die man die schöne Gunilla nenne. Madru holte das Mädchen, und sie tanzten etwa eine halbe Stunde miteinander. Es war die Leichtigkeit, mit der diese Gunilla tanzte, es war ein gewisser Stolz, der aus ihren braunen Augen leuchtete, es war die Farbe ihres Haares und zum Teufel, was eigentlich sonst noch? … das ihn immer verliebter werden ließ. Die Liebe zu der schönen Gunilla kam über ihn mit der Gewalt eines Föhnsturms. Beim dritten Tanz schon traf er mit dem Mädchen eine Verabredung für den Sonntagnachmittag in Färila.

Er mußte aufhören zu tanzen, weil das Publikum verlangte, er solle wieder spielen. Das war der Fluch des Fiedelns, daß man nie in einem fort tanzen konnte wie andere Burschen. Er machte ihr auch beim Spielen schöne Augen. Etwas in ihrem Blick schien traurig, etwas anderes ermutigte ihn, sie bei der Hand zu nehmen, mit ihr fortzurennen und sie zu küssen, zu küssen, zu küssen.

Nach angemessener Zeit machte er abermals eine Pause und holte die schöne Gunilla wieder zum Tanz. Sie waren beide entflammt und gaben sich nicht die geringste Mühe, es zu verbergen. Manchmal berührten sich ihre Lippen zu flüchtigen Küssen. Manchmal, wenn er sie bei einer Drehung an sich drückte, spürte er die Festigkeit ihrer Brüste. Bis sich plötzlich eine breite Hand dem überraschten Madru schwer auf die Schulter legte. Vor ihm standen feixend zwei junge Burschen, und der eine sagte grob:

»Schluß jetzt. Hört auf.«

Was denn das heißen solle, erkundigte sich Madru. »Frag sie doch, mit wem sie tanzen will … mit dir oder mit mir.« Er wollte keinen Streit.

»Schwer von Begriff, wie?« hieß es. »Sie soll mitkommen … Sunderman schickt nach ihr!«

Der Kerl deutete mit dem Daumen über seine Schulter. Drüben in der Ecke, neben dem alten Mann im Sonntagsstaat erkannte Madru tatsächlich den König von Norrland.

»Er wird warten können, bis dieser Tanz zu Ende ist, wenn er ihr etwas zu sagen hat«, antwortete Madru und wollte wieder Gunillas Hand nehmen. Der erste Schlag traf ihn völlig unerwartet, riß ihm die Füße fort. Mit einem dumpfen Krachen landete er auf den Brettern der Tanzdiele. Er wußte, daß er eine verdammt schlechte Figur machte und rappelte sich hoch. Geradezu mit Wollust sich seiner Wut überlassend, stürzte er auf die beiden Burschen zu, blitzartig erkennend: Das mußten die bewußten »Schweinehunde« sein.

Er traf den, der ihm am nächsten stand, am Kinn, doch wohl nicht gezielt genug. Der Kerl schüttelte sich bloß, zog sein Messer und wollte ihm an die Gurgel.

Die Musik hatte aufgehört zu spielen. Die beiden anderen Fiedler liefen herbei, hielten ihn an beiden Armen fest. Madru sah, wie Sunderman an seinem Tisch beschwichtigend die Hand hob. Es kam ihm so vor, als wäre gegenüber jemand anderem nicht so viel Nachsicht geübt worden. Das machte ihn erst recht wild. Er sah, wie die Schweinehunde Gunilla an den Tisch führten, an dem ihr Vater und Sunderman saßen. Sunderman erhob sich, sagte etwas zu dem Alten, reichte der schönen Gunilla den Arm und führte sie quer über die Tanzfläche zur Tür. Später wußte Madru nicht mehr, wie es dahin gekommen war: Er hatte sich jedenfalls losgerissen, und es war ihm gelungen, seiner Fiedel habhaft zu werden. Er stürzte der Gruppe um Sunderman hinterdrein. Draußen auf der Gasse fing er an, eine wilde Melodie zu spielen. Als könne er wenigstens damit dem Mädchen zu verstehen geben, was er empfand.

Verliebtheit, Scham, Wut! Sie waren unterdessen in den offenen Wagen gestiegen. Die beiden Schweinehunde ritten auf struppigen, wendigen Pferden in einer anderen Richtung davon. Die beiden Männer in dem offenen Wagen führten ein angeregtes Gespräch. Madru sah, wie Sunderman sich vornüberbeugte und der schönen Gunilla die Hand küßte.

Er ließ die Arme sinken. Das Rasseln der Räder über das Basaltpflaster klang ihm höhnisch in den Ohren. Er stand auf der Gasse und kam sich vor wie eine mechanische Puppe, bei der die Feder abgelaufen ist.

Einundzwanzigstes Kapitel

Madru verzögert eine Hochzeit · Die schöne Gunilla schenkt seinem Feind einen Erben · Der Große Schnee und der Streik Madru wirft ein Auge auf die Rote Jule

Zu dem Rendezvous, das sie beim Tanz in Lassekrog verabredet hatten, erschien Gunilla pünktlich. Sie wirkte befangen und hatte verweinte Augen. Sie sei nur gekommen, um von Madru Abschied zu nehmen, sagte sie rasch. Dann redete sie allerlei, einfach um zu reden, ohne ausdrücken zu können, was sie eigentlich sagen wollte. Sie werde sich gern an diesen Abend erinnern, sagte sie beispielsweise. So leicht und aller Sorgen ledig habe sie in ihrem Leben noch nie getanzt. Jetzt sei sie Sunderman versprochen. Sie werde ihn heiraten. »Knüppel-aus-dem-Sack« sagte Madru »den Teufel wirst du tun Mädchen. Das lasse ich nicht zu.« Sie sah ihn bestürzt an.

»Du wirst selbstverständlich mich heiraten, wenn es schon eine Heirat sein muß«, sagte er, »alles andere kommt gar nicht in Frage. Willst du dich unglücklich machen?«

»Sieh mich nicht so an«, sagte sie vorwurfsvoll, »wenn du mich so ansiehst wie eben, bin ich wie gelähmt und du könntest mit mir tun, was du willst.«

»Das ist gut. Das ist sehr gut«, sagte Madru und rieb sich lachend die Hände, »ich weiß, was ich mit dir tun will!«

Sie hatten sich auf dem Friedhof verabredet, wie es damals unter jungen Leuten üblich wir, die sich beim Tanz kennengelernt hatten. Die Kirchentür war nicht abgeschlossen. Sie betraten die Kirche und setzten sich auf eine Bank. Madru begann, Gunilla seine Geschichte zu erzählen. Von seiner Liebe zu Alissa, von dem mißglückten Versuch, ins Totenreich einzudringen und wie er dabei genarrt worden war. Auch von der Schwarzen Köchin. Nur von seinem letzten Gespräch mit Bru, nachdem er mit Allwiss durch die Spiegel gegangen war wie durch Wasser, erzählte er ihr nichts. Bru hatte ihm den Auftrag gegeben, in den Großen Wald zurückzukehren. Sie hatte angedeutet, daß die beiden Inschriften auf dem versteinerten Baum einen Sinn hatten. Ihre Worte waren vage gewesen. Er hätte sie genauer fragen sollen. In der Aufregung hatte er nicht den Mut dazu gefunden. Es war ihm auch, als habe sie ihn mit Absicht über vieles im unklaren gelassen.

,,Kannst du dir eine Welt ohne Wald vorstellen, ohne Bäume?« fragte Madru in der Kirche Gunilla.

»Wie kommst du nur darauf«, sagte sie und schüttelte den Kopf, »nein, das wäre eine Welt ohne Schönheit und ohne Hoffnung.«

»Und doch willst du einen Mann heiraten, der den Wald abholzen läßt.«

»So kannst du das doch nicht sehen!«

Er empfand manchmal Furcht, daß das Ende des Waldes näher sei als alle meinten, daß er zu wenig für den Wald gekämpft habe. Für den Wald oder für die Menschen, die in ihm wohnten.

Sie waren aufgestanden und liefen in der Kirche umher. Es war seltsam für Madru dieser Tempel von Menschen, die an einen anderen Gott glaubten, die die Geschichte von der Schöpfung der Welt anders erzählten, die der Frau die Schuld gaben an der Vertreibung aus dem Paradies. Für ihn waren Frauen dem Paradies nahe. In der Liebe war Paradies, im Stillstand der Zeit. In der Vergessenheit. Madru blieb stehen. Er umarmte Gunilla. Sie ließ es geschehen. Seine Hand schob sich unter ihr Kleid. Die Hand suchte ihre Brüste. Sie waren rund und voll. Er küßte Gunilla. Zuerst blieb sie starr und abweisend, erinnerte ihn und sich immer wieder murmelnd daran, daß sie Sunderman versprochen sei. Langsam kam Lebendigkeit über sie. Madrus Angst vor dem Ende der Welt verlor sich. Gunilla erwiderte seine Küsse.

Er ließ plötzlich die Arme sinken und sagte: »Ich liebe dich, Gunilla. Du liebst mich. Was zählt denn sonst?«

Sie nickte, schien überzeugt.

»Ich habe kein Geheimnis vor dir gehabt. Du kennst die Geschichte meines Lebens so gut wie ich sie kenne.«

Das log er. Er dachte wieder an das Gespräch mit Bru, an die Bedeutung der beiden Inschriften. Warum log man so oft in der Liebe? Warum heuchelte man Ehrlichkeit. Aus Angst, dachte er, aus Angst, der Besiegte zu sein und nicht der Sieger.

»Wir sind uns rasch sehr nahe gekommen«, sagte sie. Sie hatte manchmal eine Art geziert zu reden, die ihn zusammenzucken ließ.

»Erzähl mir von dir,« forderte Madru. »Ach was«, sagte Gunilla.

Er ließ nicht locker. Da redete sie.

Der Vater war ein wohlhabender Mann gewesen. Die Mühle stand unten im Süden am Bodasjön, wo mehr Getreide wuchs. Als die Mutter starb, sei der Vater ein anderer Mensch geworden. Der Teufel habe ihm die Lust am Spielen eingegeben. Er habe sein gesamtes Vermögen verspielt. Dann habe er sich von Sunderman Geld leihen müssen. Gewöhnlich schicke Sunderman um die Zinsen kassieren zu lassen jene beiden Burschen vorbei, die man die »Schweinehunde« nenne. Neulich aber sei er einmal selbst gekommen. Der Vater und er hätten Kaffee und Branntwein getrunken in der guten Stube. Als sie das Tablett hereingetragen, die Kaffeekanne und die Flasche hingestellt habe, habe Sunderman sie mit so einem Blick gemustert, der durch die Kleider gegangen sei. Später habe der Vater zu ihr gesagt, sie habe ihr Glück gemacht, Sunderman wolle sie zur Frau.

»Und du fügst dich drein, an ihn verkauft zu werden, ohne daß man dich fragt?« erkundigte sich Madru.

»Was soll ich tun? Heirate ich ihn nicht, läßt er die Mühle versteigern und der Vater und ich kommen ins Armenhaus. So sieht's aus. Liebe … «, sagte sie, »wer sagt, daß unser Leben mit Liebe angefüllt sein muß? Daß wir uns trennen müssen, wird schmerzen. Alles andere … es läßt sich ertragen.« Sie sähe so viele Ärgeres ertragen. Madru unterbrach sie, er habe da eine andere Parole: »Alles aus Liebe, sonst geht die Welt unter.«

Sie schüttelte den Kopf. Das möge er wahr machen können, aber nicht sie. Sie habe sich dreingefunden in die Heirat mit Sunderman. Es müsse laufen, wie es nun einmal bestimmt sei. Gekommen sei sie nur, um Madru noch einmal zu sehen, um sich zu vergewissern, daß sie ihn immer noch stark und ausschließlich liebe, so, wie sie es bei dem Tanzvergnügen empfunden habe. Dessen sei sie sich jetzt gewiß. Darum wolle sie auch Madru etwas schenken, was doch – ihre Stimme bekam einen spöttischen Tonfall – in den Augen der Leute soviel wert sei ... ihre Jungfernschaft. Eben darum solle sie auch Sunderman nicht bekommen, mit dem alles ein Handel um Geld sei, sondern er, den sie liebe und dem sie vertraue. Madru müsse nur versprechen, sie nach dieser Liebesnacht nie wieder zu sehen und auch nichts zu unternehmen, um die Heirat mit Sunderman zu behindern oder zu hintertreiben. Auch er solle sich in das, was nun einmal ihr Schicksal sei, schicken, wie sie sich dreingeschickt habe.

Madru war verblüfft, meinte, er träume einen verrückten Traum. Dann sagte er sich, daß dieser Plan ihrem Stolz entsprungen sein müsse. Er begann sich zu freuen und zu hoffen, diese Liebesnacht werde sie stark aneinander binden. Er nahm sie also mit in die Baracke, in der sie die Zeitung druckten. Dort gab es einen Verschlag mit einem Bett, in dem er schlief, wenn er in Färila war. Er nahm Gunilla ihre Jungfernschaft, damit sie Sunderman nicht bekam, wie es ihm manchmal durch den Kopf ging, als sie sich liebten. Sie blieben die ganze Nacht zusammen. Gegen Morgen aber, Gunilla und er waren eingeschlafen, kam die Rote Jule zurück und überraschte sie, wie sie, einander umarmend, im Bett lagen. »Laßt euch nicht stören«, sagte sie mit Wut in der Stimme und so, als habe Madru sie mit Gunilla betrogen. Später tranken sie zu dritt Kaffee. Madru spürte Jules Eifersucht. Er spürte, daß Jule ihn liebte, daß sie ein Recht auf ihn geltend machte. Er wäre ohne diesen Zwischenfall nicht darauf gekommen. Es verwirrte ihn. Er zuckte die Achseln. Pech für sie. Er sah nur Gunilla. Er lieh sich am Vormittag ein Pferd und einen Wagen und fuhr Gunilla nach Hause. Während der ganzen Fahrt über versuchte er ihr auszureden, Sunderman zu heiraten. Sie sagte einmal: »Ich bin entschlossen!« Danach schwieg sie.

Nachdem er lange auf sie eingeredet hatte, erinnerte sie ihn daran, daß er ihr habe versprechen müssen, die Eheschließung mit Sunderman nicht zu verhindern. Vielleicht habe er das gesagt, antwortete er, er könne sich schon jetzt kaum daran erinnern, jedenfalls sei es nicht sein Ernst gewesen. Darauf gerieten sie in einen heftigen Streit. Er sei nicht ernsthaft und nicht aufrichtig, hielt sie ihm vor. Wenn sie das gewußt hätte! Ob er ihr vielleicht ihre Jungfernschaft zurückgeben solle oder ob sie in klingender Münze Schadenersatz verlange, höhnte er. Endlich hieß sie ihn anhalten und bestand darauf, den Rest des Weges zu Fuß zu gehen. So schieden sie in Streit nach ihrer Nacht der Liebe.

Drei Tage später war es Björn, der Madru erzählte, das Aufgebot für die Hochzeit von Sunderman mit Gunilla hänge aus, und in Ljusdal erzähle man sich, eine Hochzeit solle es werden, wie sie die Provinz noch nie erlebt habe.

Madru saß auf der Kante jenes Bettes, in dem er Gunilla geliebt hatte und soff

Branntwein. Er arbeitete nicht. Er sprach nicht. Er brütete in der Trunkenheit vor sich hin. Hin und wieder beschimpfte ihn die Rote Jule, er hätschele seinen Liebeskummer und benehme sich gerade so, als ob noch nie jemandem außer ihm der Schatz fortgeschnappt worden sei von einem anderen. Er antwortete mit Bedacht, um sie zu kränken, bei all dem könne eine wie sie, die sich aus Männern nichts mache, überhaupt nicht mitreden.

Madru schrieb an Gunilla lange Briefe. Um die nächste Nummer der »Aurora« durfte sich Jule allein kümmern. Auch Björn war ausgefallen. Madru und Björn tranken zusammen Branntwein. Madru wurde und wurde nicht betrunken. Björn stürzte schließlich besinnungslos zu Boden. Jule schaffte für drei und fluchte über die Männer. Über den bewußtlosen Björn, der da auf die Dielen hingestreckt lag, schüttete sie einen Eimer Wasser. Auch das brachte ihn nicht wieder auf die Beine. Sie zog ihn zu dem Verschlag, in dem sein Bett stand. Dann holte sie den Jungen, damit er ihr beim Drucken zur Hand gehe.

Madru saß auf der Bettkante und sah mit einem verrückten Lächeln zu.

Die Briefe an Gunilla schickte Madru mit einem Boten in die Mühle. Brief um Brief brachte der Invalide ungeöffnet wieder zurück. Schließlich sagte er: »Herr Redakteur, es ist wirklich zwecklos. Ihr müßt Euch damit abfinden, daß diese Frau von Euch nichts wissen will.«

Madru lief nach Ljusdal und ließ sich bei Sunderman melden. Der empfing ihn höflich, etwas amüsiert. Er trank englischen Brandy mit ihm. Madru sagte plötzlich, als sie schon mehrere Brandies gekippt hatten, Sunderman werde eine Frau heiraten, die ihn nicht liebe.

Sunderman lachte. »Sie schätzt mein Geld und achtet mich«, sagte er, »das ist auch etwas. Daß sie nicht unschuldig in die Ehe geht, und daß sie mit Euch geschlafen hat, ist mir bekannt. Keine üble Wahl. Ich kann darüber hinwegsehen. Ich brauche eine Frau, die mir einen männlichen Erben schenkt. Manns genug, um ein Kind in ihren Schoß zu pflanzen, bin ich noch. Vielleicht werden es auch zwei oder drei. Sie sieht aus wie eine Kuh, die rasch trächtig wird und leicht wirft. Habe ich recht, Herr Redakteur?«

Madru sprang auf. Er schrie Sunderman ins Gesicht, er wolle sich mit ihm duellieren.

»Aber ich nicht mit Euch«, sagte Sunderman lachend, »ein Duell mit einem Fiedler, einem Tintenkleckser … das ist doch lächerlich. Da wir gerade miteinander reden: Die Artikel, die da in Eurem Blättchen erscheinen, gefallen mir nicht. Was aus der Feder der Roten Jule kommt, ist Schwachsinn. Sozialistische Agitation. Damit lockt man hier in der Gegend keinen Hund hinter dem Ofen hervor. Aber Euer Geschmier … diese Verherrlichung der Bäume … Bäume seien wichtiger als Menschen. Daß es ungehörig ist, wäre das eine. Es ist aber auch unchristlich. Es bestätigt den heidnischen Aberglauben dieser Waldmenschen, bestärkt sie in ihrer lächerlichen Angst, die Welt würde untergehen wenn es diesen Wald nicht mehr gäbe. Macht nur so weiter… und ich hetze Euch die Kirchenbehörde auf den Hals. Ich habe schon mit dem Bischof gesprochen. Er ist ganz meiner Meinung. Und wagt es noch einmal, Euren schmierigen Wisch hier vor meiner Haustür in Ljusdal austragen zu lassen, wie das neulich dieser Kretin versucht hat. Ich habe ihm gehörig das Fell gerben lassen. Das war es, was ich Euch schon längst sagen wollte. Ich hatte die Ehre mit dem Herrn Redakteur. Dort ist die Tür!«

Madru kam mißmutig und knurrig aus Färila zurück. Jule begann sich um ihn Sorgen zu machen. Er trank zwar nicht mehr, aber er aß auch nichts. Einmal fuhr sie ihm mit der Hand über die Wange:

»Nun iß doch!«

Er schüttelte sich und sagte finster: »Laß mich.«

Er schien etwas auszubrüten. Eine Teufelei. Eine Tollheit. Es waren noch drei Tage bis zum Termin der Hochzeit. Madru saß in seinem Verschlag und starrte vor sich hin. Manchmal, in den Nächten, wenn er nicht schlafen konnte, ging er auf und ab und murmelte Unverständliches. Was keiner ahnte, war, daß er jenen Spruch murmelte, der ihm einmalige Macht über das Element Wasser gab. Er lockte Regenwolken an. Er war selbst gespannt, ob er es schaffen werde.

Der Hochzeitstag war da. Punkt neun Uhr trat Madru ins Freie, vor die Baracke. Es war ein sonniger Sommermorgen und sah nicht nach Regen aus.

Genau zu dieser Zeit sollte sich von Sundermans Villa in Ljusdal aus der Hochzeitszug mit den Kutschen und offenen Wagen zur Kirche in Bewegung setzen. Der Himmel verfinsterte sich so überraschend, wie das noch nie zuvor jemand erlebt hatte. Es begann zu donnern und zu blitzen. Dann ging aus den dräuenden, schwefelgelbgrauschwarzen Wolken eine wahre Sintflut auf den Ort nieder. Die Hochzeitsgesellschaft machte sofort wieder kehrt. Man zog sich in die Villa zurück, um abzuwarten, bis das Schlimmste vorbei war. Es sind später über die Ereignisse viele übertriebene Erzählungen verbreitet worden. Es gab einen Moritatensänger, der darüber ein Lied verfaßte und sich eine Schautafel malen ließ, die heute im Heimatmuseum der Provinz Norrland in Glada Hudik betrachtet werden kann. Fast gleichzeitig mit dem Gewitter, und nicht erst als Folge der mit ihm verbundenen Niederschläge, wie später häufig behauptet worden ist, um den Ereignissen den Anstrich von Wahrscheinlichkeit und Übereinstimmung mit den Naturgesetzen zu geben, trat der Fluß über seine Ufer. Die Brücke wurde fortgerissen. Im Nu hatten sich Straßen und Gassen der Stadt in Ströme und Bäche verwandelt. Vor Sonnenuntergang konnte niemand sein Haus wieder verlassen. Die Keller liefen voll. In vielen Straßenzügen mußten auch die zu ebener Erde liegenden Räume geräumt werden.

Auch der Hochzeitsgesellschaft in der Villa Sunderman blieb nichts anderes übrig, als sich in den ersten Stock zu flüchten. Schon zu Mittag war klar, daß man gut daran tun werde, die Trauung in der Kirche zu verschieben. Man hätte mit Kähnen hinfahren müssen, was Sunderman lächerlich fand.

Am Morgen des anderen Tages, als die Nachricht von der verschobenen Hochzeit nach Färila gelangte, sah Jule wie Madru selbstgefällig lächelte. Als sie ihn fragte, was ihn so belustige, erwiderte er, es freue ihn, daß Sundermans Hochzeit im wahrsten Sinn des Wortes ins Wasser gefallen sei.

»Sei nicht so kindisch«, schalt ihn Jule, »ob er nun heute oder morgen heiratet. Was soll's. Einmal wird er Gunilla mit kirchlichem Segen zur Frau nehmen. Du wirst ihn bestimmt nicht daran hindern. »

»Warten wir's ab«, sagte Madru trotzig, » ... noch gibt es Wind und Feuer.«

Jule machte eine geringschätzige Handbewegung wie gegenüber einem Narren, mit dem man nicht streiten will.

Als aber genau eine Woche später die Wagen des Hochzeitszuges wieder vorgefahren waren, als Bräutigam und Braut, Brautjungfern und die anderen Hochzeitsgäste eben aufbrechen wollten, erhob sich ein so scharfer Wind, der sich bald zu einem Sturm und schließlich zu einem Orkan steigerte, daß sie abermals kehrt machen und im Haus Schutz suchen mußten. Ganze Bäume wurden entwurzelt, Dächer abgehoben, ein Pferd von einem herabstürzenden Ast erschlagen. Der Wind jagte mit unverminderter Gewalt durch die Stadt, bis die Sonne hinter dem Horizont versank. Langsam gaben die von Regen und Wind verhinderten Hochzeiten des Herrn Sunderman den Leuten zu denken. Spottverse und Witze liefen in der Provinz um. Der Bräutigam kümmerte sich einen Dreck darum. Die Braut sah immer starrer und trauriger drein. Sunderman äußerte leichthin, aller guten Dinge seien drei. Um nicht mehr über die Straße zu müssen und dabei den Launen des Wetters ausgesetzt zu sein, bestellte er nun den Segensmann zu sich, unter das eigene Dach. Er hatte ein Zimmer als Kapelle ausstatten und weihen lassen und aus diesem Anlaß eine bedeutende Stiftung für das Städtische Siechenhaus gemacht. Mit dem Geistlichen hatte er vereinbart, die Trauung solle gleich nach einem Festessen am frühen Nachmittag vollzogen werden. Danach wollte das Paar mit unbekanntem Ziel zu seiner Hochzeitsreise aufbrechen. Der Pfarrer hatte Skrupel gehabt ... wegen des Banketts vor der Trauung. Der rechten Sitte und Gebräuchlichkeit nach, hätte man's umgekehrt halten müssen.

Aber die für das Siechenhaus gestiftete Summe war fünfstellig. Somit durfte der edle Spender erwarten, daß man auf seine Sonderwünsche Rücksicht nahm.

Diesmal schien alles gut zu gehen. Man setzte sich zu Tisch. Draußen war idyllisches Sommerwetter. Kein Windchen regte sich. Es war eine lange Tafel, an der vierzig Personen Platz genommen hatten. Der Portwein war schon getrunken, die Suppe war schon geschöpft, da stürzten wie von Geisterhand bewegt die drei silbernen Leuchter mit jeweils sechs, bis dahin ruhig brennenden Kerzen, plötzlich um. Zunächst geriet die Tischdecke in Brand, und zwar derart rasch und gründlich, daß man des Feuers auch dann nicht Herr wurde, als man sich entschloß, einen Eimer mit Wasser über dem Tisch auszuleeren. Die Gäste hasteten, angesichts einer wahren Flammenwand, die bis zur Decke reichte, aus dem Saal auf den Flur. Später, als die Hiobsbotschaft kam, auch die Gardinen, die Seidenbezüge der Stühle und das Sofa stünden in hellen Flammen, flüchteten sie weiter in den Garten und auf die Straße. Innerhalb einer halben Stunde brannte die Sunderman'sche Villa bis auf die Grundmauern nieder, ohne daß man der Ljusdaler Feuerwehr hätte mangelndes Pflichtbewußtsein vorwerfen können. Sunderman aber, entschlossen diesmal zu heiraten, komme was wolle, hatte schon die Braut und deren Dienerin zum Schlag einer bereitstehenden Kutsche geleitet, sich selbst auf den Bock geschwungen und den vier Pferden, die vorgespannt waren, die Peitsche gegeben. Er fuhr in einem Strich bis Glada Hudik, das er am späten Abend erreichte. Dort ließ er sich mit den beiden Frauen sofort zu einer Fregatte hinüberrudern, die im Hafen vor Anker lag. Mit dem Kapitän des Schiffes, einem Engländer aus Bristol, war er seit Jahren befreundet. Sunderman hatte ohnehin an Bord dieses Schiffes seine Hochzeitsreise nach England antreten wollen. Jetzt bat er den Kapitän zunächst, von seinem Sonderrecht, an Bord eine Trauung vorzunehmen, Gebrauch zu machen. Die Mitternacht sah Sunderman und Gunilla in einer Kajüte unter einem Laken ehelich vereint. Ob die Frau den Sunderman'schen Erben gewissermaßen mit abgewandtem Gesicht oder, nach all den Aufregungen und Verhinderungen, nun freudig die damit verbundene Lust genießend, empfing, wird nicht vermeldet. Allein, daß sie empfing, ist sicher. Es wurde Spätherbst, ehe das Ehepaar das noch Paris und Venedig besucht hatte, nach Ljusdal zurückkehrte und in ein neues Haus einzog, das Sunderman inzwischen, nach aus England übermittelten Plänen, hatte bauen lassen.

Die Nachricht, daß Gunilla schwanger war, wurde Madru bald darauf zugetragen und schmerzte ihn. Er erinnerte sich an seine Liebesnacht mit ihr, sah den Feind an seiner Stelle und Wut stieg rot vom Hals bis in sein Gesicht.

Das Kind kam im Frühjahr zur Welt, ziemlich genau auf den Tag neun Monate nach jener dreimal verhinderten und schließlich doch noch gefeierten Hochzeit. Als Sunderman gemeldet wurde, daß Gunilla ihm einen Sohn geboren habe, ließ er aus einem kleinen Mörser, der extra zu diesem Zweck angeschafft worden war und heute ebenfalls im Heimatmuseum steht, zwölf Schüsse abfeuern, die Leute mit scharfen Ohren, aber wohl auch dank der günstigen Windverhältnisse, welche an diesem Tag herrschten, bis Färila hörten. Auch Madru hörte sie.

An seine Verrücktheit im letzten Sommer dachte er unter Kopfschütteln. Scham empfand er darüber, daß er seine kostbaren Gaben, die einmalige Macht über Wasser, Luft und Feuer, aus Liebestollheit und persönlicher Rachsucht so leichtsinnig vertan hatte. Er fürchtete, Bru werde ihn eines Tages noch deswegen zur Rechenschaft ziehen.

Im übrigen war er zufrieden. Die kleinen Leute hatten einiges erreicht.

Alles hatte mit einem wütenden Schneesturm begonnen, der in der ersten Dezemberwoche aus Osten losgebrochen war und dann über dreißig Tage hin an Heftigkeit nicht nachließ. Tiefer drinnen im Großen Wald waren alle Wege unpassierbar geworden. Auf dem Fluß versperrte Packeis den Flößern den Weg. Anfang Januar schien sich das Wetter zu bessern. Es gab ein paar wärmere Tage, doch bald setzte der Schneefall abermals ein, dicht und heftig, unheimlich, weil der Schnee eine so bläuliche Färbung hatte. Kein Holz kam auf den Schneisen, von Gespannen geschleift, herab, noch kam welches über den Fluß. Drei Wochen konnte kein Holz eingeschlagen werden. Die Sägen standen still. Die Männer kehrten von den großen Einschlägen zurück, verkrochen sich mißmutig in den Hütten bei ihren Frauen und Kindern. Sie brachten kaum Geld heim. Diese drei Wochen waren die schwersten seit Jahr und Tag. Viele kleine Kinder und ältere Leute starben an Hunger.

Die »Aurora« erschien während der Zeit des Blauen Schnees, wie diese Periode später genannt wurde, ohne Unterbrechung jeden Freitag. Trotz der miserablen Wegverhältnisse gelang es der einen Frau und den drei Männern, die von ihnen geschriebene und gedruckte Zeitung auch auszutragen. Die »Aurora« wurde in diesen drei Wochen kostenlos abgegeben. Madrus Vorrat an alten Reichstalern schmolz dahin. Das Leben der vier Menschen in der »Aurora«Baracke unterschied sich kaum von dem der Bauern und arbeitslosen Waldarbeiter. Sie hatten wenig zu essen. Schnaps zu kaufen, daran war nicht zu denken. Es war lange draußen dunkel. Die fallenden Schneeflocken leuchteten gedämpft bläulich. Schwerfällig ging die Arbeit von der Hand. Die »Aurora« war die einzige Unterhaltung, der einzige Zuspruch, der zu den Hungernden und zur Untätigkeit Verurteilten kam. In der »Aurora« stand, was sie dachten, empfanden, grummelten, fluchten, was sie ohnmächtig hinnehmen mußten.

Durch die »Aurora« erfuhren sie, daß der Lohn pro hundert Hölzer, sobald die Sägen wieder liefen, auf 32 Öre herabgesetzt werden solle. Das war eine Lohnsenkung um genau 10%. Sie wurde damit begründet, daß die Sägewerksbesitzer ihre Verluste in diesem ungewöhnlich schneereichen Winters irgendwie wettmachen müßten. In der »Aurora« stand auf der Titelseite in zehn Zentimeter großen Lettern nur ein Wort auf grauem Papier:

STREIK! Im Leitartikel auf Seite zwei hieß es, daß man so oder so verrecken könne – arbeitend für einen Hungerlohn in Unterwürfigkeit oder streikend erhobenen Hauptes, mit Aussicht auf eine Veränderung.

Bald kam es noch schlimmer. Die Sägewerksbesitzer forderten Militär aus dem Süden an, um den Streik brechen zu lassen. Nach zwei Tagen, als einige Soldaten Verwandte besucht hatten, weigerten sie sich, gewisse Befehle auszuführen. Auch die Offiziere waren von dem Ausmaß des Elends und der Zahl der Hungertoten, die unbegraben liegengeblieben waren, beeindruckt. Sie riskierten manche Befehle erst gar nicht mehr. Dann lud Sunderman sie zu einem Punsch in sein neues Haus ein.

Am nächsten Morgen wurde bekannt, die Sägewerksbesitzer erklärten sich zu einer Pauschalzahlung für die Zeit der Arbeitsruhe durch höhere Gewalt und zur Beibehaltung der alten Lohnsätze bereit. Madru, der mit den Streikführern sprach, riet ihnen, sich im übrigen mit der Gründung einer »Arbeitervereinigung« zufriedenzugeben. »Gewerkschaft« war das Reizwort.

Die Verhandlungen gerieten ins Stocken. Die Arbeiter und Holzfäller baten Madru, allein mit Sunderman zu verhandeln. Die alten Feinde an einem Tisch? »Wie sollte ich mit ihm zu einer Verständigung kommen, wenn ihr es nicht geschafft habt?« fragte Madru. Sie hatten zwei Argumente: »Er haßt dich. Du kannst besser reden als wir.«

»Und ich habe freie Hand?« fragte sie Madru. »Das hast du.«

Sunderman ließ Brandy auftragen, als sie sich gegenübersaßen. Madru rührte das Glas nicht an.

»Was ist denn, Herr Redakteur?«, fragte Sunderman, nachdem er sein Glas mit einem Schluck ausgetrunken hatte.

»Schluckt die Kröte ›Arbeitervereinigung‹, und ich schlucke Euren Branntwein. Wo nicht, kann ich nicht dafür garantieren, daß es nicht heute noch zu Plünderungen kommt. Die Leute wissen, in welchen Läden noch Lebensmittel lagern. Ob Soldaten auf Frauen schießen, die stehlen gehen, damit ihnen das letzte Kind nicht auch noch stirbt, müßt Ihr wissen.«

Sunderman überlegte. Der Erbe war noch nicht geboren.

»Also meinetwegen, Herr Redakteur«, sagte er darauf, »man ist kein Unmensch«, er sah Madru scharf an, »auch wenn man immer wieder dafür gehalten wird. Ich stimme der Gründung einer Arbeitervereinigung zu. »

»Gegründet ist sie schon«, erwiderte Madru, »Ihr werdet in Zukunft mit ihr die Löhne aushandeln müssen.«

Sunderman sagte nichts. Er schenkte sich wieder ein. Sie kippten beide den Branntwein. Madru bekam weiche Knie von dem einen Glas, mit dem die Zustimmung begossen wurde.

Die Arbeitervereinigung hieß »Aurora« wie die Zeitung. Für die Zeitung konnten sie nun wieder Geld nehmen.

Als Madru im Sommer zurückdachte an den Winter, fiel ihm ein bestimmter Freitagabend wieder ein. Björn war mit dem Jungen nach Ljusdal hinübergegangen, wo sie jetzt auch Zeitungen kauften. Es war immer noch sicherer, man ging zu zweit. Sunderman hatte seine »Schweinehunde« zwar an die Kette gelegt, aber es war schwer zu sagen, wie lange der Frieden dauern würde.

Jule stand mit der neuen Ausgabe der »Aurora« in der Hand am Packtisch Madru gegenüber. Sie überflog noch einmal die einzelnen Artikel. Ihr Gesicht war härter und schmaler geworden in den letzten Monaten. Madru fiel die gelbliche Hautfarbe auf. Er sah in ihre groß aufgerissenen, erstaunt und respektlos in die Welt blickenden Augen. Das unordentliche Haar. Eine Schlampe, dachte er, eine ausgezehrte, abgearbeitete Schlampe. Er dachte auch an Alissa, an das Mädchen Melancholia, an die Schwarze Köchin und die schöne Gunilla. Es war ein quälendes Gefühl, so lange ohne Frau zu sein.

Jule mußte aufgefallen sein, daß er sie gemustert hatte … verglichen mit den anderen Frauen. Vielleicht wußte sie auch das. Sie ließ das Zeitungsblatt sinken, lächelte und fragte: »Was issn? Du siehst mir ein Loch in den Bauch … und da hab ich schon zwei.«

»Du siehst müde aus … fertig.«

»Na, Kunststück bei der Maloche.« Er überlegte wieder.

»Schade«, sage er, »daß du dir sogar nichts aus Männern machst.«

»Wer sagt das?«

»Hast du selbst mal gesagt. Gleich am ersten Tag unserer Bekanntschaft, wenn ich dich daran erinnern darf.«

»Hab ick bloß jesacht, um dich abzuschrecken«, antwortete sie, »hab damit erreicht, was ich wollte.«

Wie immer, wenn sie erschöpft war, schlug der Dialekt bei ihr stärker durch.

»Frauen sind zu Frauen viel zärtlicher«, sagte er böse.

»Stimmt ja auch … meine Erfahrung im Arbeitshaus. Von den Männern fühltest du dich immer getreten und benutzt.«

Nun war der Dialekt fort. Merkwürdig. Er sah sie scharf an. Sie hielt seinem Blick stand.

»Ich glaub dir nicht, daß du nur Spaß daran hast, es mit Frauen zu tun.«

»Käme auf den Versuch an«, sagte sie grinsend. »Im Augenblick würde es mir gut tun, es mit irgend jemandem zu tun … und sei es mit einem Wolf.«

Zweiundzwanzigstes Kapitel

Pferdefleischaffäre · Madru wird ein Sohn geboren, den er Alder nennt
Auf der Flucht vor den Gendarmen rettet der Sternensohn eine Nebelfrau
Ein letztes Gespräch mit Allwiss

Wieder ist Sommer im großen Wald. Der fünfte Sommer nach dem Winter mit dem Blauen Schnee. So rechnen in dieser Gegend die Leute. Die Dampfsägen singen auf den Holzplätzen am Fluß. Äxte picken dumpf und unermüdlich auf den großen Einschlägen, tiefer im Großen Wald. Dreitausend Waldarbeiter stehen bei der Sunderman-Aktiengesellschaft auf den Lohnlisten. Und man baut neue Baracken im Wald, neue Baracken bei den Sägewerken. Im nächsten Jahr könnten es viertausend, vielleicht sogar sechstausend Waldarbeiter sein. Die Nachfrage nach Holz ist in den letzten drei Jahren ständig weiter gestiegen. Vor allem Eichen für Grubenstempel, Eisenbahnschwellen und Möbel erzielen hohe Preise. In bestimmten Gegenden des Großen Waldes hat man nur die Eichen geraubt und die übrigen Holzbestände an kleine Köhler verkauft. Auch die Nachfrage nach Zeitungspapier hat in den beiden letzten Jahren zugenommen. Ein informierter Planet. Das kann noch zehn, fünfzehn Jahre so weitergehen. Danach? Keine Ahnung. Höher im Norden ist Eisenerz gefunden worden. Man sollte jetzt schon dort investieren. Ist der Große Wald in zehn, fünfzehn Jahren abgeholzt, kann man die Arbeiter nach Norden schicken. Können froh sein, daß sie wieder in Lohn kommen. Ärgerlich ist lediglich jenes im Parlament schon eingebrachte Gesetz, das dem, der kahlschlägt – und nur lohnen sich für ein großes Unternehmen – zur Auflage macht, auch wieder aufzuforsten. Man wird seine Verabschiedung hinauszögern können. Es dürfte gelingen, einige besonders unangenehme Bestimmungen noch herauszuoperieren. Ganz zu verhindern wird es nicht sein. Sunderman hat inzwischen zwei Erben: Erik und Gunnar. Die Leute sprechen immer noch vom König von Norrland. Aber so ganz stimmt das nicht. Dies ist keine Zeit der Könige mehr. Fast alles gehört jetzt der Aktiengesellschaft, die seinen Namen trägt. Man hat ihm den Titel Kommerzienrat verliehen, und er hat einen Sitz im Aufsichtsrat. Die Aktienmehrheit hält er nicht. Der Firmenname der Aktiengesellschaft prangt auf fast allen Dingen: auf den Holzstämmen, die im Fluß treiben, auf den Lattenzäunen um die Sägewerke, auf den Schornsteinen der Dampfbarkassen, die jetzt die Holzflöße schleppen und im Winter selbst vereiste Floßrinnen aufbrechen können. Die Warenhäuser, die in den Kleinstädten entstanden sind, gehören ihr, die Banken; beteiligt ist sie an den beiden bürgerlichen Zeitungen, die nun in Ljusdal und Järvsö erscheinen.

In Färila behauptete sich weiterhin die »Aurora«. Aber wie lange noch? Man sieht in Färila nun viele schmucke Holzhäuser, die Bretter mennigrot bemalt, auf dem Dach blauer Schiefer, Fensterrahmen sahnigweiß. Sie sollen leuchten, im Sommer mit der Sonne um die Wette, im Winter durch das bedrückende Grau der Nächte, die in den Tag hineinreichen. Die »Aurora« residiert immer noch in der alten Baracke, die mittlerweile aussieht, als werde sie beim nächsten Sturm davongeweht werden. Die Auflageziffern der »Aurora« sind in den letzten zwei Jahren stark zurückgegangen. Die »Aurora« hat längst nicht mehr die Bedeutung für die öffentlichen Meinung, die ihr kurz vor und während des Streiks im Winter des Blauen Schnees zukam. Sie ist eine lästige Mücke. Dennoch gibt es in den Kontoren der Aktiengesellschaft nicht wenige Leute, die es gern sähen, wenn das Insekt endlich auf einem Fliegenleimpapier kleben bliebe.

Aus der »Arbeitervereinigung« ist unterdessen die »Vereinigte Gewerkschaft der Holzfäller und Sägearbeiter« geworden. Fast jeder der kleinen Leute ist Mitglied. Es sind geschulte Berufsfunktionäre aus dem Süden heraufgeschickt worden, die das Heft in die Hand genommen haben. Gut und schön. Die Gewerkschaft unterhält jetzt ein Büro in Ljusdal. Was sein muß, muß sein. Die Funktionäre erledigen alles. Sie verhandeln mit der Aktiengesellschaft, sie erklären den Arbeitern, wie sie die Dinge zu sehen haben. Und so, wie sie sagen, daß man sie zu sehen hätte, hat man sie auch zu sehen. Wegen der Solidarität. Beispielsweise können die Funktionäre einem erklären, warum die Gewerkschaft zum Aufforstungsgesetz vorerst schweigt. Das sieht nämlich so aus, Kollegen. Jetzt ist Boom. Heute und in den nächsten fünf, sechs Jahren läßt sich an Lohnerhöhungen für euch noch einiges herausholen. Erfolge in den Lohnverhandlungen – das heißt mehr Mitglieder, heißt noch mehr Macht, noch mehr Druck ... das kommt euch allen zugute. Wenn nun das Aufforstungsgesetz im Reichstag angenommen wird – und es wird angenommen werden –, entstehen der Aktiengesellschaft enorm hohe Kosten. Lohnerhöhungen könnt ihr dann für die nächsten Jahre vergessen. Also, laßt euch sagen: grundsätzlich und prinzipiell sind wir für das Aufforstungsgesetz; es gibt nur eben Gründe, das nicht an die große Glocke zu hängen.

Was Madru an der Politik der »Vereinigten Gewerkschaft« mißfällt, ist solche Taktiererei. Auch, daß jeder, der sich nicht strikt an die gewerkschaftliche Sprachregelung hält, gleich immer zu hören bekommt: also das ginge nicht: Solidarität!

Madru nimmt sich die Freiheit, hin und wieder sich auch seine eigenen Gedanken zu machen, am Lack zu kratzen, wider den Stachel zu löcken. Für die Gewerkschaftsfunktionäre ist er ein anarchistischer Querkopf, ein Naturschutzheini, und wenn die »Aurora« einginge, auch sie würden dem Blättchen keine Träne nachweinen.

Neulich hat ihn einer gefragt, was er eigentlich dagegen hätte, wenn aus dem bescheidenen Wohlstand der letzten Jahre ein satter Wohlstand würde. Blöde Frage. Das ist nicht der Punkt. Er ist kein Armutsapostel. Aber er kann sich auch nicht an ihrem Fortschrittsglauben besaufen. Und vor allem verteidigt er den Großen Wald. Das begreifen sie nun schon gar nicht. Herrliche Zeiten. Jeden Tag tut es einen Ruck, und man kommt damit dem Zustand näher, wo es keinen Streit, keinen Hunger, keine Krankheiten, keine schwere Arbeit und vielleicht auch keinen Großen Wald mehr geben wird.

Auch sonst hat sich einiges verändert. Der Hafen von Glada Hudik ist so gut wie tot, seitdem die Eisenbahnstrecke bis hinauf nach Hennan geführt worden ist. Sunderman hat in Glada Hudik, wo er jetzt auch wohnt, anläßlich der Geburt seines Erben, einen Bau gestiftet, die Nachbildung einer norwegischen Stabkirche. Er hat seine Frau und seine beiden Kinder kürzlich in Öl malen lassen. In Ljusdal gibt es einen Aussichtsturm, der an jenes hölzerne Zelt erinnert, in dem Madru die Zeit vor seiner Inthronisierung verbracht hat, nur daß dieser Aussichtsturm drei- bis viermal so hoch ist wie jene Hütte damals vor mehr als tausend Jahren. Madru ist einmal dort hinaufgestiegen. Ljusdal nimmt sich immer noch wie ein Fliegenklecks aus, winzig mit den angrenzenden Wiesen, im Vergleich zu den Wäldern, die sich in drei Himmelsrichtungen bis zum Horizont ausdehnen. Der Wald ist noch immer ein Großer Wald. Das hat Madru wieder Mut gemacht, auch wenn man von dort oben das gewaltige Ausmaß der Einschläge hat noch besser erkennen können.

Madru besitzt ein Motorrad, auf dem fährt er zweimal in der Woche von Färila nach Ängratörn. Die Rote Jule ist jetzt ständig draußen in Ängratörn. Sie ist schwanger. Es ist nicht mehr lange hin bis zur Niederkunft. Wieder eine Frau, die ein Kind von ihm trägt. Madru verfällt, seit er von Jules Schwangerschaft weiß, immer wieder ins Grübeln. Das Massaker in der Großen Halle steht ihm plötzlich wieder deutlich vor Augen. Es fällt ihm ein, daß der Stein mit der Inschrift vom Feuer nicht vernichtet worden sein wird. Er verwendet viel Zeit darauf, ihn zu suchen und findet ihn auch schließlich. Niemand will die Bedeutung des Steins mit den Runen darauf anerkennen. Die Wissenschaftler sagen, es gäbe Hunderte solcher Steine. Die Schrift sei nicht zu entziffern. Ein Dialekt früher Stämme. Madru liest ihnen die beiden Sprüche vor. Sie glauben ihm kein Wort. Der Stadtrat von Färila lehnt es ab, den heidnischen Stein vor der Kirche des Heiligen Olaf als Wahrzeichen des Ortes aufstellen zu lassen.

Madru läßt den Stein nach Ängratörn bringen und ihn zwischen Wohnhaus und Saunahütte legen. Er erzählt Jule die Geschichte des Steines, erklärt ihr, sie müßten sie dem Kind weitererzählen, das sie zur Welt bringen wird. Jule zuckt die Achsel. Ein Märchen. »Du Träumer«, sagte sie. Sie streiten sich. Sie schlägt ihm vor, er solle sie heiraten. »Du willst doch, daß das Kind deinen Namen trägt«, sagt sie. Nicht in der Kirche. Man kann unterdessen eine Ehe auch ohne den Segen der Kirche schließen. Er stimmt zu. Vor dem Reichsvertreter, wie der Beamte des Staates heißt, geben sie sich ihr Ja-Wort.

Kurz darauf tötet Björn volltrunken in einer Messerstecherei bei einem Tanzvergnügen den Verlobten eines Mädchens, in das er sich verliebt hat und flieht über die Grenze.

Die Nachricht von Pferdefleisch, in dem es vor Maden nur so wimmelt, wird Madru zugetragen. Er trifft sich mit einem Mann, der Fotografien von dem verdorbenen Fleisch, das angeblich in der Kantine eines der großen Sägewerke auf den Tisch kommt, für eine beträchtliche Summe zum Kauf anbietet. Die Auflage der »Aurora« ist weiter zurückgegangen. Die Fotografien wären eine Sensation. Man sieht darauf die Maden nur so krabbeln. Freunde warnen Madru, reden von der Möglichkeit einer Fälschung. Er kauft die Fotos. Er druckt sie in der »Aurora« ab. Die Rechtsanwälte der

Aktiengesellschaft, der auch die Kantine gehört, erwirken beim Amtsgericht eine einstweilige Verfügung. Eine Nummer nicht ausliefern zu können, wäre für Madru ein schwerer Schlag. Er geht zu dem besten Anwalt in Ljusdal, will die einstweilige Verfügung anfechten lassen. Der Rechtsanwalt lehnt es ab, den Fall zu übernehmen. Entgegen dem Gerichtsbeschluß liefert Madru die Nummer mit den PferdefleischFotografien aus. Die Polizei beschlagnahmt Exemplare der Zeitung. Drei Zeitungsjungen werden vorübergehend festgenommen. In einem der beiden Blätter, an denen die Aktiengesellschaft beteiligt ist, erscheint ein Artikel, in dem der Fotograf erklärt, er habe die Fotos nach Zahlung von dreißig alten Reichstalern retuschiert. Diese dreißig alten Reichstaler sind genau der Preis, den der Fotograf von Madru verlangt hat. Es trifft zu, daß von Retuschen gesprochen worden ist. Nun aber wird der Eindruck erweckt, als seien so die Würmer überhaupt erst hineinpraktiziert worden. Die Aktiengesellschaft läßt in derselben Nummer dieses Blattes eine eidesstattliche Versicherung ihres Kantinenverwalters veröffentlichen, es sei nie Pferdefleisch überhaupt auch nur eingekauft worden.

Madru gelingt es, einen Transportarbeiter aufzutreiben, der bereit ist, auszusagen, er habe Pferdehälften aus Eisenbahnwaggons entladen, sie in die Vorratsschuppen der Kantine getragen. Einige Tage vor der Hauptverhandlung wird dieser Mann auf einem Rangiergleis zwischen zwei Güterwaggons zermalmt. Ein bedauerlicher Unfall. In der Hauptverhandlung wird Madru wegen Mißachtung der gegen seine Zeitung erlassenen einstweiligen Verfügung, wegen Bestechung, Betruges, Irreführung der Öffentlichkeit zu einer Gefängnisstrafe von drei Monaten und einer erheblichen Geldbuße verurteilt. Er verliert außerdem die Lizenz, die man zur Herausgabe einer Zeitung in Norrland braucht.

Als er von der Verhandlung zurückkommt, findet er die Tür zur Baracke schon versiegelt. Er schlägt eine Fensterscheibe ein, legt drinnen Feuer, und noch während er dies tut, begreift er nicht, warum er das tut. Er fährt mit seinem Motorrad nach Ängratörn, wo Jule in den Wehen liegt. Während der Brand in der Baracke nicht gelöscht werden kann, sind die Gendarmen ihm auf den Fersen mit Haftbefehlen und der Order, von ihren Schußwaffen Gebrauch zu machen, falls er sich der Festnahme widersetzen sollte. Er geht unruhig in Ängratörn auf dem Strand auf und ab. Von drinnen hört er den ersten Schrei des Neugeborenen. Er geht ins Haus. Die Hebamme zeigt ihm seinen Sohn. Er beugt sich über Jule, küßt sie. Sie fragt, wie die Verhandlung ausgegangen sei. Er antwortet nur: »Ins Gefängnis lasse ich mich nicht sperren.«

»Geh nur … hau ab«, sagt sie.

»Erzähl dem Kind von dem Stein und was die beiden Inschriften bedeuten«, bittet er sie wieder.

»Dein Märchen«, sagt sie mit einem Lächeln.

»Es ist nicht nur ein Märchen, glaub mir«, mahnt er.

»Vielleicht kommst du durch nach Norge«, sagt sie, »ich wette, Björn fährt unter anderem Namen auf einem Robbenfänger.«

»Massenweise Tiere totschlagen«, überlegt Madru laut, »ob ich das fertig brächte …

nein, du, ich komme wieder. Der Kampf hier ist noch nicht vorbei. Ich habe Fehler gemacht. Ich habe mich in dieser Zeit noch nie so ganz zurechtgefunden.«

»Ein paarmal haben wir es ihnen ganz schön gezeigt«, sagt Jule lachend.

Die Hebamme kommt und fragt, welchen Namen das Kind bekommen solle.

Da muß er nicht lange überlegen. »Alder«, sagt er.

»Ein merkwürdiger Name«, findet die Hebamme.

»Der Name eines Baumes, ein Name aus alter Zeit«, sagte er, »er bedeutet ›Erle‹.«

Jemand ruft: »Die Gendarmen kommen!«

»Fort mit dir«, sagt die Rote Jule, der man das Kind an die Brust gelegt hat.

»Was auf dem Stein steht...«, erinnert er sie, nimmt seine Fiedel und ist aus dem Haus.

Diesmal sind die Gendarmen nicht auf Pferden, wie damals, sondern auf Fahrrädern gekommen. Sie schieben ihre Drahtesel durch den Wald. Sie kommen aus der Richtung, wo der hohe Baum mit den Trittästen steht. Den Baum gibt es immer noch. Sie sehen ganz lustig aus mit ihren Fahrrädern und ihren bunten Röcken. Als sie Madru erkennen, rufen sie ihn an, lassen die Fahrräder fallen, greifen nach den Karabinern, die sie umgehängt haben. Sie laden durch. Sehr rasch sind sie nicht. Dann schiebt sich zwischen ihn und sie eine Nebelwand. Nicht einmal das Haus ist vom Strand aus noch zu erkennen.

»Nicht so eilig«, hört er eine vertraute Stimme sagen. Es ist Peg. »Sieh an!« Für solch plötzliche Nebeleinbrüche, selbst im Sommer, sei Ängratörn geradezu berühmt, erklärt sie. »Diesmal bin ich allein gekommen. Aber du kannst ganz beruhigt sein, daß die Suppe dick genug ist. Küßchen?« Wie kann er ihr das abschlagen, da sie sich doch solche Mühe gemacht hat. »Ohne Befehl von Bru«, läßt sie ihn wissen, »ganz und gar in eigener Verantwortung.«

»Und Jenny Grünzahn?« erkundigt er sich. »Hat einen Freier mit auf dem Zimmer. ..!«

Es fallen Schüsse.

»Das wollen wir doch sehen«, sagt Peg, die noch rundlicher geworden ist, »ob die dich treffen, Darling. Eher schießen sie sich selbst in den Hintern. Wir haben gut und gern Zeit für einen zärtlichen Abschied.«

Madru streckt schon den einen Arm aus. In dem anderen hält er die Fiedel. Wie immer fällt es ihm schwer, nein zu sagen, und bei Peg steht er in einer doppelten Schuld. Da sieht er Allwiss aus dem Nebel hervortreten. Der packt ihn gebieterisch am anderen Arm und reißt ihn zurück.

»Faßt man es«, sagt Aliwiss, »Geilheit und Hurerei gehören zu dieser und jener Welt wie das Amen in der Kirche und die Wand aus Kristall. Aber was zuviel ist, das ist zuviel.« Er macht eine bannende Bewegung, murmelt einige Worte und die Gestalt der Frau wird zu Nebel.

»Für solche Gelegenheiten haben wir immer noch ein Sprüchlein parat«, sagt Allwiss, »schamloses Frauenzimmer!«

Sie gehen zu dem Ruderboot. Allwiss fordert ihn auf, einzusteigen, dann schiebt er das Boot vom Strand ab. Geschickt springt Allwiss, der Zwerg, mit einem Satz, mit dem er in zwanzig Jahren noch einen Weltrekord brechen würde, ins Boot und nimmt die Ruder. Vom Ufer her hört man Kommandos und Rufe, die eine gewisse Verwirrung erkennen lassen.

»Ich wette, jetzt versucht sie es bei den Gendarmen. Kräftige Burschen sind es ja«, sagt Allwiss.

Madru hat die Fiedel neben sich auf das Sitzbrett gelegt. Er schlägt die Hände vors Gesicht. Es ist ihm elend.

»Verspielt, alles verspielt«, sagt er zwischen den Fingern hindurch wie durch Gitterstäbe.

Allwiss läßt sich Zeit mit der Antwort. Schließlich ist er es, der rudern muß.

»Das sehen wir nicht so«, sagt er schließlich. »Und was soll ich tun?« fragt Madru.

»Ohne Hast ausschreiten, wenn wir am anderen Ufer sind«, antwortet Allwiss, »durch den Wald zum Paß in den Westbergen, über den seinerzeit so unerwartet Lausbart eingefallen ist.«

»Und weiter?«

»Nach Norge ... dich in der Welt umsehen. Bru gibt dir Urlaub.«

»Und der Große Wald ... soll niemand mehr über ihn wachen?«

»Wie du die Macht über die drei Elemente verspielt hast«, sagt Allwiss und zieht die Ruder gut durch, »das war ausgesprochen töricht. Wir halten dir drüben zugute, daß in der neuen Zeit alles viel schwieriger geworden ist. Die Frage war: sollten wir an dir festhalten oder einen neuen Ritter wählen. Die Meinungen waren geteilt. Deine Fürsprecherinnen haben sich durchgesetzt. Man faßte den Beschluß, du solltest Gelegenheit erhalten, dich in der Fernwelt umzuschauen. Außerdem hast du ja neuerdings einen Sohn. Wir haben da auch ein wenig nachgeholfen. Die Art und Weise, wie Jule dich zuerst sah und später ... du begreifst, wir haben da Möglichkeiten. Und du kannst sicher sein, Jule wird ihrem Herzenssohn Alder schon davon erzählen, was es mit den beiden Sprüchen auf sich hat.«

»Der Große Wald«, sagte Madru nachdenklich. Er erinnert sich an das, was Gunilla zu ihm gesagt hatte, als sie in der Kirchenbank nebeneinander saßen. Eine Bank, die schmal und hart war. Eine Welt ohne Wald, eine Welt ohne Bäume, das wäre eine Welt ohne Hoffnung und ohne Freude.

»So oder so ähnlich«, bestätigt Allwiss, der keine Probleme damit hat, Madrus Gedanken zu lesen. »Sei gewiß, wenn es in nächster Zeit ... ich meine, ehe du zurück bist ... ernstliche Schwierigkeiten gäbe, könnten wir uns auch ohne deine Mithilfe etwas in der Art des Blauen Schnees einfallen lassen. Du und Alder ... ihr seid gewissermaßen unsere Asse im Ärmel. Es ist Brus Wille, daß ihr beide auf sehr verschiedene Art Erfahrungen in der Fernwelt sammelt ... für Zeiten, in denen die Gefahren subtilerer Art sein werden. »

»Mein Bilderspiel!« erinnert sich Madru, und es sieht aus, als wolle er sich aus dem Boot stürzen. Das Boot schwankt.

»Sachte, sachte«, ruft Allwiss, »etwas mußt du doch Alder auch vererben. Übrigens geht es ihm gut. Er nuckelt immer noch an den Brüsten seiner Mutter und fühlt sich wie im Paradies. Wir haben das widerliche Geräusch der Schüsse, die um das Haus gefallen sind, aus seinem Bewußtsein getilgt. Das wäre denn doch eine häßliche Erinnerung gewesen für ein eben erst in diese Welt gekommenes Kind. Schüsse … brrh!« Er schüttelt sich, verzieht das Gesicht und fährt dann fort: »Ich habe Inventur gemacht … die Dinge, die ihm zufallen werden. Ein Bronzemesser, ein Halstuch aus Herbstlaub, eine Wolfspfote … ein bißchen Wolfsblut hat er ja schon … mütterlicherseits. Die drei alten Reichstaler, die Jule für ihn auf die Seite gebracht hat … nach Art der Mütter. Tja und das Bilderspiel.«

»Bis auf das Halstuch bin ich mit allem einverstanden«, sagt Madru.

»Na gut«, meint Allwiss, »dann werde ich es dir bei Gelegenheit einmal mitbringen.«

»Das Bilderspiel vielleicht auch … ?«

»Nein«, sagt Allwiss, »das bleibt bei Alder. Er soll sich früh daran gewöhnen, und Jule wird ihm Märchen erzählen, die entstehen, wenn man die Karten auslegt.«

»Sie ist gegen Märchen«, sagt Madru mit Bedauern. »Das ist sie gar nicht«, erwidert Allwiss, »wenn sie das Kommunistische Manifest liest – und sie liest es hin und wieder, und ich wette, sie wird es auch Alder irgendwann vorlesen, mit diesem schönen rauhen Tonfall, den ihre Stimme dabei annimmt – was liest sie dann anderes als ein Märchen?«

»Die Proletarier haben nichts in ihr zu verlieren als ihre Ketten. Sie haben eine Welt zu gewinnen. Schön wär's ja!«

»Siehst du«, sagt Allwiss, »es sind doch mehr Menschen für Märchen zu begeistern als du meinst.«

Madru will noch etwas antworten. Da läuft das Boot knirschend auf Sand. Er greift sich seine Fiedel, springt an Land. »Auf und davon mit dir«, ruft Allwiss, »und auf Wiedersehen im Großen Wald!«

Zum Baumtarot

Die Geschichte des Bilderspiels

Das Bilderspiel oder Baumtarot besteht aus 22 Karten. Sie stellen, versinnbildlicht durch 22 Bäume (und auch die 22 Kapitel dieses Buches), bestimmte Situationen und Zustände des menschlichen Lebens dar. Sie bilden die kosmischen Kräfte ab, die auf den Menschen einwirken. Jedes dieser Bilder gibt auch Hinweise auf archetypische Bilder in uns. Konflikte, Hoffnungen, Wünsche, Bedrohungen, Ängste, Bindungen sind in den Karten bildhaft verschlüsselt. Sie lassen sich durch längeres Anschauen entdecken. Die Baumkarten laden auch zur assoziativen Betrachtung ein, gerade durch die Offenheit ihrer Bedeutungen, die es dem Betrachter ermöglicht, seine eigene Phantasie mit einzubringen. Schließlich können die Blätter des Spiels auch als Orakel, dem altchinesischen I Ging vergleichbar, benutzt werden: indem man sie durch eine zufallsbestimmte (aber nicht wahllose) Anordnung sich selber legt, die Konstellation betrachtet und beides, Einzelbilder und ihre Vernetzung, auf sich wirken läßt. Das ist spannender, aufschlußreicher, als man zunächst glauben mag.

Dieses geheimnisvolle Baumspiel ist in Norrland in mythischer Zeit entstanden; ursprünglich scheint es aus dem Baumalphabet des Brusinischen hervorgegangen zu sein, und zwar aus der »Wintersprache«. (Für Experten klar erkennbar sind die feinen Bedeutungsunterschiede zu den keltischen Baumalphabeten des BethLuisNion und BiobelLoth.)

Wie aus dem alten »Buch der Chroniken« hervorgeht, hieß dieses Spiel in seinen Anfängen einfach nur »Bilderspiel«. Es diente wohl vor allem der Verherrlichung von Bäumen und war selbst Teil eines weit verbreiteten Baumkults. Später nahm man es gerne als Geschenk für Heranwachsende und besonders für jene Menschen, für die sich die Frage nach dem Sinn des Lebens stellte. Die Benennung der drei gangbaren Wege, wie sie dieses Buch beschreibt – Weg des Allwiss, Weg der Ritter, Weg des Waldes – zeigt bereits eine Institutionalisierung solcher Bedürfnisse an.

Die Bezeichnung Baumtarot ist dagegen modern; sie verweist auf Einflüsse, die das Bilderspiel im Lauf der Entwicklung aus dem klassischen Tarot in sich aufgenommen hat.

Denkbar ist eine neue Funktion, nämlich als Erinnerungs und Hoffnungsspiel, wenn es einmal in Europa und anderswo keine Bäume mehr gibt. Dann wurde dieses Spiel wieder zu einem Ritual, zur Beschwörung: endlich zu einem Bewußtseinszustand zu gelangen, der die Voraussetzung für Veränderungen schafft. In Konsequenz hieße das: die Menschen begriffen, daß sie die einzigen Lebewesen sind, die das natürliche Gleichgewicht des Kosmos zerstören können – und die deswegen zu besonderer Vorsicht und Rücksichtnahme verpflichtet sind. Gegenüber Bäumen, aber auch gegenüber Pflanzen, Tieren und Landschaften.

Erklärung der 22 Karten

Der folgende Schlüssel zu den Bedeutungen der einzelnen Karten gibt nur ein andeutungsweises Raster, das von jedem Spieler selbst weiter entwickelt werden kann. Ausgehend von der Kenntnis der Baumarten oder auch nach der Lektüre des jeweiligen Kapitels kann er es verändern und verfeinern.

0 Der Narr – Birke. Suche, Abenteuer, Gefährdung. Der Jugendaspekt des männlichen Heros (Gefährte der dreigestaltigen weiblichen Gottheit)

I Der Magier – Buche. Verstand, Wissen, Bewußtsein

II Die Göttin – Erle. Anima, Bru, die Anderswelt

III Die Fürstin – Linde. Mutter, Geborgenheit, Erde

IV Der Fürst – Tanne. Vater, Autorität, Schwert, Herrschaft

V Der Gott – Pappel. Bri, Animus, Wind, Weg des Waldes. Der Sommeraspekt des männlichen Heros

VI Die Liebenden – Heckenrose. Vereinigung, Gemeinsamkeit, Harmonie der Liebe, Sicherheit

VII Der Wagenlenker – Hainbuche. Ordnung, Disziplin, Moral, Konvention

VIII Die Gerechtigkeit – Eiche. Kompromiß, Abwägen, Weg der Ritter

IX Der Einsiedler – Haselnuss. Weisheit der Stille. Meditation, Weg des Allwiss

X Das Rad des Lebens – Walnuss. Schwelle, Grenze der Bewußtseinsbereiche und Zeiten, Schicksal, Doppelgesicht, Doppelaxt, Ambivalenz

XI Die Kraft – Wacholder. Widerstand, Fähigkeit zu überleben

XII Die Prüfung – Lärche. Das Unbewußte, seine Kräfte, seine Macht, Balance zwischen Bewußtsein und Unbewußtsein. Erfahrung der Wildnis, der Traumzeit. Der Winteraspekt des männlichen Heros

XII Der Tod – Efeu. Zerstörung, Erschütterung, Überwindung der Todesfurcht. Fähigkeit, sich aus einer Krise zu befreien

XIV Die Mässigung – Kiefer. Einfachheit, Bescheidenheit. Die Einsicht in die zum Leben tatsächlich notwendigen Dinge

XV Der Dämon – Eberesche. Das Schreckliche, unbeherrschte Sexualität, Feuer, Aggression, Gier

XVI Der Turm – Birnbaum. Melancholie, Herbst, Abschied, Vergehen, die Angst in der Einsamkeit

XVII Die Sternenfrau – Kirschbaum. Das Neue, Unentdeckte, Beltaine, Frühling, Baumblüte. Der Mädchenaspekt der weiblichen Dreigestalt

XVIII Die Mondfrau – Holunder. Die Möndin, Brunnentiefe, Rätsel, All, Wächterin über die Fruchtbarkeit, Schicksalsgöttin

XIX Die Sonnenfrau – Ginster. Geburt, Reproduktion, Ernte. Der mütterliche Aspekt der weiblichen Trias

XX Das Gericht – Weissdorn. Tod, Hexe, Samain, Winteranfang. Der Todesaspekt der weiblichen Trias

XXI Frau Welt – Apfelbaum. Wiederauferstehung, Einheit von Welt und Anderswelt, von Innen und Außen, Oben und Unten

Spielanleitung

Die Bildreihe der 22 Karten läßt sich in drei unterschiedlich große Sequenzen anordnen: äußere Welt (Karten I – X), innere Welt (Karten XI – XIX) und die drei Karten des Totenreiches, 0, XX und XXI. Jeder Karte ist, wie leicht erkennbar, ein Baum, eine Gestalt, eine mythische Person zugeordnet und auch Gegenstände, die zur Aura dieses Baumes und dieser Person gehören. Diese figürliche Überblendung der Bäume ist späteren Datums. Ideal wäre ein Bilderspiel, in dem die Darstellungen von Baum und Person ineinander übergingen.

Mit den 22 Großen Arkanen (bildhaft verschlüsselten »Geheimnissen«) des Tarot hat das vorliegende Spiel manches gemeinsam. Zunächst die Anzahl und Namen der Karten, z. T. auch die Figürlichkeit. Da in den 22 Sinnbildern eine frühe »Weltformel« steckt, die einzelnen Karten weder eindeutig Glücks- noch Unglücksbedeutung haben, ist dies vor allem ein meditatives Bilderspiel. Die Symbolgehalte, wie sie in den Erklärungen stehen, sind lediglich Anhaltspunkte. Auf die Bezüge der »gezogenen« Karten kommt es an, auf ihre Konstellationen, die in dem Betrachter mehr oder minder intuitive Vorstellungen auslösen.

Das wiederum hat unser Baumtarot mit dem klassischen Tarot gemeinsam und dementsprechend auch vielfältige Kombinationen, zu denen die Karten sich legen lassen. Zum Beispiel die paarweisen: hier entsprechen sich nach alter Tarotauslegung der Magier (1) und der Narr (0), die Göttin (II) und Frau Welt (XXI), die Fürstin (III) und das Gericht (XX), der Fürst (IV) und die Sonnenfrau (XIX) – u.s.f. Eine solche Doppelfigur drückt sowohl Gegensätzlichkeit wie auch Steigerungsmöglichkeit aus.

Stellt man die Zweier-Paare nun zu Vierer-Gruppen zusammen, so ergeben sich interessante diagonale Ausdeutungen z. B. die der nebenstehenden Illustration.

Diese Figur wird von Tarotkennern als eine »Idee« in ihren verschiedenen Aspekten gesehen; in unserem Beispiel als die Idee »schöpferischen Bewußtsein.«

Es lassen sich, wenn man den Narren (die 0) einmal beiseite läßt, auch Dreier- und Siebener-Linien legen. Eine Anordnung nach dem Sephirot-Baum der Kabbala erscheint ebenfalls sinnreich, denn seine drei senkrechten Säulen können als These, Antithese und Synthese ausgelegt werden. Aber dies nur als ein Hinweis bevor wir uns nun den gebräuchlichsten Legesystemen zuwenden.

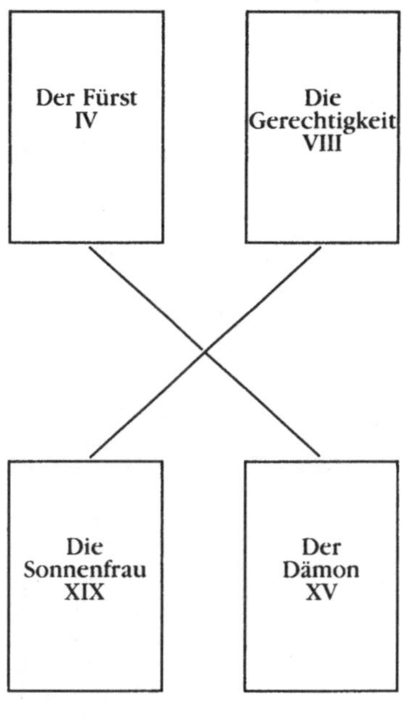

Das Neun-Karten-Spiel

Zunächst mischt man das Kartenspiel gut durch und konzentriert sich dabei auf eine Frage. Wo stehe ich? Welchen Weg soll ich gehen? Was bringt mir die Zukunft? Solche Sinnfragen sind für das Baumspiel am ergiebigsten. Um die »richtigen« Karten zu finden, kann man sie, auf der verdeckten Seite aufgefächert, der Reihe nach ertasten – oder aber die Karten zu einem Päckchen zusammenschieben, spontan eine Zahl zwischen 1 und 22 (0) nennen und dann so viele Karten, wie der genannten Zahl entsprechen, abheben; die letzte der abgehobenen Karten wird umgedreht und ausgelegt. Beide Methoden, Ertastung und Zahlenwahl, dienen der Einstimmung in das Spiel selbst.

Die 1. gezogene Karte ist beim Neuner-Spiel diejenige, der man sich selbst besonders verbunden fühlt. Sie wird in der Mitte plaziert.

Die weitere Anordnung zeigt die untenstehende Illustration. Die Karten und ihre Bedeutung:

Karte 2, kreuzweise über die erste gelegt: Umwelteinflüsse

Karte 3, oberhalb plaziert: die Schicksalskarte

Karte 4, zur Rechten: die Vergangenheit, das Unterbewußte

Karte 5, unterhalb plaziert: prägende Einflüsse der Vergangenheit

Karte 6, zur Linken: mögliche künftige Bedingungen und Einflüsse

Karte 7, ganz rechts unten: die gegenwärtige Position und innere Haltung des Fragenden

Karte 8, ganz rechts Mitte: Einfluß des Fragenden auf die Umwelt; zwischenmenschliche Beziehungen

Karte 9, ganz rechts oben: das Resultat der NeunerKonstellation. Sie verrät, was das Ziel sein wird.

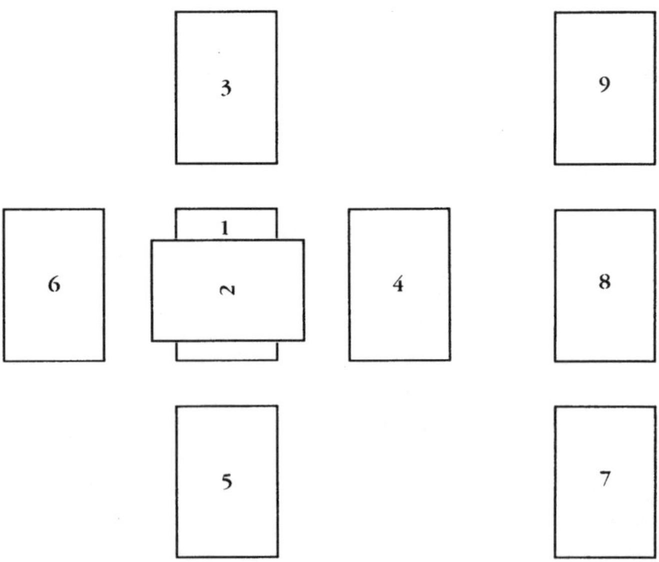

Das Sieben-Karten-Spiel

Vergangenheit, Gegenwart und Zukunft des Fragenden werden bildhaft dargestellt. Sieben zuvor einzeln gewählte Karten (vgl. Vorspann zum NeunerSpiel) legt man, zunächst verdeckt, hufeisenförmig so auf wie unten illustriert. Die Karten werden der Reihe nach umgedreht und betrachtet.

Karte 1: alte Vergangenheit, frühe Ereignisse, latent wirksame Einflüsse

Karte 2: jüngste Vergangenheit, Ereignisse, die vor kurzem passiert sind und deren Einfluß stark erlebt wird

Karten der Gegenwart 3 – 5: links (3) die Einfluß-Karte (mit der vorherigen oftmals verbunden), in der Mitte (4) die Hindernis oder Gefahren Karte, rechts (5) die perspektivische Karte in Fortführung der Linien beider anderer Karten

Karte 6: dominante Einflüsse in Zukunft tendenziell in denen der Gegenwart auf dem Hintergrund der Vergangenheit bereits angelegt

Karte 7: die Ergebnis-Karte, eine Ausbalancierung aller sechs übrigen Karten und deren Zielgerichtetheit.

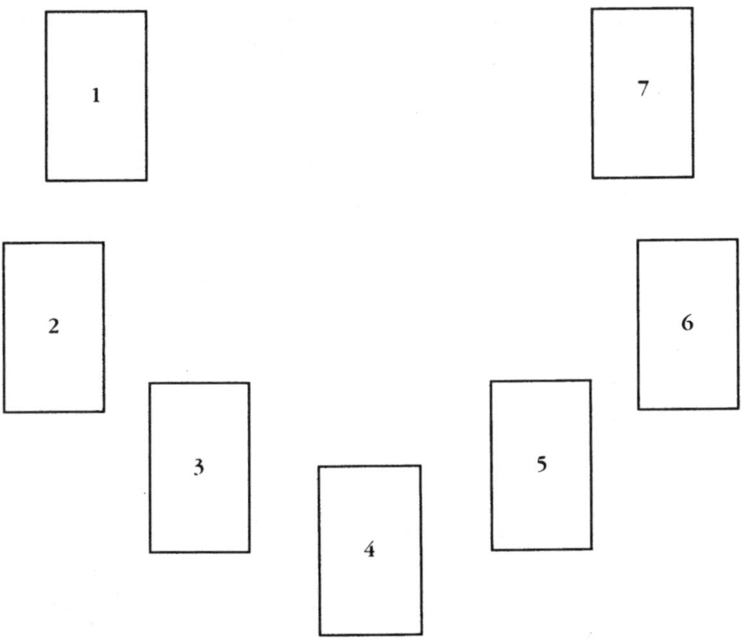

Das 21-Karten-Spiel

Nachdem man eine Karte, zu der man eine besondere Affinität verspürt, aus dem aufgedeckten Spiel herausgenommen und als Signifikator (S) ausgelegt hat, mischt man die verbleibenden 21 Karten gut durch. Dann zieht man aus diesen noch verdeckten Karten siebenmal drei Karten, die man aufgedeckt in drei Halbkreisen (von links nach rechts) um die Karte S auslegt.

Die ersten drei Karten auf der linken Seite des Halbkreises beziehen sich auf die Persönlichkeit des Fragenden, besonders auf seine gegenwärtige psychische Kondition;

die nächsten drei Karten verweisen auf seine gegenwärtige häusliche Situation;

die Karten 7, 8 und 9 der oben dargestellten Reihenfolge verraten seine gegenwärtigen Wünsche;

die Karten 10, 11 und 12 dieser Legeordnung verweisen auf seine Erwartungen für die Zukunft;

die Karten 13, 14 und 15 zeigen, was er nicht erwartet;

die Karten 16, 17 und 18 bilden die unmittelbare Zukunft ab,

während 19, 20 und 21 die langfristigen Einflüsse wiedergeben.

Wenn der Spielende die einzelnen Dreierabteilungen dann betrachtet und sie analysiert, sollte er dabei den Gesamteindruck in sich aufnehmen – oft beeinflußt und verändert eine Karte die Bedeutung einer anderen völlig.

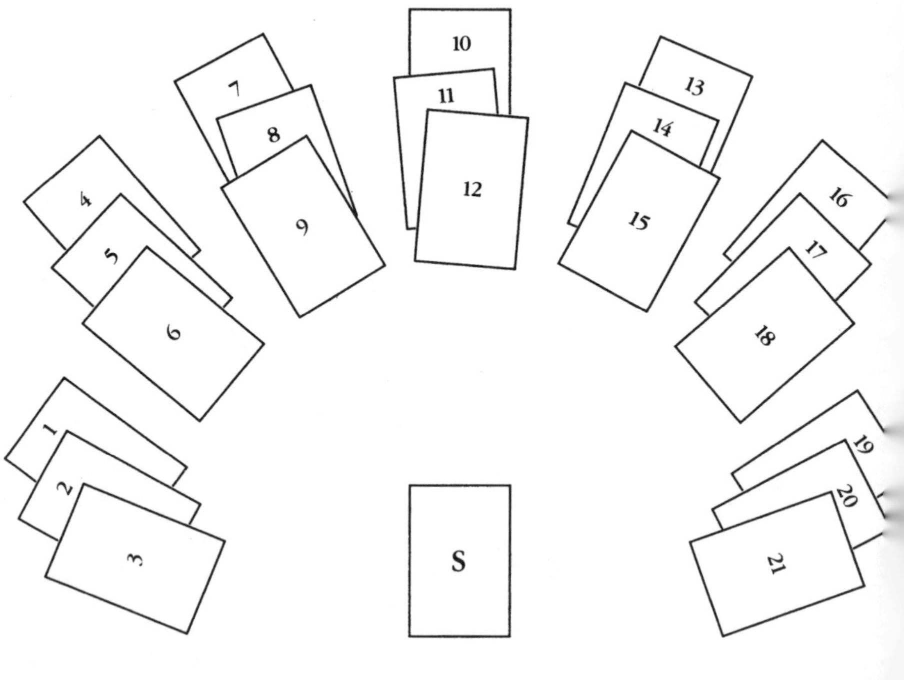

Weitere Titel aus dem Königsfurt Verlag

Horst-Eberhard Richter / Elmar Brähler (Hg.): Abschied vom Ego-Kult. Die neue soziale Offenheit.
ISBN 3-933939-00-3. *Wertewandel und neue Wege.*

Josef Rattner: Grundlagen ganzheitlichen Heilens. Einführung in die Psychosomatik.
ISBN 3-933939-17-8. *Ratgeber für jeden Haushalt.*

Paul Letter: Paracelsus. Leben und Werk.
ISBN 3-933939-24-0. Hardcover, zahlreiche Abb. *Neue Quellen.*

Horst Obleser: Parzival. Ein Initiationsweg und seine Bedeutung.
ISBN 3-933939-26-7. *Die Gralslegende psychologisch gedeutet.*

Ulrich Magin: Ausflüge in die Anderswelt.
ISBN 3-933939-25-9. *Bedeutungen rätselhafter Phänomene.*

Pierre Niccart: Du bist was du vergißt. Ein Erlebnisbuch.
ISBN 3-933939-23-2, farbig. *Faszinierende Erfahrungen.*

Laura Hermes: Aphrodites Traum – Traumdeutung in der Antike.
ISBN 3-933939-28-3. *Unterhaltsam und informativ.*

Klausbernd Vollmar: Sich erfolgreich träumen.
ISBN 3-933939-07-0. *Die DreamCreativity®-Methode.*

Kb. Vollmar & J. Fiebig: Traum und Traumdeutung.
ISBN 3-933939-01-1. *Reihe: erleben und verstehen.*

Frederik Hetmann: Märchen und Märchendeutung.
ISBN 3-933939-02-X. *Reihe: erleben und verstehen.*

Hans Dieckmann: Zauber aus 1001 Nacht. Märchen und Symbole.
ISBN 3-933939-09-7. *Ein Klassiker der Märchenforschung.*

KÖNIGS FURT